周佳榮 著

香港潮州商會百年發展史

中華書局

香港潮州商會 logo

1

香港潮州商會一百周年

2

3

1 香港潮州商會 100 周年 logo
2 香港潮州商會 logo（1921 至 2013）
3 香港潮州商會註冊 logo（2013 至今）

潮州會館大廈外貌及辦公室舊貌新顏

1 1923 年，獲會董會同意，購得中環加咸街 26 號 C 全座三層樓宇為會產。潮州商會舊址（1951 年）
2 1971 年潮州會館大廈
3 2020 年 12 月潮州會館新貌

_4_ 10 樓大禮堂（1971 年）

_5_ 9 樓會長室（1971 年）

_6_ 9 樓會客室（1971 年）

_7_ 9 樓會議廳（1971 年）

_8_ 9 樓辦公廳（1971 年）

1 10 樓大禮堂（2022 年）

2 9 樓會長室（2022 年）

3 8 樓會客廳（2022 年）

4 9 樓辦公室大堂（2022 年）

周年紀念特刊封面

1 旅港潮州商會三十周年紀念特刊
2 香港潮州商會成立四十周年暨潮
　商學校新校舍落成紀念特刊
3 香港潮州會館落成開幕、香港潮
　州商會金禧紀念合刊

1 香港潮州商會六十周年紀念特刊

2 香港潮州商會成立七十周年紀念特刊

3 香港潮州商會成立八十周年紀念特刊

4 香港潮州商會九十年發展史

歷屆就職典禮照片

1 1921 年 7 月 25 日首屆會董大會

1 1944 年第十四屆理監事就職典禮
2 1946 年第十五屆理監事就職典禮

3

4

3 1948 年第十六屆理監事就職典禮
4 1950 年第十七屆理監事就職典禮

<u>1</u> 1952 年第十八屆理監事就職典禮
<u>2</u> 1954 年第十九屆理監事就職典禮

3 1956 年第二十屆理監事就職典禮
4 1958 年第二十一屆理監事就職典禮
5 1960 年第二十二屆理監事就職典禮

1 1962 年第二十三屆會董就職典禮
2 1964 年第二十四屆會董就職典禮
3 1966 年第二十五屆會董就職典禮

4 1968 年第二十六屆會董就職典禮
5 1971 年 4 月 29 日，商會金禧慶典暨會館落成開幕，港督戴麟趾爵士在會上致辭。

1 1974 年第二十九屆全體會董合影
2 1976 年第三十屆全體會董合影
3 1978 年第三十一屆全體會董合影
4 1980 年第三十二屆全體會董合影

5 1984 年 11 月 27 日，商會第三十四屆會董就職典禮，主禮嘉賓鍾逸傑司憲主持監誓。

6 1986 年 8 月第三十五屆全體會董合影

<u>1</u> 1989 年 3 月 7 日第三十六屆會董就職典禮
<u>2</u> 1991 年 4 月 23 日七十周年紀念聯歡大會，第三十七屆會董合影。

3 1993 年 3 月 18 日第三十八
 屆會董就職典禮暨癸酉春節
 聯歡大會

4 1994 年第三十九屆會董會部
 分會董合影

5 1997 年 3 月 10 日，董建華
 候任行政長官在商會慶祝香
 港回歸祖國暨第四十屆會董
 就職典禮致辭。

1

2

3

1 1999 年 3 月 23 日第四十一屆會董就
職典禮暨己卯年春節會員聯歡大會
2 2001 年 3 月 27 日商會八十周年會慶
暨第四十二屆會董就職典禮
3 2001 年 3 月 27 日，商會八十周年會
慶籌委會榮譽主席李嘉誠博士、林百
欣先生與正副會長擊鼓宣告會慶開幕。

全體大合照

4

5

4 2003 年 3 月 21 日第四十三屆會董就職典禮
5 2005 年 3 月 22 日第四十四屆會董就職典禮暨會員聯歡大會

1

2

_1_ 2007 年 3 月 19 日慶祝香港回歸祖國十周年暨第四十五屆會董就職典禮
_2_ 2009 年 3 月 25 日第四十六屆會董就職典禮暨祝賀饒宗頤名譽會長榮任中央文史研究館館員聯歡大會

<u>3</u> 2011 年 2 月 16 日商會九十周年會慶暨第四十七屆會董就職典禮

<u>4</u> 2012 年 11 月 21 日第四十八屆會董就職典禮暨 2012 年度慶賀鄉彥聯歡晚會

1

2

1 2014 年 11 月 5 日第四十九屆會董就職典禮
2 2016 年 11 月 8 日第五十屆會董就職典禮

香港潮州商會百周年會慶暨
第52屆會董就職典禮

2 2021 年 8 月 27 日，本會舉行第五十二屆會董就職典禮大合照。

_1_ 2018 年 11 月 20 日，本會舉行第五十一屆會董就職典禮大合照。

目 錄

序

　　潮州先賢早年戀遷海外，在香港落地生根。二十世紀初，潮州商人在港崛起。為了團結各個不同行業的潮商，凝聚潮人力量，一批事業有成之潮籍人士於1921年創立旅港潮州八邑商會（香港潮州商會之前身），八邑是指潮安、潮陽、揭陽、饒平、澄海、普寧、惠來、豐順八縣，現包括汕頭、潮州、揭陽三市及梅州市的部分。一百年來，香港潮州商會秉承「敦睦鄉誼、促進工商、弘揚文化、服務社會、興學育才、扶貧救災」之宗旨，開拓奮進，歷屆會長及會董篳路藍縷，會員和潮籍鄉親鼎力支持，與香港一起成長。

　　2021年，香港潮州商會走過百年崢嶸歲月，以「感恩、傳承、團結、奉獻」為主題，舉辦一系列多元化活動，弘揚潮人精神，推廣潮汕文化，加強潮港經貿關係，商會還捐款支持抗疫，為香港經濟復甦加油打氣，更在西環海濱捐建一座紅頭船模型的風雨亭，作為慶祝香港回歸祖國25周年的賀禮，並以資紀念潮人播遷香江歷史。

　　香港潮州商會是香港一百多萬潮籍鄉親中歷史最悠久及最具代表性的工商團體，會員大多數是來自香港各行各業的精英。本會第一屆會長會董會員，於商會的創立居功厥偉。歷屆會長會董，對會務發揚光大、成就卓著享譽香江，例如第十一屆會長林子豐於1952年創辦浸會學院，後升格為浸會大學；前名譽會長黃麗松是香港大學第十任校長，也是港大首位華人校長；首席榮譽主席李嘉誠蟬聯香港首富多年，他創立的長江集團已成為香港最大企業之一；前名譽會長饒宗頤教授是享譽國際的國學泰斗；前名譽會長莊世平是南洋商業銀行的創辦人及著名僑界愛國領袖；本會第二十五、第二十六和第二十七屆會長廖烈文，任內籌款興建香港潮州會館大廈，參與籌辦首屆國際潮團聯誼年會並出任大會主席；還有廖創興銀行廖寶珊、大生銀行馬錦燦、亞洲保險公司陳有慶、中南公司莊學山、佳寧娜集團馬介璋等歷屆會長會董，皆商界名流、業界翹楚，對商會及社會貢獻良多。

香港潮州商會成立一個世紀，是團結、奮鬥、拼搏，與全港市民一起推動香港繁榮發展的歷史。2016年12月，時任中共中央政治局常委、全國政協主席俞正聲接見香港潮州商會訪京團時指出，「香港潮州商會是百年老會，始終堅持愛國愛港立場，為促進香港繁榮穩定和內地改革發展，為中華民族解放和復興作出了積極貢獻」。這是中央政府對潮州商會的高度肯定和殷切期望。

　　本會一直支持香港回歸祖國。近年來，本會更積極關心社會民生等問題，鼓勵會員參政議政，目前，本會成員有3位全國人大代表，3位全國政協常委及15位全國政協委員。每年都有不少鄉彥榮獲香港特區政府頒授勳銜，獲委任為太平紳士及榮任六大慈善團體要職。本會支持特區政府依法施政，支持港區國安法和完善選舉制度，積極呼籲會員踴躍投票，會董也於選舉期間往各選區為愛國愛港的參選人士助選打氣。香港特區第七屆立法會選舉，共有10位潮籍人士當選立法會議員，其中有5位是本會榮譽顧問。

　　一個世紀以來，香港潮州商會以感恩之心，積極回饋社會，參與各項社區活動，推動公益及慈善事業，貢獻國家、建設香港、支持家鄉。商會成立之初就遇到潮汕「八月大風災」，各位前輩立即籌集款項和物資，捐巨款幫助賑災，賑災工作持續三年。多年來，無論是四川汶川大地震、甘肅舟曲泥石流等天災發生，還是沙士事件或至今仍然肆虐全球的新冠肺炎病毒等，本會都積極捐款捐資賑濟，包括去年5月捐款100萬港元予「公益金及時抗疫基金」，7月捐善款280萬港元賑濟河南水災，今年第五波疫情爆發時用百萬元購買快速檢測劑贈予香港警隊。商會在香港開辦學校，在各大專院校及商會屬下學校設立獎助學金，興建潮州義山，並在潮汕家鄉及內地各省市偏遠地區捐辦多間光彩學校。

　　回顧百年歷程，香港潮州商會還做了不少團結海內外潮人社團、鼓勵會員積極回家鄉和內地投資興學，以及促進社會團結和諧等工作。

　　1980年8月，為團結海外潮人的力量，由時任香港潮州商會會長陳有慶先生

為團長的香港代表團赴馬來西亞參加東南亞潮團座談會，會上決議每兩年在全球各地召開國際潮團聯誼年會，香港潮州商會為國際潮團聯誼年會四個發起潮團之一。

1981 年 11 月 18 日至 20 日，香港潮州商會牽頭組織本港潮籍團體主辦首屆國際潮團聯誼年會，在九龍香格里拉酒店舉行，由永遠名譽會長廖烈文擔任大會主席。1995 年 11 月 30 日至 12 月 2 日，香港潮州商會再次牽頭主辦第八屆國際潮團聯誼年會，在香港會議展覽中心舉行，由永遠名譽會長陳有慶擔任大會主席。

潮州歷史文化源遠流長，是中華民族優秀文化的重要組成部分。本會名譽會長、國學泰斗饒宗頤教授倡議發起潮學國際研討會。香港潮州商會贊助 1993 年 12 月在香港中文大學舉辦的第一屆潮州學國際研討會和 2001 年 11 月舉辦的第四屆潮州學國際研討會。

1996 年，本會與其他三個社團共同發起，創建香港廣東社團總會，本會永遠名譽會長唐學元出任創會副主席，本會會董歐陽成潮擔任首任秘書長。潮州商會秘書處承擔籌建香港廣東社團慶祝回歸委員會的大部分文秘和聯絡工作。

1999 年 5 月 31 日至 6 月 1 日，香港潮州商會主辦首屆國際潮青聯誼年會，之後香港潮州商會積極參與籌組國際潮青聯合會，成為主要創會團體。2004 年 5 月，國際潮青聯合會在加拿大蒙特利爾舉辦的第三屆國際潮青聯誼年會上正式宣告成立，時任香港潮州商會第一副會長莊學山出任首屆會長。2018 年 11 月 29 日，香港潮州商會再次成功主辦第十屆國際潮青聯誼年會。

至於國際潮團總會，其常設秘書處及國際潮青聯合會秘書處註冊地址一直都設在香港潮州商會，透過本會聯絡各國潮籍社團和海外潮籍精英。多年來，本會全力協助國際潮團總會及國際潮青聯合會秘書處的工作，直至該兩會秘書處獨立運作。

2001 年，香港潮州商會成立八十週年，當屆會長陳偉南倡議成立香港潮屬社團總會，香港潮州商會以其巨大的資源，從人力、物力等各方面給予全力支

持和扶助。香港潮屬社團總會成立之後，本會秘書處持續多年為總會提供服務和支援，直至總會秘書處獨立運作。

　　為了更好地記載、傳承歷史，我們邀請浸會大學榮休教授周佳榮先生撰寫《香港潮州商會百年發展史》，記錄香港潮州商會百載光輝歷程。從這本書的大量歷史資料及圖片，不僅可以看到一個個為香港潮州商會建功立業、貢獻社會的鄉親賢達的感人事跡，同時也可以了解香港這顆東方之珠，是包括潮籍人士在內各個族群共同努力、團結奮鬥的成果。

　　百年滄桑，風雨兼程。感恩國家、香港各界和家鄉親人一直以來對本會的關懷和支持。香港潮州商會的昨天已經寫在史冊上，商會的今天正在我們手中創造，站在歷史的新起點，香港潮州商會昂首邁向第二個百年。祝福家鄉、祝福祖國，祝香港明天更美好。

香港潮州商會會長
黃書銳

總論 | 香港潮州商會
百載歷程和重大發展

　　香港潮州商會成立至今，剛好一個世紀，對本地社會、家鄉、海內外潮人和國家，都作出了重大貢獻。商會於處理會務、研究商業、聯絡鄉誼之外，亦重視興學育才，此外，如早年創設墳場、歷來救災恤難、關懷社會及鄉梓福祉等，一秉至誠，竭力以赴。[1] 最近十年，商會更致力弘揚家鄉風俗，並且注意培養年青一代對潮汕文化的認識，成效日見卓著。2021 年，商會隆重慶祝成立一百周年，在全球新冠疫情嚴峻的情況下，迎難而上，持續開展一連串工商文教和社團聯誼活動，總結百載經歷，展望新的里程。

　　今後，世界政局和經濟貿易或有波動起伏，中國發展一日千里有目共睹，香港背靠祖國、面向全球，前景是樂觀的。作為香港居民重要組成部分的本地潮人，肯定努力有加，以堅毅的信念邁步前進，迎接未來，與海內外同胞共同締造一個更美好的社會和時代。站在另一個百年里程的起點，回顧香港潮州商會自二十世紀初期以來走過的漫漫長路，汲取經驗，是設計新藍圖不可或缺的重要參考。

1　〈香港潮州商會史略〉，《香港潮州商會成立七十周年紀念特刊》（1992 年），頁 174；周佳榮著《香港潮州商會九十周年發展史》（香港：中華書局，2012 年），頁 216–217。

第一節　香港潮州商會的歷史與傳統

香港潮州商會歷史的分期

香港潮州商會初名旅港潮州八邑商會，第二次世界大戰結束後改稱旅港潮州商會，1956 年正名香港潮州商會，遂成定稱。由最初倡議到正式創立以來，經歷了不同的發展階段，其間克服了不少困難問題，逐漸走上康莊坦途。扼要而言，商會的歷程大致可以分為八個時期，即：醞釀時期（1906 — 1920 年）、初創時期（1921 — 1930 年）、動盪時期（1931 — 1945 年）、復興時期（1946 — 1955 年）、建設時期（1956 — 1971 年）、發展時期（1972 — 1983 年）、鞏固時期（1984 — 1997 年）及弘揚時期（1997 年至現在）。除了太平洋戰爭爆發後香港淪陷期間商會會務一度停滯外，歷來在各屆會長的領導下，承先啟後，本着潮商勤奮堅毅的作風，發揚了商會一貫的精神和傳統。（表 1）在百年光輝歷程中，商會塑造了全新的先進形象，致力使會務朝專業化、年青化、國際化的方向邁進，繼往開來。[2]

表 1　香港潮州商會的歷史分期

時　期	年代	屆次	主要事項
1. 醞釀時期	1906 — 1920		香港受英國工會成立影響，相繼有工會和商會的組成，旅港潮籍人士倡議成立潮州商會。
2. 初創時期	1921 — 1930	第 1 — 7 屆	旅港潮州八邑商會成立，並初奠基業，賑濟潮汕「八二風災」，創辦學校。
3. 動盪時期	1931 — 1945	第 8 — 14 屆	1931 年九一八事變爆發，1937 年七七事變爆發，抗日戰爭開始，香港社會亦受到衝擊；1941 年底至 1945 年 8 月中旬，香港淪陷，商會活動一度停頓。
4. 復興時期	1946 — 1955	第 15 — 19 屆	戰後初期，社會秩序逐漸恢復，商會重整各項事務，力圖振興。

2 《歡慶香港回歸祖國二十週年紀念特刊》（香港：香港潮州商會，2017 年），頁 35。

（續上表）

5. 建設時期	1956 — 1971	第 20 — 27 屆	潮州商會進入建設階段，包括潮州會館的創建和興建新校舍等。
6. 發展時期	1972 — 1983	第 28 — 33 屆	香港經濟發展迅速，潮州商會各方面的會務都有較大進展。
7. 鞏固時期	1984 — 1997	第 34 — 40 屆	《中英聯合聲明》發表後至香港九七回歸前，本地社會進入過渡期，商會致力促使香港平穩過渡，以及協助維持社會繁榮安定。
8. 弘揚時期	1997 —現在	第 41 — 52 屆	1997 年 7 月 1 日香港回歸祖國以來，潮州商會加強與內地的合作，並聯繫海外潮商和潮人社團，開拓商機，配合國家改革開放和社會發展。近年來，更注重凝聚鄉親力量，堅決支持香港「國安法」的制定和實施，支持「愛國者治港」。新冠肺炎疫情爆發以來，本會捐款捐資、出錢出力，支援特區政府防疫抗疫工作，與全港市民一起抗擊疫情，共克時艱。

民間商會治理功能的變遷

2011 年，香港潮州商會成立九十周年之際，學者吳巧瑜以商會為個案研究，探討民間社會治理功能的變遷，論述商會由早期一般的地緣性商人團體演變為現時香港凸顯社會治理功能的工商團體的歷程；並採取一種觀察政府與社會的新視角，通過考察商會的合法性、商會的內部治理結構、商會的網絡以及商會的外部制度環境等在不同時期的狀況與特點，力圖揭示商會社會治理功能的發展變遷規律。[3] 吳巧瑜認為：

第一，早期的香港潮州商會（1921 年至 1951 年），在社會治理功能方面的表現形式較為傳統，主要集中於自治、代表、服務、文化教育等內部自主治理功能上。商會的其他社會治理功能，包括社會公益、社會整合、組織化集體維權以及影響政府政策制定等方面，都有所體現，但與其自治功能相比是較為

3　〈本會躍登學術殿堂〉，《香港潮州商會會訊》第 81 期（2012 年 1 月），頁 16。

弱小的。

第二，現代的香港潮州商會（1951 年至 1981 年），其社會治理功能的表現形式較前趨新，除了早期的自主自治、服務、社會公益等治理功能進一步強化外，在社會動員與聚合、參政議政等方面的功能得以顯現，協助政府施政的社會治理功能有所強化。

第三，當代香港潮州商會（1981 年至現在），其傳統文化教育、社會公益、推進商務等社會治理功能表現突出，有效地促進了地方社會經濟的發展。「概而言之，從香港潮州商會 90 年的發展歷程來看，香港潮州商會在不同時期社會合法性、內部治理結構、社會網絡以及外部制度環境四大變量的共同作用之下，其發展模式呈現出從傳統到趨新再到開放的特點，而其社會治理功能也表現出從自治到協治再到共治的發展變遷邏輯。由此可見，不管在哪個歷史時期，香港潮州商會都在社會中發揮無可替代的作用與功能。」[4] 近十年來，商會的業務續有進展。

商會組織和會址擴展

香港潮州商會創立之初，其組織辦法是由會員選出會董四十名，就中互選正副會長、正副司庫及核數員，另舉幹事十二名。後以每屆任期一年過於短促，1925 年起改每屆任期為兩年。戰後初期，以理監事制代替會董制。1956年更改會名時恢復會董制，由會員選出會董五十名，會董互選會長一名、副會長二名，常務會董十一名，正副會長為當然常務會董，其餘常務會董八名，分別兼任總務、財務、商務、組織、福利、交際、調查、稽核各部主任。1961 年開會員特別大會，修訂會章，以凡任本商會首長者為當屆當然會董，其權責與會董同。[5] 隨着會務的發展，商會的章程和組織機構日臻完善。

近年來，香港潮州商會的事務日益增加，組織架構隨着擴大，現時常務會董會下設十五個部和委員會，計有總務部、財務部、商務部、組織部、福利部、交際部、調查部、稽核部、教育部及公民事務委員會、社會事務委員會、

4　吳巧瑜著《民間商會社會治理功能的變遷研究──以香港潮州商會為例》（武漢：武漢大學博士學位論文，2011 年），頁 189 ─ 191。

5　〈會史〉，《香港潮州商會六十周年紀念特刊》（1981 年），頁 238–240。

表 2　香港潮州商會架構圖

	香港潮州商會 Hong Kong Chiu Chow Chamber of Commerce

會員大會
General Meeting of Members

監事會 Board of Supervisors	**會董會** Board of Directors

常務會董會
Board of Managing Directors

總務部 General Affairs Committee	**公民事務委員會** Civil Affairs Committee
財務部 Financial Affairs Committee	**社會事務委員會** Social Affairs Committee
商務部 Commercial Affairs Committee	**內地事務委員會** Mainland Affairs Committee
組織部 Organization Committee	**文化事務委員會** Cultural Affairs Committee
福利部 Welfare Committee	**青年委員會** Young Executives Committee
交際部 Public Relations Committee	**婦女委員會** Women Committee
調查部 Investigation Committee	**所屬學校** Affiliated Schools 香港潮商學校 Chiu Sheung School, Hong Kong 潮州會館中學 Chiu Chow Association Secondary School
稽核部 Audit Committee	
教育部 Education Committee	

內地事務委員會、文化事務委員會、青年委員會、婦女委員會。（表 2）

　　商會的地址，創立之初設於香港干諾道西二十九號四樓；1929 年，遷至德輔道西八十七至八十九號。香港淪陷期間被迫放棄會所，1944 年租干諾道西二十九號三樓為會所。戰後復興會務，鑑於創建潮州會館乃歷屆首長及會眾的共同願望，於是展開籌建工作，幾經謀劃，始購得德輔道西八十一至八十五號，面積近四千呎為營建地址，於是着手興建，至 1971 年 4 月 29 日落成開幕。（表 3）新建會址對於發展會務，聯輯接軫，敦睦鄉誼，以及社會福利的舉辦裨益殊大。[6]

表 3　香港潮州商會名稱和會址的演變

年份	會名	會址
1921 年	旅港潮州八邑商會 (The Chiu Chow Pak Yap Chamber of Commerce；亦作 Chiu Chow Eight district Chamber of Commerce)	1921 年：香港干諾道西 29 號 4 樓
1923 年	旅港潮州八邑商會有限公司 (The Chiu Chow Pak Yap Chamber of Commerce, Limited；亦作 Chiu Chow Eight-district Chamber of Commerce, Limited)	1929 年：香港德輔道西 87—89 號
1946 年	旅港潮州商會 (The Chiu Chow Chamber of Commerce Limited；亦作 Chiu Chow Eight-district Chamber of Commerce, Limited)	1944 年：香港干諾道西 29 號 3 樓
1956 年	香港潮州商會有限公司 (The Hong Kong Chiu Chow Chamber of Commerce Limited)	1971 年：香港德輔道西 81—85 號潮州會館

　　戰後香港潮州商會復興，歷屆會長和會董均有創建潮州會館大廈的願望，但因茲事體大，歷久未決。迨至第二十五屆，會長廖烈文登高一呼，獲同鄉各界熱烈支持，由是開始籌備，旋因時局動盪，籌建工作曾一度停頓。後廖烈文、呂高文蟬聯第二十六屆及二十七屆正副會長，林拔中、蔡章閣先後接替副

6　〈香港潮州商會史略〉，《香港潮州商會成立七十周年紀念特刊》(1992 年)，頁 174。

會長之職，再接再厲，建築費用又得同鄉鼎力支持，終底於成。潮州會館大廈樓高十一層，九字樓為潮州商會辦公室，頂層為大禮堂。

出版特刊和會訊

　　香港潮州商會自成立三十周年起，每十年會慶均出版紀念特刊，除載錄商會首長、事務、歷史和章程外，並有關於香港各界潮商概況的報道，以及介紹潮汕風土文物的篇章，頗具保存價值。最早的一冊是《旅港潮州商會三十週年紀念特刊》（1951 年），對早期會史有較多敘述；其次是《香港潮州商會成立四十週年暨潮商學校新校舍落成紀念特刊》（1961 年），關於商會在教育方面的工作載錄甚詳；《香港潮州會館落成開幕暨香港潮州商會金禧紀念合刊》（1971 年），對於潮州會館創建經過的報道至為清晰。1970 年代以來的會務狀況，可參閱《香港潮州商會六十周年紀念特刊》（1981 年）、《香港潮州商會成立七十周年紀念特刊》（1992 年）、《香港潮州商會八十周年紀念特刊》（2002 年）和《香港潮州商會九十周年紀念特刊》（2012 年）。近年歷屆會董就職典禮暨會員聯歡等重大活動亦有出版特刊，例如《歡慶香港回歸祖國二十週年紀念特刊》（2017 年）詳細報道了多項慶祝回歸盛事，這些特刊都是為了配合相關活動而編印的，都成為商會歷史和發展的文獻。

　　商會於 1998 年 1 月創辦《香港潮州商會會訊》（*Hong Kong Chiu Chow Chamber of Commerce Ltd. Newsletter*），會員之間、會董會與會員之間、商會與友好之間從此多了一個溝通的渠道。《會訊》為雙月刊，初採報紙形式出版，內容包括商會動態、新會員介紹、人物專訪、會董會工作建議等，並有關於本港及外地活動的報道。2010 年 12 月出版的《香港潮州商會會訊》第 75 期起，改為雜誌形式，加強篇幅和內容，並以彩色印刷。2019 年 123 期起，改為季刊。主要欄目計有會長的話、本期焦點、本會要聞、青委專欄、婦委專欄、潮人之光、作育英才、議事堂、本期特稿、潮汕歷史文化、嶺東文藝、歷史回顧、圖片快拍等。2022 年 3 月，《會訊》已出至第 135 期。

第二節 商會一百年來的主要進程

二十世紀初，香港民間貿易形成了一些以潮商經營為主的行業，除了南北行外，有米業、茶業、中藥材業、柴炭業、潮瓷業、民俗用品和民間美食等。當中既有批發，也有零售；有的物產在本地銷售，有的物產則轉銷到東南亞國家和地區。及早設立旅港潮州商會，逐漸成為此地潮商的需求和共識。事實上，商會不但有助於把從事各個不同行業的潮商團結起來，亦可更有效地凝聚香港和往來各地的潮胞，以及加強對潮鄉的關心。對此，西方學者在 1970 年代，已撰寫專著加以研究。[7]

1921 年，旅港潮州八邑商會創立。翌年，家鄉潮州遇到特大風災，商會旋即展開賑濟救援工作，為時三年始大致完成。其後省港大罷工爆發，商會亦參與斡旋。商會創立之初，即注意潮僑子弟教育問題，創辦潮商學校，可見商會在興學育才方面一向不遺餘力。時至今日，商會開辦的香港潮商學校和潮州會館中學已有可觀的成績。

商會初創和艱苦經營

香港華商在 1930 年代已於香港社會上取得較重要席位，繼香港華商總會（其前身是 1900 年成立的華商公局）之後，1934 年有香港中華廠商聯合會的創辦，1939 年有九龍總商會的成立；華人社團方面，1931 年東華醫院、廣華醫院和東華東院統一由一個董事局管理，合稱「東華三院」，並致力推行慈善福利事業，海內外華人均受其惠。旅港潮州八邑商會在陳子昭、馬澤民、林子豐幾位會長的帶領下，也取得了初步的成績。

1931 年間，香港有八十五萬人；至 1941 年底香港淪陷前夕，人口倍增至一百六十萬。1937 年 7 月 7 日，蘆溝橋事變爆發，中日戰爭開始，事態迅即牽動了整個華人社會，香港很快就被戰爭的氣氛所籠罩，市民都很關心中國內地的情況，發動僑胞捐獻運動，以及聲援抗日戰爭。1941 年 12 月 8 日，日本空

7　Douglas Wesley Sparks, *Unity is Power: The Teochiu of Hong Kong* (The University of Texas at Austin, 1978) 是第一本研究香港潮州人及香港潮州商會的博士論文，對盂蘭勝會亦有介紹。

軍偷襲美國珍珠港，並開始襲擊香港，太平洋戰爭爆發；同月 25 日香港淪陷，自此經歷了「三年零八個月」的黑暗日子，市民生活十分艱苦，直至戰爭結束為止。香港淪陷期間，內外交通斷絕，以轉口貿易為生的香港經濟頓時為之窒息，商家星散，工商各業處於極度艱難困苦的境況，社會上的文教活動幾於停頓，原本已蓬勃發達的潮商經濟幾乎蕩然無存，旅港潮州八邑商會會務一度中斷。至 1944 年間，會務始勉力繼續。翌年 8 月中旬日本投降，香港光復。戰時潮州商會離港同人亦陸續返回香港，重整商會會務，大家努力經營，終現復甦生機。

商會的復興與建設

第二次世界大戰結束之初，香港社會經濟逐漸恢復，但國際局勢並未穩定，加上中國政治動盪，尤其是國共內戰和政權轉移的巨大影響，致使香港不斷承受逃亡潮的衝擊，人口劇增造成嚴重的居住問題，多處山邊出現了臨時搭蓋的木屋區，居民之間又常有左右兩派的政治衝突，天災人禍接踵而來。

另一方面，從中國各地湧到香港的人潮，與伴隨而來的大量資金，增強了香港的人力和物力，促使香港工業進入起飛時代。1946 年是旅港潮州八邑商會成立二十五周年，會名刪去「八邑」二字而稱「旅港潮州商會」，更能配合新時代的情勢，在馬澤民、陳漢華、馬錦燦等幾屆會長和同人的努力下，商會進入復興時期。

旅港潮州商會於 1956 年正名為香港潮州商會，同時加強會務的推行，大事更張，開展兩項大型建設：其一，是潮商學校於 1961 年落成，五年後又擴建中學校舍；其二，是潮州會館於 1971 年落成啟用，富麗堂皇。1971 年是香港潮州商會金禧紀念，同人倍感雀躍。1956 年至 1971 年，名副其實是商會的建設期。香港社會在 1960 年代開始出現急劇的變化，從一個轉口港變成世界上重要的工商及金融服務城市；隨着土生土長世代逐漸擴大和成熟，本土文化正在崛興，香港居民中有「僑居」心態者，相對日益減少。內地「文化大革命」期間，香港潮人與家鄉的聯繫亦受到影響。

商會的發展與鞏固

中華人民共和國於 1972 年恢復在聯合國的席位，同年，中英達成互換大使協議，英國撤銷在台灣的官方機構。1970 年代的香港社會，出現了經濟轉型，市民對經濟活動漸多參與，愈來愈多人投資於股票、房地產和黃金外匯。1981 年，香港人口為五百一十萬，隨着經濟進展和交通改進，市民在文化形態及消費生活方面，也開始產生改變。1982 年，中國領導人鄧小平提出「一國兩制」的構想，並與英國談判香港的回歸問題，又與葡萄牙談判澳門的回歸問題。1983 年 10 月，香港政府為解決貨幣危機，公佈將港元按 7.80 兌 1 美元的固定匯率與美元掛鉤。

1972 年至 1983 年間，香港潮州商會一直關注並致力參與香港事務，會務續有發展，尤其是在教育方面的開拓。1981 年，商會六十周年誌慶；同年 11 月 18 日至 20 日，商會在港舉辦首屆國際潮團聯誼年會，在推廣同鄉國際商務聯繫等事務上起了帶領前進的作用。1991 年商會成立七十周年會慶時，亦有一番盛況。1995 年 11 月 30 至 12 月 2 日，商會再次舉辦第八屆國際潮團聯誼年會。隨着香港經濟的起飛，潮商所經營的金融、地產及工商百業，俱獲相當的進展，同時在政壇及文化領域中，亦有不少傑出的代表人物，他們對社會的服務和貢獻，得到很高的評價。潮州商會為了表彰鄉賢，增光鄉梓，歷年均有舉辦宴賀鄉彥的活動，並且成為商會的一個傳統。

商會發揮更大功能

1997 年 7 月 1 日，中華人民共和國香港特別行政區成立，實行「一國兩制」，香港進入一個嶄新時期。香港潮州商會在新形勢下進一步發揮愛國愛港愛鄉的精神，會務方面比回歸前有更大的開闊，是商會的拓展期，商會宗旨進一步確立、鞏固和弘揚。

回歸二十多年來可以舉述的大事很多。首先，香港潮州商會主辦的「第一屆國際潮青聯誼年會」，1999 年在香港舉行；其次，是潮州商會成立八十周年會慶活動，舉辦「香港潮州節」；接着，是贊助第四屆潮學國際研討會在香港中文大學召開。

　　2011 年是潮州商會成立九十周年會慶，活動頻繁，社會各界在增進對商會了解的同時，對潮汕文化亦有更多的認識。「潮汕文化嘉年華」、「潮州工藝精品展」、潮州文化體驗之旅、潮劇欣賞會、攝影比賽、賽馬潮州盃及出版《香港潮州商會九十年發展史》等等，都是其犖犖大端。[8] 接着的十年，上述各方面都有進展。2020 年，本港社會以至世界各地均面對新型冠狀病毒疫情，經濟貿易遭受嚴重打擊，潮州商會同仁大力支持抗疫活動，與世人共渡時艱，並為籌備2021 年商會百年誌慶，加倍作出努力。

8　〈盛事概覽〉，《香港潮州商會九十週年紀念特刊》（香港：香港潮州商會，2012 年）。

第三節　商會的社會服務和各項活動

救災扶困與社會福利

香港潮州商會成立伊始，即盡力於賑濟「潮州八二風災」。香港淪陷期間，商會第十三屆、十四屆協助同鄉疏散歸鄉；第十六屆、十七屆捐助香港防癆會經費，救濟九龍城火災難民及郊區難民營難民；第十八屆捐助西區福利會福利經費，演劇籌賑石硤尾六村火災災民；第二十屆任內，救濟大坑西花墟村木屋區火災災民；第二十一屆救濟老虎岩、東頭村火災災民，以及元朗水災災民；第二十三屆演劇籌款，救濟「九一溫黛風災」災民。

商會歷來對本地社會福利事業都鼎力支持，為善不甘後人，如一年一度的公益金百萬行，廖烈科、陳有慶、林思顯等多屆會長和會董曾擔任統籌主席。東華三院、保良局等慈善團體主席或總理，商會及潮籍人士常列名其中。

二十一世紀以來，香港潮州商會同人對家鄉發生的災難亦時加援手。例如2006 年初夏，颱風「珍珠」吹襲潮汕大地，香港潮州商會聯同香港潮屬社團總會籌得賑災款項 120 萬元交中聯辦轉交潮汕三市，支援災區抗災復產。接着，潮汕又受強颱風「碧利斯」和「格美」的嚴重影響，潮州市遭受百年不遇的洪澇災害，逾一百五十萬人受災。7 月 30 日，李嘉誠捐資一千萬人民幣，幫助受災鄉親重建家園；因災而無家可歸的鄉親，每戶可獲二千五百元資助。[9] 2013年，潮汕部分地區受颱風「尤特」周邊環流影響，受災嚴重，商會捐出港幣五十萬元。

興學育才和提倡文化

1923 年，旅港潮州八邑商會籌設附屬小學，校址設於干諾道西二十九號三樓，招收學生九十名。1924 年 2 月學校開課，在創校第二年已有首屆畢業生。1929 年試辦中學，但因學生人數不多，支銷浩繁，於 1931 年停辦。戰後潮商學校復校，1949 年恢復中學部。1959 年，在會長洪祥佩領導下，組織潮商學

9　陳煥溪著《潮人在香港》，頁 257。

校建校委員會，負責建校事宜，1961 年新校落成，共有課室二十四間，分上午校和下午校，上午校由商會自辦，下午校接受政府津貼，並設中學四班。1966 年，潮商學校中學校舍啟用，正式上課。1971 年潮州會館落成啟用後，商會致力籌建中學，1987 年在新界沙田馬鞍山恆安的新校落成，定名潮州會館中學。商會致力發展小學和中學教育，至此充分得以達成。

商會慶祝成立八十周年的時候，捐款在本港八間大學設立「香港潮州商會獎學金」，藉此表示商會對高等教育培養人才的關注，這八間大學包括香港大學、香港中文大學、香港科技大學、香港浸會大學、香港理工大學、香港城市大學、香港嶺南大學、香港公開大學（現稱香港都會大學），其後加入樹仁大學、香港教育大學、香港演藝學院及香港恆生大學，至此十二間大學高等院校都設有香港潮州商會的獎學金，更全面地貫徹了商會「興學育才」的宗旨。2008 年，又在香港科技大學設立「香港潮州商會研究生獎學金」。

香港潮州商會設有資料室，廣搜潮州及中外相關圖書文獻，收藏之豐，可補本港公共圖書館及高等院校圖書館的不足。商會並編印「潮州文獻叢刊」，已出版的，計有《潮州耆舊集》、《東涯集》、《井丹詩文集》、《韓江聞見錄》四種，以及《潮州戲文五種》、《潮州先賢像傳》、《潮中雜記》等。整理中並準備印行者，有林大欽的《東莆先生文集》、周光鎬的《明農山堂集》，丁日昌的《撫吳公牘》、《百蘭山館詩文集》，以及《潮州網珠錄》。[10] 搜羅、整理和保存文獻著作，足證商會的用心和遠見。此外，商會又出版了趙克進著《香港潮商簡史》、《潮汕民俗今昔談》及《錦繡潮汕》，內容簡明扼要。

由港澳多家報刊和研究中心合辦的「1978 卓越大獎」，2019 年選出一百位改革開放中國文化產業領軍人物，商會方面已故榮譽會長饒宗頤，榮譽顧問林建岳，名譽顧問蔡德河，光榮上榜。[11] 潮籍人士向來注重教育和文化，於此可見一斑。

---

10 趙克進〈開拓奮進八十年〉，《香港潮州商會成立八十周年紀念特刊》（2002 年），頁 239。

11 〈饒宗頤、林建岳、蔡德河當選 100 位改革開放中國文化產業領軍人物〉，《香港潮州商會會訊》第 124 期（2019 年 6 月），頁 48。

商會與大學合辦活動

　　香港潮州商會與本港高等院校的往來，顯然有趨於頻密之勢，已不限於捐出獎學金，比較注重交流和合作。2010 年 10 月 30 日，香港潮州商會邀請香港浸會大學校長陳新滋教授擔任會董會主講嘉賓。會長陳幼南博士在致歡迎辭時表示，浸會大學與商會的關係非同一般，浸會大學前身浸會學院的主要創辦人是商會前會長林子豐博士，林子豐博士的公子，商會前會長林思顯博士與浸會大學有深厚的淵源，商會亦曾多次組織會董和會員參觀浸會大學；浸會大學兩位前校長謝志偉博士、吳清輝教授，亦經常參加商會的各項活動及蒞會指導。他希望今後雙方加強聯絡和進行交流，共同為香港的教育事務及培養人才作出貢獻。陳新滋校長說，浸會大學一直得到潮州商會的支持，如捐助獎學金等，希望商會首長多到學校參觀指導。[12] 2019 年 5 月 7 日，商會第五十一屆會長林宣亮出席香港科技大學捐款者感謝日，參觀科大的研究中心、實驗室等，了解最新研究情況。商會的宗旨之一是「興學育才」，本屆更以「潮商潮創，邁向百年」為主題，引領創新科技發展，培育具創新精神和思維的優秀人才。

　　近十多年來，香港潮州商會相繼與本港高等院校合作，開辦潮州話班和探討潮汕文化的講座，使年青人有更多學習和接觸的機會。例如，商會與香港浸會大學合辦的「潮汕語言文化探索」（一）及（二）秋季課程於 2010 年 11 月開課，學員除掌握潮語發音和簡單會話外，還可認識潮汕歷史、風土人情和民俗文化。2011 年夏季課程，還增設了「潮汕語言文化探索」（三）。2011 年下半年，商會又與香港城市大學合辦「潮劇工作坊與潮州文化體驗團」。2012 年，商會與香港理工大學合辦潮汕文化座談會和潮語課程等。翌年，合辦「潮汕文化系列：發現潮汕 —— 潮汕語言文化研習班」。

　　2011 年，香港潮州商會青年委員會與國務院僑辦在北京合辦「北大中國經濟高級研修班」，共有四十多人參加，包括來自國際潮青聯合會屬會的八位成員。12 月 15 日，商會副會長周振基專程出席了在釣魚台國賓館舉行的結業儀式。[13]

---

12 〈香港浸會大學陳新滋校長等訪問香港潮州商會〉，《香港潮州商會會訊》第 75 期（2010 年 12 月），頁 17。
13 〈與國務院僑辦合辦高級經濟研修班〉，《香港潮州商會會訊》第 81 期（2012 年 1 月），頁 22。

商會發起組建香港潮屬社團總會

香港潮屬社團總會創會主席陳偉南先生在談到總會成立緣起時提及，「組織一個社團，談何容易。所以經過思考之後，將總會掛靠在香港潮州商會。潮州商會歷史悠久，人才眾多，在商界地位崇高，這在兩會合作上是非常有利的。」香港潮屬社團總會秘書處設在香港潮州商會，商會秘書處全力協助總會秘書處工作，直至其秘書處開始獨立運作。

邁向新時代的理念和活力

香港潮州商會創於 1921 年，其初名為旅港潮州八邑商會，至第二次世界大戰結束後，為了配合時代環境，於 1946 年刪去會名中的「八邑」二字，稱為旅港潮州商會。1956 年，經會員大會通過，正名香港潮州商會，遂成定稱。時至今日，在香港一百多萬潮籍鄉親中，潮州商會是歷史最悠久且最具代表性的工商團體，匯集眾多潮籍菁英，服務社群，回饋社會，一百年來與香港一起成長，「經歷了香港回歸祖國的難忘時刻，見證了中華民族走向興旺發達的光輝歷程。」[14]

香港潮州商會的宗旨促進工商是商會功能，敦睦鄉誼、弘揚文化屬族群認同，服務社會、興學育才、扶貧救災三項是公益事業。[15] 商會向來秉承此六大方針。近十年來，商會在堅持年青化、專業化、國際化的理念下更加煥發青春活力。

經過一世紀的歷煉，今日的香港潮州商會是本地舉足輕重的商會之一，在香港潮籍社群中有崇高的認受性，與潮汕地區有密切的聯繫，更是國際潮籍團體的表表者，在全球化大潮中擔當獨特的角色。本土化與國際化兼容，年輕化與知識化並濟，可以肯定地說，在預見的未來，香港潮州商會必定更上一層樓，為香港、為潮汕、為祖國、為世界作出更豐碩的貢獻。

---

14 陳幼南〈會長致辭〉，《香港潮州商會九十周年會慶暨第四十七屆會董會就職典禮（場刊）》（香港：香港潮州商會，2010 年），頁 16。

15 周佳榮著《香港潮州商會九十年發展史》，頁 22–23。

第四節　商會歷屆首長任職概況

商會歷屆正副會長

　　香港潮州商會自 1921 年成立以來，至 2021 年一百周年會慶為止，總共五十二屆（表 4），有四十位會長（主席、理事長）。最初四屆以一年為任期，首屆會長蔡杰士任期一年，陳殿臣任兩屆會長（兩年），方養秋亦任兩屆會長（三年）。第五屆起改為兩年一任，以孫家哲任期最短，因他就職不久，太平洋戰爭爆發，未幾香港淪陷，社會動盪，商會會務亦處於停頓狀態；到了 1944 年，始由許友梅擔任商會第十四屆會長，在任三年。第十五屆稱會長為主席，第十六屆至第二十屆稱會長為理事長。第二十六屆因興建會館大廈，順延一年。

表 4　香港潮州商會歷屆正副會長

屆別	任職年份	會長	副會長
1	1921 — 1922	蔡杰士	王少平
2	1922 — 1923	陳殿臣	王少平
3	1923 — 1924	陳殿臣	鄭仲評
4	1924 — 1925	方養秋	黃象初
5	1925 — 1927	方養秋	李鑑初
6	1927 — 1929	李澄秋	陳煥夫
7	1929 — 1931	陳子昭	林子豐
8	1931 — 1933	陳子昭	林子豐
9	1933 — 1935	馬澤民	陳庸齋
10	1935 — 1937	馬澤民	陳庸齋
11	1937 — 1939	林子豐	許友梅
12	1939 — 1941	洪鶴友	許友梅

（續上表）

13	1941 — 1943	孫家哲	吳鏡堂
14	1944 — 1946	許友梅	林拔中
15	1946 — 1948	馬澤民	陳庸齋
16	1948 — 1950	陳漢華	湯秉達
17	1950 — 1952	馬錦燦	蔡家源
18	1952 — 1954	沈瑞慶	莊徐光
19	1954 — 1956	鄭植芝	洪祥佩
20	1956 — 1958	馬澤民	馬璧魂、鄭光
21	1958 — 1960	洪祥佩	鄭光、蔡章閣
22	1960 — 1962	洪祥佩	鄭光、蔡章閣
23	1962 — 1964	鄭　光	陳維信、張蘭夫
24	1964 — 1966	陳維信	張蘭夫
25	1966 — 1968	廖烈文	林繼振、呂高文
26	1968 — 1970	廖烈文	林拔中、呂高文
27	1970 — 1972	廖烈文	蔡章閣、呂高文
28	1972 — 1974	蔡章閣	林思顯、廖烈武
29	1974 — 1976	林思顯	廖烈武、陳有慶
30	1976 — 1978	林思顯	廖烈武、陳有慶
31	1978 — 1980	廖烈武	陳有慶、章志光、劉世仁
32	1980 — 1982	陳有慶	章志光、劉世仁、廖烈科
33	1982 — 1984	陳有慶	章志光、劉世仁、廖烈科
34	1984 — 1986	章志光	劉世仁、廖烈科、劉奇喆
35	1986 — 1988	劉世仁	廖烈科、劉奇喆、唐學元、葉慶忠
36	1988 — 1990	廖烈科	劉奇喆、唐學元、葉慶忠、周厚澄
37	1990 — 1992	廖烈科	劉奇喆、唐學元、葉慶忠、周厚澄
38	1992 — 1994	劉奇喆	唐學元、葉慶忠、周厚澄、陳偉南

（續上表）

39	1994 — 1996	唐學元	葉慶忠、周厚澄、陳偉南、蔡衍濤
40	1996 — 1998	葉慶忠	周厚澄、陳偉南、蔡衍濤、莊學山
41	1998 — 2000	周厚澄	陳偉南、蔡衍濤、莊學山、馬介璋
42	2000 — 2002	陳偉南	蔡衍濤、莊學山、馬介璋、馬照祥
43	2002 — 2004	蔡衍濤	莊學山、馬介璋、馬照祥、許學之
44	2004 — 2006	莊學山	馬介璋、馬照祥、許學之、陳幼南
45	2006 — 2008	馬介璋	許學之、陳幼南、周振基、張成雄
46	2008 — 2010	許學之	陳幼南、周振基、張成雄、廖鐵城
47	2010 — 2012	陳幼南	周振基、張成雄、廖鐵城、胡劍江
48	2012 — 2014	周振基	張成雄、胡劍江、林宣亮、陳智文
49	2014 — 2016	張成雄	胡劍江、林宣亮、陳智文、馬鴻銘 黃書銳、高佩璇
50	2016 — 2018	胡劍江	林宣亮、陳智文、馬鴻銘、黃書銳 高佩璇、鄭敬凱
51	2018 — 2020	林宣亮	陳智文、馬鴻銘、黃書銳、高佩璇 鄭敬凱、蔡少偉
52	2020 — 2022	黃書銳	陳智文、馬鴻銘、高佩璇、鄭敬凱 蔡少偉、陳強

　　四十位會長之中，馬澤民在戰前曾任兩屆會長，戰後又兩度主持會務，總共擔任了四屆會長。其次是廖烈文，他擔任了三屆會長。連任會長之職的，戰前有陳殿臣、方養秋、陳子昭，戰後有洪祥佩、林思顯、陳有慶、廖烈科。屬於父子關係的，有：林子豐、林思顯父子，洪鶴友、洪祥佩父子，陳偉南、陳幼南父子；兄弟關係而先後擔任會長，有廖烈文、廖烈武、廖烈科。

　　歷屆會長以工商界人士居多，他們都熱心公益，1997 年以前有多位曾獲英女王頒授勳銜，香港回歸祖國以來亦有多位榮獲香港特區政府頒授勳銜；1950年代以來至 2000 年，亦有多位獲委任為太平紳士；有博士銜的及獲頒榮譽博士、院士銜的也不少。潮州商會向來重視社會公益和各級教育，亦於此可見一斑。

　　香港潮州商會自成立時起，每屆均設副會長（副主席或副理事長）之職，第一至第十九屆及第二十四屆為一人，第二十屆至第二十三屆及第二十五屆至

第三十屆設二人，第三十一屆至第三十四屆設三人，1988年第三十六屆開始至第四十八屆，每屆設副會長四人。2014年第四十九屆至今，每屆設副會長六人。

　　戰前商會歷屆會長之中，曾任副會長之職而出任會長的，只有林子豐、許友梅二人；戰後初期至1970年代初，歷屆會長大多曾任副會長職務。1972年第二十八屆以來，所有會長都是由上一屆的其中一位副會長出任，副會長之中，很多都是下幾屆的會長人選。這有助於促進商會宗旨的傳承、人事的暢順及會務的持續。

會董會壯大陣容

　　會董會的陣容，近年來歷屆逐漸壯大和加強。第五十二屆會長黃書銳指出，現時商會共有136名會董，下設十五個部及委員會。一百年來，商會不斷朝專業化、年青化、國際化的方向發展。[16]

　　香港潮州商會於1962年第二十三屆起，設永遠名譽會長；1970年第二十七屆起，設名譽會長；2008年第四十六屆起，設永遠名譽會長兼當然會董；2012年第四十八屆，設永遠榮譽會長兼當然會董、榮譽會長、名譽會長；2020年第五十二屆，設首席榮譽主席、榮譽主席、永遠名譽會長兼當然會董、名譽會長、榮譽顧問、名譽顧問、會長、副會長、常務會董及各部委主任、會務策略顧問、法律顧問、會董兼各部委副主任、會董、名譽會董。

　　為慶祝百年盛典，香港潮州商會設置特別獎項，旨在表彰為商會作出卓越貢獻的人士，或者是為社會作出傑出貢獻的潮籍人士，為商會發展立下汗馬功勞的歷屆會長，自然當列其中。[17]

16　〈本會介紹〉，www.chiuchow.org.hk。

17　〈商會一百周年會慶籌委會召集人黃書銳副會長的話〉，《香港潮州商會會訊》第128期（2020年6月），頁3。

商會歷屆首長照片

第一屆會長
蔡杰士先生

第二屆、三屆會長
陳殿臣先生

第四屆、五屆會長
方養秋先生

第六屆會長
李澄秋先生

第七屆、八屆會長
陳子昭先生

第九屆、十屆會長
馬澤民先生

第十一屆會長
林子豐博士 OBE

第十二屆會長
洪鶴友先生

第十三屆會長
孫家哲先生

第十四屆會長
許友梅先生

第十五屆主席
馬澤民先生

第十六屆理事長
陳漢華先生

第十七屆理事長
馬錦燦先生

第十八屆理事長
沈瑞慶先生

第十九屆理事長
鄭植之先生 OBE

第二十屆會長
馬澤民先生

第二十一屆、二十二屆
會長洪祥佩太平紳士

第二十三屆會長
鄭光先生

第二十四屆會長
陳維信先生 MBE BBS

第二十五、二十六屆、
二十七屆會長
廖烈文 GBS 太平紳士

第二十八屆會長
蔡章閣太平紳士

第二十九屆、三十屆
會長林思顯博士
CBE 太平紳士

第三十一屆會長
廖烈武 MBE 太平紳士

第三十二屆、三十三屆
會長陳有慶博士
GBM GBS 太平紳士

第三十四屆會長
章志光先生

第三十五屆會長
劉世仁 MBE 太平紳士

第三十六屆、三十七屆
會長廖烈科
MBE 太平紳士

第三十八屆會長
劉奇喆先生

第三十九屆會長
唐學元先生 BBS

第四十屆會長
葉慶忠 MBE BBS
太平紳士

第四十一屆會長
周厚澄 OBE SBS
太平紳士

第四十二屆會長
陳偉南先生 BBS

第四十三屆會長
蔡衍濤先生 MH

第四十四屆會長
莊學山先生

第四十五屆會長
馬介璋博士 SBS BBS

第四十六屆會長
許學之先生 BBS

第四十七屆會長
陳幼南博士 SBS MH

第四十八屆會長
周振基教授 GBS SBS
BBS 太平紳士

第四十九屆會長
張成雄先生 BBS

第五十屆會長
胡劍江先生

第五十一屆會長
林宣亮先生

第五十二屆會長
黃書銳先生

第五節 ▎ 商會百周年慶典活動記盛

　　香港潮州商會自成立以來，對敦睦鄉誼、社會公益、推進商務，以至同鄉福利、興學育才、賑災扶困等，無不悉力以赴。[18] 商會在戰前初奠基業，中經香港淪陷時期，會務一度受阻，至第二次世界大戰結束後，先而復興、建設，繼而發展和鞏固，並從 1997 年 7 月 1 日香港回歸祖國時起，加強拓展會務。2021 年是香港潮州商會成立一百周年，商會舉辦一連串的活動，與全港市民共同歡慶，弘揚潮汕文化，秉承立會宗旨，以堅實的步伐向另一個百年邁進。

　　為慶祝成立一百周年，商會於 2020 年即宣佈將推出一系列活動。會長黃書銳兼百周年慶典委員會主席，希望透過各項活動凝聚力量，扶貧紓困，為社會增加正能量，與各界一起為防疫及恢復經濟打氣。商會特意設計一百周年標誌，以「百年潮商、再創輝煌」為標語，以喜慶的橙紅色「100」字樣圍繞商會會徽和維港剪影，寓意一百年來商會與香港攜手並進。永遠名譽會長陳偉南為誌慶揮毫，題詞「百年潮商」祝賀。

商會捐款一百萬港元予「公益金及時抗疫基金」

　　2021 年 5 月 29 日，會長黃書銳代表香港潮州商會遞交一百萬元支票予香港公益金，由香港公益金會長李業廣代表接受。黃書銳會長表示，是次捐贈活動是香港潮州商會百周年慶典活動之一。香港潮州商會多年來奉獻社會，造福社群，無論哪裏遇到大型災害或疫情，商會都義無反顧，捐款捐資。

「百年潮商展風華─慶祝香港回歸 24 周年港潮藝術家作品展」

　　2021 年 6 月 5 日至 8 日在香港大會堂舉行「百年潮商展風華─慶祝香港回歸 24 周年港潮藝術家作品展」。是次展覽由香港潮州商會主辦，杏港美協、國際潮汕書畫總會、汕頭市美協、潮州市美協、揭陽市美協協辦，藝術香港承

18　趙克進〈開拓奮進八十年〉，《香港潮州商會成立八十周年紀念特刊》（香港：香港潮州商會，2002年），頁 238。

辦。展覽展出超過 120 幅香港和潮汕優秀藝術家為此次慶典而創作之繪畫作品及攝影作品，也包括香港潮州商會珍貴歷史照片及珍藏的書畫作品。

商會向河南受災地區捐善款 280 萬港元

2021 年 7 月底，河南省多地連日暴雨成災，情況嚴峻。商會深切關注當地災情，迅速發起籌款倡議，會董積極響應、慷慨解囊、踴躍捐款，數日內籌集善款 280 萬港元。8 月 2 日，黃書銳會長聯同一眾首長前去中聯辦，將善款 280 萬港元支票交予中聯辦副主任何靖，由中聯辦將善款轉交河南省有關部門，協助河南災民渡過難關。

商會會董會員捐款賑濟河南水災

捐款人芳名	捐款金額 HK$
香港潮州商會百周年慶典籌備委員會	1,000,000.00
莊學山永遠名譽會長、莊學海會董、莊學熹會員	300,000.00
黃書銳會長	203,000.00
陳偉南永遠名譽會長、陳幼南永遠名譽會長	200,000.00
陳強副會長、陳賢翰會董	200,000.00
謝錦鵬常務會董	200,000.00
陳智思榮譽主席、陳智文副會長	100,000.00
許學之永遠名譽會長、許平川會董	100,000.00
林宣亮永遠名譽會長、林輝耀名譽顧問、林宣中會董、林宣明會員	100,000.00
高佩璇副會長	50,000.00
蔡少偉副會長	50,000.00
顏吳餘英會董	50,000.00
陳蕙婷常務會董、陳建年會董、陳建源會董	20,000.00
謝喜武常務會董	20,000.00

（續上表）

捐款人芳名	捐款金額 HK$
廖偉麟會董	20,000.00
姚明強會董、姚易明會董	20,000.00
周卓如常務會董	10,000.00
馬僑生常務會董	10,000.00
馬介欽常務會董	10,000.00
蕭成財常務會董	10,000.00
史立德常務會董	10,000.00
史理生常務會董	10,000.00
林楓林會務策略顧問	10,000.00
林趣玲會董	10,000.00
許崇標會董	10,000.00
紀英達會董	10,000.00
陳偉香會董	10,000.00
張植煒會董	10,000.00
林克倫會員	10,000.00
陳鐵會員	10,000.00
唐大威常務會董	5,000.00
許義良會董	5,000.00
黃宇鵬會董	5,000.00
蔡衍濤榮譽主席	4,000.00
吳哲歆常務會董	2,000.00
陳賢豪會董	2,000.00
許禮良會董	2,000.00
周駿達會董	2,000.00
合計：	2,800,000.00

商會百周年會慶暨第五十二屆會董就職典禮

2021 年 8 月 27 日，香港潮州商會在香港會議展覽中心新翼大會堂舉行百周年會慶暨第 52 屆會董就職典禮。行政長官林鄭月娥、駐港國安公署署長鄭雁雄、中聯辦副主任何靖、外交部駐港公署副特派員方建明、財政司司長陳茂波等擔任主禮嘉賓，共有七百多人出席了典禮。

會長黃書銳致歡迎辭提到，第 52 屆會董就任之時，喜逢中國共產黨成立一百周年及香港回歸祖國二十四周年，商會舉辦了多項相關活動，並以配合政府防疫抗疫措施，作為商會的工作重點。

林鄭月娥致辭時表示，潮籍人士是香港的重要社群，人數超過一百萬，扎根香港超過一個世紀，在各行業取得驕人成就，對社會建設和經濟發展建樹良多。潮州商會植根香港，心繫祖國，積極支持國家改革開放和家鄉經濟發展，充分體現愛國、愛港、愛鄉的精神。[19]

香港郵政局印製香港潮州商會百周年「心思心意」紀念郵票

專為紀念香港潮州商會成立一百周年而設計的，由香港郵政局印製的心思心意紀念郵票，選用十二幅商會各個時期的歷史照片組成，主要包括：

（一）1921 年 7 月商會首次會員大會；

（二）1922 年商會舉行賣物會為「潮汕八二風災」籌款；

（三）1971 年港督戴麟趾為新落成的潮州會館揭幕；

（四）1995 年商會組團赴京獲全國政協主席李瑞環接見；

（五）1997 年 3 月商會舉行慶祝香港回歸祖國大會由特區候任行政長官董建華主禮。

另外，還有商會主辦首屆國際潮團聯誼年會及國際潮青聯誼年會的照片等。這套紀念郵票是香港潮州商會百年歷史的縮影，極具紀念價值。[20]

---

19 〈香港潮州商會百周年會慶暨第 52 屆會董就職典禮圓滿舉行〉，《香港潮州商會會訊》第 133 期（2021 年 9 月），頁 19–23。

20 〈香港潮州商會百周年會慶暨第 52 屆會董就職典禮圓滿舉行〉，《香港潮州商會會訊》第 133 期（2021 年 9 月），頁 22。

製作專題紀錄片、主題短片及電視宣傳片

商會與電視廣播有限公司以「感恩、傳承、團結、奉獻」為主題，合作製作 5 條 20 秒宣傳片，與鳳凰衛視合作製作 60 分鐘專題紀錄片及 8 分鐘主題短片。

冠名贊助觀塘海濱「全民燈月」活動

2021 年 9 月 19 日至 22 日，商會冠名贊助「全民燈月」活動在觀塘海濱舉行，包括首個民間在海濱大廈外牆主辦的光影 Show，以及觀塘海面上直徑 15 米的發光大月亮。同場亦設有香港潮州商會展區，展示商會各個年代的活動照片，最早的圖片可追溯至 1921 年，讓更多的市民認識及了解香港潮州商會和感受商會的百年歷程。

捐建紅頭船塑像設施

2022 年 6 月，為慶祝香港回歸祖國 25 周年及慶祝香港潮州商會創會一百周年，香港潮州商會與中西區民政事務處共同發起在中西區近中山紀念公園海濱長廊建造紅頭船塑像設施，以紀念香港開埠時期，先民艱苦創業的歷史。

感恩、傳承、團結、奉獻：
香港潮州商會百周年會慶紀盛

1 2020 年 11 月 12 日，商會舉行百周年慶典發佈會及系列活動揭幕儀式。

2 2020 年 11 月 12 日，年逾百歲的第四十七屆會長陳偉南於商會百周年慶典發佈會上饋贈墨寶「百年潮商」。

3

4

5

3 2021 年 5 月 29 日，會長黃書銳（右）代表香港潮州商會遞交一百萬元支票予公益金，香港公益金
　會長李業廣代表接受。

4 2021 年 6 月 5 日，商會舉辦「百年潮商展風華 —— 慶祝香港回歸 24 周年港潮藝術家作品展」，台
　上主禮嘉賓大合照。

5 2021 年 7 月 6 日，商會會董參觀「百年偉業」主題展。

<u>1</u> 2021 年 8 月 2 日，商會向河南受災地區捐善款 280 萬港元，由中聯辦代為轉交。

<u>2</u> 2021 年 8 月 27 日商會第五十二屆會董大合照

<u>3</u> 2021 年 8 月 27 日青年委員會大合照

4 2021 年 8 月 27 日婦女委員會成員大合照

5 2021 年 8 月 27 日，香港潮州商會百周年會慶暨第 52 屆會董就職典禮上，
黃書銳會長聯同主禮嘉賓和重要嘉賓主持啟動儀式。

1 2021 年 8 月 27 日百周年會慶暨就職典禮，行政長官林鄭月娥向黃書銳會長頒發會長證書。

2 2021 年 8 月 27 日百周年會慶暨就職典禮，駐港國家安全公署鄭雁雄署長（中）頒發副會長證書。

3 2021 年 8 月 27 日百周年會慶暨就職典禮，黃書銳會長及副會長聯同重要嘉賓致送紀念品予永遠
名譽會長。

4

5

6

4 2021 年 8 月 27 日，一眾青委及會董在百周年會慶暨就職典禮時光隧道中合照。

5 2021 年 9 月 21 日至 22 日商會冠名贊助「全民燈月」活動，會長黃書銳（左三）、
副會長高佩璇（左二）及鄭敬凱（左一）代表商會接受主辦機構送贈之紀念品。

6 「全民燈月」活動期間，會長與現場會員合影。

1 2021 年 9 月 19 日至 22 日，商會冠名贊助「全民燈月」活動，並設香港潮州商會成立一百周年圖片展區。

2 紀念香港潮州商會成立百周年心思心意郵票。

第一篇 | 早期歷史
商會創立和初年經營

第一章 潮人在香港的活動和事業

今日香港包括香港島、九龍半島和新界地區，位於中國南方珠江三角洲粵港澳大灣區沿海，是出入中國的南大門，並扼海上交通要衝。十九世紀中葉以來，由於中外貿易日趨頻繁，香港發展成為一個華洋人士薈萃、中西文化交匯的商業城市和金融中心，有「東方之珠」的美譽，並與韓國（南韓）、新加坡、台灣地區合稱「亞洲四小龍」。華人商會在香港相繼成立，是華人、華商在社會以至政壇冒起的重要標誌。[1]

香港潮州商會成立於 1921 年，是本地歷史最悠久的潮籍團體，其初名為「旅港潮州八邑商會」，至第二次世界大戰結束後，鑑於會名不合時代環境，於 1946 年刪去「八邑」二字，稱為「旅港潮州商會」。1956 年，經會員大會通過，定名「香港潮州商會」（Hong Kong Chiu Chow Chamber of Commerce Limited）。時至今日，香港潮州商會已發展為本地重要的工商團體，在海內外，更是具代表性的國際潮團之一。

香港潮州商會自成立以來，對敦睦鄉誼、社會公益、推進商務，以至同鄉福利、興學育才、賑災扶困等，無不悉力以赴。[2] 商會由戰前初奠基業，中經香港淪陷時期，會務一度停滯，至戰後復興、建設，繼而發展和鞏固，並於 1997 年 7 月 1 日香港回歸祖國後，加強拓展會務。2011 年是潮州商會成立九十周年，商會隆重舉辦了一連串慶祝活動；2016 年九十五周年時，會務續有進展。2021 年欣逢商會成立一百周年誌慶，在舉行多項慶典的時候，更本着一向的宗旨，以堅實的信念迎接未來。

香港潮州商會不但致力於團結本地潮人、促進本地工商各業和社會事務，並且心懷家國，珍重鄉情，對聯絡海外潮僑多所措意，既不忽視潮州歷史和文化，也重視認識國際情況和資訊交流。

---

1 周佳榮、鍾寶賢、黃文江編著《香港中華總商會百年史》（香港：香港中華總商會，2002 年），頁 1。

2 趙克進〈開拓奮進八十年〉，《香港潮州商會成立八十周年紀念特刊》（香港：香港潮州商會，2002 年），頁 238。

潮州縣市的建置

　　潮州作為中國的一個地方行政單位，是在一千四百多年前，「以潮水往復，因以為名」[3]。自古以來，潮州曾經是州名、路名、府名，在不同的年代，地域範圍時有伸縮。隋朝開皇十一年（公元 591 年），分循州置潮州，治海陽縣（今廣東省潮州市），大業三年（607 年）改義安郡。唐朝武德四年（621 年）復為潮州，轄境相當現時廣東梅州市、汕頭市所轄地區（興寧、五華二市、縣除外）。天寶（742 — 756 年）、至德（756 — 758 年）時，曾改為潮陽郡。[4]

　　五代十國時的南漢（917 — 971 年）割今梅州市及梅縣、平遠、蕉嶺等三縣地，置敬州（宋代改為梅州），轄境縮小。兩宋時期（960 — 1279 年），屬廣南東路。元朝至元十六年（1279 年）升為潮州路，治海陽縣；轄境相當現時廣東大埔、豐順、揭西三縣以東地，屬江西行省。明朝洪武二年（1369 年）改為潮州府，治海陽縣；同年，廢梅州來屬。轄境相當現時廣東梅州市和汕頭市及所轄縣（興寧、五華二市、縣除外），屬廣東。清朝雍正十一年（1733 年）割今梅州市及梅縣、平遠、蕉嶺三縣地，置嘉應直隸州，轄境縮小。[5] 明清以降，潮州各縣建置大體上已形成。（表 5）

表 5 潮州各縣市建置表

縣市	建置概略
1. 潮安縣	漢屬揭陽縣地，晉初置海陽縣，義熙九年（413 年）為義安縣治。隋大業三年（607 年），又改為海陽縣。民國三年（1914 年）易名潮安縣。
2. 潮陽縣 / 市	漢屬揭陽縣地，晉初置潮陽縣，屬義安郡。以在大海之北而得名。唐武德四年（621 年）屬潮州，宋紹興二年（1132 年），併入海陽；紹興八年（1138 年）復潮陽縣。至 1993 年設市。

3　唐・李吉甫撰《元和郡縣圖志》，今本作《元和郡縣志》（北京：中華書局，1983 年）。
4　《中國歷史大辭典》（上海：上海辭書出版社，2000 年）下卷，〈潮州〉條，頁 3203。
5　《中國歷史大辭典》下卷，〈潮州路〉及〈潮州府〉條，頁 3204。

（續上表）

3. 揭陽縣 / 市	潮州各縣名，以揭陽為最古。秦始皇三十三年（前214年），即有揭陽之名。但非置縣，僅為戍所，稱揭陽嶺。漢武帝元鼎六年（前111年）平南越，始正式置縣，屬南越。新莽時改為南海亭，東漢屬南海郡。晉義熙九年（413年），併入海陽縣。宋宣和三年（1121年），脫離海陽置縣。紹興二年（1131年）再廢；紹興八年（1137年）又恢復。至1991年設市。
4. 饒平縣	明憲宗成化十三年（1477年），時因汀、漳叢嶺險阻，盜寇嘯聚，乃割海陽三饒（即上饒、中饒、下饒）地區，以太平鄉的宣化、信寧二都為基本；再加其他弦歌等五都，獨立置縣。取三饒太平之義，定名饒平。沿用至今。
5. 惠來縣	漢為揭陽縣地，晉、隋屬海陽縣，唐初併入潮陽縣。明時，倭寇常至中國沿海各省騷擾，潮屬沿海一帶鄉村被其劫掠者，至為慘酷；而縣城遙遠，鞭長莫及，控制防禦，疲於奔命。嘉靖三年（1524年），割潮陽的惠來都及海豐縣的龍江都等，合五都置惠來縣。縣城設於葵嶺之南，又名葵陽。
6. 大埔縣	漢屬揭陽縣地，晉義熙九年（413年），置義招縣，屬義安郡。隋大業三年（607年）改為萬川縣，唐武德四年（621年）併入海陽縣。明嘉靖五年（1526年），始正式割出饒平縣北部的灤州、清遠二都置大埔縣。以自茶山之麓，彌望平原，埔地寬闊，故名大埔；縣治在茶山之陽，又名茶陽。
7. 澄海縣	漢屬揭陽縣地，晉以後屬海陽縣。明嘉靖四十二年（1563年），割海陽縣懷德鄉之上中下外莆三都；揭陽延德鄉之蓬州、鱷浦、鮀江三都，以及饒平之蘇灣一都，合併建置澄海縣。定名澄海，蓋取海宇澄清之義。清康熙五年（1666年）遷界，全縣被裁；康熙七年（1668年），又恢復縣治。
8. 普寧縣	漢屬揭陽縣地，晉屬海陽縣。明嘉靖四十二年（1563年），由揭陽割黃坑都；潮陽割戎水、烏洋合三都建置新縣。初名普安，取普遍安寧之義。萬曆十年（1583年），縣境有所變動，遂改名為普寧；後領域歷有變遷，但名字則沿用至今。因縣治在洪山之陽，又名洪陽。
9. 豐順縣	漢屬揭陽縣地，晉屬海陽縣，明時為海陽豐順都。隆慶年間（1567—1572年），築城湯田設通判府。清乾隆三年（1738年），割海陽縣之豐政都，並以嘉應、大埔、揭陽、饒平諸縣近田糧戶以益之，仍其舊城置豐順縣。
10. 南澳縣	南澳在明以前稱南澳島，屬海陽縣信寧都。明成化十三年（1477年）置饒平縣時，屬饒平。萬曆四年（1576年），設南澳鎮，劃雲澳、青澳歸福建詔安；隆澳、深澳仍屬饒平。清雍正十年（1732年）改南澳廳，設海防同知（軍民府）。民國元年（1912年）改南澳縣，屬潮州。

（續上表）

11. 汕頭市	昔年為韓江出口的漁村，原名沙汕頭。明洪武三年（1370 年）置鮀浦司，屬揭陽縣；嘉靖四十二年（1563 年）改屬澄海縣。清咸豐八年（1858 年），《中英天津條約》訂定開汕頭為中外通商口岸，稱汕頭埠。民國十年（1921 年）脫離澄海獨立，置市政廳，並得礐石劃入管轄，直屬廣東省長公署。民國十八年（1929 年）改稱汕頭市，屬潮州。
12. 南山管理局	南山位於潮陽之南，惠來之北，在普寧的東南端，雖以山為名，但山不高，惟崎嶇嶮鬱，有險可憑。民國十六年（1927 年），盜匪盤踞其間，居民多被蹂躪殺害，政府派兵圍剿，經數年方告盪平。民國二十四年（1935 年），廣東省政府劃撥潮、普、惠三縣部分土地設管理局於林招鄉，後改設兩英墟。

　　1949 年中華人民共和國成立後，於 1953 年析潮安城區設潮州市，1958 年撤銷，1979 年復設市。現時的潮州市是潮汕平原農產品集散中心，工業有電子、機電、機械、皮塑、製藥等，以抽紗、刺繡、木雕等工藝品著名，「潮州蜜柑」是其特產。名勝古蹟有西湖、韓山、湘子橋、開元寺、韓文公祠、金山北閣佛燈等，是中國歷史文化名城。[6]1991 年，揭陽縣改為揭陽市；1993 年，潮陽縣改潮陽市，現時是汕頭市潮陽區、潮南區等地。

潮州歷史文化特色

　　民國初年旅港潮州八邑商會初成立時，潮州各縣當中，潮安、潮陽、揭陽、饒平、澄海、普寧、惠來、豐順八邑均操潮語，彼此較為接近和團結；省垣潮州八邑會館及聚和堂，其會員盡屬此八邑人士，大埔、南澳未有人參加，而旅港潮州商會其初係由聚和堂擴大組成，因此沿用八邑名稱，直至戰後初期。[7]會名刪去「八邑」二字，遂使商會更具全面性和代表性；「旅港」改為「香港」，則反映了戰後潮僑多定居於香港，旅港潮僑的第二代、第三代，生於斯長於斯，已成為本地潮籍人士，而仍心繫家鄉。

　　潮州地理位置獨特，偏在東南隅，又三面環山，一面臨海，平原中分，形成相對封閉的地理環境。具體地說，潮州是位於亞洲大陸東部沿海地區的一塊

6　《辭海》1999 年普及本（上海：上海辭書出版社，2000 年），〈潮州〉條，頁 2772。

7　〈香港潮州商會史略〉，《香港潮州商會成立七十周年紀念特刊》（香港：香港潮州商會，1992 年），頁 174。

土地，面對台灣海峽和南中國海交界處，東北是峰巒起伏的鳳凰山區。韓江從峽谷瀉出，流過小小的平原，分成十幾道支流，匯進大海。潮州城就建在峽谷口，背後雲山重疊。在潮州城的西邊，從揭陽城和潮陽城翹首向西北望，高峻綿延的蓮花山脈，像成千上萬的馬匹歡騰簇擁，奔向海邊。這道山脈，成為潮州和省城之間的交通障礙。對於中國大地，潮州地處邊緣；對於廣東一省，潮州也是邊緣。潮州人喜歡說自己的家鄉是「省尾國角」，不管是自嘲還是自詡，用這個詞來說明潮州的地理位置是很準確的。[8]

遠在唐代，潮州一帶人口稀少，經濟落後，因而成為流放謫宦之地。著名大文豪韓愈（768 — 824 年）[9]，就曾被流放到潮州。韓愈治潮八月，口碑載道，在推動文教事業方面更起了很大的作用，從此潮州讀書的人漸多，並且注重文章和品行的修養。[10] 潮州人為紀念韓愈，把當地重要的河山改名「韓江」、「韓山」，稱之為「江山改姓」，並且興建了許多韓文公祠。北宋理學家周敦頤（1017 — 1073 年）曾在嶺南為官，潮陽峽山周姓多其後裔。

隨時間的推移，到了清代，潮州已是「嶺表諸郡莫之與京」的大都會，「商旅輻湊，人煙稠密」，俞蛟（1751 —？年）著《潮嘉風月記》云：「繡帷畫舫鱗接水次，月夕花朝鬢影流香，歌聲夏玉，繁華氣象百倍秦淮。」[11] 清代中葉以前，中原移民主要由福建等地輾轉來到潮州；歷任官潮州者，亦以閩籍官員居多。因此潮州既有閩南經濟、文化色彩，而又不乏本身的特色；其地既有利於中原古老文化的保留和積澱，又因位於東南沿海地區，與海外有千絲萬縷的聯繫，在近代又以汕頭為中心發展出新生事物和社會面貌。[12]

潮汕地區的居民基本上有三種成份：第一種人是原住的海民。他們以海

8　黃挺、陳利江著《潮州商幫》（廣州：暨南大學出版社，2011 年），頁 1–2。

9　韓愈，字退之，河南南陽（今河南孟縣南）人。自謂郡望昌黎，或「昌黎韓愈」，世稱韓昌黎。進士出身，曾任國子博士、刑部侍郎等職，因諫阻唐憲宗迎佛骨，被貶為潮州刺史。唐穆宗時，官至吏部侍郎。諡文，世稱韓文公。韓愈大力提倡儒學，以繼承儒家道統自任，開宋明理學之先聲；文學上主張繼承先秦兩漢散文傳統，反對專講聲律對仗而忽視內容的駢體文，並於理論和實踐兩方面領導了古文運動。文章氣勢雄健，說理透徹，邏輯性強，是「唐宋八大家」之首。有《昌黎先生集》，其警句「業精於勤而荒於嬉」對後世也有很大的教育意義。參閱周佳榮編著《人物中國歷史 2：隋代至明代》第三版（香港：香港教育圖書公司，2006 年），頁 50。

10　〈潮州先賢軼事〉，《潮僑通鑑》第二回（香港：潮州通鑑出版社，1965 年），頁 39–40。

11　清·俞蛟著《潮嘉風月記》，昭代叢書本，頁 2。

12　黃桂著《潮州的社會傳統與經濟發展》（南昌：江西人民出版社，2002 年），頁 2–3。

為生，以船為家，古代稱為「蜑民」，靠採蠔、打魚和撐船為生；到了現代，主要是漁民、船民和鹽民。他們信仰海神，最著名的就是被奉為航海保護神的媽祖。第二種人是原住的山民，古代叫百越人，包含很廣，包括發源於鳳凰山上的畬族。他們善農耕，以農作物為主食；其精神寄託是三山國王，也奉為山神，相傳他們是遠古時期帶領人們開闢家園的三兄弟。第三種人是大量的中原移民，包括客家人在內。他們帶來了古老的中原文化，當中有不少人拜關公（關帝），即三國時代蜀漢的名將關羽（？— 219 年）。海民、山民和中原移民這三種人合在一起，就形成了潮汕文化最顯著的特色，並且在精神和物質兩方面都表現了出來。

第一個特色是海洋文化與大陸文化的結合。海洋文化是以海上的交通為便利條件，發展商品經濟，以商品交換為經濟基礎，潮汕過去出口的主要是勞動力和陶瓷等土特產。海上危險性大、偶然性多、流動性強，因此重機遇、重信息、重技術，要冒險和拼搏。大陸文化是自給自足的消費型經濟，相信「一分汗水，一分收成」，重土地和鄉里情誼，而趨穩定及保守；亦重精神和名節，具忠孝觀念，為學與做官，也是潮汕人所推崇的。

第二個特色是古老文化與現代文化的結合。潮汕地處「省尾國角」，背五嶺而面南海，古代中原文化傳播到這裏，反而得到保存，許多在中原地區已經消失的事物，甚至仍可見於潮汕人的日常生活之中，如潮州話、「食糜（粥）」、茶道、木屐、廟堂音樂、時年八節、出花園、祭祖等民俗，都是明顯的例子。潮汕地區很早便與國外交往，宋代潮州的瓷器就已遠銷南洋諸國和朝鮮半島；明清時期的海盜，其實就是海上武裝走私集團；泰國的五世皇帝鄭信（亦稱鄭昭，1734 — 1782 年）的祖籍就是澄海（母親為泰國人），最早開發南洋群島的亦為潮州人；建立海關和成立經濟特區，歷史也是較早的。[13]

論者指出，潮汕文化是「中華民族文化中具有解明特色的地域文化，也是嶺南文化中的重要組成部分。認識潮汕文化、研究潮汕文化、弘揚潮汕文化，無疑是潮汕地區 1,000 多萬人民和海外 1,000 多萬潮人共同關注的課題，也是

13　隗芾〈潮汕文化的特色〉，《香港潮州商會成立八十周年紀念特刊》（2002 年），頁 251。

潮汕學人義不容辭的天職。」[14]

香港「開埠」與時代變遷

　　清朝於乾隆二十二年（1757 年）起，規定只准在廣州與外商進行交易。當時來華的西方國家中，以英國為首要。十八世紀後期開始，中國的茶葉、生絲等物品大量輸往英國；而英國只有少量毛織品和棉花輸入中國，為了改變這種逆差情況，遂向中國輸出鴉片。鴉片貿易不斷增加，引致中國白銀大量外流，造成銀貴錢賤、財政困難，並且嚴重影響人民健康。

　　道光十八年（1838 年），清政府命林則徐（1785 — 1850 年）為欽差大臣，赴廣東查禁鴉片，翌年將全部繳獲的鴉片在虎門海灘銷毀。其後中英關係惡化，清宣宗（愛新覺羅・旻寧，1782 — 1850 年）下令停止兩國貿易，英國派海軍東來，遂啟戰端。史稱鴉片戰爭，亦稱第一次鴉片戰爭。英艦先是到廣州沿海，封鎖江面與海江；接着炮擊廈門，攻佔定海；再北上至天津白河口，向清政府投遞照會。清政府允在廣州議和，並派琦善（1790 — 1854 年）為欽差大臣赴粵。

　　道光二十一年（1841 年），英軍強佔香港，戰事再起，英軍攻陷虎門，炮轟廣州城，並先後攻陷廈門、定海、鎮海和寧波、上海。次年，耆英（1790 — 1858 年）、伊里布（1772 — 1843 年）代表清政府與英國公使樸鼎查（港譯砵甸乍；Henry Pottinger，1789 — 1856 年）簽訂《中英南京條約》，清政府除賠償英國煙價、兵費外，並「割讓」香港（香港島）給英國，開放廣州、廈門、福州、寧波、上海五埠為通商口岸，英商貨物進出中國海關繳交的稅款由兩國協議。鴉片戰爭結束，但《中英南京條約》是近代中國史上第一個不平等條約，自此中國大門被打開，美國、法國等列強接踵而來。

　　咸豐六年（1856 年），英、法兩國聯合出兵攻打中國，史稱英法聯軍之役（亦稱第二次鴉片戰爭），清政府求和，於咸豐八年（1858 年）與英、法、美簽訂《天津條約》，規定開牛莊、登州、台灣、淡水、潮州、瓊州、漢口、九江、

14　詹伯慧〈潮汕文化研究芻議〉，李志賢《海外潮人的移民經驗》（新加坡：新加坡潮汕八邑會館、八方文化企業公司，2003 年），頁 3。

南京、鎮江等為通商口岸，牛莊開埠時改為營口，登州開埠時改為煙台，潮州開埠時改為汕頭。其後戰事再起，英法聯軍攻入北京，清廷再次求和，簽訂了《北京條約》，除賠償軍費和開天津為商埠外，並「割讓」九龍尖沙咀（九龍半島界限街以南土地）與英國。香港島與九龍半島之間的維多利亞港，是世界上三大天然良港之一，海港兩岸，自此均由英方管轄。

十九世紀末，列強爭相在華租借港灣和劃定勢力範圍。光緒二十四年（1898 年），中、英簽訂《展拓香港界址專條》，次年又簽訂《香港英新租界合同》，英國向清政府「租借」九龍半島由界限街以北至深圳河以南土地，連同鄰近島嶼在內，稱為「新界」地區，為期九十九年。香港島、九龍半島和新界地區，至此成為香港的三大組成部分。

香港由於位處珠江口岸，擁有水深港闊的維多利亞港，加上較為完善的港口設施，使航運業漸具規模。在二十世紀初期，銀行業和商業活動續有發展。[15]一般認為，十九世紀末至二十世紀中葉，是香港經濟的轉口貿易時代，亦即轉口港時代。1950 年至 1960 年代末，香港經濟從轉口貿易轉向加工貿易，並發展成為一個以加工工業為基礎，以對外貿易為主導，且以多種經營為特點的工商業時代。時至今日，香港已成為亞洲的國際都會，又是世界金融中心之一，在中外貿易和文化交流等方面均擔當重要的角色。百多年來，潮人一直是積極參與香港發展的重要社群。

汕頭建市與潮港交通

汕頭是近代興起的城市，並因她的興起而有「潮汕」一詞的出現。潮汕是古潮州府與近代汕頭市的合稱，這個地區方圓一萬平方公里，居住着一千多萬人，在古代，潮州是這一帶的行政中心，民國以來，潮汕的行政中心，由潮州轉到汕頭。中華人民共和國政府於 1981 年設立汕頭特區。[16]

汕頭開埠前，潮州一帶的人，大都從饒平的柘林港、澄海的樟林港出國。

15　周佳榮〈香港歷史發展概述〉，周佳榮、侯勵英、陳月媚主編《閱讀香港——新時代的文化穿梭》（香港：香港教育圖書公司，2007 年），頁 10–11。

16　〈潮州簡介〉，《香港潮州商會第四十一屆會董就職典禮暨己卯年春節會員聯歡大會（場刊）》（香港：香港潮州商會，1999 年 3 月 23 日），頁 41。

1861 年汕頭正式建市後，開始有洋船出入，潮州人都假汕頭出境。由於交通方便，從此香港就成為潮人旅外的熱門地帶；海外潮僑常假道香港赴汕，往來頻繁。凡此種種，都造成汕頭的繁榮。1911 年廣九鐵路通車之後，汕頭赴廣州人士，可先乘船到香港，然後轉火車赴粵。香港成為汕頭與廣州的中轉站，亦促進了汕頭的發展。[17]

汕頭開埠後，怡和洋行、太古洋行、美孚洋行及德國魯麟洋行相繼在汕頭開設分行，外國輪船不斷出入汕頭海港，汕頭的土產和特產滔滔運港向外輸出，香港的洋貨亦源源運到汕頭，當時香港已有對汕的貿易商的出現。汕頭輸入香港的物品，以抽紗、瓷器、柑、蒜頭、海產雜鹹、涼果、神香等為大宗；而香港進口汕頭的商品，有肥田料、火柴、棉織品、化工原料、電器、機器、羽毛織品等等。

香港最早的汕頭辦莊，有馬廣利、顏和興、臣盛、添記、新順、趙文記、怡茂祥記、和茂號、香發莊等。早期的汕頭辦莊有一個叫做潮安堂的組織，作為同業聯絡機構，但該機構沒有註冊，亦無選舉，每年只擇日連袂往天后廟朝拜，然後大家吃餐晚宴。由於缺乏文獻資料，後來該機構的情況不得而知。第二次世界大戰後，汕頭辦莊的業務甚為發達，數目在一百家以上，各辦莊都鴻猷大展，駿業興隆。進入 1960 年代後，由於南洋各地的進口商都直接往廣州交易會洽辦家鄉土產，致汕頭辦莊失去了許多生意。「文化大革命」期間，辦往進口汕頭的貨物幾乎停止；自 1978 年中國改革開放以來，業務始逐漸好轉。現時汕頭莊組有香港汕頭商會，規模甚為龐大。[18] 現時汕頭市是廣東省地級市、經濟特區，與潮州市、揭陽市合稱「潮汕三市」。

香港南北行的拓荒者

潮州濱臨南海，與香港一衣帶水。十九世紀中葉以前，已有潮人來到香港地區生活，開始時都是一些務農人口，零星分散到來，他們居住於新界一帶，以潮籍客屬人為主。[19] 香港開埠初期，港島人口稀疏，經濟仍未發展，潮商經營

---

17 趙克進〈香港潮商溯源〉，《香港潮州商會成立八十周年紀念特刊》（2002 年），頁 243。

18 同上註，頁 246。

19 陳煥溪著《潮人在香港》（香港：公元出版有限公司，2006 年），頁 4。

的生意，大多與轉口貿易有關，原因是這些商人認識到香港地處華南要衝，可以作為南北貿易的轉運基地。[20] 據說最早來港的是陳開泰，較著名的有高滿華、陳煥榮、吳潮川等。

陳開泰（1807 — 1882 年），字亨亭，潮州沙溪仁里村人，出身農家，年輕時在鄉耕田，並讀書力求上進。1845 年棄農來港，初時到小食攤當僱工，隨後在港島三角碼頭（又稱永樂碼頭）附近搭草寮，白天賣涼茶，晚上教童蒙。稍有積蓄，便在現時的文咸西街開宜珍齋飲食店和宜珍齋餅店，由於價廉物美，生意蒸蒸日上。陳開泰因有較好的文化修養，受到第二任港督戴維斯（John Francis Davis，1795 — 1890 年）賞識，其子女學習中文，敦聘陳開泰為啟蒙教師。1848 年，陳開泰在西營盤蓋了一座四層樓房，把宜珍齋改為富珍齋糕餅店，是第一個在香港創業成功的潮州人。另設立富珍棧，經營旅社業，同治年間（1862 — 1875 年），山西冀寧按察使陳占鰲、潮州總兵方耀都在富珍棧住過，並與陳開泰有交往；清末狀元劉春霖（1872 — 1944 年）曾宿於此，並題聯相贈，聯云：「輕研竹露題唐句，細嚼梅花讀漢書。」富珍齋傳至嫡孫陳煥夫、陳子衡時，因日軍佔領香港，方始停業，經營逾九十年。此外，陳開泰又與澄海劉某、海陽林香溪合股，創立義順泰行，經營南北行進出口貿易。居港二十多年，1871 年以年逾花甲，事業後繼有人，遂萌發落葉歸根之念，回鄉擇地營造家園，並建祠堂及富珍家塾。其家族人才輩出，幼女陳舒志（1880 — 1957 年），1912 年在汕頭創辦坤綱女子小學，開潮汕女學之先聲；其孫陳煥夫、陳景瑞，在二十世紀初葉是香港碩彥，二人均為籌建旅港潮州八邑商會的發起人和首屆會董，陳煥夫蟬聯會董達十二屆，並當選為第六屆副會長。陳開泰的曾孫陳中明（1910 — 1994 年）是新加坡知名企業家，曾任新加坡潮安會館主席、名譽主席。[21]

繼陳開泰之後，潮州人高元盛在文咸西街創元發行，但經營欠善，乃將元

20 陳荊淮〈香港潮商沿革述略〉，《潮州史志資料選編・史事考述》（潮州：潮州市地方志辦公室，2004年），頁 218–219。
21 陳啟川〈旅港潮商先驅陳開泰〉，《潮州史志資料選編・海外潮人》（潮州：潮州市地方志辦公室，2004 年），頁 17–19。

發行頂讓給高滿華。[22] 高滿華，原名滿和，號楚香，澄海縣玉窖人，農夫出身，略通文墨。他在鴉片戰爭前已越洋到暹羅（今泰國）謀生，曾做苦力、伙頭，有了積蓄之後，便購紅頭船航行潮州與暹羅之間，自任船主，人稱「滿華船主」。他經營的暹羅大米，主要輸往中國華南地區。高滿華於 1850 年到香港，接手元發行作為他經營中暹貿易的中繼站。他又在暹羅創元發盛，擁有輾米廠五家，並將白米運來香港，交元發行發售。1882 年高滿華逝世後，元發行由次子高舜琴繼承，並把業務發揚光大。[23] 高舜琴在潮州曾考中舉人，1892 年曾任東華醫院主席。1893 年中，翰林蔡元培（1868 — 1940 年）曾在元發行小住。

丁日昌（1823 — 1882 年），字禹生，又作雨生，廣東豐順湯坑人。二十歲中秀才，1859 年以「軍功」任江西萬安知縣。1863 年後，隨李鴻章（1823 — 1901 年）在上海製造軍火，曾參與籌設江南製造總局。1865 年授蘇淞太道，旋升兩淮鹽運使；後充江蘇布政使，升任江蘇巡撫。丁日昌主張建立新式軍隊，要求舉辦近代工礦業。1875 年充任福建巡撫，任內奏請在台灣開採煤鐵、鋪設鐵路和電線，但因計劃難以實現，於 1878 年奏准退休。[24] 1876 年省垣潮州八邑商館創立，倡建董理便是由丁日昌領銜。丁日昌的重要著作《百蘭山館政書》，首由香港潮州商會於 1940 年刊行；丁日昌另有《撫吳公牘》等著作，均收入趙春晨編《丁日昌集》上、下冊（上海：上海古籍出版社，2010年）。

南北行的另一個拓荒者是陳煥榮，饒平縣隆都（今屬澄海）人。他在鴉片戰爭後離鄉，在紅頭船（廣東屬遠洋船）上當船工，後來自購帆船，販運於汕頭、上海、青島、天津以及東南亞各地之間，成為著名的紅頭船船主。

---

22 關於元發行創立的歷史，學界存在不同的說法。第一種說法認為元發行是高元盛所創，後來頂讓給高滿華；第二種說法比較普遍，認為元發行是高滿華所創。此外，還有第三種說法，認為元發行不是高滿華創立的，他只是派往香港掌理元發行的人。元發行的業務後來由高滿華的子孫繼承，可見他斷不只是掌理的人員；元發行不是高滿華所創，則與第一說不謀而合。高伯雨〈從元發行盛衰看南北行〉：「南北行街早期最老的字號，以元發行為首屈一指。它本是道光末葉香港開埠不久，澄海人高元盛先生所創的，到咸豐三四年間，因營業不振，盤給先祖楚香先生經營，大加整頓。」載氏著《聽雨樓隨筆》壹（香港：牛津大學出版社，2012 年），頁 305。高伯雨是高楚香之孫、高舜琴之子，其說應該可信。
23 趙克進〈香港潮商溯源〉，《香港潮州商會成立八十周年紀念特刊》（2002 年），頁 244。
24 丁新豹、周佳榮、麥勁生主編《丁日昌與近代中國》（香港：中華書局，2011 年），有馬木池〈光緒初年之晉省賑捐——丁日昌與潮州地方社會的關係〉、林國輝〈丁日昌與香港〉等文，記述丁日昌在潮州、香港兩地活動的情形甚詳，周佳榮〈志挈行芳報國恩——丁日昌與何紹基交遊和創建聚園的經過〉一文亦可供參考。

陳煥榮土名亞佛，人稱「船主佛」。1851 年，他在元發行附近搭蓋棚廠，創建乾泰隆行，作為他進行南北貿易的中轉站。十九世紀末，陳煥榮之子陳慈黌（1843 — 1921 年）在暹羅和香港開創黌利棧。陳慈黌的姪孫陳庸齋（1889 — 1958 年），曾作為香港潮州八邑商會駐汕代表之一，協助商會辦理「八二風災」賑災事務。[25]

　　元發行和乾泰隆行創立之初，現時中環海旁以西的華人聚居地，都是簡陋棚屋，這兩間商號的規模是空前的。當時也只有元發行和乾泰隆行有能力大批量進出口暹羅大米，因而開創了香港早期華人的主要商業——南北行的先河，並且為此後的華人商業活動奠定了基礎，還標誌着香港開埠前開闢的暹、叻（新加坡）、汕海運貿易線，已初步形成為香、暹、叻、汕區域貿易體系。高滿華、陳煥榮兩個家族，隨後都因積極參與這個區域貿易而成為巨富；陳氏家族更保持了百年不衰的紀錄，其乾泰隆行成為今日香港最具悠久歷史的華人商店。

　　此外，還有一家由潮安人柯振捷（斗南）和王某合股的合興行，當時在南北行的地位僅次於元發行和乾泰隆行，堪稱鼎足而三。五十年後，合興行改組，歸王某承受，改名承興行。王某就是王少咸的先輩。這一時期的商號，還有義順泰行、怡豐行、順發行、怡泰行等三十餘家。[26]瓷器商人吳潮川在南北行也有名望。吳潮川，潮州楓溪人，楓溪出產瓷器，他知道瓷器乃家庭必需品，於是到南北行街開利豐亨行，主要銷售潮州瓷器。吳潮川第三子吳鏡堂，1941年任潮州商會第十三屆副會長，香港淪陷期間協助會長孫家哲組織指導委員會，扶助鄉人返里，有功於桑梓。

南北行公所成立經過

　　1868，香港第一個較具規模的華人團體——南北行公所成立，由於開南北行辦莊的商人大多是潮汕人，因此，率先開闢南北行轉口貿易的潮商，成為香港轉口港地位的奠基者之一。潮籍人士在南北行佔有相當重要的地位，早在香

---

25 袁偉強〈陳黌利家族發展史及其社會功績〉，《潮州史志資料選編‧海外潮人》，頁 22–29。

26 陳庸齋〈香港百年來潮商之沿革〉，《旅港潮州商會三十週年紀念特刊》（香港：旅港潮州商會常務理事會，1951 年），頁 6；並參高伯雨〈從元發行盛衰看南北行〉，氏著《聽雨樓隨筆》壹（香港：牛津大學出版社，2012 年），頁 305。但高氏此文中，「合興行」誤植「台興行」。

港開埠不久，他們便在今日文咸西街一帶從事經營，直至現在。[27]

文咸西街之所以有南北行街的別稱，乃因該街自早期以來就是南北大商行聚集之地。最大的商行經營米業，蓋「米為日用所必需，且民以食為天，故港地曩年商業精華，即在南北行，亦即我潮人營業精華者也。顧昔日潮人之南北行營業茂盛，每家一年營業而論，間有二千餘萬元以上者，則其為數，頗足豪矣。查米之來源，暹羅、安南、仰光三地，直接運港。蓋昔日潮人先從南洋發達，然後再分號於香港，以作發售之機關。故香港潮人南北行之營業，以米為大宗也。」[28]

南北行組成了一個貫通南方與北方的貿易網，「南方」是指星、馬、泰、越南、印尼、柬埔寨、菲律賓、緬甸以至印度等國家和地區；「北方」是指中國大陸，包括汕頭、廈門、福州、溫州、上海、漢口、青島、天津、煙台、台灣以至日本等。南北行從南方辦來樹膠、木材、藤、白米、椰油、皮革，而從北方運來藥材、京果、生油、豆類、土產等，南北洋的土產貿易，均以香港為集散總匯。

在南北行的歷史上，稱得上經典行號的，以元發行開其端，繼後有乾泰隆、裕德盛、廣德發、金裕豐、金成利、廣源盛、李炳記、饗利棧、義順泰、和記行、明順行、順成、公同泰、豐昌順、元成發、泰順昌、四維公司、廣美盛、榮豐隆、利豐亨、南泰行、香溪公司、永興行等。重要人物除南北行的開拓者陳開泰、高滿華、陳煥榮、陳慈黌、吳潮川外，有高舜琴、陳春泉、蔡杰士、陳殿臣，以及近代的馬澤民、林子豐、陳漢華等，他們都享譽香江。

南北行在 1914 年至 1918 年第一次世界大戰期間，業務很盛；第二次世界大戰結束後，1945 年至 1950 年間，業務尤為蓬勃，各行各業都欣欣向榮。1951 年至 1960 年間，由於受禁運影響，業務略差，南北行公所的潮州籍會員僅有十餘家。1970 年代以降，情況較為好轉；近年則因亞洲金融風暴，令南北

---

27 湯秉達〈南北行業的今昔〉，《香港潮州商會六十周年紀念特刊》（香港：香港潮州商會，1981 年），頁 142。

28 賴連三著，李龍潛點校《香港紀略（外二種）》（廣州：暨南大學出版社，1997 年），頁 57。按：賴連三著《香港紀略》（上海：萬有書局，1931 年）有五章，當中第二至四章依次為〈潮人事蹟之徵述〉、〈潮人社團之成立〉、〈潮人聞名之采集〉，是記述早期潮州人在香港發展的重要史料，關於 1920 年代至 1930 年代初的情況尤為詳細。該書初版印數甚少，香港大學圖書館有藏，近年有李龍潛點校本行世，較易入手。

行營運出現困難。在 1990 年代，南北行公所的潮籍會員，有乾泰隆、鉅發源、大洲進出口公司、同福行、南泰行、星洲貿易公司、香生行、振利成、廣隆行、嘉元行、聯記號、興泰行、暹羅貿易有限公司、志昌行十四家。[29] 南北行公所成立之初，明顯帶有商人會館的傳統特色，後來隨着商業發展和時代進步，其組織機構和社會功能逐漸有所變化，並為會員提供商業資訊和謀求改善經營水平等，在一定程度上具有近代商人團體的屬性。

南洋辦莊與潮商來港

　　香港的潮州人，除了「南北行」外，又有經營南洋各地業務的「南洋辦莊」。南洋即現時的東南亞地區，南洋辦莊包括三條貿易線：一是經營泰國業務的「暹羅莊」，二是經營星馬業務的「新加坡莊」，三是經營越南業務的「安南莊」。當中以「暹羅莊」冒起較早，範圍亦大，1939 年暹羅改稱泰國，所以暹羅莊亦稱「泰國莊」。在香港，凡營出口雜貨者皆稱為「莊口」，在 1930 年代，約共有二百餘家。

　　潮州人富拓荒精神，早於宋末元初，便有人飄洋過海，到南洋群島謀生和發展。香港開埠後，為潮州往返南洋一帶提供了更大方便。新加坡和馬來亞的潮僑，有悠久的歷史。早在 1822 年，澄海縣月浦鄉人佘有進赴新加坡謀生，靠種植甘蜜成功致富。潮州彩塘鎮人陳旭年（1827 — 1902 年），小時家貧，後遠渡新加坡，靠販布疋維持生活，由於結識了當地一位貴族，得到十條水港的主權，三十九歲時成為柔佛州最大的港主，富甲一方。1883 年，陳旭年在新加坡大興土木，興建了一座中國式的「資政第」，是當年新加坡潮僑四大房屋之一。[30] 在香港開埠和汕頭建市之先，新加坡只靠紅頭船往來，想享用故鄉土產並不是一件容易的事；當時洋貨都掌握在洋人手裏，購買洋貨亦不便宜。香港開埠後，星馬與香港有洋船航行，新加坡的華僑才能享受到潮州土產和華洋百貨，造成香港與新加坡之間的生意十分興旺。新加坡辦莊於 1930 年成立「新加坡幫協進會」，1950 年代初有三十六家潮籍會員，當中與潮州商會關係密切的

---

29 趙克進〈香港潮商溯源〉，《香港潮州商會成立八十周年紀念特刊》（2002 年），頁 244。

30〈柔佛華僑僑長陳旭年〉，《潮州史志資料選編‧海外潮人》，頁 20。

司理,有合順莊的洪祥佩、鉅發源的陳漢華、燦然飾品商行的蔡章閣等。[31]

新加坡方面最早來港創辦公司的是林子明（1888 — 1983 年）,他創設林德利有限公司,經營百貨及化工原料,又曾代理意大利金章牌家庭電器。其子林繼振為掌舵人,林氏曾任新加坡駐港商務專員。企業家連瀛洲,擁有華聯銀行、酒店和地產,他認為香港是亞洲金融中心,所以來港開創華聯銀行。

安南莊的創設稍遲,大約在 1900 年始陸續建立,初時出口貨僅有茶葉、藥材及雜貨等,入口貨物則為越南土產。第一次世界大戰爆發後,旅越潮僑乘時經營,創設商號,業務與日俱增,漸有進展,出入口貨物的種類亦較前龐雜。安南盛產稻米,是魚米之鄉,在第二次世界大戰前,安南莊的業務非常蓬勃。戰後安南脫離法國獨立,1954 年南部成立越南共和國（通稱南越）,首都設於西貢;北部稱為越南民主共和國（通稱北越）,首都設於河內。其後越戰爆發,美國派兵協助南越作戰,連年戰火,至 1973 年美軍撤退。1976 年,南越、北越合併為越南社會主義共和國。香港的安南莊因受越戰影響,業務甚為困難。安南莊在旺盛時期,有益利莊、聯興昌、美豐莊、偉星公司、百和祥、信成號、源益、森元、怡南興、萬益、瑞榮豐等字號。越戰結束後,越南當局為搞好經濟,歡迎外商投資和貿易,情況較前好轉。

在東南亞諸國之中,泰國是潮人最多的國家,並且掌握經濟實力,泰國首都曼谷曾有「小潮州」之稱。潮人雖然歸化泰國,但婚喪喜慶,四時八節,仍不忘祖國傳統,家居甚至掛中國字畫,喜吃潮州菜餚,常飲潮州工夫茶,保持家鄉的習俗。在泰國做出入口的商行,多屬潮人開辦,香港開埠後,他們來港採辦家鄉土產和歐美、日本貨物;1950 年代香港工業發達,棉織品、油漆、塑膠、布疋、棉紗、電器、雨傘、陶瓷等大量輸入泰國。抗日戰爭時期,經營暹羅業務的商號頗盛,香港淪陷時大都停辦,戰後相率復業和新設者甚夥。1946年,組成香港暹羅幫公會。[32]1946 年至 1966 年間,是暹羅莊的黃金時期,香港的暹羅幫組織有香港泰國進出口商會,高峰時期有會員八十多家。

第二次世界大戰結束後,香港與南洋的貿易漸趨鼎盛。最早來港創業者,應推羅瑞興,並由羅鷹石來港掌舵,經營洋雜、疋頭貨品。迨至 1960 年代,港

---

31 〈新嘉坡幫〉,《旅港潮州商會三十週年紀念特刊》（1951 年）,「香港潮人商業概況」,頁 4–5。
32 〈暹羅幫〉,《旅港潮州商會三十週年紀念特刊》（1951 年）,「香港潮人商業概況」,頁 5。

泰貿易萎縮，羅鷹石轉而投資地產，創設鷹君地產公司，後來把公司上市，成為地產界巨擘。經營百貨入口的曼谷協成昌公司，其東主李漢錦鑑於香港是亞洲經濟中心，委派他的六弟李漢忠來港開設協興行，經營百貨貿易。迨至 1970 年代，因港泰貿易式微，李漢忠另創豪華製造廠，由商業轉營工業。泰國建生公司的掌舵人陳秋春，來港創設維興公司，經營港泰貿易；至 1970 年代，其婿池振榮轉營工業，創設榮興金屬廠，生產小五金。此外，尚有明成發來港創辦辦莊，泰國通泰（一九五六）有限公司來港創設國泰有限公司，經營五金並代理日本電動工具。

泰國華僑於 1940 年代來港作企業投資者，以陳弼臣為最著名。陳弼臣（1910 — 1988 年），潮陽人，早年家貧，遠渡泰國謀生。初任泰國森興隆木行高級僱員，因勤勞拚命為公司工作，後來升為經理。不久乃自行創業，他所創辦的盤谷銀行，成為泰國最大的民營銀行，分行遍設東南亞各國。陳弼臣來港創設香泰有限公司，經營白米及南北行業務，成績驕人，並加入汕頭銀行為大股東。1959 年創辦亞洲保險公司，後又開設盤谷銀行香港分行。陳弼臣在香港的事業，以其長子陳有慶為掌舵人。1990 年，陳有慶把其投資的亞洲銀行（即香港汕頭銀行）及亞洲保險公司、乾昌證券公司等，合併為亞洲金融集團。1993 年，陳有慶任集團董事長，並在深圳設立分行。

泰國華僑黃子明是寶光集團的創辦人。黃子明（1919 — 2003 年），潮州人，在曼谷開創通城鐘錶行，經營手錶，並代理美都、精工錶；迨後投得海島燕窩開採權，成為巨富，並將賺得的資金買入大量地產，成立曼谷置地有限公司。1963 年，黃子明到港創立寶光製造有限公司，製造鐘錶及零件，規模很大；1967 年，黃氏在新蒲崗建工廠大廈。1972 年，寶光集團在香港上市；1979 年寶光將美漢地產公司售給佳寧，獲得八億元。1981 年，取得運動用品 PUMA 港澳代理權，後又取得該商標的中國代理權。1985 年，在港拓展手錶零售，開創「時間廊」，其後「時間廊」在泰國、新加坡均有開設。黃氏同時在港發展飲食事業，創設暹羅燕窩潮州酒家、金島潮州酒家。

泰國華僑謝氏家族建立的「正大卜蜂集團」，亦在港拓展其業務。1922 年，澄海人謝易初（1896 — 1983 年）赴泰謀生，於 1930 年創立正大菜種行。謝氏的第二代克紹箕裘，於 1953 年創立正大卜蜂集團，經營菜種、農肥、農

藥、膠袋、麻袋，並從事禽畜、蔬菜之研究。1965年開始向海外拓展，謝大民來港設立貿易公司，又把業務發展至中國和印尼。1970年與美國公司合作，生產佳種家禽，令企業起飛，至1987年在港成立卜蜂國際。1988年，卜蜂國際在香港上市，當時在中國內地，該機構已擁有三家飼料廠和四家肉類加工廠。1988年在港收購上市公司裕華公司，易名為正大國際；1993年，又將正大國際易名為東方電訊。

此外，在1960年代，亦有柬埔寨潮籍華僑文裕順來港創業，開設財務公司，發展金融事業。後又創設金榮船務公司，經營交通事業；並在香港仔黃竹坑蓋建工業大廈，該大廈地下及二樓作為紡紗廠。楊啟仁原籍潮州，是土生土長的柬埔寨華僑，在金邊市開設興興錶行，並代理星辰錶。1968年，楊氏來港創設冠亞商業有限公司，選辦名錶付運到柬埔寨，以及在港設手錶廠。1973年，楊氏接眷來港定居。1977年，其工廠生產的手錶銷路暢通；1987年，楊氏將冠亞商業上市，翌年在東莞生產廉價手錶，行銷內地。

早期潮商經營的行業

二十世紀初，香港社會已經初步形成了一些以潮商為主的行業，除南北行外，主要有米業、藥材業、瓷器業、紙業、茶業、菜種業、涼果業、柴炭業、餅食業、匯兌業和批業等。這些都是潮汕原有一定基礎的行業，所以潮人經營起來較為便捷和順暢；這些行業，也大多與香暹叻汕貿易線有關。當中以米業為大宗，其他各業在香港經濟生活中佔有重要地位。以下是這些行業初創和早期的概況：

（一）米業：香港的食米基本靠進口，其進口及轉出口至華南、日本等地的大米，主要來自暹羅和越南；在這兩個國家經營大米加工出口業的多是潮籍華僑，所以香港潮商在米業中佔有很大優勢，從事米業的潮人為數亦最多。香港米商分為三種：一是入口米商，俗稱「上盤行」；二是批發米商，俗稱「米行」或「二盤米行」；三是零售米商，俗稱「米舖」或「三盤米舖」。在1930年代，香港有潮人開創的三盤米舖約一百五十餘家。

第二次世界大戰前，經營大米進出口的，大部分是以乾泰隆為首的幾家潮商南北行商號，每年入口大米近億包，除供應香港居民外，並轉輸出華南、日

本。二盤米商之中，潮人所佔比例不大，但營業額佔整個批發數目 65% 以上，原因是大小零售米舖大部分由潮人經營，二盤米商與三盤米舖互相配合，其零售量佔全港米零售總額 75 至 80%。

（二）藥材業：1890 年前後，即有潮商在香港設贊成號藥材店，採購中藥材；其後易盛莊、德興莊、永德興、怡昌莊等相繼成立，這些潮州商人互相提攜，使藥材業幾乎由潮人經營。中藥材主要來自中國大陸北線，初時僅在香港銷售，後來還轉銷到汕頭、台灣、越南、星馬、暹羅、緬甸、印尼等地。民國初年是藥材業的黃金時期，每年總營業額達數千萬元，曾是潮商在香港最重要的行業之一。藥材業的經營方式有直接購銷的，也有代購代辦的。戰後南洋各藥材商為便利購運起見，自行派員到港設莊，代辦商的業務，因而不及以前。

（三）瓷器業：瓷是中國工藝品的大宗，以江西景德鎮最為著名，其次是湖南醴陵，以及潮州楓溪、大埔高陂。香港潮商的瓷器業，自利豐行開辦後，繼起者日多，初時只是一些轉運站，後來因汕頭海路交通不及香港四通八達，原先在汕頭的外銷基地，使轉移到香港來。經營品種以潮州瓷器為主，大部分轉銷南洋各地。

（四）紙業：土紙是潮汕早期出口的主要土產，購自福建上杭、汀洲、連城、武平等地，在潮安集中配運到汕頭出口。香港是土紙的主要市場之一，昌盛、王成號最早在港設莊試銷土紙，萬益、利豐亨、泰興利等店也跟着經營，業務一度很興旺。後因洋紙東銷，奪去市場，土紙缺乏銷路，這一行業遂趨於衰微。

（五）茶業：潮人嗜茶，講究沖茶之道，有「中國茶道」之稱的「工夫茶」是潮汕特有的飲食文化，潮人特別是茶商對茶素有研究，所以茶業的經營者多為潮人。茶葉運港後，有六成在本地銷售，另外四成出口，轉銷到歐美國家及東南亞地區的馬來亞、婆羅洲、暹羅等地。二戰結束後，茶業曾蓬勃一時，由於印度的紅茶產量增加，致其後運銷歐美的中國茶葉減少。

（六）菜種業：潮人以農耕技術著稱，在種植蔬菜和培育菜種等方面都有心得，而判別菜種的好壞要憑經驗，因此香港的菜種業一直是潮人壟斷的行業。菜種業商家在潮汕開有聯號，甚至辦有菜種種植基地。除在港銷售外，還代各地華僑採辦。菜種業一般都兼營畜養業，全港農場、農戶的雛雞、雛鴨多由菜

種行商供給。

（七）涼果業：潮汕是水果之鄉，水果加工業也較發達，早期便有潮商馬錫藩在香港開了一間馬廣利涼果店，將潮汕涼果運港推銷，並轉銷檀香山、小呂宋、南洋等地。其後，有和泰盛、銓益號等涼果店，在一段時間內，這個行業完全由潮人經營。最盛時，每年出口總額逾千萬元。後來香港蔗糖便宜，又是免稅自由港，各商家便紛紛開廠自製，不再由潮人專營。

（八）柴炭業：在香港，經營柴炭業的商店很多，不過以潮商經營的居多，銷量約佔全港總銷售的一半。潮人所營柴炭業，大別可分為入口、拆家、專營、兼營四類，戰前約有三四十家，戰後達百家以上。

（九）糕餅業：繼富珍齋之後，有隆珍齋、民珍齋、民香齋等二十幾家潮商餅食店相繼開設，在本地的餅食業中佔了較大比重。南北各地餅食，因地而異，潮人餅食中，在香港，有「潮州老婆餅」，可視為特色之一。後因香港糖價低廉，各餅食店多設廠自製，顧客口味不同，潮州茶樓成為潮商餅食店的最大主顧。當時香港潮人開設的小茶居有數十間，供一般人客品茗。[33]

（十）匯兌業和批業：這兩個行業基本上是各幫商號經營各自線路的業務，潮汕是著名僑鄉，每年的僑批款和向華北、南洋購貨的匯款都要經香港轉駁，所以潮商在這兩個行業中佔有一定地位。經營匯兌的四海通、光益號、同吉、匯安，經營批業的謝福興、陳萬泰、致成等，都是這兩個行業的名店。

潮商與輕工業的興起

1950 年代香港的轉口港地位一落千丈，大大影響了以經營香運叻汕貿易線為主導的潮商經濟，部分潮商轉而向其他經濟領域尋求出路，輕工業成為他們的主要目標。香港潮商經辦近代工業的歷史，可以追溯到 1901 年在九龍城開設的豐昌順電機織染廠，和 1907 年在銅鑼灣電器道開設的裕全隆罐頭公司，1950 年代潮商在新興的輕工業當中的地位並不起眼，但進入 1960 年代，尤其是在 1970 年代，香港四大輕工製造業——塑膠業、紡織製衣業、鐘錶業、電子業當中，都可以看到潮商工業家迅速興起。

---

33 賴連三著，李龍潛點校《香港紀略（外二種）》，頁 70。

（一）**塑膠製造業**：香港的塑膠製造起源於第二次世界大戰結束後，初時只有幾家生產小型日用品和玩具的家庭式小工場；到了 1950 年代後期，潮商開辦的塑膠廠約佔了這個行業總廠數的四成，他們大多是白手興家，所以小廠佔了絕大多數。以李嘉誠的創業道路為例，1950 年他集資獨立設廠的時候只有五萬元，1957 年擴大廠房生產塑膠花，這在當時是世界塑膠市場上的新產品，翌年便成為世界著名的「塑膠花大王」，資產突破一百萬元。1959 年全港塑膠花出口金額是一億六千萬餘元，1969 年是十四億四千萬餘元，上升了九倍多，潮商在這個出口額中佔了一半以上。

1980 年代以降，潮商有長江、福達、僑星、再光、大生、美麗斯、新美麗、寶星、永成等著名塑膠廠，大多在設備上採用電腦全自動化塑膠機，製模技術、裝璜設計、生產管理、經營政策等各方面都日趨現代化。

（二）**紡織製衣業**：1950 年香港第一家棉紡織廠正式開工的時候，只有紗錠四千錠，隨後各紡織廠紛紛成立，至 1970 年底全港紗錠已接近九十萬錠。第一個插足香港現代棉紡織界並卓有成就的潮商是鄭光，他在 1953 年創辦遠東棉產工業廠有限公司，該廠年產棉紗約二千萬錠，佔全港棉紡年總產量的 6.25%。1958 年鄭光續進新建榮行棉花廠，兩廠生產的「紅棉」牌棉紗在香港和歐美都享有盛譽。另外，1957 年香港大興牛仔布，潮商相繼投資設廠從事生產，到了 1960 年代和 1970 年代，牛仔布染織廠大部分是潮商所有。1972 年，牛仔布織造廠開始引入先進的空氣紡紗機等新設備，生產能力和產品質量大大提高，以生產牛仔布為主的捷德、港新、大豐等潮商織布廠遂成為香港紡織業的骨幹企業。至於潮商大型印染廠如乾豐、新平、茂豐等，也是香港紡織業的主要組成部分。

紡織業的發展帶動了製衣業，香港成衣出口自 1962 年起逐年上升，1960 年全港成衣出口總額為 10.1 億元，至 1968 年增至 30.14 億元，到了 1970 年代，已佔全港工業出口貿易總額四成左右，成為香港四大出口輕工業中比重最大的行業。由於這個行業發展最快，潮商參加的人數也特別多，雖然大部分屬中小型廠，但大廠商也愈來愈多。1969 年全港成衣出口總額為三十餘億港元，其中潮商約佔兩成，這一年營業額一千萬港元以上的潮商廠家，計有林百欣的麗新製衣有限公司、鄭翼雄的永泰製衣有限公司、陳俊的魚恤有限公司、陳章

正的紅寶製衣廠、蔡衍濤的百達製衣有限公司、李介山的中南製衣廠等，其中以麗新製衣廠有限公司的年營業額最為可觀，達七、八千萬港元。

1980年代以降，潮商在紡織業之中的大型棉紡廠、織布廠和印染廠，較著名的有捷德、港新、遠東、美光、精棉、大豐、新平、茂豐、乾豐等，其中羅氏美光集團的產品在西歐市場享有很高的聲譽。麗新、魚恤、永泰、藍雀、美羅等是製衣業中的翹楚，這些大製衣廠多數已實現電腦化，有的還實現了紡、織、漂、染製衣系列化，並且在歐、美、澳多個國家設有自己的銷售網點。

（三）鐘錶業：潮商對香港鐘錶業的興起一直起着促進作用，並且在業界中保持重要地位。早在第一次世界大戰後，便有潮商林厚德開設林源豐鐘錶行，其分店遍設上海、廣州、汕頭、湛江等城市，是當時香港著名的鐘錶行。由於香港仍未有鐘錶製造廠，鐘錶行除銷售外，也兼加工裝配業務。

第二次世界大戰後，香港對鐘錶的需求日增，一些錶行、五金廠便開始自製時鐘，香港第一批自製的電鐘、鬧鐘都是由潮商生產的。潮商的捷和製造廠於1951年率先大量生產廉價時鐘，傾銷到遠東地區。1956年，瑞士放寬機件出口限制，香港的手錶加工裝配業隨即興起。1961年，潮商在香港開設的十四家大鐘錶公司，年營業額已達五千萬港元，佔全港鐘錶總交易額四成以上。

香港鐘錶業全面開花，是在1973年以後。1980年代後，鐘錶業已成為香港第三大工業，出口數量佔世界第一位。潮商的中南鐘錶行有限公司、捷和集團屬下的東方鐘錶廠有限公司、立興錶行、瑞華錶行、東亞鐘錶有限公司及通城公司轄下的錶帶廠等，都是該行業中有數的大戶。

（四）電子製造業：香港電子業在1960年代末掌握了電子技術，能夠自行設計生產AM及FM波段收音機；1970年代起，已吸收了LSI集成電路之類的電子新技術，並將其應用於生產上，製造收音機、錄音機、計算機、顯像管、電子遊戲機等，並不斷投向海外市場，使電子工業很快晉升為香港製造業四大支柱之一。潮商在這個行業中也有很多工廠，並出現了一些大企業如實力電子有限公司，該公司有龐大的生產規模，有多項新產品獲港府頒發設計獎。另一重要機構，是依利安達電子有限公司。

（五）中、重型工業：在香港經濟走向工業化的過程中，除了輕工業之外，中、重型工業亦不容忽視，潮商在這方面佔有重要位置。1922年成立於內地的

捷和製造廠，1933 年在香港成立分廠，這間五金廠由鄭植之、鄭則耀、鄭翼之、鄭榮之四兄弟經營，專門生產金屬器具及鋼盔等軍需品。香港淪陷期間，該廠被劫掠一空。戰後鄭氏兄弟回港復廠，1947 年擴組為有限公司，承辦打撈、拆卸戰時沉沒於港內的船隻，並將船上拆卸下來的鋼材輾轆成鋼筋等產品出售。當時各地對鋼材的需求量很大，捷和公司因而迅速壯大起來，單是鋼筋產量，便佔全港產量三分之二。1950 年成立香港第一間軋鋼廠，同年，又成立美亞製造廠有限公司，是香港最大的手電筒製造廠。1955 年創設捷和鐘錶廠有限公司，同時在北婆羅洲、泰國投資設廠，至 1950 年代末，已在香港工業界居於首席地位。

由捷和開創並起主導作用的香港拆船業，在 1950 年代末達到最高峰，每年拆船約五十萬噸，佔全球拆船總噸數的六分之一，香港因而成為世界最大的拆船中心。捷和龐大的鋼鐵工業，為香港工業化奠下了堅實的基礎，鄭植之在香港經濟界享有崇高地位，被譽為「民族工業家」。捷和集團屬下擁有規模龐大的鋼鐵、製銅、製鋁、鐘錶、電筒、集裝箱等工廠，1980 年代以來，一直保持香港鋼鐵工業界的領先地位。蔡章閣創辦的鼎大華昌金屬廠有限公司，是香港最大的鋁製品廠，其生產的「三元」牌鋁製器皿，風行國際市場；蔡氏的另一家益大金屬廠有限公司，則是香港首家純鋁及合金原料的製造廠。

近四十年來潮商的發展

1980 年代開始，香港經濟朝多元化、國際化的方向發展；到了二十一世紀，香港已成為世界的金融中心、工業中心、貿易中心、航運中心、旅遊中心和信息中心，長期以來，在香港經濟迅速發展過程中，潮商擔當着舉足輕重的角色。以下是潮商在一些重要行業中的概況：

（一）**進出口業**：1970 年代，中國繼四個現代化建設之後，實行改革開放，香港轉口港的地位再次發放異彩。潮商在進出口業中一直佔有重要地位，南北行仍以潮人居多，南泰行董事長湯秉達，曾選任南北行的理事長。1980 年港府批准的四十五家入口米商之中，就有二十三家是潮商；進口的米額超過總進口

額一半，約為 18.4 萬噸。[34]1967 年由潮商創辦的力豐機械有限公司，致力於引進先進工業國的新技術和機械，為香港工業多元化作出了貢獻，該公司於 1980 年擁有兩間現代化陳列室，在香港機械進口業中是僅見的。

（二）**金融業**：1972 年港幣脫離英鎊獨立，當時又實行自由放任的經濟政策，加上電訊交通便利，貨幣市場相對靈活，外資大量湧入，遂使香港發展成為亞洲的金融中心。資金雄厚的外資銀行林立，華資力量在金融界呈萎縮狀態，不過仍有八家較具規模的潮商銀行，發揚 1950 年代華資銀行興旺期靈活適應的經營手法，積極吸收一般市民存款，開拓多元化業務，努力提高競爭能力，因而取得穩步進展。這八家銀行是：四海通銀行、嘉華銀行、香港商業銀行、廖創興銀行、泰國盤谷銀行香港分行、大生銀行、華聯銀行和京華銀行。

1915 年註冊設立的四海通銀行，是第一家海外華資銀行新加坡四海通銀行的分行，亦是香港最早的華資銀行之一，初時只辦存款及叻、暹等地的匯兌業務，1949 年獲批准為外匯銀行之後，業務突飛猛進。嘉華銀行原先是美澳潮僑與潮商合資創辦的，1924 年成立於廣州，初名嘉華儲蓄銀行，1929 年在香港註冊。香港商業銀行原名香港汕頭商業銀行，1934 年由潮商集資創立；至 1947 年擴充資金，並獲准辦理進出口貨物結匯；1950 年再次增資，業務範圍擴大到東南亞、英國、澳洲和歐美等地。廖創興是 1948 年潮商廖寶珊（1900 — 1961 年）創立的，初名廖創興儲蓄銀行，首倡小額儲蓄「十元開戶」和全日辦公制度。泰國盤谷銀行香港分行，其總行是泰國最大的民營銀行；大生銀行的前身，是 1937 年潮商馬錦燦所創的大生銀號；華聯銀行，是新加坡華聯銀行的香港分行；京華銀行，是泰國京華銀行的香港分行。另外，作為金融中介機構的財務公司，1970 年代後陸續興起，當中有不少是潮人經營的。

（三）**金銀貿易、保險及證券業**：金銀貿易業方面，潮商著名商號有呂合興、陳萬昌等。1961 年香港金銀貿易場約有二百名會員，潮商約佔五分之一。保險業方面，著名的潮商機構，有林連登創辦的南洋保險公司，陳弼臣、馬澤民創辦的亞洲保險公司，廖寶珊創辦的廖創興保險公司，和劉振亞創辦的中華保險公司等。當中成立於 1959 年的亞洲保險公司，是國際公認為一等保險公司。證

---

34 陳維信〈香港進口儲糧商對民食的貢獻〉，《香港潮州商會六十周年紀念特刊》（1981 年），頁 145。

券業方面，港澳發展及偉益置業總經理詹培忠，在證券界有「金牌莊家」之稱。

（四）**地產界：**長江實業、鷹君、廖創興企業、大生地產、麗新發展等，均為 1960 年代地產熱開始後崛起的地產界鉅子。長江實業集團於 1958 年插足地產界，至 1979 年，該集團擁有的樓宇面積已超過英資怡和系置地公司，成為香港首屈一指的地產商。

（五）**交通運輸及物流：**陸運方面，有顏成坤創辦的中華汽車有限公司，1933 年投得港島巴士的專利權，成為負責港島公共交通的主要機構之一。海運方面，有益南、捷順、金榮、安江、順利、惠南、金球、永和祥等船務有限公司。1970 年代，羅新權任董事長的益南船務有限公司，在香港船務界中名列第三，次於船王包玉剛和董浩雲。1921 年林俊璋創辦的捷順船務公司，是香港歷史最悠久的輪船公司之一。貨櫃碼頭業方面，李嘉誠長實系的香港國際貨櫃碼頭公司，是世界最大、最繁忙的私營貨櫃碼頭。

（六）**電訊業及電力：**長實系和記通訊有限公司屬下的和記電話公司，其經營的流動無線電話擁有全港過半客戶；和記傳呼公司，在該行業中佔有一半市場。長實系的香港電燈公司，是香港第二大電力公司。

此外，潮商在多個行業中都有參與和發展。眼鏡業及珠寶業方面，馬寶基兄弟的寶光眼鏡製造廠有限公司，是香港首屈一指的眼鏡生產廠家，年產眼鏡五百萬副，佔全港眼鏡出口量四分之一。珠寶業方面，香港鑽石市場佔世界第三位，潮商有利興鑽石公司、胡良利鑽石公司、琢珊珠寶行、明隆公司、英皇珠寶有限公司等，在珠寶行業中佔有相當地位。

抽紗業方面，翁錦通的錦興集團，其分公司遍佈美國、意大利、新加坡等國；所供銷的抽紗產品，在阿拉伯世界頗受歡迎。百貨業、超級市場及消費品零售店方面，可舉的例子很多。林德利香港有限公司、合興昌有限公司、港大公司、沈正成、陳南發、林信發港行、羅瑞興行、協興行、和興泰、恆昌泰、天成行、宏興百貨等，長實系的和記洋行集團擁有最大規模的消費品推銷、分發網絡，其屬下的百佳超級市場、屈臣氏零售店，是香港主要的零售商。

糧食加工及罐頭食品方面，1962 年由潮商林國長、楊韶華、高鳳生合資創辦的九龍麵粉廠，是東南亞首屈一指的全自動化麵粉廠；潮商經營的食用油生產廠有合興、恆發兩家，1931 年洪鶴友創辦的合興油廠是全港最大的食油生產廠。罐頭食品業方面，有楊木盛的大華罐頭食品廠等。

又如印刷出版業方面，玉郎機構有限公司、《東方日報》、《信報》等，《東方日報》是全港銷量最高的報紙。其他行業，陳偉南的屏山企業有限公司，是亞洲最大的飼料企業之一；酒店業，有愛寶大酒店、國際大酒店、喜來登酒店；旅遊業，有康泰旅行社；建築業，有瑞安建築集團；藥材業，有趙興利參茸行等等。各行各業的變化很大，發展迅速，隨着時代的步伐，新興行業，如雨後春筍，不勝枚舉。以上所述，只是其犖犖大端，在每年加入香港潮州商會的新會員名錄中的，有更全面的反映。

潮商經濟的特徵和變化

1970 年代是香港經濟轉型的關鍵，香港潮商經濟作為現代國際經濟社會的一個組成部分，其傳統和經營方式、業務範圍和管理模式等，亦出現了深刻的變化。以下是一些典型的例子：

（一）**南北行**：早期南北行經營的市場，只局限於香暹叻汕貿易圈內；至此已遍及地球五大洲，經營品種也從過去的糧油、食品、豆類等土特產，擴大至各種民用必需品，連傳統的米、糖貿易也改變了南貨北銷的局面。1970 年代末，國產大米佔全港食米總銷量一半以上，食糖也大致相同；管理模式從原來的家族式形態，即所有權與經營權高度統一的體制，轉化為所有權與經營權分開的新體制。許多潮商大企業家都積極參與國際分工與國際交換，並結合本身的優勢，致力加速企業現代化，增強對外競爭力；同時並打破行業界限，組成綜合性經營的大集團、大財團，進入高層次的經濟領域，成為香港經濟結構和日常生活中一支舉足輕重的力量。[35]

（二）**捷和集團**：1959 年，捷和集團將屬下各廠和部門分組成有限公司，各自設立經理部。1964 年，捷和與美國通時有限公司組成東方鐘廠有限公司。1965 年，捷和與日本神戶鋼鐵有限公司、岩井有限公司合股組成捷和神鋼製銅廠有限公司，捷和佔 60% 股權，神鋼佔 30% 股權，岩井佔 10% 股權；該廠佔地七萬平方尺，是一座現代化的大型工廠。1970 年，捷和與世界鐵礬業主要生產機構——澳鋁有限公司合股組成捷和貨箱有限公司，該公司是東南亞最大規

35 陳荊淮〈香港潮商沿革述略〉，《潮州史志資料選編·史事考述》，頁 234–235。

模及最先進的集裝箱生產廠家。1971 年，捷和又與澳鋁有限公司合股組成捷和澳鋁有限公司。其後，捷和集團又向財務、地產、電腦等領域進軍，發展成為一個以工業為骨幹的多元化集團。[36]

（三）**廖創興集團**：1972 年公開上市，翌年並接受日本三菱銀行參加廖創興銀行 25% 股份；另一方面又向保險、貨倉、地產及證券等領域發展，成為一個企業化和多元化的大財團。[37]

（四）**麗新集團**：香港製衣業鉅子林百欣的麗新集團，1980 年代後躋身於地產界，該集團的業務包括製衣、紡織、地產、證券、酒店等多方面。1989 年香港十大上市財團榜中，麗新排第九位，其控股市值為 113.7 億港元。

（五）**長江系集團**：業務範圍包括地產、衛星廣播、電訊、航空、能源、財務、酒店、商場、電器、機械、礦業、石油、貨櫃碼頭、國際貿易等，以及與香港生活息息相關的多種行業。1988 年底，長實集團上市公司的市值達 677.92 億港元，佔全港上市公司總值的九分之一以上，在香港所有英資、華資財團中居於首位。[38] 李嘉誠直接領導的長江實業有限公司，1990 年度除稅後的綜合純利為 32.51 億港元；而其上市的四大公司──長江、和記黃埔、香港電燈和嘉宏國際，1991 年 3 月 31 日的市值達到 1,206.375 億港元。

以上所舉，主要是第二次世界大戰結束後，香港經濟逐漸恢復和成長，直至 1997 年香港回歸祖國前的情形。中國改革開放四十年來，經貿突飛猛進，潮商積極參與，表現和貢獻就更可觀了。二十一世紀開展以來所創出的成績，是有目共睹的。

潮人在香港辦學的情形

潮州人不論家境貧富、不論學歷高低，一般都較重視子孫後輩的教育；香港潮州商會孜孜以辦學為念，實亦與此有關，不過這是二十世紀以來的事，早期旅港潮人着眼經商謀生，對於教育問題未予重視。林子豐說：

---

36 捷和集團資料室〈捷和集團工業產品多元化〉，《香港潮州商會六十周年紀念特刊》（1981 年）。
37 譚永逸〈廖烈文太平紳士暢談事業及興趣〉，《國際潮訊》第 4 期。
38 李學典、方式光著《李嘉誠成功之路》（香港：香江出版社，1990 年），頁 231。

大家都知道南北行曾經是潮人的黃金時代，譽滿中外，潮人不少人在這裏成功，亦不少人在這裏失敗；雖然成敗利鈍，乃極平常的事，這其中實亦有教育成敗的因素，差不多過去的南北行商人佔大多數對子弟的教育漠不關心，他們執拗、保守、謬於成見，相習成風，只要子承父業，昧於學以致用，一旦生意失敗，這些膏粱子弟，只知享受，又乏謀生技能，因此高低不就，一蹶不振，殊堪浩嘆！[39]

香港潮州商會成立不久，即有小學之設，但因限於課室，規模甚小。潮人在港創辦的學校為人稱道者，應推 1926 年由曹善允（1868 — 1953 年）等所倡設的民生書院，該校聘潮人教育家黃映然（1891 — 1991 年）為校長，校務蒸蒸日上，不但潮籍學生就讀該校者眾，四方學子亦聞風而至，校舍一再擴展，該校的嘉林邊道校舍，不少為潮人所捐建。其後繼任校長的陳先澤、鍾香舉、陳伯民及監督林樹基（1917 — 1995 年），都是黃映然的高足，當中除陳伯民外，皆為潮人，可見民生書院與潮籍人士有密切的關係。[40]

1937 年七七事變前後，內地逃難來港者為數甚眾，隨着人口激增，教育亦見發達。1938 年，洪高煌（1902 — 1972 年）於利園山創辦嶺英中學，汕頭礐光中學亦來港設校，其後續有王永載任校長的南華附中，鄧緝熙的南僑小學，一時頗有蓬勃之勢。香港淪陷時期，各校或遷徙、或停辦；戰後復員，嶺英中學遷回利園山舊址，培僑中學於 1946 年創辦，校務發展甚速。南僑小學在衛城道舊址復校，增辦中學，且在荃灣創設分校，但該校後來轉手和結束。南華附中復校後，人事屢易；鍾魯齋接任校長後改為南華書院，及至鍾氏去世後亦停辦。

戰後初期香港的潮僑教育，公眾主辦的，有旅港潮州商會的潮商中學、附屬小學及分校，旅港潮州同鄉會的潮州公學及分校，九龍潮州公會在尖沙咀、九龍城、深水埗的三個義校，香港德教會的義校；私人倡辦的，有嶺英中學、南僑中學等。高中、初中、小學、幼稚園所收學生原非少數，有的更附設免費貧民識字班及英語夜校（如潮商中學），有的設免費學額，附辦義務夜校（如潮州公學）；但因經濟問題和人事變遷，這些學校或辦或停，學額仍然不足，學

---

39 林子豐〈潮人與教育〉，《香港潮州商會成立四十週年暨潮商學校新校舍落成紀念特刊》（香港：香港潮州商會，1961 年）。
40 同上註。

生亦因家境或工作關係而出現輟學現象，義務教育收效不大，職業教育更付闕如。論者認為義務教育與職業教育未見蓬勃，不能不說是一個很大的缺憾，倡導群策群力，為潮僑謀福利，因而建議：（一）擴大義務學校的組織；（二）潮僑公私各校附設義務夜學及識字班，使日間為生活不能入校者多一求學機會；（三）舉辦職業學校，使潮僑子弟獲得謀生技能，如設初級土木工程、汽車駕駛、機械、無線電作業等科；（四）潮僑公私各中學附辦職業班，如會計、簿記、打字、方言、外國語等等。[41]

香港的潮僑學校

據林子豐統計，1960 年代初，潮人在港九辦理的學校，公私合計約有三十間以上。當中有校譽甚佳的名校，亦有一些被批評為「學店」的私校，但在教育趨向普及的時期，參差不齊是無可避免的現象，無論如何，這些學校都承擔着各自的角色。由幼稚園、小學、中學至大專院校，以及特種學校，中、英俱備。「潮州商會和潮州公會所辦的中學，都有了簇新寬敞堂皇的自建校舍，亦有個人捐建的呂明才紀念學校，個人創辦的院校，洋洋大觀，可謂為我潮生色不少。」[42]到了 1960 年代中，潮籍團體興辦的幾間學校，自建校舍先後完成，規模宏大，學費廉宜，收錄學生不分籍貫，對於普及教育和救濟失學，意義至為明確。潮僑學校連同潮籍人士所辦理的學校，已接近四十間。[43] 林子豐指出：

> 無論目前與將來香港社會所需，絕不是只需能懂英文，能說英語的
> 人，因為香港是中西文化接觸交流的地區，亦是中、英兩民族傳統文
> 化交流與接觸匯點。香港的教育應該是文化教育，不是語言教育；而
> 是人材教育，不是職業教育。在香港的中國人應先認識本國文化，才
> 能領略英國文化，中西並舉，方能成為通才。

在 1960 年代初，在港潮人約有六十餘萬，佔香港總人口五分之一，是香港社會發展的原動力之一。「要保持我們在香港商業的優秀地位，必須趨時適

---

41 馬璧魂〈潮僑教育感言〉，《旅港潮州商會三十週年紀念特刊》（1951 年），頁 10。
42 同上註。
43 〈香港潮僑之教育事業〉，《潮僑通鑑》第二回，頁 10–13。

勢，提高智識和文化水準，是則教育的發達固然可喜，教育之精神何在，亦值得我們大大的研討。」[44]

亦有潮籍人士提出發展教育的新方向，強調工業教育的重要性，「以潮僑在香港所具有的超卓工業地位，需用工業專材，也在不少，應當由工業界和熱心教育人士發動籌辦工業學校，既可儲材自用，亦可為社會造就人材，一舉兩得，意義重大。……潮僑賢達們，應當發揚一貫熱心興學的精神，促成工業學校的開辦，以配合當前社會的迫切需求，為潮僑教育道路奠定新的里程碑。」[45]

潮州商會創辦的學校

旅港潮州八邑商會創立之初，會董會以教育為社團重要事務之一部分，議決設立學校，以教育後進。1924 年 2 月學校開課，翌年有第一屆畢業生；香港淪陷期間停辦，1946 年復校。1961 年 2 月，潮商學校薄扶林道新校舍舉行奠基典禮；同年 11 月，舉行開鑰典禮。[46] 商會名譽會長致辭說：

> 我潮籍人士旅居港九為數甚眾，平素對於興學育才，至為熱心，先後開辦潮商學校，香港潮州公學及港九潮州公學，學生數千人，不限籍貫，卓著成績，茲者，香港潮州商會有鑒於原日潮商學校校址不敷發展，乃向政府申請今址擴建新校，雖事體繁重，幸賴我潮州商會全體會董及列位同鄉先輩踴躍支持，慨捐巨款，使此美輪美奐之新校，不日即可樂觀厥成，為西區清貧學生造福不淺，良可慶賀。[47]

1966 年，潮商學校中學校舍啟用，正式上課。1971 年潮州會館落成啟用後，商會致力籌建中學，1987 年在新界沙田馬鞍山恆安的新校落成，定名潮州會館中學。商會致力發展小學和中學教育，至此充分得以達成。潮州會館中學和香港潮商學校的辦學近況，《香港潮州商會會訊》每期都有專頁報道。

---

44 林子豐〈潮人與教育〉，《香港潮州商會成立四十週年暨潮商學校新校舍落成紀念特刊》（1961 年）。
45 〈香港潮僑之教育事業〉，《潮僑通鑑》第二回，頁 11–12。
46 關汪若〈潮商學校校史〉，《香港潮州商會成立四十週年暨潮商學校新校舍落成紀念特刊》（1961 年），頁 71–75。
47 同上註，頁 79。

香港潮商學校

<u>1</u> 2018 年 11 月 24 日，香港特區政府教育局局長楊潤雄（左七）同商會首長、香港潮商
學校師生代表等各界嘉賓一同慶祝香港潮商學校成立九十五周年。

<u>2</u> 2019 年 1 月 27 日，香港潮商學校舉行九十五周年校慶步行籌款。

1 2021 年 7 月 2 日，香港潮商學校第九十屆畢業禮。

2 2019 年 7 月 5 日，香港潮州商會慈善基金捐款資助香港潮商學校。左起：副會長蔡少偉、陳智文，永遠名譽會長陳幼南、蔡衍濤，會長林宣亮，永遠名譽會長陳偉南、許學之，校監吳茂松，名譽會董邱子成，副會長鄭敬凱，校長詹漢銘。

潮州會館中學

1 1986 年，商會獲香港政府撥地興建中學，潮州會館中學於 1987 年落成，辦學機構為潮州會館，校監為永遠名譽會長廖烈文太平紳士。

2 2018 年 10 月 15 日，校長梁鳳兒女士（後排右一）陪同一眾師生參加「香港青年新跑道」承先啟後分享會，會後與「一帶一路」國際合作香港中心主席梁振英先生（後排右五）合照。

1 2018 年 12 月 5 日，潮州會館中學舉行「訪尋一帶一路新機遇」烏茲別克探索之旅。

2 2021 年 5 月 22 日，潮州會館中學舉行第三十三屆畢業典禮。校監高明東（左六）聯同商會首長及會館中學學校領導向主禮嘉賓高永文醫生（中）頒發紀念品。

港商熱心在潮汕辦學

旅港潮州八邑商會成立後不久，即創辦汕頭港商義務學校，於 1926 年開課，其後歷屆都有捐助經費。1939 年汕頭市淪陷，校務停頓，戰後商會撥款修繕校舍，於 1949 年 9 月復校。[48]1979 年，香港著名潮商李嘉誠帶頭捐資創辦汕頭大學，該校於 1981 年正式成立，1983 年秋開始首屆招生辦學。[49] 至 2020 年，李嘉誠支持汕頭大學發展的所有款項達 120 億港元。汕頭大學自創立以來，在多方面都有長足進展。

另一個例子是 1980 年代後期陳偉南在潮安沙溪故里贈建了沙二幼兒園、小學和寶山中學，還為沙一小學贈建了教學樓，捐資支持新建鎮中，實現了襄助家鄉從幼兒園、小學到初中、高中一條龍辦學的夙願，為發展農村教育竭誠盡力。陳偉南又為母校韓山師範學校出錢出力，對擴大辦學規模、升格為韓山師範學院起了積極作用。[50] 韓山師範學院致力弘揚潮州文化，在潮汕研究方面有領導性的地位。2016 年，以色列理工學院與汕頭大學合作，成立廣東以色列理工學院，由李嘉誠基金會捐資。2017 年秋季首次對外招生，包括化學工程、生物科技、材料工程三個系所共招收海內外學生三百名。

積極推進潮學研究

陳偉南熱心支持國學大師饒宗頤教授的學術文化活動，饒宗頤教授倡導建立「潮州學」和舉辦潮州學國際研討會，陳偉南積極贊助，使潮學研究得以迅速發展。1993 年，由香港潮州商會贊助的第一屆潮州學國際研討會在香港中文大學舉行；1997 年，第二屆潮州學國際研討會在汕頭舉行；1999 年，韓山師範學院主辦了第三屆潮州學國際研討會；2001 年，香港潮州商會再度贊助香港中文大學舉辦第四屆潮州學國際研討會。

饒宗頤教授，號選堂，潮安縣人，自幼刻苦力學，見聞廣博，著述宏富，

---

48 〈汕頭港商學校概況〉，《旅港潮州商會三十週年紀念特刊》（1951 年），頁 8。
49 陳衍俊〈李嘉誠先生傳略〉，《潮州史志資料選編·海外潮人》（潮州：潮州市地方志辦公室，2004 年），頁 214。
50 林英儀〈崇文重教興鄉邦——陳偉南先生愛國愛鄉業績紀略〉，《潮州史志資料選編·海外潮人》，頁 163–164。

文學、史學、方志、考古、書畫等俱精，於敦煌學、甲骨文方面貢獻尤多。二十歲時參加廣東通志館的纂修工作，撰《潮州叢著初編》；其總纂的《潮州志》，於 1949 年出版。歷任香港大學中文系教授、新加坡大學中文系教授、香港中文大學中文系系主任，至 1978 年榮休後，中文大學授予偉倫講座教授，香港大學授予榮譽文學博士、名譽教授，法國索邦高等研究院授予人文科學博士榮銜，香港特別行政區政府頒授大紫荊勳章，此外，他又是北京大學客座教授、中央文史資料館館員及西泠印社社長。

2011 年 7 月 17 日，國際天文聯盟批准南京紫金山天文台發現的國際編號為 10017 的小行星命名為「饒宗頤星」。小行星命名具有國際性、嚴肅性、唯一性和永久性，是一項崇高的國際榮譽，由潮州市委、潮州市政府、香港大學、香港中文大學、香港潮屬社團總會、香港潮州商會及潮州海外聯誼會聯合主辦的「饒宗頤星」命名儀式暨慶賀酒會，於同年 10 月 19 日晚假香港賽馬會跑馬地會所青雲閣隆重舉行。香港特別行政區行政長官曾蔭權、中聯辦副主任李剛、外交部駐港特派員公署副特派員詹永新、特區政府民政事務局局長曾德成、廣東省人口與計生委書記（前潮州市委書記）駱文智等為大會主禮，徐立之、沈祖堯、許光、陳建新、沈啟綿、許學之、陳幼南陪同主禮。[51] 饒宗頤教授出生於潮州，治學於香港，揚名於國際，是國學界百科全書式的大學者；他是香港潮州商會和香港潮屬社團總會名譽會長，在推動商會的文教事業和弘揚潮州文化方面，起了帶領和典範的作用，成就卓越，屢獲殊榮，實乃潮人之光。

2016 年，「饒學聯匯」成立，行政長官梁振英和饒宗頤出席了成立儀式。2018 年 2 月 6 日，饒宗頤教授逝世，積潤享壽一百零五歲。饒教授著作等身，包括《饒宗頤潮汕地方史論集》、《饒宗頤二十世紀學術文集》、《饒宗頤香港史論集》及編集《潮州志匯編》等多種。

---

51 〈「饒宗頤星」命名儀式隆重典雅〉，《香港潮屬社團總會會訊》，2012 年 2 月，頁 3。

香港百年來潮商之沿革

陳庸齋

　　吾潮營商於香港者，垂百年於茲矣。其間盛衰，與時俱易，雖曰人事，豈非天數乎！庸旅港將近五十年，前後目擊商號之變遷不下五六十家，有經營七八十年者，亦有不及一二年者，仍以一二十年者居其多數焉。誠以香港為南中國天然港口，直通五洲之門戶，一經闢為商埠，大有萬商雲集之概。港中華人商業以南北行為巨擘，主要經營為南洋群島及中國北部兩大路線。溯未開埠前，潮人經營是業，多以紅頭船（即呷板船）轉運貨品，自澄海之樟林，饒平之柘林，輸入潮境，北抵津沽，南至暹羅。迨至汕頭開埠，貨品始改在汕頭起卸，不久則有輪船代替紅頭船運輸矣。查當時潮籍紅頭船主有二三十人，其最顯著者，澄海余進盛翁，先曾祖煥榮公（時稱船主佛），饒平隆都許必濟翁，即志時君之先翁。紅頭船船主，俱屬澄海、饒平二縣人，因彼等世居海濱也。

　　本港商號最有歷史者，為澄海高滿華翁所創之元發行，垂八十餘年，高氏為東華醫院創辦人之一，繼而煥榮公手創乾泰隆，潮安柯斗南氏王少咸氏之先輩合創合興行，堪稱鼎足而三。五十年後，合興改組，歸王氏承受，改為承興行。當時經營商號為：金豐裕，義順泰，和記行，桂茂行，裕德盛，廣德發，明順行，恆成，鳴裕泰，順成，振興棧，元成發，和興泰，和興棧，萬發祥（後改福泰祥）成合昌，和成行，泰順昌，廣源盛，廣昌盛，廣美盛，元德，廣德發，同興泰，添和成，公同泰，萬裕發，金成利，乾昌利，香溪公司，聚順，謙和行，李炳記，榮昌隆，同福成，加記，源盛，泰裕錦，佳和等。繼起者日多，其負時譽者有：榮豐隆，隆興棧，振利成，鉅發源，信和發，志昌行，炎豐公司，長成行，黃祥豐，南泰行，廣德公司，三泰公司，永豐祥，利豐亨，振南行，兆亨行，利安行等。

　　回憶八十年前，旅港潮商，進入興盛時期，方照軒軍門倡議建潮州八邑會館於廣州，邀此間潮商負責勸助其事。會館落成，仍欠墊支建築費銀萬餘兩，當費亦告無着，方軍門乃提議抽收兌貨厘金每萬元一元，嗣後置業不敷，增至四元。更於會館左旁建景橡祠，號聚和堂，崇祀八

邑捐資人士祖先祿位。一切物業，豎石為聚和堂嘗業，其管業權，向由港商輪流管理，每年值理四家，港商居其三，省垣居其一。卅年前，積資頗巨，港商倡議就會館地址，開辦旅省八邑中學，需費二十餘萬元。後因故停辦。而港商維持聚和堂嘗產，任勞任怨，且向恪守成規，井井有條；乃屢有人倡言清理，可怪孰甚！當日捐資建築會館，有泐石碑記詳載其事，現經本刊商業調查欄內採要節登，可覘旅港潮人商業數十年前之動態，及當日創辦會館諸人之苦心。惟當時商號存者，只有乾泰隆一家，世事滄桑，不勝感慨繫之矣！

——《旅港潮州商會三十週年紀念特刊》，頁6

第二章　商會成立和興辦學校的經過

二十世紀初，香港民間貿易形成了一些以潮商經營為主的行業，除了南北行外，有米業、茶業、中藥材業、柴炭業、潮瓷業、民俗用品和民間美食等。當中既有批發，也有零售；有的物產在本地銷售，有的物產則轉銷到東南亞國家和地區。設立旅港潮州商會的需要，逐漸成為此地潮商的共識。事實上，商會不但有助於把從事各個不同行業的潮商團結起來，亦可更有效地凝聚香港和往來各地的潮胞，以及加強對潮鄉的關心。

旅港潮州八邑商會於 1921 年創立，翌年家鄉潮州遇到特大風災，商會旋即展開賑濟救援工作，為時三年始大致完成。其後省港大罷工爆發，商會亦參與斡旋。商會於創立之初，即注意潮僑子弟教育問題，創辦潮商學校，可見商會在興學育才方面一向不遺餘力。時至今日，商會屬下的學校已有可觀的成績。

廣州潮州八邑會館的成立

潮州會館之設，始創於方耀。方耀（1834 — 1891 年），字照軒，廣東普寧人。咸豐初年，他隨父親方原舉辦團練，嗣投效官軍，參與鎮壓廣西天地會起事；並轉戰廣東、福建、江西等地，鎮壓太平軍，累升至副將。1868 年升授總兵，在廣東潮州創「選舉清鄉法」以除「患亂」，並鰲佔產、徵逋賦、丈沙田，以增稅收。1883 年擢水師提督，時適法軍侵犯越南，南部邊境出現危機，方耀即與督撫諸官籌劃佈防，並飭兵往援福建。

1871 年，方耀倡議在廣州建立潮州八邑會館，邀廣州、香港兩地潮商襄助；除捐助的銀兩外，並議決從港、穗等地潮商出入潮汕的貨物中，每千元抽取一元作為建館基金。在五年之中，共得香港、廣州、佛山、汕頭各潮商行號貨捐銀五萬餘兩，其中香港的合興行、元發行、乾泰隆行等二十五家南北行潮商就繳了三萬餘兩，此外還墊借給會館一萬餘兩。潮州八邑會館建成後，設立聚和堂嘗業，其管理權每年由三家香港潮商和一家省城潮商輪值。[52]

---

52 〈香港潮人商業概況〉，《旅港潮州商會三十週年紀念特刊》（1951 年），頁 1–4。

香港早期的華人商會

早期香港華人在英國管治下，自發地按照中國傳統，結成宗親會、同鄉會、同業公會、行會之類具有自助性質的社團，情況與中國內地各省各地有所異同，而與海外華人社區較為相近，並逐漸形成了香港本身的特色。1868 年成立的南北行公所，是香港第一個較具規模的華商團體，對香港舊式商人行會向日後近代商會的過渡，具有承先啟後的作用。[53]1896 年，華人領袖與華商集資在港島西半山興建中華會館，會員除少數為買辦外，多是南北行及金山行中人。當時已有香港總商會（Hong Kong Chamber of Commerce）的組織，是外籍商行於 1861 年成立的，初期會員清一色為洋人，華商無緣參加，該總商會因而有「西商會」之稱。

十九世紀末，一班接受西式教育的華人成立了華商會所（The Chinese Club），會址初時設在雲咸街，隨後遷到皇后大道中。這是一個聚會場所，性質與中華會館不同。1900 年，華商公局（The Chinese Commercial Union）成立，以團結在港從事不同行業的華商為宗旨，富珍齋、義順泰行等一些潮人商號亦有捐款支持。[54]1911 年辛亥革命爆發，翌年中華民國成立，統治中國二百六十八年的清朝宣告結束，商會在社會上自此有更大的發展空間，華商公局遂於 1913 年改名為香港華商總會（The Chinese Chamber of Commerce）。第二次世界大戰結束後，華商總會於 1952 年正名為香港中華總商會（The Chinese General Chamber of Commerce），簡稱「中總」，在團結本地華商和聯絡海內外商人方面擔當了獨特的角色。

倡議成立旅港潮州商會

1906 年英國工黨成立，影響及於香港，工會、商會的組織，有如雨後春筍。旅港潮人方養秋、蔡杰士、陳殿臣、鄭仲評、王少平鑑於時代需要，倡議組織旅港潮州商會，維護潮州公益。他們為籌辦潮州商會出錢出力，被尊為「創會五元老」。但當時潮商已組有聚和堂，保守者認為無須另組團體。幾經陳說和

53 張曉輝《香港華商史》（香港：明報出版社，1998 年），頁 137–138。
54 周佳榮、鍾寶賢、黃文江編著《香港中華總商會百年史》，頁 6–11。

解釋後，始獲一致同意，第一次世界大戰結束後，組織商會的條件已趨成熟，在眾多鄉親和商界鉅子的支持下，終於付諸實際行動。

　　1920 年夏，熱心成立商會的潮商先後在鄭仲評的聚興行、王少平的承興行、方養秋的豐昌順、蔡杰士的元成發行多次會議，「中間過程，眾議紛紜，然發起者，幸能融和意見，一致努力」[55]，擬定進行計劃後，即草擬章程，徵求發起人。1921 年 2 月 21 日，旅港潮人假座皇后大道中杏花樓開潮州商會籌備會，與會者百餘人，頗極一時之盛。籌備會由王少平、陳湘波主持，陳有章宣佈開會理由後，公推蔡杰士為臨時主席。繼由吳嘯秋宣讀該會草章，再由方養秋解釋章程意義；嗣後討論入會的基本金及常年費，均以五元為準。[56] 同年夏，假皇后大道中杏花樓召集發起人會議，到會者計有方養秋、蔡杰士、陳殿臣、王少平、鄭仲評等，總共四十七人（表 6），籌備一切，並定會名為「旅港潮州八邑商會」（The Chiu Chow Pak Yap Chamber of Commerce，亦作 Chiu Chow Eight-district Chamber of Commerce）。八邑是指潮安、潮陽、揭陽、饒平、澄海、普寧、惠來、豐順八縣，當時並未包括大埔、南澳兩縣在內。[57]

表 6　旅港潮州八邑商會發起人名錄

方養秋	蔡杰士	陳殿臣	王少平	鄭仲評	李澄秋	王少瑜	陳湘波	周華初	楊瑞璜	鍾秀峰
黃象初	陳子丹	陳煥夫	王少成	林子豐	高嶧琴	李秋圃	李鑑初	吳史籛	洪鶴友	陳子昭
湯雲亭	吳君重	林勳臣	許愚溪	陳吉六	黃子梧	沈湘波	陳培深	李竹溪	陳大德	楊開興
楊甲初	郭曜東	鄭習經	吳嘯秋	蔡香圃	許志時	鄭長松	黃友南	黃綿臣	林香溪	陳景瑞
陳有章	沈大欣	黃仲山								

　　香港與潮汕相隔一千八百英海里，潮人到香港，常乘輪船，一夜可達，輪船分屬潮安船公司、得忌利公司、大阪公司等，每星期均有往來規定，以利便搭客。至於過港船則行期無定，因此乘客不多。1920 年代末至 1930 年代初，港中潮人約有三萬餘人，或為商，或任事，或為工人，或為苦力，間有教員、醫生，或任職於報界者。潮人除集中於南北行外，在九龍尖沙咀，潮州語言亦

55　賴連三著，李龍潛點校《香港紀略（外二種）》，頁 72。
56　〈潮州商會成立之佳訊〉，《香港華字日報》，1921 年 2 月 24 日，第 2 張第 2 頁。
57　關汪若〈會史紀要〉，《旅港潮州商會三十週年紀念特刊》（1951 年），頁 1。

得以通行，可知該處潮人之眾。

第一次世界大戰後，米的來源頓減，且暹羅等地潮人米業亦不如前，致使南北行出現「敷衍門面」的現象。除營米業之外，則南洋各地的土產雜貨如燕窩、海參、藤類等，寄至香港潮人南北行銷售者亦屬不少。此外，潮人所經營的出口，即「莊口」，以雜糧、麻、豆、麵、匹頭、絲綢為大宗，但莊口以暹羅、叻坡（華僑對新加坡的別稱）、安南及中國大埠為主。蓋潮人出外營生，就南洋方面而言，人數最多的是暹羅，其次為叻坡，再次為坤甸，又次為安南、檳城等；若中國各埠，則以上海為多，至於長江及北方地區，均屬少數。

旅港潮州八邑商會就是在這樣的背景下發展起來的，標誌着香港潮商集團正式形成，其經濟進入一個嶄新階段，並且很快就成為潮人往來家鄉與世界各地的一個橋頭堡。誠如論者所云：「且夫各屬在港，有公所者矣，公局者矣，其足以興起愛群、增進幸福者，眾所知也；則潮人之八邑商會，為謀鄉誼上，發展共同事業之總樞紐也，明矣。」[58]

商會首屆會董和幹事

旅港潮州八邑商會的開辦費用，由蔡杰士、鄭仲評、王少平諸人墊借。旋覓得干諾道西二十九號四樓為會址，徵得會員二百五十一名，募集基金三萬七千六百五十元，遂於 1921 年 6 月 8 日召集籌備會議，通過章程。章程規定商會的組織，先由會員選出會董四十名，就中互選會長、副會長、司庫、副司庫各一名，另舉幹事十二名，包括法律幹事、審查幹事各二名，交際幹事、調查幹事各四名；會員亦得被選舉，蓋以便年少有為之士，經眾介紹，得有機會為商會服務。如遇必要時，得推名譽會長以資指導。並定每月 5 日為會董常會之期，每年 8 月 1 日為新職員就職之日。

7 月 25 日召開會員大會，選舉蔡杰士、陳殿臣、王少平、方養秋、李澄秋、鄭仲評等四十人及商店舖為首屆會董，他們就是香港潮州商會的首屆會董。復由會董選出蔡杰士為首屆會長，王少平為副會長，李澄秋、鄭仲評為正副司庫，陳煥夫為核數員，陳培深、林子豐為法律幹事，陳吉六、吳嘯秋為審

---

58 賴連三著，李龍潛點校《香港紀略（外二種）》，頁 72–73。

查幹事，黃象初、陳景瑞、陳湘波、黃友南為交際幹事，周華初、陳有章、鄭長松、李培恭為調查幹事，陳殿臣、方養秋為名譽會長。（表7）

表 7 香港潮州商會首屆會董及職員名錄

第一屆會董

蔡杰士	陳殿臣	王少平	方養秋	李澄秋	鄭仲評	陳煥夫	陳培深	黃象初	陳湘波
周華初	高嶧琴	王少瑜	楊瑞璜	鍾秀峰	陳大德	吳史籌	李秋圃	李鑑初	洪鶴友
楊開興	楊甲初	湯瑞麟	李竹溪	陳子昭	郭曜東	黃綿臣	鄭習經	吳君重	林勳臣
蔡香圃	陳吉六	吳嘯秋	元發行	承興行	富珍齋	柯正興	廣源盛	黃加記	
汕頭商務公司									

第一屆職員

會　　　長：蔡杰士　　**副會長**：王少平
司　　　庫：李澄秋　　**副司庫**：鄭仲評
核　數　員：陳煥夫
法律幹事：陳培深　　林子豐
審查幹事：陳吉六　　吳嘯秋
交際幹事：黃象初　　陳景瑞　　陳湘波　　黃友南
調查幹事：周華初　　陳有章　　鄭長松　　李培恭
名譽會長：陳殿臣　　方養秋

7月20日，全體職員在商會會堂就職；8月1日，假石塘咀金陵酒家舉行成立典禮，邀請潮屬先進領袖陳春泉主持揭幕禮，商會正式宣告成立。是日各同人行號均休業一天，以誌慶祝。參加成立大會的，多達五百餘人：來賓致頌者，有香港華商總會代表葉蘭泉及旅港福建商會、南邑僑商樂善公局、旅港番禺公所、東莞工商總會、增城商會、順德商務局、香邑僑商會所、新會商會、四邑工商局、寶安總商會等代表，港外團體如汕頭總商會、潮屬各縣商會和各團體，廣東省長公署、財政廳、汕頭市政廳，廣州、上海、越南、山打根等埠的潮州會館等，或來函電致賀，或致送禮品，或派員出席，是旅港潮商空前的一次盛會。

同日，首屆會董齊集於兵頭花園（即現時的香港動植物公園），拍照留念，年齒最高者為李鑑初、李秋圃，林子豐最年輕，與陳子昭並立於最後一階。時移世易，1951年商會慶祝成立三十周年時，細數當年創始人物，碩果僅存者惟鍾秀峰、周華初、林子豐三人，因而有「商會三元老」之稱。

商會創會會董和職員

商會成立時，陳殿臣、方養秋被推舉為名譽會長，陳殿臣任第二、三屆會長，方養秋任第四、五屆會長。第一屆職員中，會長蔡杰士以外，李澄秋、林子豐後來均曾出任會長，其餘各人亦多繼續為商會服務。[59] 半世紀後，林子豐於潮州商會五十周年會慶時，曾撰文回顧會務，對商會成立經過作了憶述。其敘述較為詳細，可作為會史記載的補充：

我潮民風淳樸，堅毅奮發；素尚進取，足跡所至，遍佈海內外各埠，持籌計營，蜚聲遐邇。本港開埠之始，我潮僑即蒞臨經商；歷時既久，人數遞增。共處一地，雖時相往還，然團體組織，尚付缺如，誠不足以聯鄉誼而謀公益。洎乎公歷一九二零年，第一次世界大戰結束，遠東各區未受戰火波及，本港行業，均呈蓬勃；鄉先進方養秋、蔡杰士、陳殿臣諸先生，為敦睦鄉誼，促進商務，爰有籌設「潮州八邑商會」之議。潮僑聞風群起響應，聯名發起者共四十餘人，余時年將而立，亦隨諸鄉先進之後參與其事。惟事屬創舉，經緯萬端：訂立章程，徵求會員，勸募經費，物色會址，辦理註冊，百務待理。幸賴方、蔡二先生，運籌策劃，殫精竭慮；與陳殿臣、李澄秋、鄭仲評、王少咸、王少瑜、王少平諸先生，出錢出力，以為之倡；而潮僑亦一心一德，熱誠合作；幾經籌劃，卒於一九二一年八月一日假座石塘咀金陵酒家，舉行成立典禮。僑界畢集，濟濟一堂，公請鄉先進陳春泉翁主持揭幕，潮州八邑商會，於焉成立。[60]

旅港潮州八邑商會第一屆職員，均於商會的創立居功至偉，他們的活動和事跡，亦有助於加深對 1920 年代前後旅港潮人的認識。以下是幾位較活躍的職員的事略：

王少平，名廷芳，世居潮安縣菴埠龍溪鄉，是名孝廉王少文、王少蘭之季弟。潮安金山中學畢業後，曾任小學校長；旋來港，任省港汕暹華安水火險有

59 關汪若〈會史紀要〉，《旅港潮州商會三十週年紀念特刊》（1951年），頁1–2。
60 林子豐〈本會五十年來之回顧〉，《香港潮州會館落成開幕暨香港潮州商會金禧紀念合刊》（香港：香港潮州商會，1971年），頁18。

限公司總經理。時適旅港同鄉進行組織商會，邀王少平負責臨時財政；商會成立後，被選為首屆及第二屆副會長。「八二風災」之役，會長陳殿臣適在籍未返，由王少平處理會務，舉凡籌集善款、組織賑災團，前赴災區辦理急賑及善後事宜，均悉力擔當，不辭勞瘁，迨陳殿臣回港，乃得稍休。未幾，王少平赴暹主理華安燕梳公司及聯興火䃂業務，回港後謝絕世事，潛心佛學。1949 年去世，享年五十七歲。[61]

鄭仲評，名允襃，世居潮陽縣城。弱冠來港從商，嗣創聚興花紗行。其人熱心公益，勇於任事，1917 年任東華醫院總理，1920 年與方養成等籌設旅港潮州八邑商會；出錢出力，翌年商會成立時，被舉為首屆副司庫；1923 年出任第三屆副會長，任內對於會務興革，成績斐然，在創立學校和設置義山兩事上，提議極力，不辭其勞，貢獻尤多。[62] 平生最重教育，常謂與其積財以遺子弟，不若使之積學受用無窮，故其子弟多受高等教育。晚歲虔修佛學，茹素戒葷，曾受虛雲大師及西藏增榮上師傅受佛理，悟澈一切。1941 年底香港淪陷時，鄭仲評與家人避居贛南，越二年，壽終於旅次，享年五十九歲。[63]

黃象初，名振坤，澄海縣人。年十三，輟學從商，以聰敏誠篤見知於司理黃名棟，嗣任元成發行副司理。1921 年參與組織旅港潮州八邑商會，被選為首屆會董。翌年「八二風災」，黃象初以耳順之年，不辭勞苦，親赴災區散賑。1924 年被選為商會第四屆副會長，對於會務贊襄尤力。以高壽終，年七十三。[64]

陳煥夫，名景章，世居潮安縣仁里鄉。二十歲來港，助其父經營裕盛泰莊，又助其兄陳景瑞經營富珍齋業務。其人熱心社會及家鄉公益事業，旅港潮州八邑商會之成立，陳煥夫贊助殊多，被選為首屆會董。八二風災之役，陳煥夫負責賑務，夙夜在公，數月不懈。1927 年被選為商會第六屆副會長，任內對於會務多所貢獻。商會由創立時起，至第十一屆為止，陳煥夫均被選為會董，

61 〈王少平先生事略〉，《旅港潮州商會三十週年紀念特刊》（1951 年）及《香港潮州商會成立四十週年暨潮商學校新校舍落成紀念特刊》（1961 年），卷首。
62 賴連三著，李龍潛點校《香港紀略（外二種）》，頁 94。
63 〈鄭仲評先生事略〉，《旅港潮州商會三十週年紀念特刊》（1951 年）及《香港潮州商會成立四十週年暨潮商學校新校舍落成紀念特刊》（1961 年），卷首。
64 〈黃象初先生事略〉，《旅港潮州商會三十週年紀念特刊》（1951 年）及《香港潮州商會成立四十週年暨潮商學校新校舍落成紀念特刊》（1961 年），卷首。

向受會眾敬重。1941 年香港淪陷，他挈眷歸里，後二年逝世。享年六十三歲。[65]

李鑑初，澄海蓮陽鄉人。早歲隨諸兄在港習商，以率直誠謹見重於闤闠間；旋創設瑞興暹莊，自任總理。其於家鄉公益事業，靡不殫力以赴，留港同鄉有急難者，輒解囊援助。參與發起旅港潮州八邑商會，擔任宣傳聯絡及徵求會員工作，被選為首屆會董，1925 年任第五屆副會長。任內對於會務措施，多所獻替；其初商會經費常感缺乏，李鑑初曾商請聚和堂歲助商會經費三千元。夙患足疾，1931 年卒於港寓，享壽六十餘歲。[66]

賑濟潮汕八二風災

1922 年 8 月 2 日，即旅港潮州八邑商會成立第二年，潮汕遭遇特大颶風吹襲，傷亡損失慘重，史稱「潮汕八二風災」。當天陽光普照，似乎沒有甚麼異常，但到了入夜八時許，狂風驟雨突然而來，潮水有如排山倒海，汕頭市以至澄海、南澳、饒平、揭陽、潮安、普寧、豐順、大埔數縣，均遭大水所淹。風雨肆虐八、九個鐘頭，徹至黎明乃止，沿海各縣，河堤被決，房屋崩塌，死傷無數，單是汕頭市被溺斃或壓死的居民就有二千餘人。[67] 當日「潮汕颶風暴起，驅海水，傾洞陸，地瀕海縣，胥為澤國，淹斃居民數萬，毀屋拔木，田園沒，隄圍決，牲畜器具，漂散多不勝紀，災情之重，亙古未有。」[68] 數十年後林子豐追憶當時慘狀，猶覺歷歷在目，他說：

> 時值深夜，驚濤裂岸，平地水湧，幾淹屋頂，居民午夜夢迴，趨避無
> 從，舍毀船沉，人畜漂沒，汕頭、澄海、潮陽、揭陽、饒平濱海地
> 區，受害甚烈，尤以澄海為最，災情慘重，浩劫空前。綜計死亡人

---

65 〈陳煥夫先生事略〉，《旅港潮州商會三十週年紀念特刊》（1951 年）及《香港潮州商會成立四十週年暨潮商學校新校舍落成紀念特刊》（1961 年），卷首。

66 〈李鑑初先生事略〉，《旅港潮州商會三十週年紀念特刊》（1951 年）及《香港潮州商會成立四十週年暨潮商學校新校舍落成紀念特刊》（1961 年），卷首。

67 陳漢初〈華僑、港澳台同胞賑濟潮汕「八‧二風災」災民〉，氏著《潮史述論》（東莞：廣東經濟出版社，1996 年），頁 39。

68 〈本會籌賑風災紀念碑序〉，載關汪若〈會史紀要〉，《旅港潮州商會三十週年紀念特刊》（1951 年），頁 7。

數，約達六萬有奇。而災民數十萬，嗷嗷待拯，尤為慘重。[69]

噩耗傳來，旅港潮州八邑商會同人異常悲痛，率先發動籌款，辦理急賑。香港華商總會、東華醫院、鐘聲慈善社等機構，以及南洋各埠僑胞，紛起響應，廣集款項，共得六十四萬八千餘元，並有米糧、衣被、藥料等，公推旅港潮州八邑商會主持救濟，於是組成賑災團，舉王少瑜為總代表，偕林子豐、周華初、鍾秀峰、鄭習經、陳湘波、洪鶴友、鄭長松、陳吉六、陳友章、黃象初、柯希士、陳仲南、陳庸齋、柯斗南、楊瑞璜、蔡鼎銘、李植秋諸代表，親赴災區實地視察，辦理救濟及善後事宜，「聊申僑胞痌瘝之懷，藉挽災民倒懸之厄」。[70]

以下是 1922 年 8 月間各地賑災款項和救援物資源源送到潮汕的記錄，從中可以看到香港同胞和旅港潮州八邑商會熱切的鄉情：

8 月 9 日，香港潮州八邑會館〔商會〕來米 600 包；

8 月 11 日，香港僑商總會運來白米 400 包，藥材 5 包；香港潮州八邑會館〔商會〕捐米 630 包；

8 月 15 日，香港東華醫院來米 630 包；

8 月 16 日，香港潮州八邑會館〔商會〕來米 220 包；

8 月 17 日，新加坡中華總商會會長林義順、副會長林推遷召集同人議定，撥來大洋 1 萬元，翌日通過「四海通銀行」匯汕；香港潮州八邑會館〔商會〕來米 1,500 包；台灣總督府托「開城丸輪」運來賑米 1,000 包；

8 月 18 日，香港潮州八邑會館〔商會〕來米 1,300 包，鹹魚 10 件；同日，香港潮州八邑會館來賑米 220 包；台灣台南市民自動捐助白米 300 包，由「蘇州輪」運汕；台北市江聯發捐來大洋 100 元正；

8 月 19 日，香港潮州八邑會館〔商會〕來「臭水」4 件，藥材 5 件；

8 月 21 日，香港東華醫院、華商總會捐米 499 包；香港潮州八邑會

69 林子豐〈本會五十年來之回顧〉，《香港潮州會館落成開幕暨香港潮州商會金禧紀念合刊》（1971 年），頁 18。
70 關汪若〈會史紀要‧附籌賑潮汕八二風災概略〉，《旅港潮州商會三十週年紀念特刊》（1951 年），頁 5。

館〔商會〕捐米 130 包；

8 月 23 日，香港東華醫院、華商總會來米 1,000 包；香港潮州八邑會館〔商會〕來藥材 2 件，「臭水」6 件；

8 月 25 日，安南潮州公所匯來捐款 3 萬餘元；嗜叻布行公所來款 1,750 元；

8 月 29 日，香港潮州八邑會館〔商會〕來蓬蓋 71 件，藥材 1 件；

8 月 30 日，香港潮州八邑會館〔商會〕來藥材 1 件，「臭水」8 件。[71]

旅港潮州八邑商會賑災團總代表王少瑜一行五人，於 8 月 11 日到汕後，馬上投入賑災事務；8 月 13 日，汕頭賑災善後辦事處特邀王少瑜為協理，凡屬於急賑者，莫不驟舉兼施，他還多次提議取締奸商、市儈賣濕米、販霉藥和趁火打劫等不法行為，維護了災民的利益，廣泛受到稱道。[72]

賑災團「又以澄海之外砂，四面環海，受災尤重，為築士敏土屋四處，無事時供辦學及其他公益用，脫有災資保障，竭十有六月之心力，然後急賑善後諸大端粗告完畢。災民得以少安，飲水思源，實出各方善士解囊慨助之賜。」[73]

當時旅港潮州八邑商會辦理賑災的表現，得到高度的肯定，因此東華醫院和華商總會兩個機構，均將有關事宜委諸商會。1922 年夏秋間，該兩機構曾致函商會，大意是說根據葉蘭泉從潮汕回港報告當地辦理賑災情形，「具見汕頭辦理賑災諸公辦理克臻完善，無任快慰。」自後所得捐款統請商會一手辦理，「將來在汕所辦各項賑災事宜，均用三團體名義」。[74]

潮汕八二風災發生時，旅港潮汕八邑商會「呼籲施賑，各界熱烈捐助，集資數十萬，施行急賑，六屬災黎，得以安集。惟築堤築屋冬賑春耕一切善後所需，尚有待於籌措。」第二屆會長陳殿臣義不容辭，於是實行組設賣物籌賑會，為災民請命，增籌賑款，「邀集熱心人士，設會場於德輔道西，晝夜蒞會，規劃督促，為時匝月，奔走呼籲不少休。義聲所播，無不響應。開會而後，捐款助

71 陳漢初〈華僑、港澳台同胞賑濟潮汕「八‧二風災」災民〉，氏著《潮史述論》，頁 40–41。
72 同上註，頁 41–42。
73〈本會籌賑風災紀念碑序〉，載關汪若〈會史紀要〉，《旅港潮州商會三十週年紀念特刊》（1951 年），頁 7。
74〈東華醫院華商總會致潮州商會函〉，《香港華字日報》，1921 年 10 月 20 日。

賑，尚有絡繹而來者，足見感人之深矣。」事後編徵信錄，陳殿臣在序中說：

> 天生吾民，天愛吾民，顧天心有時而不可知，亦人事有時而不可問，
> 此其缺憾之事似不得以委之於運，亦不能盡委之於運。要惟同生天地
> 間者，本其愛群之心，盡其互助之力，義之所在，即赴以力之所及，
> 以求其心之所安，則缺憾或以是而可補，亦祥和或由是而可召焉。[75]

賑災工作的結束

1924 年秋，方養秋接任第四屆會長後，旅港潮州八邑商會編印籌賑潮汕八二風災徵信錄，他在序文中說：

> 噩耗傳來之時，正養秋由汕抵港之翌日，本會同人，驚聞之下，莫不
> 憂形於色，奔走呼號，亟籌急賑，以救災黎。斯時本會會長陳君殿
> 臣，因事回里，副會長王君少平，以救濟辦法商之養秋，爰集眾議
> 決，先由本會撥款及購運糧食，托汕頭總商會辦理急賑，並分頭向本
> 幫同人及本港各善士募捐，又推王副會長為主任，養秋與當年各會董
> 及各熱心會員為之協助。一面派代表駐汕辦理賑務，一面詳敘災情分
> 函本港及各埠籲請諸慈善大家解囊助賑。旋本港東華醫院、華商總
> 會、旅港各邑商會、各社團、各善士暨越南、南洋各埠僑商，以所得
> 捐款委託本會規劃散賑。

接着，方養秋對籌辦賣物會的始末亦有以下交代：

> 惟災情重大，辦理善後，需款尚多，本會同人乃請闔港各界善士籌辦
> 賣物會，藉資接濟。正與余君偉賓、林君仲甫諸善士磋商徵求發起
> 人各辦法。未幾，陳君殿臣回港，因請陳君主持其事，又得港中紳商
> 各界贊助，賣物會得以成立。復蒙各善士樂善不倦，踴躍助捐，得款
> 頗多，彙合散賑，數十萬災黎賴以存活者，皆由仁人善士樂善好施之
> 賜。[76]

---

75 〈陳殿臣先生事略〉，《旅港潮州商會三十週年紀念特刊》（1951 年），卷首。
76 〈本會籌賑潮汕八二風災徵信錄序〉，《旅港潮州商會三十週年紀念特刊》（1951 年），頁 7。

總括來說，1922 年潮汕八二風災發生時，會長陳殿臣不在香港，籌辦賑濟事宜由副會長王少平負責，派王少瑜為駐汕總代表，未幾陳殿臣回港主持賣物籌賑會。賑濟工作至方養秋任會長時結束，於是將經過情形、出納數目及捐資各善士芳名編印成帙，並附王少瑜報告書撮要，「分送各慈善大家鑒核，藉資徵信焉。」[77]

王少瑜，潮安菴埠人，少時從商港地，繼美家風，箕裘克紹，擴充營業。其人於社會公益，頗能關心；旅港潮州八邑商會之提倡，與有力焉。潮州風災，商會委為駐汕總代表，「本其理事穩健之精神，不辭勞倦，普為散賑，使港中各善團捐款之誠意，與夫潮州八邑商會救災實心殷殷委托者，可謂不忝厥職，不辱使命者矣。」[78]

潮汕人民的生活基本上回復正常之後，大家飲水思源，紛紛提議在汕頭建亭和立碑，藉以昭彰善士。在各方共同努力下，設賑災紀念碑於汕頭市鎮平路，建賑災紀念亭於現在汕頭市韓堤路，石碑上刻有香港潮州八邑商會、暹羅華僑和安南潮僑以及各方善士的芳名和碑文，表示了潮汕人民感激之情。

潮州風災之後，廣東的東江、西江、北江亦發生水患，哀鴻遍野，旅港潮州八邑商會亦發動募捐，將賑款交東華三院代為辦賑。

籌措經費和置業收租

旅港潮州八邑商會正式成立前，先已募集基金三萬七千六百五十元。會章規定，會員入會時須繳交基本金五元及常年費五元，以後每年繳常年費五元；會董每屆加捐會董特別捐五十元以表熱忱，並藉此使商會有更多經費收入。所收得的款項，初時存放於各銀號生息，但這並不是長久之策，會董乃議決「將存款購置物業收租，藉供經費，而期久遠，且策安全」。陳殿臣擔任會長期間，在議決後幾經物色，1923 年獲會董會同意，購得中環加咸街 26 號 C 全座三層樓宇為會產，需款二萬七千元。樓宇出租後，商會就多了一項租金收入。

商會自成立後，對公益事業及救災卹難工作均悉力以赴，所籌集之款，則

---

77 同上註。

78 賴連三著，李龍潛點校《香港紀略（外二種）》，頁 93。

已用罄無存，而經常費收入又時虞不敷，尚幸會中各同人熱心公益，時常捐款贊助。1923 年，旅港潮州八邑商會向香港政府註冊署註冊，於同年 2 月 9 日成為有限公司。至 1925 年，會董會以每屆任期一年，時間短促，負責會務者難展抱負，於是提議修改會章，獲得通過，由第五屆開始，每屆任期改為二年，其餘則仍舊貫，未甚更張。

第五屆副會長李鑑初因其泰昌行為聚和堂一分子，於是向聚和堂陳說，要求撥款資助，結果每年得資助金三千元。這筆資助金對於商會進行公益工作裨益甚大，不過後來聚和堂由於時代變遷，釐金收入幾等於零，資助商會的款項因而減少，賡續數年，乃告中輟。

創辦義山安葬去世鄉人

商會因見有潮籍先友在港逝世，其身後事容或需予照顧，特創辦義山，設於香港島雞籠環山地，1924 年 7 月 16 日啟用。當時旅港潮商團體，除旅港潮州八邑商會外，還有旅港潮州總工會，潮州義山就是由這兩個團體共同創辦，其動機正如以下一段文字所言：

> 當是時，彼此殫精竭慮，以謀聯絡鄉誼互相扶持，共策進展，以拱護家鄉。凡茲言論，次第見諸實行。而對諸同鄉之死亡異地者，亦咸謀籌設義山，以為之安葬。夫義山之設，東華醫院既有之矣，吾人何須另尋一地耶？其意無非欲使死者同葬於一所，生者易盡其鄉誼；且於祭掃之時，我行我俗，則雖異地，無殊故鄉。凡此思想，我潮人未嘗一日去諸懷，具見於本會〔旅港潮州八邑商會〕及總工會〔旅港潮州總工會〕之文件，而其職員口中，因常有此一種議論也。[79]

鄭仲評任商會副會長期間，同時是總工會會長，向政府申請以雞籠環山地為潮州義山，終獲批准，華民政務司允將此地交由商會承領，商會代表遂協同總工會代表共組辦事處。募捐結果，商會得款五千餘元，總工會得款一千餘元，總共為六千餘元。工程既竣，義山遂以完成，入門處有一牌坊題「潮州八

---

79 李廉法〈本會義山沿革〉，《旅港潮州商會三十週年紀念特刊》（1951 年），附錄，頁 9。

邑山場」，入牌坊後有八角亭，顏日「義山」，由八角亭去即為總墓，總墓側有后土神位，總墓上下左右即為義塚。[80]

省港大罷工的影響

1925 年，華南地區爆發了轟動一時的「省港大罷工」，對香港社會各界和市民大眾影響甚巨，工商業受到的打擊尤深。事件的起因是當年 5 月 30 日上海有數千名學生、工人和群眾在公共租界示威，抗議帝國主義者槍殺工人的暴行；其後群眾要求釋放被捕學生，英籍捕頭竟下令向群眾開槍，造成數十人死傷，史稱「五卅慘案」。翌日上海總工會成立，發動總罷工，全國各地起來響應，發展成為聲勢浩大的「五卅運動」。廣州國民政府策動香港及廣州沙面英租界的工人實行罷工，稱為「省港大罷工」。事件至翌年 10 月 10 日結束，其間以香港華商總會為代表的工商業團體，出面維持商業活動和維護社會安寧，起了相當積極的作用。

香港華商總會成立於 1900 年，初時稱為「華商公局」，是香港最早的華人總商會，成立時間比中國內地有「第一商會」之稱的上海商業會議公所（上海總商會前身）還早了兩年。[81] 華人社團包括工商團體和慈善團體，在省港大罷工期間發揮了巨大的社會能量，各邑商會的代表更為了與罷工一方談判，多次派人北上。[82] 華人領袖在社會上也有崛起之勢，香港政府於 1926 年委任周壽臣（1861 — 1959 年）為首位華人非官守議員。

省港大罷工期間，《華僑日報》於 1925 年 6 月 5 日創刊，大量報道華人社會的消息，且在一定程度上表達了華人、華商的心聲。該報對各地華人的新聞多所報道，加深了身處不同地區和國家的華人、華僑之間的聯繫與互動，成為連接香港僑民與內地同胞、海外華僑的信息紐帶，從而形成一個有向心力的華人社會。香港政府亦開始意識到，華人是香港社會不可忽視的重要組成部分，此後在商討事務和制訂政策時，較多考慮華人尤其是工商團體和華人精英的意見。[83]

---

80 同上註，頁 9–11。
81 周佳榮、鍾寶賢、黃文江編著《香港中華總商會百年史》，頁 9–11。
82 〈各邑商會代表預備提出之要點〉，《華僑日報》1925 年 9 月 29 日，第 2 張第 2 頁。
83 丁潔著《《華僑日報》與香港華人社會（1925 — 1995 年）》（博士論文，香港：香港浸會大學，2012 年）。

創辦香港潮商學校

1923 年 8 月，旅港潮州八邑商會第三屆職員就職，會董方養秋以同鄉學齡兒童甚眾，建議在商會會所創辦學校，以便各同鄉子弟肄業，經陳培深和議，眾贊成通過。於是舉出陳殿臣、鄭仲評、方養秋、陳培深、陳煥夫、林子豐、曾業文、王少平、蔡景雲諸位及元成發行代表黃象初等為籌備委員，辦理創校事宜；並推定鄭仲評、鄭長松、陳煥夫、林子豐、鄭習經、方雨田、陳湘波、黃友南、顏傑卿、陳大德諸位為募捐委員，奔走募集，共捐得港幣四千三百九十元。

附屬小學設於干諾道西 29 號三樓，招收學生九十名。聘關汪若為校長，歐源衛、梁錫純、吳應璇、李廉法任教師。1924 年 2 月，舉行開學典禮，為旅港潮僑創辦學校嚆矢。開設初小一、二、三年級三班，高小一、二年級兩班，全校共有學生九十四名。1925 年，上學期學生人數激增，及後因受香港工潮影響，人數略為減少。本年，高小第一屆畢業生五名。1926 年學生人數如舊，高小第二屆畢業生增至九名。翌年全校各級學生人數略有增加，第三屆畢業生六名。

1928 年，學生人數大增，校董會決議在永樂西街 203 號增設分校，作為高年級課室，而以原址干諾道西 29 號四樓為低年級課室。聘梁錫純為分校主任，關詒蓀、黃祖安、袁冕伯、尹如天為主任教員。本年，第四屆高小畢業生共十八人。

1929 年，學校隨同商會遷往德輔道西 87 至 89 號四樓。本年，香港小學學制由初小四年、高小三年的七年制改為六年制，即初小四年、高小二年。為適應高小畢業生升學起見，校董會正副董事長陳子昭、林子豐提議增辦中學一年級，加聘張怡萱為數理化教員，潘鶴儔為英文主任，楊祝延為級任教員。但中學試辦二年後，因學生人數不多，支銷浩繁，校董會權衡得失，遂於 1931 年決定停辦中學，專辦完全小學。

創辦汕頭港商義務學校

1922 年旅港潮州商會籌賑潮汕「八二風災」時，曾開會議決凡捐款在一千元以上者，泐碑署名，以彰善行。賑務結束後，查照議案，在汕頭市同平路購

地立碑，鐫刻諸善士芳名，藉留紀念。嗣以紀念碑旁餘地尚多，賑災團總代表王少瑜以商會對於家鄉善舉素具熱誠，因而向商會建議於紀念碑旁餘地設立義務學校，收容貧寒學齡兒童。

潮州商會以事屬家鄉公益，會董會遂決議在汕頭設立「旅港潮州八邑商會分設汕頭義務學校」（後遵教育科指示，名為「私立汕頭港商義務學校」）。校舍由商會撥款興建，不足之數，請聚和堂各行號捐助，推定由王少瑜主持一切創校事務；並將籌賑風災餘款八千元作為基金，另由王少瑜向王蘭甫等募得捐款三千元，湊成一萬一千元，交由商會同人有關汕頭商行生息，以充學校經常費用。

接着由商會會董推選會員二十一名為校董會校董，就中推舉王少瑜為校董主任，聘黃象初哲嗣黃台石為校長，財務員則聘李炳記行擔任。校舍落成後，即於 1926 年 8 月 6 日開學，其初限於地方和經費，只辦初級小學。1927 年，校董名額增為三十名，由商會選二十七名，其餘三名由聚和堂選派。其後財務員李炳記行函請辭職，另聘四維公司擔任。1933 年，董事主任王少瑜因事務繁多辭去職務，商會議決自後校董增至四十名，任期改為二年，以商會當年會董四十名為當然校董，董事主任改為董事長，商會會長為當然董事長，另有四名校董由聚和堂選派，總共四十四名。[84]

商會學校增設中學

1929 年，陳子昭任旅港潮州八邑商會第七屆會長；1931 年，連任第八屆會長。陳子昭嘗曰：「港地人物之眾，其以一州或一縣，即小而至於一鎮，各有其商會焉，有其同鄉會焉，有其總會焉，要為社會團結力之表徵也。我潮人視彼團體，何如哉？余有感於予心，故被推為商會長也，乃不辭云。」[85]

陳子昭尤為注重教育，在商會學校增設中學，以宏造就，惜後以學生人數過少而停辦。其原因是高小畢業生或為年齡所限，或改習英文，或為環境所困而需覓職業，以致能繼續在校升讀中學的人數不多；而中學的設備，又不若小

---

84 〈汕頭港商學校概況〉，《旅港潮州商會三十週年紀念特刊》（1951 年），附錄，頁 7–8。
85 賴連三著，李龍潛點校《香港紀略（外二種）》，頁 89。

學設備般簡單，試辦兩年，開銷大增，權衡利害，結果在 1931 年由校董會議決暫將中學停辦，專辦完全小學。[86]

潮人營商環境的變化

旅港潮州八邑商會創立後的十年間，香港的營商環境有很大的變化。第一次世界大戰是華人民族經濟發展的一個契機，由於來港的洋船稀疏，華商經營的土特產行業較為興旺，南北洋轉運貿易日趨活躍。以南北行為例，每年從華北進口的豆類約達八千萬元，從南線暹羅、仰光等國每條線每年進貨也有數千萬元，南北行大商家每年的營業額都在千萬元以上。[87] 當時暹羅潮商鉅子鄭智勇、陳豐利、張見三等創辦的華暹輪船公司，其在香港的分行獲利頗豐，該公司租賃川走於香、汕、暹間的輪船，對南北洋的貿易起了很大作用。

第一次世界大戰時開始的發展趨勢，至 1925 年省港大罷工時略為停頓。因大量工人返回內地，各洋行船務公司趁機提高運費，這給經營香暹叻汕轉口貿易的香港潮商帶來了很大困難，以暹羅幫潮商陳子昭、林子豐為首的一批商人，於是發起組織聚益輪船公司，租賃輪船行走香港至南洋線；當時華暹輪船公司已因經濟糾紛歇業，各潮商紛紛將貨物配搭聚益輪船公司運載，和衷共濟，終於渡過了一個難關。[88]

在這之後，潮商經濟有了一個短暫的發展時期。1928 年，在潮汕本地經營的北貨南運業務，因關稅提高轉移到香港，使輪船運載這一行業更為興旺。然而轉口貿易經濟容易受到世界政治、經濟變動的影響，香港潮商經濟也不例外，這個發展時期，很快便因 1930 年代初的世界經濟大蕭條而告一段落了。

---

86 關汪若〈本會附設學校史略〉，《旅港潮州商會三十週年紀念特刊》（1951 年），附錄，頁 3。
87 〈南北行業〉，《旅港潮州商會三十週年紀念特刊》（1951 年）。
88 陳荊淮〈香港潮商沿革述略〉，《潮州史志資料選編・史事考述》，頁 223–224。

本會籌賑風災紀念碑序

民國十一年八月二日，潮汕颶風暴起，驅海水，傾洞陸，地瀕海縣，胥為澤國，淹斃居民數萬，毀屋拔木，田園沒，隄圍決，牲畜器具，漂散多不可勝紀，災情之重，亙古未有。耗聞香江，旅港潮州八邑商會同人，特墊款齎，託汕頭總商會急賑。奔走請援於東華醫院華商總會暨各界慈善家，函電國內外都市島嶼，不數日款集。舉少瑜為總代表，偕代表諸君赴汕設團辦賑，東華醫院華商總會代表亦先後涖汕調查災況。繼與越南諸善長皆匯所得款委為規放，綜計六十萬元有奇，米糧衣被藥料在外，少瑜深維議陋，恐負鉅寄，夙興夜寐，胼手胝足，竭慮殫精，舉凡衣也，食也，被也，支篷為屋也，施醫藥病傷也，除潦去泥澤也，屬於急賑者莫不驟舉兼施。如廬舍堤防，及夫船具農具漁具為災民生活所必需者，亦亹勉培其能力。又以澄海之外砂，四面環海，受災尤重，為築土敏土屋四處，無事時供辦學及其他公益用，脫有災資保障，竭十有六月之心力，然後急賑善後諸大端粗告完畢。災民得以少安，飲水思源，實出各方善士解囊慨助之賜。初當香港籌賑之會也，眾議捐助千元者芳名碑永久。爰遵案擇地於汕市同平路建碑紀念，列名款其陰，用昭善舉。嗟乎！當日天變奇災，愴人心目，諸善士飢溺為懷，慷慨樂助，原出於不忍之至誠，豈以姓名勒石為輕重。然揆諸有善必彰之義，固應爾爾，且使後之睹斯碑者，知當時災民之速復其所者之賴有諸善士也，又以驚夫天變之無常，油然興好善之心，遵軌罔縱，則善氣所感，上召天和，海若恬波，災祲永卻。是則少瑜與諸同人之所厚望也乎！旅港潮州八邑商會籌賑潮汕八二風災賑災團王少瑜謹識。

第三章　商會在戰亂時期的狀況

香港華商在 1930 年代已於社會上取得較重要席位，繼香港華商總會之後，1934 年有香港中華廠商聯合會的成立，1939 年有九龍總商會的成立；華人社團方面，1931 年東華醫院、廣華醫院和東華東院統一由一個董事局管理，合稱「東華三院」，並致力推行慈善福利事業，海內外華人均受其惠。旅港潮州八邑商會在陳子昭、馬澤民、林子豐幾位會長的帶領下，也取得了初步的成績。

1931 年間，香港有八十五萬人；至 1941 年底香港淪陷前夕，人口倍增至一百六十萬。1937 年 7 月 7 日，蘆溝橋事變爆發，中日戰爭開始，事態迅即牽動了整個華人社會，香港很快就被戰爭的氣氛所籠罩，市民都很關心中國內地的情況，發動僑胞捐獻運動，以及聲援抗日戰爭。及至 1941 年 12 月 8 日，日本空軍偷襲美國珍珠港，並開始襲擊香港，同月 25 日香港淪陷，經歷了「三年零八個月」的黑暗日子，直至戰爭結束為止。

香港淪陷期間，內外交通斷絕，以轉口貿易為生的香港經濟頓時為之窒息，商家星散，工商各業處於極度艱難困苦的境況，社會上的文教活動幾於停頓，原本已蓬勃發達的潮商經濟幾乎蕩然無存，旅港潮州八邑商會會務一度中斷。至 1944 年間，會務始勉力繼續。翌年日本投降，香港光復。戰時商會離港同人亦陸續返港，重整會務，努力經營，終現復甦生機。

1930 年代的潮商概況

1930 年代香港潮商的經營環境受到雙重影響，面臨極大的困難。在一方面，日本侵華舉動接二連三，愈來愈猖獗，1937 年終於爆發中日戰爭；另一方面，在世界經濟大蕭條的氣氛下，以轉口貿易為大動脈的潮商經濟普遍處於不景氣的狀態中，有些商店歇業，有些商店則縮小經營規模，或調整經營範圍，或開闢新的門路，以相對積極的守勢，期待經濟環境回暖。

1934 年，旅港潮州商會會長馬澤民倡議集資一百萬元，成立了香港汕頭商業銀行，集中潮商的金融力量，調盈濟虛，幫助潮商解決資金短缺問題，渡過困難時期，顯示了潮商團結的力量。抗日戰爭的爆發，刺激了香港經濟發展。

潮商行號紛紛成立，暹羅幫的潮商行號達到七、八十家，原來沉寂的一些貿易，例如對安南的貿易，也轉趨活躍，僑批、匯兌、金銀業盛極一時，連菜種業的年輸出總額，也達到二千萬元左右。[89] 一直以汕頭為基地而直銷到美國的抽紗業，開始向香港轉移，至 1941 年底香港淪陷前，抽紗業已從原來的三間小店增加到數十家，形成了另一個由潮商專營的行業。[90]

參加救國和增闢義山

1931 年 8 月，陳子昭連任第八屆會長。同年 9 月 18 日，日軍攻佔中國東北瀋陽，會長秉承同人意向，參加救國工作，勸告國人杯葛日貨，並籌募財物以慰國軍。會務方面，陳子昭本其一向關心教育的初衷，於 1932 年徇各屆畢業舊生之請，設立中、英、數專修班。聘林節亮為英、數主任，梁錫純為中文主任，所授課程注重實用，造就了不少人材。1933 年，德輔道西 87 號改建完成，商會租賃該座三樓為會所，87 號及 89 號四樓為課室。學校於是擴充圖書室、乒乓球室，並闢體育場地，辦學生合作社。是年教員有梁錫純、張怡萱、李廉法、楊祝延、關詒葳、關毓麟、歐廣照、岑雲起、關詒蓀、潘鶴儔、潘廣霈、簡裕謙、許康泮、林節亮、關少偉。

1933 年至 1937 年間，馬澤民任第九、十屆會長。任內建樹良多，對同人福利事業無不悉力以赴。商會管理的雞籠環潮州義山第二、第三墳場及鴨脷洲葬骨殖墳場，都是在他領導下，向香港政府當局請求增闢，終於成功爭取得來的。

商會投入救國工作

1937 年 7 月，抗日戰爭爆發；8 月，林子豐出任商會第十一屆會長。抗戰期間，商會積極投入抗日救國工作，關心同胞安危，卓有成績。至第十二屆香港淪陷前，重要舉措如徵募航空公債、救國公債，募捐救護車、藥品及新舊衣物，慰勞前線軍民，協助家鄉團隊，保衛國土。第十四屆於戰爭結束後，募集

---

89 〈菜種業〉，《旅港潮州商會三十週年紀念特刊》。
90 陳荊淮〈香港潮商沿革述略〉，《潮州史志資料選編・史事考述》，頁 224。

勝利獻金。[91] 商會會史對當時情況，有以下扼要的記述：

> 一九三一年九月十八日，日本藉故攻佔我國東北瀋陽，本會由第七屆
> 以迄第十二屆，正副會長陳子昭、林子豐、馬澤民、陳庸齋、洪鶴
> 友、許友梅諸先生，秉承同人意向，參加救國工作，除勸告商人實行
> 杯葛日貨外，並籌募財物慰勞在東北孤軍抗戰之馬占山將軍，在上海
> 浴血之十九路軍，及鄉人翁景垣將軍守吳淞江口卻敵，嗣則捐助潮屬
> 地方團隊之衣物藥品，及各種需要，如航空獎券，與救國公債等，無
> 不努力捐輸。[92]

刊行《百蘭山館政書》

1939 年 8 月，洪鶴友任旅港潮州商會第十二屆會長，對會務的興革，克盡
己力。1940 年間，會董方養秋提議改選時，多選青年有為的會員出任會董，另
舉任職多年的會董及行號經理等為永遠會董。經第十二屆會董會提交會員大會
通過，增加永遠會董一職；各永遠會董均捐當時通用貨幣五百元，以助商會經
費。任內刊行鄉賢丁日昌遺著《百蘭山館政書》，保存鄉邦文獻之功亦不可沒。
書中對日本侵略野心具有先見，商會為激發民氣及提高國人的抗日意識，因而
將之付梓分發，以廣宣傳。香港潮州商會印行的《百蘭山館政書》，現時已難得
一見。2008 年，該書由揭陽市丁日昌紀念館影印重版，以廣流傳，彌足珍貴。
此外，又收入趙春晨編《丁日昌集》中。

香港淪陷和潮僑歸鄉

1941 年 8 月，孫家哲任商會第十三屆會長。同年 12 月 8 日，日本空軍襲
擊香港，日本陸軍亦從深圳進攻香港，香港進入戰時狀態。英軍抵抗失敗，11
日九龍棄守，13 日英軍全部撤退到港島，18 日晚上日軍在港島東部登陸。25
日，港督楊慕琦（Mark Young，1886 — 1974 年）親自渡海，到九龍尖沙咀

91 〈會史〉，《香港潮州會館落成開幕暨香港潮州商會金禧紀念合刊》（1971 年），頁 129。
92 〈會史〉，《香港潮州會館落成開幕暨香港潮州商會金禧紀念合刊》（1971 年），頁 128。

半島酒店向日軍統帥酒井隆中將簽字投降，隨即被送入集中營作為戰俘。當時情況，潮州商會會史亦有概略記載：

> 一九四一年，日寇突襲珍珠港，擴大戰爭，十二月八日進攻香港，啟德機場首被投彈，香港即入戰時狀態，孤島被困，民眾有如釜中游魚，無路疏散，在炮火籠罩下，岌岌惶惶，不可終日，淪陷已在眉睫。當時民眾對有關抗日文字，紛紛焚燬，由幼稚圖畫、畫報、以至中小學課本及一切有關文件，盡與焚燬。本會之案宗及存會之《百蘭山館政書》，亦付一炬，殊堪浩嘆。越數日，香港遂告淪陷。當時環境惡劣異常，是屆會長孫家哲先生、副會長吳鏡堂先生，為顧全愛國會董生命財產起見，迫得將原日之會所放棄，會務遂告停頓。[93]

孫家哲「雖未能大展偉抱，然極力遣送同僑歸鄉，免於顛播之苦，造福於桑梓者至巨。」淪陷期間潮商學校被迫停辦，校具、圖書、儀器損失殆盡。

日軍佔領香港後，以香港地狹人稠、糧食缺乏，於是實行疏散居民歸鄉；居民亦以留港無可生活，且精神遭受威脅，亦渴望遄返內地。當時秩序未復，來往不便，旅港潮州商會正、副會長孫家哲、吳鏡堂，「乃邀集各會董商議，尋求歸鄉路線，以及協助同鄉解決一切歸鄉困難。」結果派李廉法參加在東華醫院召集的各屬同鄉歸鄉會議，並派蔡勇義、楊秋浦、孫振奇、鄭照寰等協理一切，即向日佔領軍當局請求派出船隻，運載同鄉回汕，但未獲接納，惟有就日軍當局初闢各歸鄉路線中的淡水線，指導同鄉由此路線還鄉，並與由此路線歸鄉的各屬商會聯合，共同辦理指導歸鄉工作，旅港潮州八邑商會被舉為淡水線的負責人。據載：

> 當時歸鄉人數眾多，擁擠異常，扶老攜幼，露宿海濱，候船運載，飢寒交逼，令人見之淚下。本會當時經濟已陷困難，仍竭其能力，向日軍要求購領廉價米，並商得富強公司黃益之先生之同意，於其門前造灶煮粥，供給歸鄉各同鄉，並及他屬之歸鄉者。復以同鄉之歸鄉，素鮮經由淡水，為明瞭其地情形起見，乃由蔡勇義先生，乘船送同鄉

---

93 〈會史〉，《香港潮州會館落成開幕暨香港潮州商會金禧紀念合刊》（1971年），頁128。

至淡水，探察當地及沿途情形，作為充實歸鄉指導資料，以利便各同鄉。[94]

由淡水線歸鄉，路行跋涉，究非老弱者所能堪，仍以由海路赴汕頭為適宜。故歷相當時間後，因旅港潮州八邑商會繼續要求，終得日軍當局允許派船運載同鄉回汕，於是老弱歸鄉乃感利便。後以戰事繼續進行，可以供給的船隻日少，潮僑歸鄉路線，遂不得不增闢陸路線。「然我同鄉之由海路歸鄉，自始至終，均獲平安抵汕，所乘船隻，未嘗遭受意外，亦云幸矣。」[95]

日佔時期的香港境況

1942 年 4 月，日本宣佈香港為佔領地，任命陸軍中將磯谷廉介（1886 — 1967 年）為佔領地總督，平野茂為副總督；成立「區役所」，實行戶籍調查和管理物資配給，市民每人每日配米六兩四；這年年中，全港約有一百家白米配給所。到了 1943 年 2 月以後，每人每月只獲配給糙米十二斤、麵粉六兩，而且價錢上升了一倍多。[96]

1943 年 6 月底，佔領地總督部宣佈停止使用港幣，並限令市民改為港幣以四比一兌換軍票。1944 年 2 月，香港佔領地總督磯谷廉介調任台灣行政長官，日南支派遣軍司令田中久一（1889 — 1947 年）兼任香港佔領地總督。4 月 15 日，香港佔領地政府因米糧缺乏，宣佈取消配給制度，改由米商運米入口供應，因而導致日常生活用品價格不斷上升。至 7 月間，因燃料缺乏，電力廠不能發電，全港電燈無光，電車亦告停駛；不久之後，電廠改以柴代煤發電。當年 12 月底，日本佔領香港三周年的時候，社會幾陷停頓，市民生活困苦已達極點。

香港潮州商會關於戰時會史的記述，比較普遍的說法是：第十三屆會長孫家哲就任不久，香港淪陷，會務中斷，因此認為他只是 1941 年短暫在任。但商會辦理和指導同鄉歸鄉工作，是在 1941 年 12 月 25 日之後。孫家哲極力遣

---

94 〈香港淪陷時本會協助同鄉歸鄉概況〉，關汪若〈會史紀要〉附錄，《旅港潮州商會三十週年紀念特刊》（1951 年），頁 9。

95 同上註，頁 9–10。

96 《華僑日報》1942 年 7 月 23 日，頁 2；1943 年 4 月 14 日，頁 1。

散潮僑回鄉，代辦一切手續，在戰時是特殊會務，功績應予肯定。正常會務陷於停頓是事實，卻不至於在 1941 年就完全中斷；即使曾經中斷，也可能是在1942 年中至 1943 年間。第十三屆任期於 1943 年屆滿後，沒有進行選舉，職位顯然懸空了一年，至 1944 年 7 月第十四屆就任，這段期間就是「會務中斷」或「暫停」的實際記錄。

香港淪陷後不久，孫家哲將在港商務暫告結束，轉向興寧、曲江營運，自己亦遄返梓里。[97] 即是說，孫家哲在 1942 年間離開香港，潮州商會會長一職懸空了一年多或兩年左右，這對於會務維持是有很大影響的。但在當時惡劣的情況下，實非得已。

第十三屆職員任期屆滿時，商會「內則經費支絀，原日會所亦已放棄；外則同鄉眾多，亟待疏散」。會務亟需有人主持，商會元老馬澤民等因應會眾要求，號召復會，以許友梅老成持重，林拔中少壯有為，對此危難局面，足可應付裕如，遂邀其擔當此艱巨任務，結果第十四屆職員得以產生，以許友梅、林拔中為正副會長，並租干諾道西二十九號三樓為會所，正式辦公。其時首要的工作，是繼續協助同僑歸鄉；此後會務漸上軌道，於辦理同僑歸鄉事宜著有成績。[98]

日本戰敗與香港重光

1944 年間，許友梅、林拔中擔任旅港潮州商會第十四屆正副會長。據當年7 月 10 日的登記，商會幹事共有二十六人。[99] 商會在許友梅、林拔中和商會一班幹事勉力維持下，會務漸見起色。許友梅、林拔中繼續指導後期同鄉歸鄉工作，「一面向日當局聯絡，尋求船隻運載；一面加強陸路歸鄉工作，派員護送各同鄉，由九龍至大埔，乘船至鯊魚涌，再循陸路回鄉。並竭力籌款，資助各同鄉旅費，賴以生存者，為數甚多。」[100]

---

97 〈本會歷屆首長：孫家哲先生〉，《香港潮州會館落成開幕暨香港潮州商會金禧紀念合刊》(1971 年)，頁 47。

98 〈會史〉，《香港潮州會館落成開幕暨香港潮州商會金禧紀念合刊》(1971 年)，頁 128。

99 《潮洲〔州〕八邑商會有限公司基本定款及通常定款》(1944 年 7 月 10 日申報)。

100 〈香港淪陷時本會協助同鄉歸鄉概況〉，關汪若〈會史紀要〉附錄，《旅港潮州商會三十週年紀念特刊》(1951 年)，頁 10。

香港淪陷期間，潮州商會會所亦不能保留，後經林拔中等人一番努力，始再有會所之設。據載：

> 時本會〔旅港潮州八邑商會〕舊日會所，交還業主，暫假「寄儒」地方，以辦理會務。先生〔林拔中〕以本會會所終不可缺，遂租得現在會址，以為會所，恢復舊觀……。[101]

進入 1945 年，日軍已是苟延殘喘，盟軍大舉反攻，8 月 6 日及 9 日，美軍先後在廣島和長崎投擲原子彈，8 月 15 日，日本宣佈無條件投降；8 月 27 日，囚禁在集中營內、原本為香港輔政司的金遜（一譯詹遜，Franklin Charles Gimson，1890 — 1975 年），在電台向港人發表廣播，準備於英國抵達香港受降後，恢復英國對香港的統治。8 月 30 日，英國太平洋艦隊司令夏慤（H. J. Harcourt，1892 — 1959 年）少將率艦抵港，從日軍手中接收香港，設立軍政府。10 月，軍政府制定業主與住客條例；11 月，撤銷限制入境條例。廣九鐵路於 11 月中全線通車，恢復香港與內地的交通。香港社會方面，金銀業貿易場於 12 月恢復黃金買賣；工商文教各界，亦逐漸回復正常運作。1946 年 5 月 1 日，港督楊慕琦正式復職，重組香港政府，但社會上仍然百廢待興，且相繼發生職工總辭職和罷工事件，民生困苦並未全然紓解。

自香港淪陷以至重光，旅港潮州八邑商會「竭盡人力物力，奔走呼號，協助同鄉歸鄉，始終不懈，工作至為艱巨。然各位會董會長仍忍辱負重，努力進行者，無非欲十餘萬同鄉得安全歸鄉，增加生產，為國效勞而已。」[102]

淪陷時期的商會職員

旅港潮州八邑商會在香港淪陷時期有兩屆職員，第十三屆正副會長是孫家哲、吳鏡堂，第十四屆正副會長是許友梅、林拔中。

吳鏡堂，世居潮安縣楓溪鄉，是潮屬名瓷商人吳潮川第三子。吳潮川夙以改良潮瓷、扶植瓷工為職志，在潮安、汕頭、廣州、香港、越南、新加坡、暹

---

101 〈林拔中先生事略〉，《香港潮州商會成立四十週年暨潮商學校新校舍落成紀念特刊》(1961 年)，卷首。
102 〈香港淪陷時本會協助同鄉歸鄉概況〉，關汪若〈會史紀要〉附錄，《旅港潮州商會三十週年紀念特刊》(1951 年)，頁 10。

羅均設有瓷器行；吳鏡堂早年在鄉間協助父親料理瓷業，其後來港主持利豐亨行，為發展業務，曾親赴南洋各埠考察。其人對於社會福利和家鄉公益，佽助不遺餘力，歷任旅港潮州八邑商會會董、監事等職，1941年任副會長，任內適逢香港淪陷，鑑於同鄉歸鄉者眾，於是協助會長孫家哲組織歸鄉指導委員會，扶助鄉人返里，尤有功於桑梓。[103]

林拔中，揭陽縣金坑鄉南洋村人。1907年生，畢業於汕頭華英中學；族兄林子豐以其年少有為，任為廣州四維公司經理、華南米業運輸公司駐港主任，後任香港捷和製造廠副經理。其人對於旅港潮州八邑商會事務，素具熱心，在戰時困難時刻出任副會長，尤為勇於承擔。據載：

> 先生〔林拔中〕任本會第十四屆副會長時，港地淪陷，經濟陷於絕境，糧食恐慌，岌岌惶惶，不可終日，先生目睹時艱，出財出力，協助各同鄉歸鄉，救濟苦難，旅途稱便，存活甚眾，……抗日勝利後，紛紛復員，我潮學子，大量分乘「祥發輪」、「禎祥輪」往穗大學上課，乃不幸遇險沉沒。先生指揮人員，往港外尋救，救回甚多，並資助其往穗上課，人多稱之。[104]

戰後，林拔中在香港獨資創源隆行，經營出入口業，並創西貢投資有限公司、德行有限公司、源興鐵倉有限公司、法德加國際經濟有限公司、亞洲經濟發展有限公司等機構，貿易範圍由香港、泰國擴展至亞、歐、非、美、澳各地。後獲港府准為入口米商，除經營一般米業入口外，並運入澳洲袋鼠牌珍珠米以增加食米來源。在泰國，則創京華有限公司、興華電池廠、三星蚊香廠等。

林拔中歷任潮州商會多屆會董，在第十四屆副會長任內，香港仍然淪陷，他協助潮僑歸鄉，救濟苦難，存活甚眾。戰後復員，林拔中不辭勞苦，救助祥發輪、禎祥輪遇險潮籍學子。任第二十六屆副會長時，兼籌建潮州會館委員會副主任委員，贊襄至力。對於社會事業多所贊助，曾任南華體育會、鐘聲慈善社、林西河堂、西區福利促進會等社團兼任理事或監事等職。1970年終於港

---

103 〈吳鏡堂先生事略〉，《旅港潮州商會三十週年紀念特刊》（1951年），卷首。
104 〈林拔中先生事略〉，《香港潮州商會成立四十週年暨潮商學校新校舍落成紀念特刊》（1961年），卷首；〈本會歷屆首長：林拔中先生〉，《香港潮州會館落成開幕暨香港潮州商會金禧紀念合刊》（1971年），頁48。

寓，享年六十三歲。[105]

　　在商會眾多的副會長中，陳庸齋是唯一戰前和戰後均曾擔任此職的人。陳庸齋，饒平隆都人。畢業於香港皇仁書院，奉祖父陳子丹之命從商，旋以家鄉多故，回饒都上堡民團局正局董，連任七年，兼隆都陳氏成德小學校校長三年。繼而來港從事墾殖，闢庸園農場於屏山，地廣二百餘畝，植果樹千餘株，前後經營十六年。又於大嶼山之東土名花坪及望東坑地方，領山地八百七十英畝，種樹一千萬餘株，惜於香港淪陷時，為人砍伐殆盡。

　　1933 年至 1937 年間，陳庸齋擔任潮州商會第九屆、第十屆副會長；1946年，膺任第十五屆副主席。任內對商會先後請領雞籠環潮州義山第二及第三墳場、鴨脷洲潮州葬骨墳場暨九龍牛池灣潮州墳場、羅湖沙嶺潮州葬骨墳場、粉嶺和合石潮州葬棺墳場，貢獻尤多。「至於在庸園開辦成德小學，並設成德英文學校於屏山，嘉惠貧童，更力辦德教會，附設義學，汰靡歸正，有裨人心者至巨。」1958 年逝世，享年六十九歲。[106]

救濟船難遇救同鄉

　　1945 年 10 月 29 日晨，香港筲箕灣警署據漁人報告，得悉來往港汕的禎祥輪和祥發輪在返港途中沉沒，漁人並帶同遇救的乘客到警署報案。旅港潮州八邑商會聞訊，情關桑梓，即派會董余朝忠前赴筲箕灣警署，調查屬實，即招待無家可歸的遇救同鄉乘客到商會會所暫住。其中除少數為商號職員及家人外，有中山大學講師方書春夫婦及學生林克敏、林養堡、張莫、曾韶恭、曾志賢、劉居正、陳大鐸、劉萬明、翁奕華、周瑞庭、陳億華、周耀文，以及嶺南大學學生曾冬勗等。遇救學生所攜帶的書籍、衣服、銀物均損失一空，僅以身免，商會以誼屬同鄉，即為添置衣物以便應用，招待在會所膳宿，並聘請醫生為各人檢驗身體。

　　獲救學生休息數天後，分批由海珠輪送往廣州入學。商會贈以船票，以及分函兩廣監察使劉侯武、廣東省政府主席羅卓英請予援助；又去函中山大學校

---

105 同上註。並參《旅港潮州商會三十週年紀念特刊》（1951 年），卷首。

106 〈本會歷屆首長：陳庸齋先生〉，《香港潮州會館落成開幕暨香港潮州商會金禧紀念合刊》（1971 年），頁 45。

長，證明各生遇難獲救及損失文件等情形，請中山、嶺南兩校當局予以便利，優先救濟。蔡貞人由澳匯來國幣十萬元，贈予留港各遭難潮屬學生作為赴省入學的費用，商會於是分給張莫、林志敏、林養堡、劉萬明、翁奕華、周耀文、陳億華、余李紹、王玉麟、盧辛珂各一萬元，俾前往廣州上課。[107]

至於有關禎祥、祥發兩輪的失蹤乘客，則由旅港潮州八邑商會設法調查，首先登報通告各有關人等到商會登記，以便進行尋覓蹤跡、打撈屍骸。廣告發出後，先後到商會登記的，計在禎祥輪遇難者一百一十四名，在祥發輪遇難者十二名。商會於是請會董李琴芝領導禎祥公司人員及遇難者在港親屬，由商會僱船同赴船隻失事海面及長洲、伶仃等地區，尋覓及打撈失蹤乘客屍骸。李琴芝經過多日努力，東奔西走，不辭勞苦，結果在香港仔對面的石牌灣發現屍骸六具。計是次救濟工作，動員數十人，歷時十餘日，費用數千元，事後接獲遠近各方對商會贊許及鳴謝函件甚多。商會同人蔡章閣特將其太夫人喪費節省，捐出港幣七百五十元作為打撈經費；商會某前輩特用「潮人一分子」名義捐出港幣二千元，作為商會經費。[108]

107 〈救濟禎祥、祥發兩輪遇救者及打撈死者屍骸事〉，關汪若〈會史紀要〉附錄，《旅港潮州商會三十週年紀念特刊》（1951 年），頁 10。
108 同上註，頁 10–11。

第四章　戰前歷屆商會會長事略

　　香港潮州商會（旅港潮州八邑商會）於 1921 年創立之初，由蔡杰士出任第一屆會長；接着，陳殿臣和方養秋各任兩屆會長。1927 第六屆起，相繼擔任會長的，依次為李澄秋、陳子昭、馬澤民、林子豐、洪鶴友、孫家哲、許友梅；第十四屆會長許友梅的任期至 1946 年，同時是戰後初期的商會會長。戰前商會會長，總共有十人。

第一屆會長蔡杰士

　　蔡杰士，世居澄海縣龍田鄉。民國初年在香港創設元成發米行，專營安南米業；又在汕頭創辦元榮銀行，溝通港、汕、暹、越等埠金融。旅港潮州八邑商會籌辦期間，蔡杰士極力予以贊助，墊支開辦費，並捐出巨款，旅港同鄉加以響應，商會基礎由是得以奠定。商會成立時，眾人咸以其熱心公益，勇於任事，推為首屆會長。

　　蔡杰士「任內對於會務措施得宜，並向政府立案，又與國內外各同鄉團體密切聯絡，確立穩固基石。」翌年卸任後，商會於籌賑八二風災時，他協助會董組織賑災團前往汕頭，並派黃象初為代表參加賑災工作。其後，商會開辦學校和建設義山，他都多所贊助，俾底於成。蔡杰士由創會時起至第六屆，均被推舉為會董；1928 年秋在港寓病逝，享年六十三歲。[109]

第二、三屆會長陳殿臣

　　陳殿臣（1874 — 1939 年），原名汝南，澄海縣人，以附生應光緒癸卯（1903 年）順天恩科鄉試，中式舉人，出翰林院編修安徽周維藩之門。他曾供職部曹，旋以親老歸，助其父陳春泉於香港營商；未幾，別創裕德盛行，任經理。其後兼任元發行經理，元發行在南北行中，最稱巨擘，握潮商之牛耳。

---

109 〈蔡杰士先生事略〉，《旅港潮州商會三十週年紀念特刊》（1951 年），卷首。

陳殿臣尤篤於鄉誼，不少鄉人在港營業都得到他的扶掖；其於慈善事業亦悉力以赴，光緒三十三年丁未（1907 年）僑眾舉為東華醫院總理。曾任保良局紳，港府委以太平紳士，並為團防局局董，尤見其受借重。

旅港潮州八邑商會成立時，聘為名譽會長；翌年推為第二屆會長，1923 年連任第三屆會長，任內籌賑潮汕八二風災，留善譽於梓里；八邑義山之設，得其助力亦多。[110]

陳殿臣對於會務的推進且不遺餘力，就中可舉的事項有下列數端：第一，購得香港中環加咸街 26 號 C 全座三層樓宇作為會產，樓宇出租收取的租金成為商會另一項收入；第二，商會向香港政府公司註冊署註冊為有限公司；第三，籌辦附屬小學，校址設於干諾道西 29 號三樓；第四，1924 年間因商會為潮籍先友在港逝世覓地安葬，特創辦義山，初設於香港島雞籠環山地，於 7 月 16 日啟用。

第四、五屆會長方養秋

第四、五屆會長方養秋，原名綿晃，潮安人。在鄉間習商業，「以正直明練為鄉人表率，凡救災、恤難、育才、興學，殆無役不與」。1921 年疏濬韓江，方養秋，「設計、董工、籌款集於一身，炸上游灘石以平其勢，疏下游壅間以暢其流；河床之曲狹者開濬之，隄壩之圮壞者修復之，洞閘之阻塞者疏導之。並定護堤公路之計劃，以持其久；興各邑支流之工作，以宏其利，識者以為難能。」在職數年，不但盡義務、無薪水，更於治河之初，自墊經費。疏浚梅溪後，舟人稱便，汕頭居民，亦免飲鹹水。論者又曰：「至其在鄉改良陋習，如母喪廢酒席，易飯菜以待客，節喪費以修路，革潮俗之惡例，為地方倡者，則君之識見，殊可稱也。」[111]

方養秋旅居香港後，即參與創設旅港潮州八邑商會，「其謀公益，一如在鄉時，尤以潮汕八二大風災之救濟，為膾炙人口。」他協助商會辦理賑濟事項，出錢出力。其人性澹泊，中年歸依佛法，禮虛雲、圓瑛、太虛諸師，助設香港

---

110 賴連三著，李龍潛點校《香港紀略（外二種）》，頁 88。
111 賴連三著，李龍潛點校《香港紀略（外二種）》，頁 91。

佛學會及居士林、慈航淨院，以及助修南華諸寺，功德無量。1941 年冬，日軍
侵襲九龍，方養秋令家人避難，僅兒子方業光侍候在側；12 月 18 日，炮彈擊
斷居所屋柱，傷其後腦動脈，但宣佛號，至晚間去世，年五十九。恆曰：「火宅
早離，乃為幸事，宜專心極樂，吾早發願代眾生受苦，不恐怖也。」斯誠所謂
安詳捨報者矣，是時潮汕、香港均已淪陷，而弔祭者不期而至，凡萬人。[112]

第六屆會長李澄秋

　　1927 年 8 月，李澄秋任第六屆會長。李澄秋籍隸澄海樟林，十六歲棄學
從商，二十二歲來港，創出入口莊，至三十二歲設李炳記南北行，業務日益擴
展。先是營爪哇糖業者多為福建幫，該埠糖商以李澄秋信用昭著，樂與交易，
是為潮商直接經營爪哇糖之始。

　　李澄秋熱心公益，商會創辦伊始，他被推為首屆司庫，並連任多屆會董。
在會長任內多所建樹，是時同鄉適齡學童銳增，李澄秋於永樂西街 203 號增
設分校，供高年級學生上課之用。其後李澄秋曾因在港所營商業不振，遠遊南
洋。晚歲親至江西、廣西等處調查工商業，以謀發展，卒因日軍南侵而中止。
1941 年底香港淪陷，翌年他在港病逝，年六十三。[113]

第七、八屆會長陳子昭

　　陳子昭，澄海上中區斗門鄉人。年十九，其父客逝越南，他別母隻身到暹
羅，任職於西勢其舅父廖雲章之公酒店，迨稍有積蓄，乃赴越南攜父骨以歸。
二十四歲時復返暹營商，惟兩三年必返籍省親。以廉潔耿介見重於東主，因付
以重任，託其來港經營，未幾所業蒸蒸日上。其人熱心贊助社會公益，被舉為
旅港潮州八邑商會會董，兼充審查幹事及交際幹事，並公推為核數員。

　　1929 年至 1933 年間，陳子昭在其會長任內，對會務的推進及家鄉慈善
事業，無不悉力以赴。香港淪陷時期，英美人士多被拘禁繫獄，饗有不繼者，

---

112 〈方養秋先生事略〉，《旅港潮州商會三十週年紀念特刊》(1951 年)，卷首。

113 賴連三著，李龍潛點校《香港紀略（外二種）》，頁 105–106；〈李澄秋先生事略〉，《旅港潮州商會
　　三十週年紀念特刊》(1951 年)，卷首。

陳子昭時與賙給，戰後英軍遠東總司令來狀旌義。雖在商業，而性好學問，晚歲耽金石書畫，尤精鑑別，居市肆中，隱然有儒者風度。後因胃病去世，年七十三。[114]

第九、十、十五、二十屆會長馬澤民

馬澤民，潮陽棉城鎮人。1898 年生，十九歲到香港，任職銀業界；經六年奮鬥，以及運用其社交活動能力，創辦和通公司，後改和豐有限公司，經營航業，任總經理。1934 年間，香港遭受世界經濟衰退的影響，潮商多有資金枯竭的困難，馬澤民為拯救時艱，鳩集同志，創辦香港汕頭商業銀行，任董事長兼總經理，幫助不少潮商渡過難關。與此同時，又創立南泰行，任董事長兼總經理，溝通香港與南洋群島的貿易。

1939 年 5 月，汕頭陷於日軍之手，人民受災慘重，馬澤民發起組織潮僑救濟兵災難民會，倡捐巨款，匯到潮汕救濟難民。1941 年底日軍佔領香港後，各區治安混亂，劫掠時聞，惟南北行街一帶及左右鄰街，馬澤民提倡聯防及親自策劃指揮，得以安堵無恙。戰後他還兩度被選為會長，服務商會多年。[115]

第十一屆會長林子豐

林子豐，1892 年生，原籍揭陽縣金坑鄉，是林紹勳牧師哲嗣。曾就讀於揭陽真理小學、汕頭礐石中學，先後畢業於廈門同文書院、北京協和醫學院。1916 年到香港，開始習商，辦理船務，歷任香港廣源盛行英文書記、司理；其後自創四維公司，代理洪基煤炭，為股東之一，並任司理。繼而於 1922 年倡設嘉華銀號（後來易名為嘉華銀行），業務蒸蒸日上。此外，又任捷和電筒廠、植豐置業公司等企業董事長。

林子豐任廣源盛行司理時，即對商會事務多所參與，例如潮汕八二風災，以及抗日戰爭時期為潮梅地方請減免米稅、救濟潮屬米荒等事件，均與其役。1936 年因協助政府完成《中法越南商約》的簽訂，獲越南皇室獎以龍佩寶星勳

114 〈陳子昭先生事略〉，《旅港潮州商會三十週年紀念特刊》（1951 年），卷首。
115 〈馬澤民先生事略〉，《香港潮州商會成立四十週年暨潮商學校新校舍落成紀念特刊》（1961 年），卷首。

章，著有《北行輯要》，詳紀其事。對於金坑本鄉，倡浚新河道以利水田，議築新校舍以興學校，其熱心與識見俱備。[116]

自商會創立之初，林子豐歷屆皆被推選為會董、理監事與基金會產保管人，並膺任第七、八兩屆副會長，以及第十一屆會長。戰後商會復興會務，籌募經費，林子豐首捐巨款，商會中學新校的建成亦與有力焉。

林子豐為虔誠基督徒，對浸信會事務甚為熱心。1953 年，獲美國奧加荷馬州浸信會大學贈予名譽法學博士；1955 年在倫敦出席世界浸信聯會第九屆大會，獲選為大會副會長；1960 年第十屆大會在巴西里約熱內盧召開，再被推選連任大會副會長，任期直至 1965 年。第二次世界大戰期間，林子豐在澳門義務擔任培正、培道兩中學校長，以舉辦清貧學額而著於時，自此即獻心於教育。戰後曾義務擔任本港多間院校校長，並為培正、培道、民生、青年會等校擴建新校舍。1952 年任香港政府高等教育委員會第一任委員，大力支持開辦香港中文大學；1956 年創辦浸會學院，該校後於 1994 年升格為香港浸會大學。1957年，獲英女王頒授 OBE 勳銜。除連任多屆香港青年會會長外，林子豐曾任聯合國世界難民年中國委員、香港中華總商會名譽顧問、世界浸信會副會長、香港浸信聯會主席，香港浸會學院、培正中學校長，以及香港浸信會神學院、民生書院董事長。[117] 1971 年在浸會學院校長任內逝世。

第十二屆會長洪鶴友

洪鶴友，名廣開，字紹梅，世居澄海岐山村寨頭社。其初與沈湘波來港，合創合福祥莊；繼夥創合福叻莊，溝通南北國貨，運銷南洋群島。曾親赴上海、杭州、武漢、北平、天津、膠州、濟南等地，採集國產，旁搜遠討，力圖開拓。嗣後在九龍設合興油廠，採用新法榨油，設立貯裝透濾等機械，使油液純粹，合於衛生，遂成港九油業巨擘。

在社會福利及桑梓公益方面，洪鶴友贊助不遺餘力。民國初年，倡建洪氏宗祠於汕市，復修輯族譜，設學校；潮汕八二風災後，與商會諸董事組賑

---

116 賴連三著，李龍潛點校《香港紀略（外二種）》，頁 90。

117 〈林子豐先生事略〉，《香港潮州商會成立四十週年暨潮商學校新校舍落成紀念特刊》(1961 年)，卷首。

災團，向各界募捐，親赴災區散賑。香港淪陷期間，洪鶴友挈眷還鄉，轉徙普寧，水土不服，染病去世，年七十三。[118]

第十三屆會長孫家哲

孫家哲，字淑資，揭陽人。少好學，肄業汕頭同文學堂，後就讀於上海，轉北京大學政治科，並於研究院經濟系畢業。初入仕途，出長縣事及稅政；任職廣州時，曾向當局請除潮州苛捐雜稅，結果豆餅捐、糖捐、田畝捐均准予豁免，福蔭桑梓。嗣以國家大計首重經濟，乃專心致力於商業。在香港創立信和銀行，並設分行於上海、天津、汕頭；注意經營民生日用必需品，以及建築、交通等器材。香港淪陷期間暫時結束商務，轉向興寧、曲江營運，至抗戰勝利後恢復舊業，並於廣州、汕頭等處增設分行。又代理美國道奇汽車廠汽車，行銷南中國各縣市，對於交通運輸方面，貢獻甚大。天津、上海、汕頭要樞恢復業務後，另在廣州、台北等處增設分行，兼糖紗布雜糧，業務頗為發達。

孫家哲於地方公益事業，倡導籌辦不遺餘力。戰時潮屬各縣飽受摧殘，災荒嚴重，孫家哲承潮屬人士公推赴韶，向省政府請撥銀款，減免賦稅，並獲聘為廣東省賑濟委員會委員，嘉惠平民。戰後對商會會務仍多所貢獻，任商會監事。[119]

第十四屆會長許友梅

香港重光後，在戰時離港的潮州商會同人陸續返港復員。許友梅擔任會長時，香港處於極度艱困境況，民生凋敝，滿目瘡痍，他「與諸同人協力共支危局，卒能渡過難關，如籌賑兵災難民，舉辦僑胞歸鄉，救濟禎祥、祥發兩輪遭難同鄉，整頓會址，修葺義山，與有關祖國生產建設之各種措施，莫不盡力以赴，成績昭然在人耳目。」[120]

---

118 〈洪鶴友先生事略〉，《旅港潮州商會三十週年紀念特刊》(1951年)，卷首。
119 〈孫家哲先生事略〉，《旅港潮州商會三十週年紀念特刊》(1951年)，卷首；〈本會歷屆首長：孫家哲先生〉，《香港潮州會館落成開幕暨香港潮州商會金禧紀念合刊》(1971年)，頁47。
120 〈許友梅先生事略〉，《旅港潮州商會三十週年紀念特刊》(1951年)，卷首。

許友梅，澄海程洋岡鄉人。少聰敏，涵濡家學，畢業於師範學校，即於鄉中辦學。後來港創業，經營南北各港業務及航業，蜚聲闤闠。歷任商會正副會長及會董理事，任內值抗戰軍興，以迄勝利初期，維繫會務仍不遺餘力。其人酷嗜書畫，收藏甚豐，復工吟詠，著有《梅軒詩鈔》。

往事誌感

林子豐

歷史是人類之紀錄，前事不忘，後事之師，實屬可貴。而一個社團之草創，蓽路藍縷，經過三十年的綿長歲月，發揚滋長，以迄今日巍然特立，其對於社會之影響如何，事功之成就如何，歷史自然會給以一個恰切的評判，毋庸贅述。

潮州商會始創之初，余即追隨諸先進之後，亦曾歷任會中要職，身經眼歷之事，足紀者多，惜年湮歲遠，漫無記錄。茲值三十週年紀念，特刊編者索稿於余，乃就記憶所及，聊以誌感。

回溯本會籌組之始，正值第一次歐戰告終之翌年，其時遠東幸未受戰火波及，本港商務特盛，因是潮人僑港營商者日眾，深覺團結互助之必要，乃有組織旅港潮州八邑商會之議，當時發起者計四十餘人，就中以方養秋、蔡杰士、陳殿臣、李澄秋、鄭仲評、王少咸、王少瑜、王少平諸先生最稱得力；尤以方養秋先生之殫精竭慮，與蔡杰士先生之運籌策劃、頗著賢勞，其餘諸君子出錢出力，厥功至偉。時余未滿三十之年，以晚輩追隨諸先進之後，共襄其事，經過徵求募款立法覓址註冊以至成立，雖艱辛繁重，而衷心至感愉快，益知成事因素，端賴群策群力，精神團結，不計功利，乃克有濟。

憶成立之日，各方祝賀，典禮甚隆，首屆會董會集齊於兵頭花園，合攝一影以留紀念，齒最高者為李鑑初、李秋圃先生，余年最輕，與陳子昭先生並立於最後一階。歲月如流，曾幾何時，而創會諸公如蔡杰士、陳殿臣、黃象初、黃友南、陳湘波、吳史籌、李秋圃、李鑑初、陳培深、陳吉六、楊開興、王少瑜、高嶧琴、沈湘波諸先生、皆於戰前

相繼作古；方養秋、鄭仲評、李澄秋、洪鶴友、陳煥夫、楊瑞璜、吳君重、林勳臣諸先生，亦於戰時與世長辭，王少平先生則於去年凋謝，陳子昭先生自前年厄於胃疾，漸成沉，今春竟溘然永別，細數當年創始人物，碩果僅存者惟秀峰華初兩先生及余三人而已！往事如煙，恐知之者已，而余垂垂老矣，飽歷風霜，壯志銷磨，回首前塵，不勝滄桑之感。

逝者如斯，來日方長，今後本會會務隨時代而進展，端賴年青有為的後起之秀，繼往開來，除舊布新，為旅港潮僑謀福利，則乃余所殷望者也。

——原載《旅港潮州商會三十週年紀念特刊》（一九五一年）

1

2

_1_ 1921 年 7 月 25 日，商會召開首屆會員大會，選出首屆會長蔡杰士，並於 1921 年 8 月 1 日舉行成立慶典。

_2_ 1922 年潮汕八二風災，商會舉辦賣物會留影。

1 1924 年商會附設潮州旅港八邑
學校全體員生留影。

2 商會創辦潮州義山，設於香港島
雞籠環山地，於 1924 年 7 月 16
日啟用。

3 雞籠環潮州義山總墓

4 旅港潮州墳場碑記

5

清・丁日昌撰

百蘭山館政書

廣東省揭陽市丁日昌紀念館 編印

6

5 商會每年舉行清明省墓，會董鄉親在沙嶺潮州公墓前合影留念。

6 1937年7月7日，抗日戰爭爆發，香港潮州商會積極投入抗日救國工作，關心同胞安危，著有成績。《百蘭山館政書》是潮籍鄉賢丁日昌所著，其中談及要防止日寇侵佔，當時，香港潮州商會廣印此書，派發給大眾。

第二篇 | 戰後建設

商會發展和鞏固業務

第五章　恢復業務和修訂會章

　　戰後初期，香港社會經濟逐漸恢復，但國際局勢並未穩定，加上中國內地政治動盪，尤其是國共內戰和政權轉移的巨大影響，致使香港不斷承受逃亡人潮的衝擊，人口劇增造成嚴重的居住問題，多處山邊出現了臨時搭蓋的木屋區，居民之間又常有左右兩派的政治衝突，天災人禍接踵而來。

　　另一方面，從中國內地各地湧到香港的人潮，與伴隨而來的大量資金，增強了香港的人力和物力，促使香港工業進入起飛時代。1946 年是旅港潮州八邑商會成立二十五周年，會名刪去「八邑」二字而稱「旅港潮州商會」（The Chiu Chow Chamber of Commerce），更能配合新時代的情勢，在馬澤民、陳漢華、馬錦燦等幾屆會長和同人的努力下，商會進入復興時期。

修訂會章及籌募經費

　　1945 年 11 月 5 日，旅港潮州八邑商會第十四屆會董第二十三次常務會議，議決舉方業彬等參照內地商會組織法，進行修訂會章。翌年 1 月，商會名稱刪去「八邑」二字，新名稱更能顯示商會的全面性和代表性。商會組織方面，以理監事制代替會董制，理事會由二十七名理事組成，監事會由十三名監事組成，就中互選常務監事五名，分別負責監事會事務，每年開會員大會一次，每屆以 3 月為新職員就職之期，並以原永遠會董及正副會長、主席等為顧問，另聘總幹事及幹事各一。

　　1946 年間，第十屆主席馬澤民與副主席陳庸齋，以商會經費支絀，難辦公益事業，乃發起向同人募捐，蒙林子豐、林厚德、馬澤民及各同行捐輸。是年 8 月，馬澤民任第十五屆會長（理事長）。1947 年，再度募捐商會經費，亦獲各同行捐輸支持。復於 1948 年間，作第三度募捐經費。

　　馬澤民鑑於當時各行業元氣未復，諸多陷於困境，而商會百廢待興，亟待籌劃，如不加以維護，則會務勢難復興，乃毅然負起此艱巨重任。成績最著者，莫如恢復學校、加設分校；1947 年，政府由於拓展需要，通知商會雞籠環墳地須遷往九龍灣，因而增闢牛池灣潮州墳場。

除了旅港潮州商會和潮商學校外，馬澤民還擔任多個潮屬團體和學校的要職。潮陽同鄉協進會成立，他被選為第一屆理事長；又是旅港潮州同鄉會名譽主席、港九潮州公會永遠名譽會長，潮州公學籌建校舍，馬澤民慨捐巨款，並力請諸同鄉熱烈響應，迨校舍落成，被推為校董會名譽副會長。[1]

更改理監事名額

1948 年，陳漢華任第十六屆會長（理事長）。這一屆的理事會為求適合國內規定，將理事名額改為二十一名，設候補理事九名；監事名額改為七名，設候補監事三名。翌年 3 月 21 日，提交會員大會通過。

1950 年 5 月 20 日，陳漢華總結任內工作，在會務報告中說，商會有會員一千四百多人。所辦潮商學校已增設中學，共有學生四百多人。在汕頭開辦的港商小學已於 1949 年恢復，最初有學生二百餘人。[2]

香港潮商學校的進展

香港重光後，第十五屆會長馬澤民倡議復校，將干諾道西 29 號會址闢為課室，仍聘關汪若主持校務，進行復校事宜。1946 年 9 月 1 日舉行開學典禮，第一學期開辦初小三班，學生七十餘名；第二學期申請入學者眾，再租賃 4 樓後座，增辦初小四年級一班，全校四班，學生人數增至一百一十餘名。

1947 年間，由於要求入學者極為踴躍，商會正副會長馬澤民、陳庸齋暨常務會董方業彬、廖寶珊、許友梅、陳遜予、李琴芝諸位認為必須擴充校舍，以廣收容，乃於石塘咀皇后大道西 564 至 570 號開設分校舍。本年學生人數激增，第一學期正分校共達二百六十餘名，第二學期增至三百四十名。共分十班授課，有教師十五人。第十七屆（即復員後第一屆）畢業生共十八名。

1948 年正分校學生人數四百二十餘名，分九班上課。第十八屆（即復員後第二屆）有高小畢業生四十名，假中央戲院舉行畢業典禮。1949 年在分校開辦中學，全校學生增至五百餘人。第十九屆（即復員後第三屆）有畢業生四十名，

1　〈香港潮僑小史〉（馬澤民條），《香港潮僑通鑑》（香港：潮僑通鑑出版社，1964 年），頁 69。
2　〈潮州商會理監事昨晚舉行就職禮〉，《大公報》，1950 年 5 月 21 日，第 1 張第 4 版。

假太平戲院舉行畢業典禮。以後直至 1961 年薄扶林道新校舍落成啟用時止，平均每屆有高小畢業生三十餘人至七十餘人，1952 年起有初中畢業生，每屆均有十餘人。

至 1950 年，商會正副理事長馬錦燦、蔡家源提議增設免費夜校，以救助同鄉失學兒童。事屬同鄉福利，決議通過，並由關汪若校長推薦陳志鴻為夜校主任。翌年 9 月 4 日，免費夜校開學，學生人數共一百四十二名。

商會成立三十周年誌慶

1951 年是香港潮州商會成立三十周年誌慶，出版了商會第一本紀念特刊。〈發刊詞〉強調：「值茲本會成立三十週年紀念，緬懷前修，艱難締造，當憬然有以自勵。而本刊之編印，將以昭往轍之徽，為先路之導，表桑梓之美，作考鏡之資，兼以鞭策來茲，計日程功，是在吾同人之努力而已。」[3]

《旅港潮州商會三十週年紀念特刊》內容包括圖片、論文、會史紀要、香港潮人商業概況、專著、附錄、特載和商錄，專著收錄饒宗頤〈潮州的天然富源〉（附地質紀略）、高泳源〈潮州地形概要〉（附潮屬沿海礁石紀錄）、〈潮州民間生草藥〉、黃仲渠〈潮汕硬幣史〉和〈六十年間潮汕物價之比較〉五篇。編者指出：「本會成立至今三十週年，所積史料，原屬不少，惜戰前文卷，在香港淪陷時，遺失殆盡，無從逐年稽考，詳予載述。關汪若先生服務本會有年，熟稔本會掌故，所作本會會史紀要，敘述簡明；於『八二』風災籌賑一役，記載特詳，不獨保存本會要政，尤可為地方故實之取資。」[4]

賑濟九龍大火災民

1950 年代初，香港時有災情。1953 年 12 月 25 日晚，九龍深水埗石硤尾六村大火，潮州商會即捐出一千元救災，其後又在西環高陞戲院開演潮劇，籌得一萬五千餘元賑濟。1954 年，鄭植之任商會第十九屆會長（理事長）。1955 年 12 月 6 日，九龍城街坊福利會派發賑款，救助老虎岩村木屋兩次大火災的災

3　馬錦燦〈發刊詞略〉，《旅港潮州商會三十週年紀念特刊》（1951 年）。

4　〈編後語〉，《旅港潮州商會三十週年紀念特刊》（1951 年）。

民，每人可領賑款五元五角。此次派發的賑款共有二萬三千五百餘元，由各界人士捐出，當中有部分賑款和物品，由潮州商會各理監事募捐助賑。[5]

潮商經濟的黃金時代

戰後世界各地相繼進行重建，1940 年代後半期，是香港轉口貿易最為興盛的歲月，也是潮商經濟的黃金時代。有兩個有利的因素，促進了這個黃金時代的到來：第一，是不少潮商鑑於中國大陸政局動盪，幣制混亂，難以經營，因而將資金轉移到香港；第二，是戰後物質匱乏，各國政府普遍鼓勵對外貿易，關稅壁壘無形解除，形成了一個自由貿易時代。[6]

這一時期的潮商經濟，仍集中於轉口貿易及與轉口貿易有關的金銀匯兌業上；但有一些潮人另闢蹊徑，投資於工業、交通運輸業等實業，1950 年代香港的轉口港地位下降，潮商雖受影響，卻能迅速在其他行業中佔一席位，實與此有莫大關係。

戰前潮人經營的染布業、拆船業及五金業等，在香港工業萌芽時期已顯露頭角；戰後香港工業日趨發展，潮人所佔的比重益增，棉織、製衣、塑膠等主要出口工業，尤稱巨擘，其他如銀行、船務、出入口、交通、文化、政教，以及自由職業中的律師、醫師、建築師、會計師等，亦不乏潮人肩任要角。[7]

香港潮人商業概況

根據香港潮州商會於 1951 年中發表的一些資料，[8]1950 年底，潮商在各行各業中的商家，其數目如下：（一）南北行公所：19 家，每家每年營業額多達數千萬元，少的也有數百萬元。（二）新加坡幫協進會：36 家；該協進會是潮幫團體，專營南北國產糧食和海味洋雜等貨，運銷新加坡後，轉銷馬來亞及南洋群島。（三）暹羅幫公會：67 家。（四）瓷業公會：25 家，均為香港瓷業界

5　〈救濟區內災民，九龍城今發賑〉，《大公報》1955 年 12 月 6 日，第 2 張第 6 頁。

6　陳荊淮〈香港潮商沿革述略〉，《潮州史志資料選編・史事考述》，頁 224–225。

7　顏成坤〈潮州會館落成後向同鄉進一言〉，《香港潮州會館落成開幕暨香港潮州商會金禧紀念合刊》（1971 年），頁 17。

8　〈香港潮人商業調查概況〉，《旅港潮州商會三十週年紀念特刊》。

大戶；該公會為潮幫行業組織，1949 年其成員進口潮瓷 39,781 件，大部分轉銷南洋及世界各地。（五）米業：港府指定入口米行，全港 17 家之中潮商佔 10 家；配米站（港府指定的定價米行），全港 192 家之中潮商佔 82 家；零售米店 400 多家，其中參加香港米業商會（潮幫米業組織）的有 265 家，在全港零售米店之中，潮商佔了八成。（六）其他：藥材業 24 家，抽紗業 62 家，茶業 4 家，紙業 3 家，染料業 5 家，菜種業 12 家，銀行業 4 家，匯兌業 94 家，金銀業 17 家，批業 9 家，輪船業 6 家，保險業（代理）約 10 家，柴炭業 129 家，布業 3 家，鐘錶業 6 家，百貨業 1 家，涼果業 24 家，魚露業 4 家，餅食業 10 家，酒樓茶室業 60 家，五金廠 6 家，織染廠 9 家，食油、罐頭廠 4 家，日用品廠 2 家。以上數字，還不包括漏計的一些大戶及眾多小商、小廠，可見在轉口港時代，潮商於香港經濟生活中佔有頗重要的地位。

輕工業時代的到來

1950 年代，香港轉口港地位急降的原因有二：其一，是朝鮮戰爭（韓戰）爆發，西方各國對中國實行禁運，東南亞各國也陸續實施貿易壁壘政策，對進出口貨物實行嚴格限制；其二，是隨後資本主義國家出現經濟衰退風潮，大大削弱了東南亞各國的進口能力，以經營香暹叻汕貿易線為主導的香港潮商經濟，因而大受打擊。在這種嚴峻的形勢下，潮籍進出口商一方面打破禁運的鐵網，千方百計偷運各類物資進入內地，一方面則向其他經濟領域尋求發展，輕工製造業就成了潮商轉行的主要目標。

總的來說，1950 年代及 1960 年代是香港經濟從轉口貿易向工商業城市進發的時代，以加工工業為基礎，以對外貿易為主導，而以多種經營為特點，潮商在這過程中迅速回應了新時代的需求。潮州商會經歷了戰後十年的復興期後，即進入長達十五年的建設期。

第六章 商會正名和新校落成

旅港潮州商會於 1956 年正名為香港潮州商會，同時加強會務，大事更張，開展其大型建設：其一，是潮商學校於 1961 年落成，五年後又擴建中學校舍；其二，是潮州會館於 1971 年落成啟用，富麗堂皇。1971 年是商會金禧紀念，同人倍感雀躍。1956 年至 1971 年，名副其實是商會的建設期。

香港社會在 1960 年代開始出現急劇的變化，從一個轉口港變成世界上重要的工商及金融服務城市；而隨着土生土長世代的成熟，本土文化正在崛興，香港居民中有「僑居」心態者，相對日益減少。內地「文化大革命」期間，香港潮人與家鄉的聯繫亦受到影響。

修訂會章及更改會名

1956 年 4 月 7 日，第十九屆理事會以商會章則未合香港環境需要，於商會會所開會員特別大會，修訂會章，使中英文章程劃一，同時恢復會董制（表8），會名改為香港潮州商會有限公司。本年，馬澤民任第二十屆會長。任內號召籌建潮商學校校址，以擴大收容潮籍學子。馬澤民前後四屆出任會長，在商會史上實為僅見。

其後商會又於 1961 年 8 月 9 日召開會員特別大會，修訂會章。1965 年，第二十四屆副會長張蘭夫就會董會的組織及其職權與任期提議修訂商會章程，增加以下一段：「會長在任內出缺，由第一副會長遞補之；但以任足是屆之任期為止。所遺第一副會長一缺，由第二副會長遞補，而第二副會長不另補選。」[9]

---

9 〈修訂會章〉，《香港潮州商會第廿四屆第一年度（1964 — 1965）會務輯要》，頁 22。

表 8 香港潮州商會組織系統圖（1956 年）

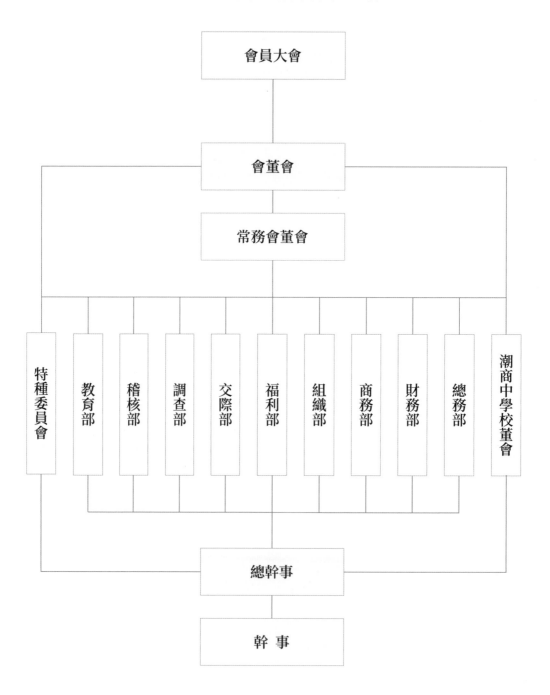

商會成立四十周年誌慶

1961 年是潮州商會成立四十周年，潮商學校新校舍同時落成，商會於是出版《香港潮州商會成立四十週年暨潮商學校新校舍落成紀念特刊》，除題詞、照片外，還有專載一項，包括李廉法〈會史〉、關汪若〈學校志〉、李廉法〈義山志〉和曾嘉〈潮僑在緬甸——旅緬潮僑的歷史〉。特刊的內容主要為「各行業專篇」，共有八組：一、出入口商；二、廠商；三、金融業；四、交通事業；五、日用品商業；六、飲食業；七、文教藝術；八、自由職業。以文教藝術組為例，收錄了林子豐〈潮人與教育〉、孫星閣〈藝術與行業、書畫與人生〉、溫友強〈由潮語配音片談到正宗潮語片〉、陳遜予〈十年來香港的潮劇〉、陳復禮〈潮籍攝影業略述〉五篇文章。[10]

籌募賑款和助學金

1962 年，鄭光任第二十三屆會長。是年 9 月 1 日，颶風溫黛襲港，商會各同人分別捐款救濟災民。10 月 7 日，假香港大會堂公演潮劇新天彩班，籌募善款救濟災民，會長鄭光為籌賑會主席。10 月 11 日，召開籌募賑款會議，計得善款 60,887 元；10 月 24 日，如數送交社會福利署。

1963 年，商會助學金委員會成立，負責籌募助學金。翌年 8 月 12 日，頒發助學金 6,196 元予潮商上午校六十四名適合條件的學生，另 1,975 元予下午校七十九名學生，合計 8,171 元。

會董換屆和遞補會長

1964 年 8 月 31 日，第二十三屆會董交接暨第二十四屆會董就職典禮在潮商學校舉行。第二十三屆會長鄭光蟬聯第二十四屆會長，陳維信、張蘭夫蟬聯第二十四屆副會長，鄭光致辭時指出，本屆的主要任務有二：其一是建校問題，商會決定進行擴建中學校舍，預計於 1965 年度可以開課，屆時潮商學校的小學畢業生可以升讀中學；其二是建會所問題，商會會址屬租賃性質，拆遷之

10 《香港潮州商會成立四十週年暨潮商學校新校舍落成紀念特刊》（1961 年）。

期誠恐不遠，故實行籌建會所，實為當務之急。[11]

同年 10 月 30 日，會長鄭光在九龍聖德肋撒醫院病逝。噩耗傳來，商會各人同深痛悼，即召開常務緊急會議，組成治喪委員會，協辦治喪事宜；會長一缺自難久懸，11 月 21 日，商會名譽會長鄭植之、洪祥佩、馬錦燦、馬澤民、陳漢華五位提請以第一副會長陳維信遞補為會長，第二副會長張蘭夫遞補為第一副會長，以利推行會務；至於鄭故會長所兼潮商學校管理委員會委員一職，亦由監督洪祥佩及委員蔡章閣、章志光、張蘭夫四位提請推舉陳維信充任，俾利工作，而符定章。上述兩案經 11 月 25 日商會第二十四屆第三次會董會議提會討論，決議一致通過。[12]

擴建潮商中學校舍

1964 年 11 月，陳維信就任第二十四屆會長。他在任期間，勸捐助學金以獎助潮商中學品學優良及家境清貧學生，擴建潮商中學新校舍以廣納升學青年，造福學子，功在教育，備受讚譽。他曾謙讓地說：「此事經於鄭〔光〕故會長任內，詳盡規劃，雛型龐具。本屆則依既定方策，按序施行；舉凡應辦手續，均經次第達成。」[13]

潮州商會鑑於潮商學校的中學學位無多，致歷屆小學畢業生升學多未能如願以償，因此擴建中學校舍以廣納有志升學的學子，實為商會當務之急。第二十三屆會長鄭光任內，會同學校監督洪祥佩及副會長陳維信、張蘭夫等，與有關教育當局洽談多次。原擬增建班房二十間，請求教育司署全部津貼，但未獲批准，但政府可貸款建校。商會於是將原定擴建二十間課室的計劃略為變更，暫時擴建課室十間，待將來時機許可，再行增加。至於擴建的課室連同實驗室及教職員休息室等，預算建築費用、設備費等全部支出，約需七十萬元，

11 〈舉行第廿四屆會董就職典禮〉，《香港潮州商會第廿四屆第一年度（1964 — 1965）會務輯要》（1965 年 9 月），頁 18-19。

12 〈首長人事之調整〉，《香港潮州商會第廿四屆第一年度（1964 — 1965）會務輯要》（1965 年 9 月），頁 22。

13 陳維信〈發刊詞〉，《香港潮州商會第廿四屆第一年度（1964 — 1965）會務輯要》，頁 1。

則由政府津貼一半。[14]

新校舍啟用和成立中學部

1961 年 2 月 24 日，潮商學校位於薄扶林道的新校舍奠基，佔地三萬餘呎，是年秋季落成啟用。校舍樓高五層，有標準課室二十四間，校舍小學上、下午校使用。上午校由商會自辦，校主任為陳志鴻；下午校由政府津貼，校主任為周熙。全校四十八班，共有學生二千一百六十名。同年 11 月 27 日，薄扶林道新校舍舉行啟鑰及揭幕儀式。至於潮商學校舊址則用作開辦英文中學，直至 1968 年底止。

1962 年，潮商學校改聘李達如為校主任，由小學一年級至六年級，共二十四班。另分設中、英文夜校。1963 年，商會助學金委員會成立，負責籌募助學金。翌年 8 月 12 日，頒發助學金八千餘元，其中 6,196 元予潮商上午校適合條件的學生，另 1,975 元予下午校學生。1965 年 8 月 16 日，頒發助學金 1,672.5 元予下午校合條件的學生；旋議決將「香港潮州商會助學生委員會」名稱，改為「香港潮州商會建校助學金委員會」。1966 年 3 月 1 日，助學金委員會將 26,585.94 元存款連利息全數支付潮商學校為學生助學金之需。

香港潮州商會在此之前，已於 1964 年 5 月 25 日由建校委員會執行委員決議，按序施行籌建中學部。1966 年年初，利用學校東翼空地擴建中學校舍，並於同年 9 月落成啟用，正式上課。中學部共有十二班，包括中學一年級七班、中學二年級兩班、中三至中五各一班。本年，首次保送中五學生參加香港中學會考。

小學方面，上午班申請政府津貼於 1966 年秋獲准，至此，小學部上、下午班全屬政府資助小學。1970 年成立家長教師聯誼會，每年在寒假或暑假舉行聯誼大會。

---

14 〈擴建潮商中學校舍〉，《香港潮州商會第廿四屆第一年度（1964 — 1965）會務輯要》（1965 年 9 月），頁 32。

潮人與教育

林子豐

　　我潮人士在港從事商業者甚眾，且擁有崇高商業地位，但從事教育事業者殊不多，過去亦未見有可靠文字記載，依余個人記憶所及，民初實無所聞，或因余見聞未周則非所知。本會成立後，方有小學之設，因限於課室，規模甚小。可為人稱道者，應推民生書院，民生書院於一九二六年由已故之縉紳曹善允博士等所倡辦，聘請我潮名教育家黃映然先生任校長，黃氏早歲畢業上海聖約翰大學，飽學溫才，誨人不倦，卓著聲猷，故校務蒸蒸日上，不但潮籍學生就讀該校者眾，四方學子亦聞風而來，校舍一再擴展，今日嘉林邊道之校舍，不少為潮人所捐建，余董該校數十年，先於我前任籌建校舍主席，及歷任校主，故知之頗詳。迨至黃氏退隱林泉，繼任校長之陳先澤、鍾香舉、陳伯民、監督林樹基，無一非黃氏高足，且除陳伯民外，餘皆潮人，可見民生書院與我潮人士關係之密切。

　　七七事變前後，逃難來港者眾，教育亦因人口之激增而發達，洪高煌博士於利園山創辦嶺英中學，汕頭礐光中學亦來此設校其後續有王永載任校長之南華附中，鄧緝熙之南僑小學，一時頗有蓬勃之勢。本港陷於日敵後，各校非遷徙即停辦，復員後，嶺英中學遷回利園山舊址，今已有自建校舍，培僑則於一九四六年創辦，校務發展甚速。南僑亦於衛城道舊址復校，增辦中學，並發展至荃灣創設分校，可惜該校後以轉手聞！南華附中復校後，人事屢易，及鍾魯齋博士接任後，又改為南華書院，一度因出售校產而糾紛，余對該校雖微有幫助，至此只可不聞不問，鍾氏去世後，該校與南華學院一同煙消雲散！

　　香港人口有急劇增加中，教育事業之發展為自然趨勢，優勝劣敗，亦一定公理，但大多數失敗之學校，歸因於辦理不周，管教不力，實不能盡委言於經濟欠缺，況教育為百年樹人大計，如立志不堅，意向不明，目標不正，而只具牟利為鵠的者，不但有「學店」之譏，決難有成，其失敗亦固宜。

　　目前潮人所辦理的學校，公私約有卅間以上之數，由幼稚園至大

專以及特種學校，中、英具備，數量可說不少，而且日漸擴大，潮州商會和潮州公會所辦的中學，都有了簇新寬敞堂皇的自建校舍，亦有個人捐建的呂明才紀念學校，個人創辦的院校，洋洋大觀，可謂為我潮生色不少。

這並非說明學校的增加足以普遍及整個教育，香港政府對這一問題的努力尚且需時，何況我們；但亦足以證明我們潮人能夠適應環境轉移風氣了。

大家都知道南北行曾經是潮人的黃金時代，譽滿中外，潮人不少人在這裏成功，亦不少人在這裏失敗；雖然成敗利鈍，乃極平常的事，這其中實亦有教育成敗的因素，差不多過去的南北行商人佔大多數人對子弟的教育漠不關心，他們執拗、保守、謬於成見，相習成風，只要子承父業，昧於學以致用，一旦生意失敗，這些膏粱子弟，只知享受，又乏謀生技能，因此高低不就，一蹶不振，殊堪浩嘆！

物競天擇，適者生存，這一個大時代已經不容許再懷着留戀十九世紀舊夢；時至今日，香港不僅是一個商業港，已經將變成為一個中西文化思想的衝擊點，連它本身的轉口港性質亦逐漸改變為工業也。

因此我們不單是要提倡普及教育，提高文化水準，更應瞭解一切有關問題；誰亦不能否認，香港的政治地位，它是英國的一個殖民地，但香港的社會卻是百份之百的中國社會。倘若我們的教育目的只是配合其實際需要，養成一班人習練一些英語，瞭解一些英國統治香港的法律，從事商業謀生，適應了香港社會之所需就夠，反而對本國文化，棄如敝屣，甚至數行書札，亦不能為，這一努力，對於香港社會之貢獻，並無益處，反而弊多於利。無論目前與將來香港社會所需，決不是只需能懂英文，能說英語的人，因為香港是中西文化接觸交流的地區，亦是中、英兩民族傳統文化交流與接觸匯點。香港的教育應該是文化教育，不是語言教育；而是人材教育，不是職業教育。在香港的中國人應先認識本國文化，才能領略英國文化中西並舉，方能成為通才。

我潮旅港人口眾多，數約六十餘萬，佔香港人口總和五分之一，為構成香港社會原動力之一。前面已經說過，廿世紀的原子時代，一切日

臻科學化，固執守舊必遭揚棄，要保持我們在香港商業的優秀地位，必須趨時適勢，提高智識和文化水準，是則教育的發達固然可喜，教育之精神何在亦值得我們大大的研討。當此商會成立四十周年，適值建校完成，承編者囑言編寫有關教育一欄，本人雖有廿餘年教育行政經驗，經辦十餘院校，自覺所知非多，拉雜而談，倘有錯失，幸教毋笑！至於調查表中，遺漏甚多，無意厚彼薄此！諸維見諒！

下列各校，不論屬於任何社團、宗教，或官立私立，以有潮籍人士實際負責及主事者即列入：

潮籍人士在港九辦理學校一覽表

校名	職位	姓名	創校年份	現有學生
香港浸會學院	院長	林子豐	1956 年開辦	720 人
香港培正中學	校長	林子豐	1889 在廣州創校，1933 年創設港校	4,240 人，英夜校 700 餘名
香港培道女中	校長	林子豐	1988 年在廣州創校，1937 年創設港校	2,350 人
民生書院	監督	林樹基	1926 年開辦	2,032 人
嶺英中學	校長	洪高煌	1938 年開辦	
培僑中學	校長	吳康民	1946 年開辦	
新法英文書院	校長	王澤森	1948 年開辦	
新法中文中學	校長	王澤森	1957 年開辦	
樂道學校	校長	陸占春	1950 年開辦	3,114 人
德教會學校	校長	林萬任	1948 年開辦	
漢華中學	校長	黃建立		
培光學校	校長	孫曹伯	1954 年開辦	500 餘人（日夜校）
佛教松鶴學校	校長	劉常光	1954 年開辦	
創興書院	監督	廖寶珊	1956 年開辦	2,000 人（日夜校）

聖立德學校	監督	陳克華	1956 年開辦	
又一村學校	校長	鄭守仁	1956 年開辦	436 人
潮州公學	校長	王滌新	1957 年開辦	2,600 人（日夜校）
恩澤學校	校長	潘駿	1958 年開辦	
知用中學	監督	鄭守仁	1959 年復校	
荃灣海壩街官校	校長	丁紹生	1961 年開辦	
柴灣信愛學校	校長	楊文松 李景行		
聖伯多祿學校	校長	方乃斌		
樹德學校	校長	林作遜		
旅港潮州公學	校長	林子實		
華僑聾啞學校	校長	陳卓祥		
呂明才紀念學校		呂明才 先生 捐建		
潮商中學	董事長	洪祥佩 潮州商會 開辦		

　　上表所列，相信尚有不少遺漏，如元朗成德學校，原為陳庸齋先生所創辦，陳氏逝世後，接受政府津貼，因不明何人負責，故未列入。

　　——原載《香港潮州商會成立四十週年暨潮商學校新校舍落成紀念》（1961 年）

第七章 潮州會館的創建經過

籌建潮州會館的努力

1966 年秋，廖烈文太平紳士任第二十五屆會長。這一任最重要的工作，就是籌建潮州會館，廖烈文大力倡議，情況大致如下：

> 就任之初，鑒於我潮僑在港，數達百萬，已成立之社團不下數十，獨潮州會館之創建，數十年來，歷屆前賢，雖迭有籌謀，而未底於成，乃重揭櫫斯旨，奮袂首倡，獲本會各永遠名譽會長、當屆副會長、會董及海外同僑暨本港潮胞熱烈響應支持。嗣因本港勞資問題，引致環境動盪，停頓經年。至二十六屆而組會籌建，奔走呼籲，悉力經綸，綢繆終始。[15]

1968 年，廖烈文連任第二十六屆會長。至 1970 年 7 月 10 日，歷屆會長聯函提請將第二十六屆全體會董兼籌建潮州會館委員會全體委員的任期順延一屆，任期兩年，俾便建築會館大廈的事宜得以順利進行；8 月 26 日，會員特別大會通過連任程序，廖烈文連任第二十七屆會長，在潮州商會歷史上是前所未有的。

論者指出，會館成立的基礎是地緣性和商業性。會館的地緣性，是指會館成員之間的凝聚力來自地緣關係，即籍貫的同一和鄉土的認同；地緣的紐帶自然而然地把來自同一個地方的客商們聯繫在一起，形成有某些特定的經營範圍、經營網絡和經營風格的地域性的商幫，「會館的建立，標誌商幫在商業都市的地位穩固，同時也成為商幫展示本幫經濟力量和地方文化成就的場所。商會作為一種業緣組織，在功能上並不能夠替代會館。在很多地方，會館的建立通常早於商會，商會出現以後，會館的經濟功能讓渡給了商會，會館關注的重心，則轉向同鄉利益的保障，尤其是以慈善事業為主的種種行為。[16] 香港的情況是潮州商會成立在先，但沒有潮州會館，實際上是諸多不便的，在一定程度

---

15 〈廖烈文先生事略〉，《香港潮州會館落成開幕暨香港潮州商會金禧紀念合刊》（1971 年），頁 21。
16 黃挺、陳利江著《潮州商幫》，頁 93-94。

上也妨礙了商會的發展，潮州商會以籌建會館作為當時的頭等事務，原因正在於此。

潮州會館落成開幕

1971 年 4 月 29 日，潮州會館落成啟用，開幕典禮由港督戴麟趾爵士主持。會館位於德輔道西 81 至 85 號，樓高十一層，面積達四千呎，商會自用三層；其餘出賃，所得款項作為興學、濟貧、贈醫等福利事業之用。多年來香港潮僑所企望的潮州會館終於實現，至此海內外同鄉聯轄有所，嘉會靡間，其所敦睦鄉誼者，益為親厚；會館收入的盈餘，亦可用於舉辦社會福利等事業，裨益僑胞，兩全其美。國學大師饒宗頤教授為撰〈香港潮州商會創建潮州會館碑記〉。

香港潮州商會創建潮州會館碑記

饒宗頤

　　會館之建，所以盡旅人盍簪之歡，敦敬恭桑梓之誼，相與通功易事，交利俱贍，裁成萬物，輔助其宜者也。潮人之仕宦商賈於四方者，足跡所至，輒立會館。清嘉慶間，上海始創「潮州八邑會館」；嗣是上至京津，下及南洋群島各屬，所在皆有之。光緒二年，廣州亦繼建會館，其時海運方興，潮人航海梯山，懋遷外地者，尤以香港為要衝。省垣會館，其鼎建度支，鳩工庀材，港中潮商聚和堂實佐成之。

　　潮人旅居港九，至今數近百萬；而港中潮州商會成立於茲，亦四十有九年矣。歷屆前賢，迭有籌建會館之議，而未底於成，蓋甚矣始事之難也。第二十六屆會長廖君烈文，奮袂首倡，奔走呼籲，就任之初，即揭櫫斯旨，於會館興構之務，力謀實現，遂以廖寶珊堂名義首捐壹拾萬元，海外同僑，聞風響應。復與副會長林君拔中，呂君高文，本會各永遠名譽會長暨會董諸君，共勷盛舉，組織籌建會館委員會，綢繆終始，悉力經綸。先後得本港及暹叻越柬台各地潮屬人士，踴躍捐輸，樂成厥美。遂相地於德輔道西八十一號至八十五號為營造基址。濱海臨衢，

飭工興役，面積可四千呎，建大廈凡十一層，計耗資港幣佰萬有奇。會館自用三層，所餘出賃，每歲以其羨，撥為興學濟貧贈醫等福利事業之用，可謂一舉而數得，暫費而永寧者矣。

是役也，經始於一九六九年五月，越歲九月告竣，觀夫巨棟巍峨，飛甍輪奐；邇朝近拱，吐納滄溟。自是潮人得以時聚於斯而燕於斯，雍濟和睦，用收琢磨之益。崇基既閎；嘉會靡間，山海在望，桑梓可親。喜大業之方新，瞻前規而莫忘，汪濊其德，沾溉無窮。宗頤旅港有年，早聞碩畫，睇此壯觀，能不忻忻；倍興梓材之思，益懷同舟之訓。見命為記，敢詳顛末，俾鐫貞石，以垂方來！

正如顏成坤所言，潮人在港既有悠久歷史，「行業分佈廣泛，組成團體甚多，惟是同鄉總會仍付缺如，遂使以往興辦大事，如籌建潮州公學、潮商中學、荃灣潮州小學等，每感人材未能集中，辦事往返不便，是則潮州會館之設，不特可收群策群力事半功倍之效，且亦可供文娛康樂，切磋琢磨，其有助增進鄉誼者必矣。」[17] 潮州會館落成，更具體地展示了潮州商會的實力，經濟功能以外的一些同鄉活動，可以讓渡給會館。商會與會館是一而二、二而一的組織，在香港眾多的潮人團體之中，潮州商會也因而確立了中堅的領導地位。

潮州會館是結合商會內眾人和熱心潮僑的力量而建成的，或出錢出力，或出謀獻策，《香港潮州會館落成開幕暨香港潮州商會金禧紀念合刊》中載錄甚詳。發起人共二百三十人，廖烈文昆仲為紀念其先翁廖寶珊捐十萬元，呂高文、張卓如、林百欣、鄭光紀念堂各捐五萬元，連同其他捐款人及機構，共捐得港幣一百七十九萬餘元。籌建委員會的主任委員是廖烈文、呂高文、林拔中三人，委員會五十七人。呂高文任商會第二十五屆、二十六屆及二十七屆副會長，林拔中任第二十六屆副會長，對籌建潮州會館一事多所用心，贊勸之勤、勸捐之力，尤為可稱。

潮州會館落成之初，潮州商會特發起邀請本港潮籍各界人士，於 1971 年

17　顏成坤〈潮州會館落成後向同鄉進一言〉，《香港潮州會館落成開幕暨香港潮州商會金禧紀念合刊》（1971 年），頁 17。

1月28日（農曆辛亥年正月初二日）在潮州會館十一樓大禮堂舉行新春團拜。
是日禮堂佈置一新，喜氣盈庭，與會者除潮州商會正副會長及會董外，有同鄉
名流碩彥暨潮州公會、潮商互助社等六十餘團體的正副首長，冠蓋雲集，數百
人濟濟一堂。下午二時正團拜開始，全體同鄉相向行一鞠躬禮後，首由商會會
長廖烈文致賀辭，嗣由同鄉碩彥林子豐、王澤森、李春融、林繼振、蔡章閣、
廖烈武諸位相繼致辭。酒會舉行時，並播放潮州音樂助興，「鄉音洋溢，鄉情益
增，各同鄉分別話新敘舊，氣氛愉快；而對同鄉福利事業，應興應革事宜，提
供寶貴意見者甚多，直至四時，始各握手言別。」[18]

潮州商會金禧紀念活動

　　1971年欣逢香港潮州商會成立五十年，因而有《香港潮州會館落成開幕暨
香港潮州商會金禧紀念合刊》的出版。特刊有〈潮州紀要〉長文，分述潮州各
縣之建置和潮州之民族、山川勢形、氣候、產物、風俗、音樂、大鑼鼓、土風
舞——英歌、戲劇。各種行業介紹，包括近四十個與潮州有較大關係的行業。
《合刊》還有林子豐撰〈本會五十年來之回顧〉和饒宗頤撰〈香港潮州商會創建
潮州會館碑記〉，彌足珍貴。

　　香港匯豐銀行主席桑打士（J. A. H. Saunders）在一篇談到香港潮人的
文章中指出，「潮州人在香港有其悠久的歷史，已奠定根深蒂固的基礎。根據可
靠而較為保守的估計，潮州人佔香港人口總數的五分之一。換句話說，在五個
香港的居民中就有一個是潮州人。在香港各行各業中，也都出現潮籍的傑出人
才。」他認為「如果要細緻分析那一些人在香港整體經濟建設中，佔了較為遼
廣的地位，或在人口比率中產生較大的影響，那末據我個人的意見，應首推我
們的潮州朋友了！」桑打士又強調：「潮州人在香港幾乎深入到每個角落和每個
基層單位，到處都可找到他們的蹤跡，這是其他方面的人所不能比及的。這正
說明了潮州人在香港潛在的力量，也說明他們對香港經濟建設能起的作用。他

---

18 〈香港潮州各界農曆辛亥年聯合舉行新春團拜誌盛〉，《香港潮州會館落成開幕暨香港潮州商會金禧紀念
　　合刊》（1971年），頁57。

們淳樸刻儉的風尚和堅韌不懈的毅力，是被大眾所稱道的。」[19]

擴建義山和辦理公益

1969 年 12 月間，羅湖沙嶺金塔墳場因同鄉先友卜葬於該墳場者為數日多，不敷應用，潮州商會第二十六屆會長廖烈文及副會長林拔中、呂高文遂向政府申請擴建，幾經艱辛，始獲允許。會董會議討論後，決定為一勞永逸計，應就政府允許範圍內盡量開闢，俾資因應。於是授權福利部主任丘士俊，計劃辦理；嗣後邀請總務部主任林炳祺協助進行，事功同赴。1970 年 1 月開始闢建及增築灰路、水渠等，至 6 月竣工，該墳場經此次增闢後，地方較前廣闊，費用由商會會董樂助，計共二萬三千餘元。[20]

商會在辦理本港公益方面，第二十屆救濟大坑西花墟村木屋區火災災民；第二十一屆救濟老虎岩、東頭村火災災民及元朗水災災民；第二十三屆救濟「九一溫黛風災」災民。此外，第二十二屆任內，反對賽球博彩，也是值得注意的。

本會五十年來之回顧

林子豐

日月不淹，春秋代序，本會創肇以來，五十載於茲矣。際斯金禧紀念之期，正值會館落成之日。同仁等為昭往轍之徽，表枌榆之美，爰出專刊一冊，以資紀念。本屆會長廖烈文、副會長蔡章閣、呂高文諸先生，囑文於余，余以本會創立之秋，嘗隨鄉先進之末，參與其事；對於本會往跡，耳熟能詳。爰就記憶所及，摘要縷舉，草成「五十年回顧」一文，以實本刊。藉以紀念前賢，共勵來茲。疏漏之處，或所難免；願諸鄉君子幸以正之。

我潮民風淳樸，堅毅奮發；素尚進取，足跡所至，遍佈海內外各

---

19 J. A. H. Saunders, "Hongkong and Chiu-Chow People"（桑打士〈香港的潮州人〉），《香港潮州會館落成開幕暨香港潮州商會金禧紀念合刊》（1971 年），頁 15–16。

20 〈義山概要〉，《香港潮州會館落成開幕暨香港潮州商會金禧紀念合刊》（1971 年），頁 146。

埠，持籌計營，蜚聲遐邇。本港開埠之始，我潮僑即蒞臨經商；歷時既
久，人數遞增。共處一地，雖時相往還，然團體組織，尚付缺如，誠不
足以聯鄉誼而謀公益。洎乎公歷一九二零年，第一次世界大戰結束，遠
東各區未受戰火波及，本港行業，均呈蓬勃；鄉先進方養秋、蔡杰士、
陳殿臣諸先生，為敦睦鄉誼，促進商務，爰有籌設「潮州八邑商會」之
議。潮僑聞風群起響應，聯名發起者共四十餘人，余時年將而立，亦隨
諸鄉先進之後參與其事。惟事屬創舉，經緯萬端；訂立章程，徵求會
員，勸募經費，物色會址，辦理註冊，百務待理。幸賴方、蔡二先生，
運籌策劃，殫精竭慮；與陳殿臣、李澄秋、鄭仲評、王少咸、王少瑜、
王少平諸先生，出錢出力，以為之倡；而潮僑亦一心一德，熱誠合作；
幾經籌劃，卒於一九二一年八月一日假座石塘咀金陵酒家，舉行成立典
禮。僑界畢集，濟濟一堂，公請鄉先進陳春泉翁主持揭幕，潮州八邑商
會，於焉成立。嗣因「八邑」之名，未能概括潮州全屬，迄第二次世界
大戰後，易名「潮州商會」，以迄於今。吾人撫今追昔，景仰前徽，益
知成事創業，端賴群力，信足徵也。

　　翌年八月二日颶風襲潮，時值深夜，驚濤裂岸，平地水湧，幾淹
屋頂，居民午夜夢迴，趨避無從，舍毀船沉，人畜漂沒，汕頭、澄海、
潮陽、揭陽、饒平濱海地區，受害甚烈，尤以澄海為最，災情慘重，浩
劫空前。綜計死亡人數，約達六萬有奇。而災民數十萬，嗷嗷待拯，尤
為慘重。本會驚聞噩耗，首先發動籌款，辦理急賑；本港西商會、東華
三院、鐘聲慈善社等機構，與夫南洋各埠僑胞，紛起響應，廣集鉅款，
公推本會主持救濟，並推余與王少瑜、周華初、鍾秀峰、鄭習經、陳湘
波、洪鶴友、鄭長松、陳吉六、陳友章、黃象初、柯希士、陳仲南、陳
庸齋、柯斗南、楊瑞璜、蔡鼎銘、李植秋諸先生為代表，親赴災區實地
視察，妥辦善後事宜。余等目擊慘況，驚心鄉難，惟有旰夜辛勤，妥為
救濟。綜計支出賑款共達六十餘萬元。聊申僑胞痌瘝之懷，藉挽災民倒
懸之厄，前塵回首，歷歷在目，蓋已四十九年前事矣。

　　厥後歷屆本會同仁，胥能戮力將事，貢獻良多。陳子昭、馬澤民、
洪鶴友、陳漢華、馬錦燦、鄭植之諸先生，在其任內，或則創設義山，

或則設立學校。洪祥佩、蔡章閣、鄭光諸先生任內，創建新校。陳維信、張蘭夫諸先生任內，完成擴建中學校舍，均著偉績，殊足欽佩。

歲月推移，本會會務日益進展；然會館迄未創建。各屆首長，每多關懷，但以茲事體大，歷久未決。第廿五屆會長廖烈文，副會長林繼振、呂高文諸先生就職伊始，廖會長為實現我僑期望，毅然以籌建會館為鵠的，登高一呼，乃獲潮僑各界熱烈支持，開始積極籌備。嗣以時局動盪，停頓經年，而任期屆滿，廖烈文、呂高文兩位先生，以眾望所歸，蟬聯第廿六屆及廿七屆正副會長，其一副會長由林拔中蔡章閣二位先生先後接替，繼續展開會館籌建工作，幾經謀劃，始購得德輔道西八十一至八十五號，面積將四千呎為營建地址，並開始募捐建築費，幸獲潮僑各界踴躍輸將，暨泰國、星洲、高棉、台灣各地同鄉領袖，鼎力支助；鳩工興建，迄第二十七屆，會館於焉告成。樓高十一層。堂皇壯麗，雄峙海隅，遠吞山光，近賞水色，亦登臨集會之樂也。吾知本會今後會務之發展，與夫潮僑鄉誼之聯繫，當有輝煌之表彰。斯皆本會最近三屆首長，會董及吾潮僑各界群策群力之成果，而廖烈文先生領導擘劃，出錢出力，貫徹始終，尤足稱焉。

昔人有云：「作始也簡，其畢也鉅。」夷攷本會創立以來，歷經救災，建校，創建會館諸役，以至其他業務，莫不圓滿達成；使本會更加發揚光大，會務日益丕展，成為本港重要社團之一。斯乃吾潮僑之「善創」「善述」，方能「繼往」「開來」，日新又新。吾人緬懷使命，展望前途，自應踵武前賢，光大遺緒，斯固吾同仁所應共勉者也。余自本會創立，參與會事，以迄於今，歲月推磨，創會同仁存者，僅鍾秀峰、周華初二先生及余三人而已，世事滄桑，不勝感慨繫之矣！時值本會專刊行將付梓，爰抒所懷；誌其始末，庶幾里人君子，有所稽焉。

——原載《香港潮州會館落成開幕暨香港潮州商會金禧紀念合刊》(1971 年)

第八章 商會活動和社會事務

中華人民共和國於 1972 年恢復在聯合國的席位，同年，中英達成互換大使協議，英國撤銷在台灣的官方機構。1970 年代的香港社會，出現了經濟轉型，市民對經濟活動漸多參與，愈來愈多人投資於股票、房地產和黃金外匯。1981 年，香港人口為五百一十萬，隨着經濟進展和交通改進，市民在文化形態及消費生活方面，也開始產生改變。

1982 年，中國領導人鄧小平提出「一國兩制」的構想，並與英國談判香港的回歸問題、與葡萄牙談判澳門的回歸問題。1983 年 10 月，香港政府為解決貨幣危機，公佈將港元按 7.80 兌 1 美元的固定匯率與美元掛鈎。

1972 年至 1983 年間，潮州商會一直關注並致力參與香港事務，會務續有發展，尤其是在教育方面的開拓。1981 年，商會六十周年誌慶；同年並舉辦首屆國際潮團聯誼年會，在推廣同鄉商務聯繫等事務上起了帶領前進的作用。

隨着香港經濟的起飛，潮商所經營的金融、地產及工商百業，俱獲相當的進展，同時在政壇及文化領域中，亦有不少傑出的代表人物，他們對社會的服務和貢獻，得到很高的評價。潮州商會為了表彰鄉賢，增光鄉梓，歷年均有舉辦歡宴鄉彥的活動，並且成為商會的一個傳統。

反對政府重估地稅政策

香港政府於 1969 年 5 月 31 日發表一份與地契有關的「綜合公佈」，對於重估地稅的計算法，驟增千數百倍，致使本港各界輿論嘩然。香港中華廠商聯合會、中華總商會、九龍總商會等團體紛紛起來反對，輿論界亦極表支持；潮州商會會長廖烈文及副會長蔡章閣、呂高文等乃於會董會議提出，隨即組成反對政府重估地稅研究小組，並公推廖烈文、蔡章閣、呂高文、洪祥佩、陳維信、湯秉達、黃天榮等為小組委員，而以會長廖烈文為召集人。

1972 年 2 月 1 日，潮州商會以中英文草成〈為反對政府重估地稅政策呈輔政司〉一文發出，並刊登於香港中英文各報。當時英國各大報章亦能反映香港民意，因而引起英國政府注意此事，港府終以民意所趨，俯順輿情，未予執行。

金禧會慶後的新目標

1972 年 9 月，蔡章閣任潮州商會第二十八屆會長。他在就職致辭中說，這一屆會董會要致力的目標有四：第一，是籌建中學；第二，是擴展貿易；第三，是加強組織；第四，是促進文娛。先言加強組織，蔡章閣指出：

> 我們潮州，包括有汕頭市及潮安、潮陽、揭陽、澄海、饒平、普寧、惠來、豐順、大埔、南澳十縣，共十一單位。比年因局勢所趨，居港人數日多，而事業上獲得有相當成就者，也非少數。今後應有計劃地廣徵各行各業的會員，使各同鄉普遍參加本會的組織，藉收群策群力之效，共同為同鄉與社會之福利而努力。[21]

其次，在促進文娛方面，商會禮堂可供舉行各種有益社會的活動，「如禮聘學者演講，以廣見聞；增添圖書設備，以充實精神食糧；演唱潮州音樂與歌劇，以宣揚我潮特具風格之優良文化。……例如舉辦適當的青少年康樂活動，以培養健全之身心，導其納於正軌，使有益於人群。」[22]

發展教育和弘揚文化

1972 年 9 月，潮商學校中學部參加香港教育司署購買學位計劃，中一全部學位交由教育司署根據升中試成績分配，按年遞增至中學三年級，由教育司署撥款資助。1977 年 9 月，陳志鴻校長退休，李達如校長調上午校主理校政，逐步實施統一政策，包括：星期六採取長短週制度，各級用書劃一，對外活動統一名稱。

1979 年 9 月，中學部參加分期轉為資助中學計劃。本年，學校管理委員會為統一學校行政，以宏合作之效，設立中小學行政委員會，委任李達如校長為主席，統籌管理委員會決策。實施之後，漸見成效。1982 年潮商學校中學部成為完全受助的政府資助中學，開設十五班，學生人數六百名。

另一方面，商會於 1970 年代初，申請撥地興建中學。1971 年 8 月，會長

---

21 〈會長蔡章閣致詞〉，《香港潮州商會六十周年紀念特刊》（1981 年），頁 195。
22 同上註。

廖烈文致函教育司，申請撥地興建中學；9 月 27 日，接獲回覆，告以暫勿推行任何建校計劃。1974 年，林思顯太平紳士任潮州商會第二十九屆會長。同年12 月，他再次致函教育司，申請建校；次年教署覆函潮州商會，云建校事宜已列於考慮名單之中。

1980 年 4 月，會長廖烈武等聯名去函教育司申請在沙田或荃灣興辦中學。同年 7 月 3 日，舉行學校管理委員會會議。1981 年 6 月，會長陳有慶就有關申請建校事宜致信教育署；9 月，教育署覆函謂仍在考慮中。1982 年 5 月 25 日，學校管理委員會舉行會議，決議提請修改會章附加免稅條款，以合當局建校規定。1983 年，會長陳有慶再就建校事宜致函教育署。

香港政府為擴大海外宣傳活動，以及提高香港在英國人心目中的形象，1980 年 9 月 20 日至 21 日在倫敦舉行「香港節」（Hong Kong Festival），藉此發揚東方文化藝術。潮州商會應邀參加，於是由永遠名譽會長、潮州會館主席廖烈文率領舞蹈團赴英，演出兩個富有潮州藝術色彩的民間舞蹈節目「英歌舞」和「繡花舞」，這在外國尚屬初見，備受讚賞，且徇大會要求，加場演出。

成立六十周年進行統計

1981 年是潮州商會成立六十周年，商會出版了紀念特刊，內容包括：「特約論述」，刊載饒宗頤〈趙德及其昌黎文錄〉、林蓮仙〈論潮語的陽上調〉、蕭遙天〈潮語韻部解詁〉和陳禮頌〈潮語村落的宗族與家庭功能〉；另有「摘載」，收錄張伯杰〈潮劇聲腔的起源及演變〉一篇。[23]

根據香港潮州商會 1981 年的統計，該會共有商號會員 241 家，經營種類以貿易最多，有 86 家，佔全體商號會員三分之一以上；其次是製衣（10 家），再次是出入口（有 8 家），此外有銀行（6 家）、社團（6 家）、財務（5 家）、實業（5 家）、米行（5 家）及地產、塑膠、鐘錶、藥材、珠寶等數十種類。[24]

個人會員有 909 人，籍貫以潮陽縣最多，有 376 人，佔四成以上；其次是澄海縣（138 人），再次是潮安縣（134 人），其他依次是普寧縣（89 人）、汕

23《香港潮州商會六十周年紀念特刊》（1981 年）。
24〈本會會員通訊錄（甲）商號會員〉，《香港潮州商會六十周年紀念特刊》（1981 年），頁 257–264。

頭市（60人）、揭陽市（58人）、饒平縣（26人）、惠來縣（19人）、豐順縣（4人）、大埔縣（2人）、揭西縣（2人）、南澳縣（1人）。[25]

主辦首屆國際潮團聯誼年會

1980年，馬潮聯會舉行隆重慶典，香港與東南亞各國同鄉團體於參與其盛之際，在馬來西亞雲頂高原決定舉辦世界潮商聯誼活動。香港方面，「鑒於我潮僑居世界各大洲，人數達近千萬之眾，倘能推舉代表，聚首一堂，對於敦睦鄉誼、發展貿易當有裨益，此誠我潮人多年以來之願望，亦前所未有之創舉也。」[26]於是秉承大會的宗旨，決定商會六十周年會慶時作為重要的項目之一。

1981年，「國際潮團聯誼年會」成立，在世界華人社團組織中，這是較早建立的、具有國際規模的同鄉團體。首屆國際潮團聯誼年會由香港潮州商會牽頭組織本港潮籍社團主辦，對敦睦鄉誼、弘揚潮州文化，以及推動同鄉商務聯繫，都有帶領前進的作用。包括印尼、馬來西亞、菲律賓、新加坡、泰國、美國、英國等在內，有一千多名來自世界各地的鄉親代表。該年會每兩年舉辦一次，分別在各地輪流舉行，潮州商會每次均組團參加。1995年，第八屆國際潮團聯誼年會再次由香港潮州商會牽頭主辦。長期以來，香港潮州商會一直協助國際潮團總會常設秘書處及國際潮青聯合會秘書處的工作。

1983年，第二屆「國際潮團聯誼年會」在泰國舉行。香港代表團團長廖烈文太平紳士在會上報告了香港潮人的近況，他說：

> 今日香港人口已超過五百萬，但絕大多數是由中國內地遷移定居者，而歷來移居香港的潮人，為數亦眾，時至今日，據非正式統計，多達一百萬人。香港是一個國際性城市，居民不分畛域，以英文及中文為法定語文，而日常用語則以廣府話最為普遍，中年及老一輩潮人多能操潮州方言，年輕者因環境關係多不能以潮語表達，但潮人極富團結精神，而鄉情最為濃厚，潮州團體超過一百個單位，以潮州會館、潮州商會、及潮州公會最具代表性，在社會上之影響力亦較大。

---

25 〈本會會員通訊錄（乙）個人會員〉，《香港潮州商會六十周年紀念特刊》（1981年），頁283。
26 〈香港潮州商會史略〉，《香港潮州商會成立七十周年紀念特刊》（1992年），頁175。

廖烈文太平紳士進而指出：

> 潮人無論在金融、地產、工商業以至文化教育、慈善事業均有極大成
> 就與貢獻，而在政府、行政、立法及市政機構以至地區議會之表現
> 亦甚傑出。潮州人對於培養下一代極為重視，因而興辦學校，致力教
> 育事業均極熱心，成績斐然，人才輩出，卓越驕人。至於推動社會福
> 利，潮人更是出錢出力，不落人後，歷屆由香港政府策劃之香港節及
> 香港藝術節，潮州團體熱烈響應，踴躍支持。[27]

動用鉅款擴建義山

　　1983 年杪，潮州義山原有約三十萬方呎的山地已告用罄。潮州商會苦於應
付同鄉的需求，四出尋覓山地，擬另外創新義山，經多時奔勞，嗣後勘察義山
周圍，認為若在 A 段右邊整座山頭加以開闢，可得廣大土地，足容二千餘穴，
以供多年所需。於是聘請測量師加以研究，斷定此一計劃可行，即繪具圖則，
呈報政府。當局以潮州義山數十年來辦理完善，成績卓著，幾經周折，終獲
批准。

　　擴闢的金塔墳場，總面積達四十萬方呎，除須爆石、填土、開級、鋪草、
堅基外，尚須擴築水渠以疏導山洪，工程繁雜浩大，全部費用約港幣八十餘萬
元，該筆款項，全數由潮州會館撥付。1983 年春開始動工，歷時經年。潮州
商會總務主任林炳祺、福利主任丘士俊、總幹事林萬任，為使工程進行順利，
乃不避烈日和風雨，經常前往監工，管山人溫十姑亦常督促工程公司。工程於
1984 年全部完成，並經政府通知准予使用。[28]

---

27 〈香港代表團團長廖烈文太平紳士報告香港近況〉，《國際潮訊》創刊號（1984 年 10 月 30 日），頁 7。
28 〈潮州會館動用鉅款擴建義山〉，《國際潮訊》創刊號（1984 年 10 月 30 日），頁 16。

第九章　香港過渡時期的措施

1984 年 9 月 26 日，《中英兩國政府關於香港問題的聯合聲明》在北京舉行草簽儀式。翌年 2 月，英國下議院通過《香港法案》，規定從 1997 年 7 月 1 日起，英國對香港的主權和治權即告結束；4 月 10 日，中華人民共和國全國人大六屆三次會議審議批准中英兩國政府簽署的《關於香港問題的聯合聲明》，同時通過《關於成立中華人民共和國香港特別行政區基本法起草委員會的決定》。

1984 年至 1997 年 6 月 30 日，香港進入「過渡期」；潮州商會多次就重大問題發表意見，堅決支持香港回歸祖國及致力促使香港平穩過渡。商會除繼續聯繫各地潮商和潮人團體外，並加強與內地的業務交流，在鞏固會務方面多所用心，其間增設青年委員會，使商會骨幹年輕化，尤為值得重視。

此外，潮州會館中學建校、增闢墳場、出版潮汕文獻叢刊、創辦《國際潮訊》及贊助第一屆潮州學國際研討會等，都是鞏固期內較主要的舉措，實則亦具有開拓性的意義。

對香港政制綠皮書提出意見

香港潮州商會對於香港政制改革的綠皮書，在 1984 年 8 月 28 日第三十三屆第二十四次會董會議提會討論，當日到會的會董咸認為綠皮書的建議是採取逐步漸進方式，極為溫和謹慎，即適應香港當前的環境，也符合中國哲理「中庸之道」，原則上決予支持。並即席組成特別小組，推舉章志光、劉世仁、廖烈科、劉奇喆、黃天榮、林炳祺、李達如、林萬任等為小組委員，永遠名譽會長洪祥佩為顧問，以章志光為召集人，於 9 月 5 日召集小組研討會。會議結果，提出十點意見，第一至四點着眼於市民和政府方面，就整體形勢作出立論：

一、長久生活在香港的市民，從實際體驗與觀察的積累，認為如驟然舉行直接選舉，其結果必為極少數有心者所操縱，將導成政治惡果。二、無論政府亦市民，大家都應該冷靜地認清繁榮與安定，是我們唯一的目標。因此對於香港代表政制綠皮書的研究與討論，都不是只看表象，而要體會其內容。三、對於立法局與行政局議員的發展，怎可以只求速成，如果不加審慎，按序漸進，

結果只有弄巧反拙。政治改革固然不能操之過急，但也不能因循遷延。四、在制訂白皮書之前，必須多與中國有關當局溝通意見，彼此和衷共濟，充分獲得支持，使九七年後本港的政制，仍然得以延續，庶不致引起紛亂。

第五至八點，主要就具體安排提出意見：五、綠皮書暫定八五年從「功能團體」選出六位立法局議員，似嫌過少；至於功能團體的條件，應有明白的界定。六、本港在實行直接選舉之前，應切實推行公民教育，使市民對於本港目前的政治組織、現實環境，以及公民對於政治的權利義務，加深認識，以提高各人的參政興趣，然後可直接選舉。七、綠皮書建議將市政局、區域議局、區議會的委任議員逐步減少，民選議員則按序增加，頗為合理，但步伐應適當加速。八、同意在短期內，立法局應保留若干官委議員，以保持現行政府的連貫性，但認為綠皮書所建議八五年以間接選舉方式選出的名額仍偏低。

最後兩點，綜括以上各項，分別對政府和市民建言，作為結論：九、代議制的提出，是要使香港政制向前推進，將現在體制從過往的委任基礎上，轉移到選舉架構上，使政府更具代表性。十、本港市民有責任鼓起勇氣，以莊嚴的態度與無限的信心，在中英兩國政府與人民的支持下，將香港建成一個名符其實的國際城市。[29]

表明商會立場和意見

香港潮州商會鑑於中英兩國就港督施政方案引起爭論，對本港經濟產生影響，為表明商會立場，乃於 1992 年 12 月 17 日在《星島日報》、《信報》、《明報》和《文匯報》上，以廣告形式登出《香港潮州商會對港督施政報告中政制方案的意見》，呼籲中英兩國應在《中英聯合聲明》、《基本法》、《機場諒解備忘錄》三大文件基礎上，共同衷誠合作，早日解決爭議，確保香港繁榮安定與平穩過渡。

1996 年 5 月上旬，香港潮州商會聯合港九潮州公會、香港汕頭商會、香港潮商互助社、香港潮僑塑膠廠商會等十多個潮屬社團，發表《關於支持設立臨時立法會的聲明》，指出臨立會的設立有法理依據，亦符合廣大港人的共同願

29 〈潮州商會對香港政制綠皮書提出十點意見〉，《國際潮訊》第 2 期（1985 年 6 月 30 日），頁 31–32。

望。5 月 4 日及 7 日，該聲明分別刊載於《大公報》、《文匯報》及《明報》。同時，香港潮州商會也作為聯署團體，參加發表《粵屬工商社團支持設立臨時立法會的聲明》。

商會三大工作目標

1984 年 11 月 27 日，章志光在第三十四屆會董就職典禮上，提出本屆會董會的工作目標，主要有三：

第一，是擴展貿易。「潮人在港所經營的工商百業，不論在金融上或業務上，直接間接，多與海外有關。比如自國際潮團聯誼年會成立後，聯繫尤為緊密，是以發展海外貿易，我人實有優越之條件。」對於發展本港經濟，潮人是有力支柱之一，自應益加砥礪，使本港經濟更趨繁榮。

第二，是加強組織。「近年居港人數日增，在事業上獲得相當成就者，為數不少，此後應如何有計劃的，廣徵各行各業的鄉親，加入本會為會員，藉以加強本會組織，共同為謀取同鄉與社會的福利而努力。」

第三，是興學育材。潮商學校「造就人才之多，為各方所共見，目下潮商學生，在本港各種行業中，可以說所在多有，不但有許多專業人才，而事業有成就者，亦非少數。」章志光又認為：

> 我們自問，對於辦理教育，略有經驗，故多年以前，即向教育當局，申請興辦一所全津貼而完整的中學。惟本會因非免稅法團，條例所限，未奉核准，後乃改由潮州會館出面主持，經蒙教育當局同意。但潮州商會與潮州會館實為一而二之團體，而潮州會館既屬免稅法團，自與法例相符，且有專款可資應用，希望政府當局早予批准，以利進行，至為厚幸。[30]

---

30 〈香港潮州商會第三十四屆會董就職典禮〉，《國際潮訊》第 2 期（1985 年 6 月 30 日），頁 35–36。

潮州會館中學建校和發展

1984 年 4 月，潮州會館主席廖烈文致函教育署署長，說明已具儲備金三百萬元，作為建校之用。翌年 4 月 25 日，潮州商會第三十四屆第八次會議提案，設立教育事務委員會，專責進行有關建校事務，以副會長廖烈科為主任委員。

1986 年，教育署發給新界沙田馬鞍山恆安中學校舍。翌年 9 月新校落成，定名潮州會館中學。1988 年起，潮商學校中學部逐批遷到馬鞍山新校舍上課；原先在薄扶林道的中學部校舍，則逐步進行內部裝修，增加小學新啟導課室等，藉此提高教學質素。

1989 年，潮州會館中學舉行第一屆畢業禮暨學校開幕典禮。六年後於 1995 年 12 月進行學校改善工程，加建六樓及升降機，至 1998 年完成。

第十章 促進海內外交流和合作

成立七十周年出版特刊

1991 年是潮州商會成立七十周年，商會於翌年出版了紀念特刊，載錄有關潮州文化和地方研究的文章特多，分成八輯，前四輯包括文史論述、語言文化、音樂戲劇和民俗風尚：（一）文史論述，有饒宗頤〈宋代蒞官師與蜀學及閩學——韓公在潮州受高度崇敬的原因〉、蔡起賢〈論潮州的古典詩歌〉、貝聞喜〈陳元光與潮州歷史文化〉、陳香白〈評《唐宣威將軍許天正公事功考》〉、吳穎及吳二持〈鄭昌時的《韓江聞見錄》〉、劉啟林〈明代潮州文化之繁榮與成因探討〉、成曉軍〈淺論丁日昌洋務觀產生和形成的文化心態〉、郭偉川〈論韓學啟於唐而盛於宋的歷史背景〉；（二）語言文化，有林蓮仙〈論潮語的構詞法〉、林倫倫〈潮汕方言諺語的文化內涵〉；（三）音樂戲劇，有蕭巧箏〈潮州鑼鼓、音樂及其與西安鼓樂的若干比較〉、楊禮桐〈潮州音樂與潮州箏〉、黃宗識〈潮劇的演進與展望〉、周艾黎〈海外潮劇敘略〉；（四）民俗風尚，有陳蔚松〈清代潮州風俗散記〉、盧昌德〈《蜑樓志》與潮州風情習俗〉、姚偉鈞〈潮州飲食風俗考略〉。

紀念特刊後四輯，依次為掌故叢談、華僑史話、潮州風貌和書畫金石選輯：（五）掌故叢談，有張無礙〈潮州古代陶瓷的歷史貢獻〉、李起藩〈潮陽民間崇祀雙忠廟及其傳說〉、陳秋龍〈潮汕古橋風貌〉；（六）華僑史話，有黃綺文〈論泰國「華人社區」及其演變〉、林萬任〈中華民族海外移殖與今日華僑〉、黃志英及許繼程〈饒平移民史話〉；（七）潮汕風貌，有轉自《汕頭史話》的〈明山秀水話潮汕〉、趙克進〈潮汕名勝簡介〉、林湘雄〈潮陽海潮岩〉、陳鎮昌、張道濟〈漱玉泉與石壁庵〉；（八）書畫金石選輯，包括饒宗頤、林蓮仙、佃介眉、邢鳳梧、邢鳳麟、黃冰垠、十萬山人孫星閣、陳大羽、黃獨峰、劉昌潮、王蘭若、林受益、陳望、杜應強、陳政明的作品，以及陳若海的金石、陳復禮的攝影。

促進鄉誼和團結力量

1992 年，劉奇喆先生任潮州商會第三十八屆會長。為促進鄉誼和團結力量，商會於 1993 年 1 月 24 日在商會大禮堂舉行新春團拜，是日同鄉各界二百餘人聚首一堂，互賀年禧。同年 3 月 18 日，假座香港銅鑼灣美心皇宮大酒樓舉行第三十八屆會董就職典禮暨癸酉年春節聯歡。5 月 25 日，在商會大禮堂設筵歡宴多位鄉彥榮任各大慈善社團要職，造福人群，光輝桑梓。

商會考慮到會章訂立已久，部分內容未能配合現實情況，第三十八屆會董會於第二十四次會議上，決定設立修改會章委員會並進行修章工作。委員會以唐學元為召集人，成員包括劉奇喆、葉慶忠、周厚澄、陳偉南、蔡衍濤、許偉、楊明東、林輝耀及商會法律顧問黃天榮、馬清楠。[31]

提倡孝思和弘揚鄉邦文化

為敦睦鄉誼和提倡孝思，潮州商會於 1993 年 4 月 2 日擴大清明省墓拜祭先友，有會員四十餘人參加。當天先赴和合石潮州墳場拜祭，再往沙嶺墳場拜祭，中午在沙嶺墓前廣場野餐，由上水筵席專家到會，並送福肉，以示接福迎祥之意。

沙嶺潮州金塔墳場於 1983 年獲准續闢的地段，已無餘隙安葬到期拾骨的先友，商會第三十八屆會董會有鑑於此，經由福利部會同總務部、秘書處，並請同堪輿家等，多次尋龍踏脈，實地視察，得區域市政總署批准，另行撥地營建。名譽會長李嘉誠博士慨捐六十萬元，作為沙嶺潮州金塔墳場增闢工程的費用。

潮州商會名譽會長饒宗頤教授享譽國際，士林敬重，1993 年榮獲法國索邦高等研究院頒發該院歷來第一個人文科學國家博士榮銜，商會特致函祝賀。同年 12 月間，由商會贊助的第一屆潮州學國際研討會在香港中文大學舉行，饒宗頤教授在會上提倡創立「潮州學」，有多位來自世界各地的學者提交了論文。

另一方面，潮州商會繼續整理出版「潮州文獻叢刊」，以弘揚鄉邦文化，

---

31 〈第三十八屆（1992 年 9 月 1 日—1994 年 8 月 31 日）第二年度會務報告撮要〉，《香港潮州商會成立八十周年紀念特刊》（2002 年），頁 102。

於 1980 年出版了《潮州耆舊集》、《東涯集》、《井丹詩文集》和《韓江聞見錄》四種；其後又於 1993 年出版郭子章《潮中雜記》，1994 年出版了《潮汕先賢像傳》。

關心本港和內地事務

1994 年，唐學元先生任潮州商會第三十九屆會長；1995 年 3 月 16 日，假座九龍尖沙咀麗晶酒店大禮堂舉行第三十九屆會董就職典禮暨乙亥年新春聯歡大會，由政務司孫明揚、工商司周德熙蒞臨主禮。中西區上環分區委員會主辦的「潮劇欣賞晚會」，商會續予贊助，會長唐學元並於晚會上致辭，祝演出成功。商會對選舉活動極表重視，函請全體會員參加 1995 年 3 月 5 日市政局選舉投票；5 月間又函請全體會員登記為選民，以及參加 9 月的立法局選舉。

1995 年間，會長唐學元及葉慶忠、周厚澄、陳偉南、蔡衍濤四位副會長各捐款項，連同商會的捐款，於內地老少邊遠地區贈建七所光彩小學。1996 年 2 月間，雲南省麗江地區發生特大地震，商會捐出十萬元賑災，請新華社香港分社代為轉送。

致力香港繁榮安定

1996 年 9 月 1 日，葉慶忠太平紳士出任潮州商會第四十屆會長。本屆任期內最主要的大事，是香港回歸祖國。1997 年 4 月，青年委員會組團前往北京，拜訪有關方面領導人，藉此加強香港各界及海內外年青一代的團結和聯繫。同年 7 月 2 日，商會參加了全港工商界花車巡遊慶回歸活動。

教育方面，1996 年，香港潮商學校全面推行目標為本課程，加進活動室。次年，香港潮商學校轉為全日制小學運作。

出版《國際潮訊》和《潮商會訊》

香港潮州商會承國際潮團聯誼年會的委託，於 1984 年 10 月創辦《國際潮訊》，除「特載」和「論述」外，內容以通訊為主，包括「潮汕通訊」、「國內通訊」和「各地會訊」，此外，還有傳記軼事、潮州掌故、寰宇行腳、民俗風

尚、文苑（詩、詞、書、畫）等。《國際潮訊》基本上為半年刊，由潮州商會主辦，負責徵稿、編輯、出版、發行，經費亦由會館墊充。[32] 出版以後，對溝通各地潮州鄉親信息，以及弘揚桑梓的優良傳統文化，頗有助益。至 1998 年 7 月共出二十期，一度停刊後復刊。

另外，潮州商會刊行《潮商會訊》，報告商會活動，當中亦有不少可供參考的文章。其後由報紙形式改為刊物形式，定名為《香港潮州商會會訊》（雙月刊），每年六期。第 123 期起改為季刊，每年四期。至 2022 年 3 月，已出至第 135 期。除商會活動和全人消息外，還刊載專題文章，以及潮汕文化介紹等，並有電子版供查閱。

組團訪問和捐款濟災

1990 年，香港潮州商會應中華全國工商聯合會之邀，組團赴北京和西安進行訪問。1991 年，華東發生大水災，潮州商會捐助港幣五十萬元；同年，潮汕地區受十二級颱風吹襲，潮州商會捐一百萬元，另捐五十萬元以濟災區燃眉之急。

1993 年 2 月 2 日至 6 日，應第六屆潮汕迎春聯歡節籌委會的邀請，潮州商會組織觀光訪問團前往潮汕，先後訪問了汕頭、潮州、揭陽三市及澄海等縣。同年 5 月 9 日至 15 日，潮州商會應中華全國工商業聯合會的邀請，組成考察訪問團，一行四十多人赴北京、上海訪問。訪問團在京期間得到多位重要人士的親切款待，包括：全國工商聯副主席經叔平，中共中央統戰部部長王兆國、副部長萬紹芬，國務院副總理李嵐清，國務院港澳辦副主任王啟人，國家計委副主任甘子玉，國家外經貿部副部長谷永江等。訪問團在上海得到上海市副市長及上海工商聯副主任委員會郭秀珍的接待，參觀了浦東開發區、上海證券交易所，並就有關投資、金融市場開放等問題進行了討論。此次訪問，對商會同人拓展新的投資領域，以及提高在港潮人的聲望，均有裨助。

---

32 廖烈文〈前言〉，《國際潮訊》創刊號（1984 年 10 月 30 日），扉頁。

第一屆潮州學國際研討會

香港中文大學主辦、香港潮州商會贊助的「第一屆潮州學國際研討會」，
1993 年 12 月 20 日至 22 日在該校舉行，由中文大學副校長金耀基教授致歡迎
辭，他強調「族群」（Ethnic Group）的研究在近代移民史熱烈展開後，已成
為全球性的重要研究課題，通過這個研究能夠使我們更好地了解各個族群的文
化本質，行為特性。金耀基教授進而指出：

> 潮州族群是近代中國人往外移居的重要一系，他們的移民成為東南亞
> 各國人口構成的重要部分，他們無論在政治上或經濟上都有卓越貢
> 獻，獨樹一幟。他們在經貿上的成就，有目共睹，他們的文化藝術不
> 但在中國本土是朵奇葩，在國外也都能跟着潮州族群四處綻放異彩，
> 這些都是這次研討會討論的課題。[33]

潮州商會劉奇喆會長致辭強調，研討會在中文大學舉行，「可以說是潮汕文化史
的重要里程碑」；「潮學」之名，必能傳揚於後世。[34] 商會名譽會長饒宗頤教授提
倡創立「潮州學」，強調要對此學科加強研究。商會多位會長、會董出席了研討
會的開幕儀式，商會並於 12 月 22 日晚於佳寧娜宴請與會學者。

成立青年委員會

香港潮州商會為了吸收年輕一輩加入，藉此促進會務發展，增強商會的生
機和活力，於 1992 年增設「香港潮州商會青年委員會」（簡稱「青委會」）。
其宗旨是：「組織各項活動，其中包括以聯絡本會青年會員為目的；推動本會青
年會員關心會務；接受會董會或常務會董會之委派，協助組織各項活動；聯絡
本港及海外青年工商專業團體；吸納本港潮籍青年工商專業人士加入本會為會
員。」青委會的委員，由商會會員中學有專長、事業有成且熱心服務的青年組
成；成員除來自工商各界外，還包括律師、醫生、會計師、建築師、工程師等

---

33 〈香港中文大學副校長金耀基教授歡迎辭〉，鄭良樹主編《潮州學國際研討會論文集》上冊（廣州：暨
　南大學出版社，1994 年），頁 2。
34 〈香港潮州商會劉奇喆會長致辭〉，鄭良樹主編《潮州學國際研討會論文集》上冊，頁 4。

專業人士，具有廣泛的代表性。

青年委員會直接隸屬香港潮州商會，商會委任常務會董兼商務主任莊學山為青年委員會主任委員，常務會董兼教育部主任林孝信、常務會董兼交際部主任馬照祥為副主任委員。青年委員會成立後，舉行多種活動，對青年才俊頗有吸引力和啟發。

青年委員會成立後，經常舉行午餐演講會，第一次邀請商會名譽會長李嘉誠先生演講；第二次邀請商會名譽顧問詹培忠議員主講；第三次邀請中英聯合聯絡小組中方首席代表、鄉彥郭豐民先生主講；第四次邀請羅康瑞先生主講。

1994 年 3 月 31 日至 4 月 2 日，青年委員會在潮汕地區主辦「醫學衛生研討會」，邀請美國、台灣、香港醫學專家前往主講，以提高潮汕地區的醫療水平。1999 年，青年委員會發起並主辦「第一屆國際潮青聯誼年會」，同年 5 月31 日在香港會議展覽中心舉行開幕典禮，來自中國各省市、東南亞各國、歐美、澳門及旅港潮屬團體等近三十個組織，共派出二百多位代表出席了會議。

青年委員會的發展

香港潮州商會青年委員會自 1992 年成立至今，已經三十年，名副其實是一個成熟的青年了，這些年來不斷見其成長和發展。（表 9）

表 9 香港潮州商會青年委員會歷屆正副主任委員

屆別	任職年份	主任委員	副主任委員
1	1992 — 1994	莊學山	林孝信、馬照祥
2	1994 — 1996	莊學山	林孝信、馬清楠
3	1996 — 1998	林孝信	陳幼南、馬清楠
4	1998 — 2000	陳幼南	馬清楠、葉志光、陳蕙婷、高永文
5	2000 — 2002	葉志光	陳蕙婷、高永文、莊月霓、陳智思、劉坤銘
6	2002 — 2004	葉志光	陳蕙婷、高永文、陳智思、劉坤銘、林宣亮
7	2004 — 2006	高永文	陳蕙婷、劉坤銘、蔡少洲、劉文文、黃華桑、葉振南

（續上表）

8	2006 — 2008	劉文文	蔡少洲、黃華桑、葉振南、張俊勇、高明東
9	2008 — 2010	張俊勇	葉振南、黃華桑、高明東、陳德寧、陳光明、劉文君
10	2010 — 2012	陳光明	高明東、陳德寧、林世豪、章曼琪、黃仰芳、林月萍、林淑怡、胡炎松
11	2012 — 2014	葉振南	陳德寧、林世豪、章曼琪、黃仰芳、林月萍、林淑怡、趙純銘、陳志強
12	2014 — 2016	馬鴻銘	陳澤華、黃進達、廖坤城、張詩培、陳建豪
13	2016 — 2018	章曼琪	陳澤華、林秀鳳、丁志威、呂慶森、龔雅璇
14	2018 — 2020	黃進達	林秀鳳、丁志威、柯家洋、周博軒、龔雅璇、顏麗儀
15	2020 — 2022	柯家洋	林秀鳳、陳楚冠、陳賢翰、龔雅璇、顏麗儀、巫江峰

　　青委成立至今，在歷屆委員的共同努力下，積極參與商會會務，開展了商務、公共事務、慈善公益、文化康樂等多方面的活動，形式多種多樣，深受青年人歡迎。委員會不斷發展壯大，受到社會各界好評。午餐演講會是青委最常舉辦也很受歡迎的活動之一，演講嘉賓涵蓋本港政商、文化科技等各界知名人士、專家學者。為加強與內地及海外的聯繫，青委不斷組團到內地及世界各地進行友好訪問和交流，也多次組團到內地進行投資考察。青委還自行編輯出版了潮語教學光碟，舉辦各種潮語班、茶道班、潮汕文化興趣交流班，並舉辦潮汕文化體驗團、潮汕飲食文化之旅等，在弘揚潮州文化方面作出了不懈的努力。

　　青委一直積極參與國際潮青事務，除 1999 年在香港成功舉辦首屆國際潮青聯誼年會，隨後均組團出席了分別於法國巴黎、加拿大蒙特利爾、深圳、泰國曼谷、汕頭、澳門、新加坡、天津等地舉辦的歷屆國際潮青聯誼年會；同時積極牽頭籌備，於 2004 年創辦了國際潮青聯合會，長期以來全力承擔該會秘書處工作，成為團結全球潮青的紐帶，直至其秘書處開始獨立運作。2018 年，第十屆國際潮青聯誼年會回歸香港再次由香港潮州商會主辦，青年委員會籌辦。

第十一章　戰後至香港回歸前歷屆商會會長事略

第二次世界大戰結束後，旅港潮州八邑商會於 1946 年改名旅港潮州商會，1956 年定名為香港潮州商會。第十四屆會長許友梅的任期至 1946 年，所以他是戰後商會第一位會長。第十五、二十屆會長馬澤民，在戰前是第九、十屆會長；1996 年至 1998 年的第四十屆，會長葉慶忠。

第十六屆會長陳漢華

陳漢華，世居澄海港口鄉，弱冠來港從商，勤奮過人，先後受源益昌、源盛泰行聘為總經理，1935 年秋自創鉅發源行，專營仰光米業及雜貨出入口貿易，恆以鉅米石運供本港及華南、華北市場，民食賴以接濟者不鮮。香港淪陷期間，遷至澳門營業，購運物資接濟後方，以增抗戰力量。戰爭結束後回港，兼營菲律賓出入口業，以信用昭著，其業益熾昌。

陳漢華歷任商會會董、永遠會董、理監事。1948 年至 1950 年擔任理事長期間，對於會務興革措置得宜，如徵求會員、募集捐款、增設中學、請領義山諸事項，均有卓著成績。同鄉有留落不能歸里者，輒解囊助其返鄉；有因商務膠輵不決者，亦加以排解。1950 年 4 月任期屆滿，眾力挽連任理事長，遜謝不遑，卒被選為監事長及基金保管委員。[35]

第十七屆會長馬錦燦

第十七屆會長（理事長）馬錦燦，潮陽人，為棉邑望族，弱冠置身汕頭金融界中，嶄露頭角，自創有發銀號。1937 年在香港創大生銀號，銳意經營，數年之間，其分號已遍設上沆，廣州、澳門、汕頭等地。1954 年將大生銀號註冊為有限公司後，又組織五洲置業有限公司、錦長置業有限公司，從事置業建築，完成新樓甚多，其在北角的五洲大廈有二十四層，在當時是港九最高建築物。

35〈陳漢華先生事略〉，《旅港潮州商會三十週年紀念特刊》（1951 年），卷首。

後來大生銀號改為大生銀行，任永遠董事長兼總經理；其他職位包括五洲置業有限公司、錦長置業有限公司永遠董事長兼總經理，風行汽車公司副董事長，華人銀行永遠董事，汕頭商業銀行常務董事，遠東保險公司常務董事、顧問。

社會福利、慈善事業等方面的公職亦多，歷任東華三院主席，香港金銀業貿易場理事長、顧問，西區街坊福利會理事長、顧問，潮陽同鄉會理事長、永遠會長，香港業主聯合會主席，中華總商會永遠名譽會長，鐘聲慈善社永遠名譽社長，九龍總商會會董，九龍樂善堂總理，那打素醫院委員，博愛醫院顧問等。[36]

第十八屆會長沈瑞慶

1952 年，沈瑞慶任第十八屆會長（理事長）。在任期間對會務多所興革，著有勳勞，為人所稱譽者，計有兩事：其一，是港府命將商會所設義山全遷移至和合石及沙嶺，即今潮州墳場；商會並舉辦慈善幸運獎券，以遷葬義山先友骨骸。其二，是公演潮劇籌募巨款，賑濟石硤尾六村火災災民。

沈瑞慶，澄海人，在港經營五金業，頗有成就。他在香港體壇上是知名人士，歷任中華體育協進會會長、南華體育會副會長，港九籃球及排球聯會、東方體育會、華人籃球總會、乒乓總會、傑志體育會等名譽會長，香港中華業餘體育會，東華體育會會長，提倡體育不遺餘力。對其他公益事業亦極熱心，曾任東華三院總理、首總理及顧問。[37]

第十九屆會長鄭植之

鄭植之，廣東揭陽人，是香港五金業巨擘，亦為國際著名工業家。1922 年對其先翁手創之捷和製造廠加以改良拓展，擘劃經營；香港淪陷時，該廠資產被劫掠無存。迨復員後，鄭植之與諸弟則耀、翼之，榮之共同奮鬥，業務蒸蒸日上，捷和製造廠屬下的機構，包括捷和鋼鐵廠、捷和鐘錶廠、捷和拆船公司

---

36 〈馬錦燦先生事略〉，《香港潮州商會成立四十週年暨潮商學校新校舍落成紀念特刊》（1961 年），卷首。
37 〈沈瑞慶先生事略〉，《香港潮州會館落成開幕暨香港潮州商會金禧紀念合刊》（1971 年），卷首。

等，成為本港五金工業的翹楚。

鄭植之熱心慈善公益，除曾獲政府明令褒獎，譽為民族工業家外，並歷受輿論界推崇為慈善工業家。歷任鐘聲慈善社社長、永遠名譽會長，東華三院總理，中華廠商聯合會常務會董、荃灣潮州福利會會長等職。[38]

第二十一、二十二屆會長洪祥佩

1958 年，洪祥佩任商會第二十一屆會長。洪祥佩，澄海人，是商會第十二屆會長洪鶴友哲嗣，由潮商進修嶺南。畢業後賡承父志，主理合順莊暨合興油廠事，採用科學新法，延攬技術人才，擴展業務。

1960 年，洪祥佩連任第二十二屆會長。任內凡教育、公益、福利，與乎聯絡鄉僑、增加力量諸大端，均悉力以赴；肩任商會籌款委員會與建校委員會主任委員，於自身慷慨樂助外，更與諸熱忱委員四出勸捐，集得鉅資。洪祥佩「歷來於一切敘會，務必準時舉行，分陰是惜，從不浪費時間，其持躬率物，樹立軌範，使同仁同事，有所遵循，各司職事，有條不紊，推進會務，卓著效率，其提倡策勵之勳猷，固足式也。」曾任中華總商會會董、中華廠商聯合會會董，對香港工商業的策劃獎進獻殊多。[39]

第二十三屆會長鄭光

鄭光（1908 — 1964 年），原名喜樂，別字光，原籍潮陽樓和鄉人，生於汕頭。幼承庭訓，舉家信基督教，畢業於礐石中學，赴上海攻讀經濟。初服務於汕頭海關，後秉承父志，在港經商，1932 年赴澳洲發展，後回港創設新建榮行有限公司，自任董事長兼總經理，與澳洲各大麵粉廠、牛乳廠聯絡，代理多家出品，業務發達，成為本港有名的出入口商。

1949 年夏，英國工業展覽會在倫敦舉行，鄭光為香港代表團成員之一，其後轉赴歐、美各國，然後取道日本、泰國回港，此行除考察一般工商業外，又致力調查各地棉產狀況，俾謀展拓本港棉業。1953 年在九龍土瓜灣地建遠東

38　〈鄭植之先生事略〉，《香港潮州商會成立四十週年暨潮商學校新校舍落成紀念特刊》（1961 年），卷首。
39　〈洪祥佩先生事略〉，《香港潮州商會成立四十週年暨潮商學校新校舍落成紀念特刊》（1961 年），卷首。

棉產工業廠，1958 年復於葵涌設新建榮行棉花廠，對於推進棉織業產品倍加用心，遠東棉產工業廠的「紅棉牌」棉紗行銷本港及歐美各地。

鄭光以基督愛人的精神，致力社會慈善事業，歷任東華三院、保良局總理、中華總商會名譽會董、中華廠商聯合會名譽會長、潮州同鄉會永遠名譽會長、鄭氏宗親會會長及荃灣潮州福利會理事長等職。教育事業亦所重視，任華僑子弟免費學校永遠名譽董事，潮商學校新校舍得其策劃良多。1964 年逝世。[40]

第二十四屆會長陳維信

陳維信，澄海人，為香港潮州商會元老、本港米業界巨擘陳漢華先生之次公子。少而歧嶷，卓犖不群；童年就傅，學行兼優。太平洋戰爭爆發，香港陷落，社會騷然，迫得棄學從商，隨乃翁學計然術。朝夕熏陶，樸實篤信，故懋遷有道，成績輝煌。任鋸發源有限公司永遠董事兼執行總裁、三川有限公司主席及穎華置業有限公司、雅培藥廠有限公司、香港野村國際證券有限公司等機構董事。

陳維信多年以來，營商之餘，復熱心公益。曾任赤柱街坊會名譽顧問、南華體育會永遠會董、僑港潮汕文教聯誼會名譽會長、香港佛教醫院名譽顧問、香港潮商互助社永遠名譽社長、香港汕頭商會永遠名譽會長、香港澄海同鄉會永遠榮譽會長等職，並於 1957 年出任保良局總理，1962 年出任香港潮州商會副會長，1964 年任會長。陳維信出任會長期間，鼓勵捐資助學金以獎助潮商中學之品學優良及家境清貧的學生、擴建潮商中學新校舍以廣納有志之青年，造福人群，功在社會。

陳維信對本港民食之供應，貢獻殊大。自 1964 年起，即任香港進出口米商聯合會主席、香港工業貿易署食米諮詢委員會委員，調盈濟虛，獻可替否，備受稱譽。於 1979 至 1993 年間三度榮獲泰皇頒賜勳章，1981 年榮獲英女王頒授 MBE 勳銜，2001 年榮獲香港特別行政區政府頒授銅紫荊星章，以表揚對香港米業界歷年來的貢獻。

---

40 〈鄭光先生事略〉，《香港潮州商會成立四十週年暨潮商學校新校舍落成紀念特刊》（1961 年），卷首。

第二十五、二十六、二十七屆會長廖烈文

廖烈文原名鴻源，烈文為其號，廣東省潮陽縣司馬浦鄉人，是廖創興機構創辦人廖寶珊長子。廖寶珊於 1948 年獨資成立廖創興儲蓄銀行，翌年建貨倉，並設廖創興貨倉有限公司，1955 年改為廖創興銀行有限公司。越二年，分別成立廖創興置業、保險等有限公司。1961 年廖寶珊去世後，由諸子繼承其業務，廖烈文擔任銀行常務董事兼總經理，以及貨倉、置業、保險等有限公司董事長兼總經理。他首先完成德輔道中廖創興銀行總行大廈工程，1962 年 9 月總行遷進新址，德輔道西原有總行改為西區分行。繼而興建九龍旺角廖創興銀行旺角分行大廈及干諾道西廖創興貨倉大廈。復為擴展銀行業務，先後增設青山道、紅磡、筲箕灣及西營盤等分行，連同原有的旺角、銅鑼灣、九龍城、深水埗、西區及香港中區總行，共達十間之多。此外還辦理創興中英文書院，擔任監督。

1962 年起，廖烈文歷任潮州商會會董、常務會董，1966 年至 1972 年間，擔任會長之職凡六載。對社會及文化事業多所參與，出錢出力，曾任東華三院辛丑年總理、中華總商會會董、九龍樂善堂名譽顧問、潮商互助社歷屆理事、九龍潮州公會會董、旅港潮陽同鄉會會長、僑港潮汕文教聯誼會永遠名譽會長等職。[41]

第二十八屆會長蔡章閣

蔡章閣，潮陽人，幼失所怙，出身清寒，憑母愛之懿德，苦學勤修，來港經營燦然飾品商行，其設計之賽珍首飾，以物巧工精暢銷於時。後更擴展經營華洋百貨，且側重經銷國產之滬粵工業製品，推廣於南洋各地，改稱為燦然出入口公司，業務蓬勃，產品繁增，聲譽益隆。

第二次世界大戰結束後，蔡章閣鑑於香港商業環境不能完全倚重商業，乃於 1948 年集資創設鼎大金屬廠有限公司，其製造之「三元牌」鋁質器皿，以價廉物美，不數年間，即馳譽國際市場。1957 年間，蔡章閣首倡全港鋁業聯營，組成鋁業聯營有限公司；翌年復將鼎大金屬廠與華鋁製皿廠合併，組成鼎大華

---

41 〈廖烈文先生事略〉，《香港潮州會館落成開幕暨香港潮州商會金禧紀念合刊》（1971 年），頁 21。

鋁金屬廠有限公司，任董事長及總經理。到了 1961 年，更籌設益大金屬廠有限公司，專製純鋁及合金原料和建築器材，為香港工業放一異彩。

1957 年間，蔡章閣率領香港代表團赴星、馬主持香港工業出品展覽會，並代表參加馬來西亞獨立大典。1962 年，出任香港赴菲律賓工商業考察團副團長；1966 年，出任在泰京舉行的亞洲第一屆國際工業展覽會香港參展團副團長。他多次宣勞海外，蜚聲國際，對促進香港工商業發展和地方繁榮，建樹良多。1968 年，獲非官守太平紳士榮銜。

蔡章閣熱心福利事業，曾任潮州商會會董、副會長、會長及永遠名譽會長，香港保良局首總理、中華總商會常務會董、中華廠商會會董；教育方面，任九龍潮州公學建校委員會副主任委員、潮商中學及潮州公學校董、潮商學校監督等職。1956 年於中華廠商會任財務主任時，竭力協助籌集巨款捐獻香港政府當局，於九龍紅磡興建紅磡工業學院，造就工業專門人材，以應本港工廠所需。此外，還擔任過至德總會會長、柯蔡宗親會會長、九龍西區扶輪社社長。出錢出力，對各社團均作出了貢獻。[42]

第二十九、三十屆會長林思顯

1974 年至 1978 年間，林思顯太平紳士任潮州商會第二十九屆、三十屆會長。林思顯，廣東省揭陽縣金和鄉人，1922 年出生於香港，是香港浸會學院創辦人林子豐博士之子。他在香港讀完高中後，到菲律賓國立大學工程學院攻讀，不久，日本發動太平洋戰爭，他被日軍捕入集中營，受盡折磨。從集中營出來之後，他便與一位同學合作，買了一輛的士，兩人當起載客司機來，以此作為謀生手段，渡過艱困的歲月，並繼續完成大學課程，獲工科學士學位。其後赴美國，獲得州貝勒大學法學博士學位。

1946 年，林思顯回到香港；翌年擔任他父親創辦的捷和製造廠有限公司董事會秘書，在該公司任職十年。1957 年創辦捷和電筒廠有限公司，成為香港當時工商業中兩個最重要的企業之一。1958 年至 1964 年間，經過六年的研究和籌備，成立了香港工業總會和香港貿易發展局。1965 年，任聯合國遠東及亞洲

42〈蔡章閣先生事略〉，《香港潮州會館落成開幕暨香港潮州商會金禧紀念合刊》(1971 年)，頁 23。

經濟委員會香港首席代表，率領代表團參加曼谷會議。其後任香港嘉華銀行董事，植豐置業有限公司、捷和電筒廠有限公司董事長。太平紳士，並獲頒 OBE 勳銜。

林思顯還兼任過很多其他職務，包括：香港政府立法局、行政局非官守議員，工商業顧問委員會委員、公共交通顧問委員會委員及小組主席，香港潮州商會會長等職。[43]

第三十一屆會長廖烈武

1978 年至 1980 年間，廖烈武太平紳士任潮州商會第三十一屆會長。廖烈武是廖創興銀行有限公司副主席兼常務董事、廖創興企業有限公司董事總經理，此外還擔任東華三院顧問局顧問、衛奕信勳爵文物信託受託人委員會委員，香港中文大學聯合書院校董會校董。[44]

1980 年，馬來西亞潮州公會聯合會會長陳亞發、秘書長楊應錦等組團訪問泰國、新加坡、菲律賓、香港等地，邀請各同鄉團體前往吉隆坡參與該會成立四十六周年紀念慶典。慶典完畢後，復舉行同鄉座談會，決定以後每兩年輪流在各地召開「國際潮團聯誼年會」一次。[45]

第三十二、三十三屆會長陳有慶

1980 年至 1984 年間，陳有慶任潮州商會第三十二及三十三屆會長。陳有慶，原籍廣東潮陽，1932 年在汕頭出生，並在潮陽渡過童年，是泰國盤谷銀行創辦人陳弼臣哲嗣。十多歲時被接至香港，日間在當時的香港汕頭商業銀行（現時香港商業銀行）工作，晚上繼續修讀中學課程。1950 年中學畢業後，前往泰國協助父親經營業務。1954 年負笈美國銀行學院攻讀銀行及經濟學，並在當地銀行工作。畢業後返回香港，此後一直在香港的家族銀行、保險公司、金融集團等出任董事長等職務。此外，還擔任香港多家大機構的董事。

---

43 〈林思顯先生事略〉，《香港潮州商會成立七十周年紀念特刊》（1992 年），卷首。
44 〈廖烈武先生事略〉，《香港潮州商會成立八十周年紀念特刊》（2002 年），卷首。
45 廖烈文〈前言〉，《國際潮訊》創刊號（1984 年 10 月 30 日），扉頁。

陳有慶是泰國華裔巨商陳弼臣的第二代傳人和香港亞洲金融集團的掌舵者，也是商界翹楚及慈善家。他熱心社會公益事業和慈善，為香港公益金籌募善款，服務社會，建樹良多。

1981 年，陳有慶出任會長期間，適逢香港潮州商會成立六十周年。為秉承本會敦睦鄉誼之宗旨，決定將舉辦國際潮團聯誼活動作為商會六十周年會慶的重要項目之一。1980 年代初，正值祖國實施「改革開放」政策，中國和東南亞各國及世界各國的關係有了顯著的改善。1981 年 8 月 18 日，東南亞潮團聯誼會座談會假馬來西亞雲頂高原召開，決定今後每兩年分別在各國或地區舉辦國際潮團聯誼年會。當時，陳有慶擔任香港代表團團長，毅然答應肩負起主辦首屆國際潮團聯誼年會的重任，他也是國際潮團聯誼年會創辦人之一。第一屆國際潮團聯誼年會於 1981 年 11 月 18 日至 20 日在香港香格里拉酒店召開。由本會牽頭組織香港潮籍鄉親主辦的第八屆國際潮團聯誼年會於 1995 年 11 月 30 日至 12 月 2 日在香港會議展覽中心舉行，陳有慶擔任大會主席。

作為著名僑領，陳有慶在海外華人圈有很高的地位和號召力。他歷任中華全國歸國華僑聯合會副主席、顧問，中國僑商聯合會榮譽會長，並先後擔任過多個商會組織的首長，在僑界發揮了領軍人物的作用，貢獻良多。為了加強香港僑團的凝聚力，2004 年香港僑界社團聯合組建了香港僑界社團聯會，陳有慶被推選為創會會長，2006 年陳有慶又蟬聯第二任會長。

陳有慶歷任東華三院乙巳年總理，香港女童軍港島地方協會會長，香港中華總商會第 41、第 42 屆會長、永遠榮譽會長，國際潮團總會永遠榮譽主席，香港潮州商會會長及永遠名譽會長，港九潮州公會永遠名譽會長，潮陽同鄉會永遠榮譽會長，曾榮獲泰皇御賜皇冠二等勳章及頒授白象勳章。1985 年 7 月，陳有慶榮膺非官守太平紳士。他曾任香港基本法諮詢委員會顧問，中華人民共和國港澳區人大代表。2000 年，香港特區政府頒授陳有慶金紫荊星章，又於 2018 年再頒授其大紫荊勳章，以表彰他的愛國愛港精神，以及為祖國和香港作出的貢獻。

第三十四屆會長章志光

1984 年至 1986 年間，章志光先生任香港潮州商會第三十四屆會長。章志

光，潮安人，任立成行貿易有限公司常務董事總經理、義和置業有限公司常務
董事、義和貿易有限公司常務董事，經營華洋百貨，尤以陶瓷、膠花等製品為
主，遠銷歐、美、澳洲及東南亞一帶，業務範圍廣闊。

　　章志光殷切關懷僑團公益事業，歷任香港保良局總理、青年商會創會會員
兼董事、香港潮州瓷業商會理事長、香港潮州會館名譽主席、國際青年商會參
議員、潮安同鄉會會董、香港西區扶輪社理事兼社會服務委員會主席。教育事
務方面，曾任潮商中學及潮商學校監督、香港華仁書院舊生會名譽會長等。擔
任潮州商會會長期間，對會務的推進獻議良多，而於整頓潮商中學和潮商學校
的校風、提高校譽的籌謀等方面，計劃備極周詳。[46]

　　1985 年 2 月 21 日，潮州商會會長章志光在潮州各界舉行農曆新春團拜時
致辭，發表他對中英協議和香港前途的看法，指出以下幾點：（一）中英協議，
智慮周詳；（二）開放政策，對港有益；（三）展望半年，經濟樂觀；（四）大陸
市場，極堪注意；（五）唇齒相依，兩得其利。結語認為「香港的繁榮與國內的
進步，將起相輔的作用。」[47]

第三十五屆會長劉世仁

　　1986 年至 1988 年間，劉世仁太平紳士任香港潮州商會第三十五屆會長。
劉世仁，廣東潮陽人，創辦港新布廠有限公司，並擔任港新布廠有限公司、港
新染廠有限公司、港新劉氏集團及多間屬下公司董事長。

　　劉世仁熱愛祖國，曾任第五、六、七屆廣東省政治協商委員會常務委員。
於汕頭特區發展時，獲邀為特區顧問。並在家鄉潮陽深溪捐資興建學校、頤養
院、醫院及殯儀館。

　　劉世仁致力工商、熱心香港公共事務及公益事業；歷任香港中華廠商聯合
會常務會董、香港布廠商會長、香港布廠商會公學校監、潮州公會會長、潮州
公學校監、香港潮屬社團總會名譽顧問、香港潮州商會會長、香港潮陽同鄉會
會長、劉氏宗親會會長、香港龍岡親義總會永遠榮譽會長、九龍樂善堂主席及

46 〈章志光先生事略〉，《香港潮州商會六十周年紀念特刊》（1981 年），卷首。
47 章志光〈從中英協議看香港的前途〉，《國際潮訊》第 2 期（1985 年 6 月 30 日），頁 1–2。

轄屬中學校監、聖約救傷隊觀塘救護支隊會長及總部總區會長、九龍西區扶輪社社長、青年學藝比賽主席、華人永遠墳場委員會委員、香港工業訓練諮詢委員會紡織工業委員及香港訓練局紡織工業委員會委員等。劉世仁於 1979 年獲授以太平紳士榮銜，同年再獲英廷頒予 MBE 勳銜。

第三十六、三十七屆會長廖烈科

1988 年至 1992 年間，廖烈科太平紳士任第三十六屆及第三十七屆會長。廖烈科，廣東潮陽人，是廖創興銀行創辦人廖寶珊的次子，歷任廖創興銀行、廖創興企業有限公司、廖創興置業有限公司副董事長兼常務董事，廖創興貨倉有限公司副董事長兼總經理，廖創興財務、保險等有限公司常務董事，以及萬象企業有限公司董事。

廖烈科熱心社會公益，歷任東華三院癸卯年總理、鐘聲慈善社永遠名譽社長、潮商互助社永遠名譽社長、旅港潮陽同鄉會永遠名譽會長兼監事長。教育事務方面，任廖寶珊紀念書院（前創興書院）校董及潮商中學校董等職。對於體育事業亦備極關注，悉力提倡，歷任南華體育會永遠會董、香港籃球聯會名譽會長，並參與多項社區民政活動及推進康體工作。

廖烈科擔任潮州商會會長期間，對會務致力甚多，敦睦鄉梓，造福坊眾，在教育事務方面尤見其用心和貢獻。1990 年，潮商學校裝置冷氣調節，防止噪音干擾，改善教學環境。次年，教員室及校務處亦安裝冷氣，至此，學校設備已達高度標準。[48]

第三十八屆會長劉奇喆

1992 年，劉奇喆任潮州商會第三十八屆會長。劉奇喆，廣東省潮安縣人，英國航空機械工程師。他是香港多家大機構的創辦人和董事，包括：亞洲保險有限公司董事總經理、董事長，亞洲保險（財務）有限公司董事總經理，亞洲保險（退休金）有限公司董事總經理，亞洲（海外）保險代理有限公司總裁，

---

48 章志光〈從中英協議看香港的前途〉，《國際潮訊》第 2 期（1985 年 6 月 30 日），頁 1–2。

千百利投資有限公司常務董事，海外保險有限公司常務董事，西都有限公司常務董事，合進投資有限公司常務董事，優利投資有限公司常務董事，香港商業銀行董事，羅賓納財務有限公司董事，健峰保險有限公司董事等。

劉奇喆任職會長期間，為使商會會務發展後繼有人，發揮潮籍青年才俊並增強他們對桑梓及本會的向心力，特組成青年委員會，直接隸屬香港潮州商會。委任常務會董兼商務部主任莊學山為該委員會主任委員。青年委員會成立後，舉行多次活動，首次午餐會，敦請李嘉誠博士蒞會演講。

1993 年 5 月 9 日至 15 日，應中華全國工商業聯合會邀請，劉奇喆率團一行 40 多人赴北京、上海訪問。訪問團在京期間，得到時任全國工商聯副主席經叔平，時任中共中央統戰部部長王兆國、時任副部長萬紹芬，時任國務院副總理李嵐清，時任國務院港澳辦副主任王啟人，時任國家計委副主任甘子玉，時任國家外經貿部副部長谷永江等的熱情款待。在上海，得到時任上海市副市長及上海工商聯副主任委員郭美珍之接待，參觀了浦東開發區。1993 年 12 月，本會撥出四十五萬元贊助由香港中文大學承辦的國際潮州學研討會。

劉奇喆熱心社區事務和公益活動，職歷包括：香港潮州商會副會長、會長，香港灣仔街坊福利會永遠名譽會長，香港潮商互助社理事，香港菴埠同鄉會永遠名譽會長，香港潮安同鄉會創辦會員及名譽顧問。曾任潮商小學、潮商中學校監及管理委員，西區扶輪社理事及職業服務委員會主席，東華三院癸亥、甲子及乙丑年總理。[49]

第三十九屆會長唐學元

1994 年，唐學元任潮州商會第三十九屆會長。唐學元，廣東省澄海縣人，世居汕頭市，是殷商唐文佩哲嗣。自 1950 年初繼承其父的聚大行後，開始進身經營白米進出口，業務日進，並從 1950 年初，首間進口泰國「金鳳牌」香米之進口商，嗣又先後創立忠誠行米業有限公司。

唐學元任職會長期間開展擴大招收商號會員活動，要求各會董屬下之商號率先申請入會。1995 年 5 月，唐學元率團赴京訪問。在京期間，拜訪了中央統

49〈劉奇喆先生事略〉，《香港潮州商會成立八十周年紀念特刊》（2002 年），卷首。

戰部、國務院港澳辦、全國港商聯、國家外貿部等單位。全國政協主席李瑞環會見了全體團員。中央統戰部部長鄭萬通陪同代表團赴天津及上海訪問。由商會及香港潮州同鄉主辦之第八屆國際潮團聯誼年會於 1995 年 11 月 30 日至 12 月 2 日在香港舉行，唐學元為年會副主席。

唐學元於任職香港潮州會館主席其間，率團赴京參加於 2001 年 10 月 18 日至 20 日第十一屆國際潮團聯誼年會。潮籍鄉親在北京人民大會堂舉行國際潮團聯誼年會，創歷史先河。唐學元亦以香港代表團團長之身份在第十一屆國際潮團聯誼年會開幕式上用全潮語致辭，贏得陣陣熱烈的掌聲。

唐學元關心教育事業，任職期間，他連同四位副會長葉慶忠、周厚澄、陳偉南、蔡衍濤各捐款項，連同商會之捐款，於國內老少邊遠地區贈建七所光彩小學，其後又於河南捐建唐學元希望小學及多次捐款浙江大學，支持國內教育事業。

唐學元對於慈善公益事業及潮鄉團體均竭力予以贊助，歷任香港潮州商會會董、副會長及會長，香港潮州會館主席，香港潮屬社團總會創會副主席，香港廣東社團總會創會副主席、香港廣東社團總會慈善基金發起人、泰國進出口商會監事長，澳門潮州同鄉會名譽會長、潮商互助社永遠名譽社長，為同人所稱道。

第四十屆會長葉慶忠

1996 年，葉慶忠太平紳士任第四十屆會長。葉慶忠，潮陽人，工業家，是精棉發展有限公司、百利昌有限公司、聯登企業有限公司、港利永發展有限公司、港豪實業有限公司，豐富發展有限公司董事長，友聯織染廠有限公司董事總經理，新加坡新的尼龍綿（私人）有限公司董事，香港、九龍佳寧娜潮州酒樓董事長，潮州城酒樓董事，並於加拿大合創佳寧娜發展（地產）有限公司，佳寧娜（溫哥華）潮州酒樓等機構，致力發展工業及飲食業。

葉慶忠熱心社會慈善及公益服務，並盡力倡助教育工作，歷任東華三院、博愛醫院、石澳健康院總理、副主席等職，1980 年與社會熱心人士創辦仁愛堂，任總理、副主席及主席，仁愛堂中學及小學註冊校董；對於潮屬團體亦多所參與，任潮州商會副會長及會長、潮州公會會長、潮州會館中學及潮州公學

註冊校董、潮陽同鄉會副理事長。1982 年獲英女王頒賜榮譽獎章，1986 年奉委為本港非官守太平紳士。[50]

50 〈葉慶忠先生事略〉，《香港潮州商會成立八十周年紀念特刊》（2002 年），卷首。

1 1954 年，歡宴泰國中華
總商會考察團合影。

2 1961 年，香港潮商學校
新校舍落成紀念。

3 1961 年，潮州商會中學
舉行學生畢業典禮。

4 1968 年，第二十六屆會長廖烈文（中）、副會長林拔中（左）及呂高文（右）合照。

5 1968 年 8 月 27 日，香港潮州同鄉歡宴鄉彥嘉賓與主席團合照。

6 1970 年 9 月 30 日，香港潮州同鄉歡宴鄉彥嘉賓與主席團合照。

1 1971 年 1 月 29 日，潮州各界首次聯合團拜，各團體首長合影。
2 1971 年潮州會館落成揭幕，由時任總督戴麟趾爵士主禮。

3 1972 年 8 月 23 日，香港潮州商
會籌建潮州會館委員會全體委員
暨熱心捐款諸同鄉合影。

4 1980 年，永遠名譽會長廖烈文率
領舞蹈團赴英國，參與港府在倫
敦舉辦的「香港節」，演出兩個富
有潮州藝術色彩的民間舞蹈節目。

5 潮汕人口逾千萬，惜從來未有一
所大學，為實現百多年來潮州建
大學之夢，李嘉誠先生 1981 年決
定創立汕頭大學，除捐資以外，
40 年來盡付心力，由一片荒蕪
田地建設成為國際認可的高等學
府，至今支持汕大發展款項達 120
億港元，當中擔起了 99% 基建及
設備涉資，培育了 16 萬學生。

1 1981 年 11 月 18 日，香港潮州商會假海城夜總會舉行六十周年紀念。商會首長在門口
　　迎接嘉賓。

2 1981 年 11 月 18 日至 20 日，香港潮州總會舉辦第一屆國際潮團聯誼年會假九龍香格
　　里拉酒店舉行。

3 1989 年 11 月 10 日，查理斯皇儲參觀鄉賢趙光利參茸行時，與陪同參觀的香港潮州商會會長廖烈科太平紳士親切握手。中為港督衛奕信爵士和商會會董、趙光利參茸行董事長趙廣海先生。

4 1989 年 11 月 10 日，查理斯皇儲在港督衛奕信爵士，政務司廖本懷議員，政務總署署長藍鴻震太平紳士，會長廖烈科太平紳士的陪同下，參觀鄉賢趙光利參茸行，品嚐潮州工夫茶。

1

2

1 1989 年 12 月 14 日，林思齊博士、廖烈科會長、行政立法兩
局議員、政府官員與香港潮州商會部分首長賓主合影。

2 第三十七屆會長廖烈科太平紳士歡迎加拿大卑詩省省督林思齊
鄉彥蒞會指導。

3

4

<u>3</u> 1990 年 2 月 8 日，汕頭大學落成，商會代表團前往祝賀及參觀。

<u>4</u> 1990 年 3 月 14 日，商會假座香格里拉酒店歡宴蒞港訪問的加拿大卑詩省省
督鄉彥林思齊博士。

1 1990 年 5 月 16 日，國務委員、國家計委主任鄒家華在釣魚台國賓館接見香港潮州商會訪問團全體成員。

2 1990 年 5 月 16 日，國務院港澳辦主任姬鵬飛在釣魚台國賓館接見香港潮州商會訪問團全體成員。

3 1991年4月23日，商會成立七十周年，特向「公益金」捐出港幣七十萬元作慈善基金，
由正副會長代表致送，「公益金」主席衛奕信夫人代表接受。左起：葉慶忠、劉奇喆、衛
奕信夫人、廖烈科、唐學元、周厚澄。

4 1991年4月23日香港潮州商會七十周年紀念聯歡大會。

_1_

_2_

_1_ 1992 年，商會歡宴鄉彥，賓主合影留念。

_2_ 1992 年 8 月，商會首長參加第三十七屆與第三十八屆新舊會長移交印信文件儀式。左起：
陳偉南、葉慶忠、呂高文、陳維信、劉奇喆、廖烈科、廖烈文、陳有慶、唐學元。

3

4

3 1993 年 3 月 3 日，青年委員會舉辦首次午餐演講會，全體青委委員與李嘉誠博士（前排左六）及劉奇喆會長（前排左五）合照。

4 1993 年 3 月 3 日，青年委員會舉辦首次聚餐會，李嘉誠博士（中）在會上發言。左為劉奇喆會長，右為莊學山主任委員。

1

2

1 1993 年 9 月，商會組團出席在美國加州聖荷西市舉行的第七屆國際潮團聯誼年會。

2 1993 年 12 月 20 日至 22 日，商會與香港中文大學合辦首屆潮州學國際研討會。

<u>3</u> 1994 年，商會歡宴賀鄉彥，賓主合影。

<u>4</u> 1994 年 10 月 31 日，商會宴賀鄉彥、中英聯合聯絡小組中方首席代表郭豐民大使榮休。

1

2

1 1995 年，全國政協李瑞環主席接見香港潮州商會京津滬蘇訪問團全體成員。

2 1995 年 1 月 17 日，中央統戰部代表團訪問商會。唐學元會長（前右三）致送紀念品予
鄭萬通副部長（前右四）。

<u>3</u> 1995 年 11 月 30 日至 12 月 2 日，商會牽頭組織本港潮籍團體主辦第八屆國際潮團聯誼年
會。圖為開幕式主席台。

<u>4</u> 1996 年，商會參與發起和組建香港廣東社團總會，為四個發起社團之一。

第三篇 | 回歸以來
商會的新角色和任務

第十二章 ▌ 慶祝活動和會務更新

　　1997 年 7 月 1 日，中華人民共和國香港特別行政區成立，香港進入一個嶄新時期。香港潮州商會在新形勢下進一步發揮愛國愛港愛鄉的精神，會務方面有更大的開闊，至 2022 年香港回歸二十五載，可以說是商會致力拓展的時期。

　　最先回歸後的主要活動，是 1999 年香港潮州商會青年委員會主辦的「第一屆國際潮青聯誼年會」在香港舉行；其次，是潮州商會八十周年會慶活動；接着，是贊助第四屆潮州學國際研討會。與此同時，在二十一世紀開展時，牽頭創辦成立香港潮屬社團總會，這在團結本地眾多潮籍團體及人士方面有劃時代的意義。2011 年是潮州商會九十周年會慶，活動頻繁，社會各界在增進對商會了解的同時，對潮汕文化亦有更多的認識，大大提高了商會在香港市民心目中的地位。近十年來，商會的業務和活動尤為值得大書特書，以充滿活力的創新姿態迎來百年華誕。

　　香港潮州商會自回歸以來，地位和形象日益提升，據 2010 年代「成報網」，商會被列為香港十大商會之一。十大商會依次為：(1) 香港總商會；(2) 香港中華總商會；(3) 香港工業總會；(4) 香港中華廠商聯合會；(5) 香港地產建設商會；(6) 香港潮州商會；(7) 香港客屬總會；(8) 香港出口商會；(9) 香港中華出入口商會；(10) 香港中小企業聯合會。[1]

慶祝香港回歸的活動

　　香港潮州商會為慶祝香港回歸祖國，聯合本港潮籍社團及各界潮籍人士，組織「香港潮屬各界慶祝香港回歸祖國活動委員會」，商會會長葉慶忠被推舉為慶委會主席，全體會董為慶委會成員。潮州商會推舉代表加入全港慶委會，並以商會名義加入全港工商界慶委會、廣東社團慶委會、中西區各界慶委會。1997 年 7 月 2 日，香港潮屬各界慶委會參加了全港工商界花車巡遊慶回歸活動，所派出的花車，獲得最切合主題冠軍獎。

---

1 〈香港潮州商會被列入為香港十大商會〉，《香港潮州商會第 48 屆會董會紀念特刊》（香港：香港潮州商會，2014 年），頁 55。

1997 年初，潮州商會發起並聯同潮屬數十家社團及潮屬各界知名人士組成香港潮屬各界慶祝香港回歸祖國活動委員會，籌備各種慶祝活動。7 月 10 日，潮屬各界假中環富麗華酒店舉行大型酒會，慶祝香港回歸祖國，香港特別行政區行政長官董建華先生、新華社香港分社副社長鄭國雄伉儷及特區政府民政事務局局長孫明揚伉儷出席主禮，潮屬各界人士及嘉賓近千人出席了酒會。[2]

第四十一屆會董就職

1998 年，周厚澄太平紳士任香港潮州商會第四十一屆會長，副會長陳偉南、蔡衍濤、莊學山、馬介璋。周厚澄在會董就職典禮上致辭中指出：「本屆會董的任期，處於舊世紀即將結束，新世紀即將來臨的重要歷史時期，因此，會董們肩負了跨世紀的重要使命。」進而強調：「我們將一如既往，積極支持特區政府工作、加強與本港及海內外其他工商社團有關部門與同鄉組織的聯繫，使彼此間溝通和合作能日益緊密，從而促進貿易及投資活動。」[3]1999 年，潮州商會組成潮汕三市訪問團，由會長周厚澄率領，訪問普寧、潮州市、揭陽市、汕頭市、潮安縣、潮陽市。訪問團抵達時，受到各地領導人的熱情款待。

1999 年 5 月 30 日至 6 月 1 日，一連三天，由香港潮州商會青年委員會主辦的「第一屆國際潮青聯誼年會」在香港舉行，有將近三十個來自世界各地及本港潮籍團體，總共二百多位代表出席了會議，對國際潮青的發展影響深遠。此後舉行的每屆國際潮青聯誼年會，香港潮州商會青年委員會均組織代表團參加。至第三屆國際潮青聯誼年會在加拿大蒙特利爾舉辦，正式宣告國際潮青聯合會成立，莊學山出任首屆會長，陳幼南出任永遠會長。長期以來，潮州商會青委全力承擔了該會秘書處工作，直至其秘書處近年開始獨立運作。

2000 年 5 月 17 日，商會應廣東工商聯之邀，組團赴廣東訪問；同月，應深圳外商投資企業協會之邀，組團訪問深圳，參加該會舉辦的「外資出口政策諮詢」，討論有關投資政策方面的問題。9 月 1 日，陳偉南任第四十二屆會長，他強

2　〈第四十屆（1996 年 9 月 1 日—1998 年 8 月 31 日）第一年度會務報告撮要〉，《香港潮州商會成立八十周年紀念特刊》（2002 年），頁 112。

3　周厚澄〈會長致辭〉，《香港潮州商會第四十一屆會董就職典禮暨己卯年春節會員聯歡大會（場刊）》（1999 年），頁 12。

調「本屆會董的任期處於新世紀開始的重要歷史時刻,會董們肩負了重要使命。資訊科技迅猛發展,世界經濟日趨全球化,中國即將加入世界貿易組織(WTO),中國又正在進行西部大開發,凡此種種都帶來了新的挑戰和機遇,所以商會要把握時機,加強會員的凝聚力,更好地拓展會務。」[4] 2001 年 10 月 9 日,在舉行潮屬社團首長聚餐會上,宣告香港潮屬社團總會正式成立,潮州商會會長陳偉南被推舉為潮屬總會首屆主席,商會秘書處同時亦全力兼顧潮屬總會秘書處工作。

商會八十周年會慶活動

2001 年是潮州商會成立八十周年,3 月 27 日,商會假灣仔會議展覽中心舉行八十周年會慶暨第四十二屆會董就職典禮,慶典筵開百席,場面盛大。香港特別行政區長官董建華、中聯辦主任姜恩柱、長實集團主席李嘉誠及全國政協常委莊世平蒞臨主禮,逾千名商會會員與來自本港、北京、廣州、潮汕三市等海外嘉賓歡聚一堂,國務院僑務辦公室主任郭東坡為會慶題辭「敦睦鄉誼」,廣東省副省長許德立發來賀電,對商會歷來取得的成績,作了充分的肯定:

> 香港潮州商會成立八十年來,一直致力於團結廣大潮人,廣泛開展各種社會活動,熱心參與和鼎力支持香港的經濟建設與社會公益事業,已發展成為當今香港民間經濟地位高、影響力大的重要商會之一,在促進香港回歸和保持長期繁榮穩定中發揮了積極的作用。中國改革開放二十多年來,香港潮州商會熱忱關心、參與祖國和家鄉的改革與發展,投資興辦了大批企業和項目,捐贈資助了眾多的教育、文化、醫療等設施和社會公益事業,為支援廣東特別是粵東地區的經濟建設作出了重要的貢獻,為溝通和密切粵港之間的經濟技術合作與交流發揮了重要的橋樑和紐帶作用。[5]

商會成立八十周年的紀念特刊於 2002 年出版,內容除「會務綜述」、「活

---

4 陳偉南〈會長致辭〉,《香港潮州商會八十周年會慶暨第四十二屆會董就職典禮(場刊)》(香港:香港潮州商會,2001 年 3 月 27 日),頁 14。

5 〈廣東省人民政府賀電〉(2001 年 3 月 26 日),《香港潮州商會成立八十周年紀念特刊》(2002 年),頁 94。

動專輯」、「興學育才」外,「本會史料」有趙克進〈開拓奮進八十年〉及〈香港潮商溯源〉二篇,均為值得注重的文獻著作;另有「潮汕風貌及民俗鄉情」一輯,載錄隗芾〈潮汕文化的特色〉、劉平和隗芾〈潮汕概況及歷史沿革〉,以及趙克進〈潮汕民俗之衣食住行〉、〈潮汕民俗之婚喪喜慶〉、〈潮汕民俗之家風禮教〉和〈潮汕民俗之遊神賽會〉諸文。

贊助潮州學國際研討會

2000 年 9 月 1 日,陳偉南就任第四十二屆會長,副會長蔡衍濤、莊學山、馬介璋、馬照祥。本屆成立後的重要舉措之一,是在文教方面。2001 年起,分別在香港八家大學設立香港潮州商會獎學金。同年 11 月 22 日至 24 日,香港中文大學文學院及歷史系主辦、香港潮州商會贊助的「第四屆潮州學國際研討會」在香港中文大學舉行,香港嶺南大學族群與海外華人經濟研究部、馬來西亞華社研究中心為協辦機構。潮州商會會長陳偉南在開幕禮上致辭指出:

> 潮汕文化是中華文化的一支,有着悠久的歷史和光輝的傳統。潮州人對自己的優良傳統極其珍視,雖然身在各地,都盡力保持傳統,並且加以發揚光大。潮州人有着維護傳統的一面,但也有其創新開拓的一面,他們勤奮學習,對不同的文化、不同的族群,也都能接納、互融,並不固步自封。故此,潮州學並不單止是潮州人的事,也是各個不同族裔、不同科際的學者和研究人員的領域。[6]

參加第四屆潮州學國際研討會的學者,分別來自法國、日本、澳洲、馬來西亞、新加坡、泰國及中國內地、台灣和香港地區,發表論文多篇。研討會首由饒宗頤教授作主題演講,題目是「揭陽與越布」;然後是分組報告,第一日包括語言文學、潮學研究、會館祠廟、潮僑歷史,第二日包括文化教育‧音樂、戲劇、宗譜‧文物、泰國潮人、各地潮商、對外往來、文化發展、各地‧潮團,第三日包括先賢風範、商貿經濟。

---

6 〈第四屆潮州學國際研討會開幕禮香港潮州商會陳偉南會長致辭〉,《香港潮州商會成立八十周年紀念特刊》(2002 年),頁 188。

第十三章　文教事業和會務的推進

新時代教育事業的開展

1997 年 7 月 1 日香港回歸以來，香港潮州商會對教育事務日益重視。1999 年，潮商學校學生到內地考察祖國五十年「灘江環保之探討」，並獲優異獎。2000 年初，多媒體電腦室正式啟用，校內資訊文化的發展穩步前進；同年，並成立家長教師會。2001 年，操場圖書角及英語閱覽室啟用；同年，成功申請香港賽馬會音樂及舞蹈信託基金撥款開辦粵劇訓練班。2002 年，舉辦「潮商愛心暖社區」，是次文藝匯演活動，特為招待區內長者而設。同年，該校學生參與「中上環飛躍龍騰大匯演」社區活動，作花式跳繩表演。2011 年 2 月 27 日，香港潮商學校舉行「學校發展基金」步行籌款活動，商會會董及師生家長近百人參加。商會會長陳幼南等，出席了第八十屆畢業典禮。

潮州會館中學於 1997 年 12 月 19 日舉行第九屆畢業典禮暨十周年校慶開放日的。2002 年，學校以「成功教育」為辦學理念，其後更強調「多元經歷，全人發展」，以「活動與經歷，促進品學發展」。該校學生會於 2011 年 3 月 19 日舉辦印洲塘、荔枝窩地質考察活動，沿途了解香港主要斷層、各種岩石的分佈及形成。5 月 27 日，潮州會館中學舉行第二十三屆畢業禮。本年，該校有幾項值得表揚的成績：（一）潮州會館中學成為九龍倉集團主辦的「學校起動計劃」十間入選中學之一，香港中文大學「優質學校改進計劃」將為學校提供專業支援，加上九龍倉集團每年二百萬元的資助，以優化學校的教學效能。（二）該校師生十一人參加教育局舉辦的「薪火相傳：中華文化探索與承傳」國民教育交流計劃。（三）該校學生周穎妍、李怡參加「狀元旅遊萬里行獎勵計劃」，李怡同學獲初級組金獎。

第四十三屆會董會就職

2002 年 9 月 1 日，蔡衍濤就任商會第四十三屆會長，莊學山、馬介璋、馬照祥、許學之任副會長。商會青委倡儀創建的國際潮青聯合會，於 2004 年 5 月在加拿大蒙特利爾舉辦的第三屆國際潮青聯誼年會上正式宣告成立，總部設於

香港潮州商會秘書處，成為團結全球潮青的紐帶。

2002 年底，出版了《香港潮州商會成立八十周年紀念特刊》。另外一件值得注意的事，是香港潮商學校於 2003 年舉行創校八十周年紀念，活動包括開放日及嘉年華會，並正式成立香港潮商學校校友會。

趙克進著《香港潮商簡史》、《潮汕民俗今昔談》及《錦繡潮汕》三書，2001 至 2003 年由商會出版。《香港潮商簡史》概談潮商文化，記載百多年來香港各行各業潮商發展概況；《潮汕民俗今昔談》分述潮汕時節、日常生活、風俗、娛樂，以及家族、社會、民間藝術等。《錦繡潮汕》介紹潮汕縣市、名山風景和名勝古蹟，展現潮汕的舊貌與新顏。這些著作主要供商會成員閱讀，藉此增進對潮商和家鄉文化的認識。

第四十四屆會董會就職

2004 年 9 月 1 日，莊學山就任第四十四屆會長，馬介璋、馬照祥、許學之、陳幼南任副會長。翌年，莊學山帶領考察團訪問和參觀廣東三水市，受到當地政府領導的熱情款待。

2004 年 12 月 1 日至 3 日，由時任政務司司長曾蔭權率領，莊學山會長帶隊的香港考察團赴汕頭和梅州訪問，團員一百餘人，為政府有關部門官員、本會首長及會董會員，亦有工商界人士和外國商會及中小企業界之代表。

2005 年初，國務院僑務辦公室及北京潮人商會訪問商會，就經濟合作，活動交流等多方面項目進行深入的會談。

2005 年 7 月 1 日，為慶祝香港回歸八周年，本港多個社團舉行「七一大巡遊」紀念活動，商會為協辦團體之一。

2006 年 7 月 25 日，《香港潮州商會有限公司新組織章程大綱及章程細則》經會員大會以特別決議通過。7 月 28 日至 30 日，青年委員會組團出席在深圳舉行的第四屆國際潮青聯誼年會。

莊學山會長於第 44 屆第一年度周年大會指出，一年來，本會舉辦多項慈善公益活動，教育及大型活動，如國慶酒會、接待各地領導、友好團體、主辦「潮青盃」國際高爾夫球賽，協辦遼寧香港經貿合作說明會、支持屬下中小學校多項改革、宴賀獲特區政府殊榮會友、捐款 50 萬元予南亞海嘯災民，為公益金

籌款、舉行金秋好運遊、清明省墓，組團參加汕頭潮商大會、參與香港回歸大巡遊和紀念《基本法》頒佈十五周年綜合晚會，以及舉辦醫學講座等。

名譽會長莊世平事略

2007年，商會名譽會長莊世平逝世。莊世平自1990年第三十七屆起出任商會名譽會長，支持和參與商會會務達四分一個世紀。

莊世平（1911 — 2007年），廣東普寧人。1934至1941年旅居泰國，歷任新民學校校長、中華中學訓育主任、《中原日報》記者和編輯等職。1942至1945年在老撾、越南以及中國柳州、重慶等地營商。1945年於河內與愛國華僑籌辦安達股份有限公司，並返泰國任曼谷安達公司經理，代理蘇聯影片在東南亞的發行及蘇聯輕工業、醫藥、海產等商品的經銷工作。1947年到香港籌辦南洋商業銀行及澳門南通銀行。1949年創辦南洋商業銀行，任董事長兼總經理歷四十年。1986年退休，任南洋商業銀行名譽董事長。歷任中國銀行港澳管理處副主任、華僑商業銀行常務董事、集友銀行副董事長、僑光置業有限公司董事長等職。

1959年起，莊世平先後當選為第二至六屆全國人大代表，第七、八屆全國政協常委、全國僑聯副主席、中國銀行常務董事、中國航空公司董事、中國兒童和少年基金會副會長、中國貧困地區發展基金會理事、汕頭大學校董會副主席、汕頭經濟特區顧問委員會主任、香港特別行政區第一屆政府推選委員會委員。1989年獲頒汕頭市榮譽市民稱號。

2008年6月22日至25日，由香港潮州商會等機構主辦的「功在家國，垂範長江——莊世平光輝事蹟展」在香港大會堂展覽廳舉行；7月3日起，在廣州、澳門等地巡迴展出。

第四十五屆會董會就職

2006年9月1日，馬介璋就任第四十五屆會長，許學之、陳幼南、周振基、張成雄任副會長。翌年3月19日，商會舉辦慶祝香港回歸祖國十周年暨第四十五屆會董就職典禮。10月1日，商會與達成集團贊助國慶煙花匯演，匯演

主題為「賀國慶，慶回歸，迎奧運」，贊助金額逾三百萬元。

2008 年初，商會在香港科技大學設立「香港潮州商會研究生獎學金」，資助在科大理學院修讀學位課程的潮汕籍優秀學生，從事科學研究。同年 6 月中至月底，商會與香港潮屬社團總會等機構在黃大仙龍翔中心、天水圍天澤商場、樂富中心、油塘鯉魚門廣場、藍田啟田商場巡迴舉行「領匯潮州節」。

名譽會長林百欣事略

2007 年，商會名譽會長林百欣逝世。林百欣自 1960 年代起，出任商會會董；1980 年後出任名譽會長，支持和參與商會會務凡四十餘年。

林百欣（1914 — 2005 年），廣東潮陽人。早年赴澳門經商，1937 年到香港經營製衣業，1947 年創辦麗新製衣，經營紡織品及布料貿易，1972 年上市，1970 年代進軍地產業。1988 年，他與鄭裕彤合作，以四億港元購入亞洲電視控股權，任董事局主席及永遠名譽主席。自此被尊稱為「林伯」。

林百欣一向熱心慈善及教育事業，在家鄉汕頭捐資興建學校、圖書館及會議展覽中心，在香港則創辦仁濟醫院、小學、青年娛樂中心，以及捐獻數以千萬予香港大學，包括非典型肺炎爆發期間捐出二千萬元作為研究 SARS 用途。曾任港事顧問、香港特區籌委會委員、香港大學教研發展基金榮譽會長，為汕頭市榮譽市民。[7]

2006 年 12 月，汕頭市林百欣寶珠圖書館落成開幕，香港潮州商會組團前往祝賀。

第四十六屆會董會就職

2008 年，許學之榮譽大學院士任潮州商會第四十六屆會長。這兩年間，在他和會董會的悉力領導下，商會積極推動工商交流、國際貿易各種各樣活動，鼓勵會員參與各項社區活動，關心社會，服務社群，資助設立社會企業，扶助基層弱勢社群。

7　黃塔進、于春生〈「擎天巨木」林百欣〉，張善德主編《潮商人物‧商人卷》（北京：華文出版社，2008 年），頁 256–283。

香港特區政府 2008 年開展禁毒運動，商會全力響應政府有關「友出路」禁毒工作，積極參與廣泛宣傳禁毒信息，與保安局禁毒委員會舉辦「不可以、不可再」誓師大會，商會製作了大批印有中英文禁毒信息的 T 恤，並在潮州會館大廈懸掛橫幅標語，向毒品說不。香港潮州商會獲時任律政司黃仁龍司長頒授推廣禁毒信息卓越獎。

2008 年 5 月四川汶川地震，2010 年 4 月玉樹地震及同年 10 月甘肅舟曲特大泥石流災害及南方水災等賑災及重建工作，商會均第一時間踴躍參與，出錢出力。

2009 年 2 月 17 日，河南省委書記徐光春訪問香港潮州商會。同年 6 月，香港潮州商會組團到河南訪問，受到河南省委書記及省長的高度重視和熱情接待。

2011 年 8 月，許學之聯同幾位商會首長前赴北京，領取由中華人民共和國文化部頒發中元節（潮人盂蘭勝會）國家非物質文化遺產證書。

第四十七屆會董會就職

2010 年 9 月，陳幼南博士就任潮州商會第四十七屆會長，周振基、張成雄、廖鐵城、胡劍江任副會長。12 月 16 日，香港潮州商會九十周年會慶暨第四十七屆會董就職典禮假香港會議展覽中心新翼三樓大會堂舉行，陳幼南在會上致辭，展示了新一屆會董會的工作藍圖。他說：

> 我們要注入新動力和新思維，繼續發揚愛國愛港愛鄉的優良傳統，團結一致，同心協力，推進會務。適逢本會慶祝九十周年會慶，今明兩年，本會將舉辦一系列的慶祝活動，如潮州美食節、潮州工藝精品展覽、潮州文藝大型晚會、高端經濟論壇，以及多項以推廣潮州文化、潮人核心價值為主題的活動，讓潮汕的優良傳統文化薪火相傳。同時，也計劃進一步加強社會公益慈善及扶貧工作，和香港市民一道，共建和諧社會。[8]

8　陳幼南〈會長致辭〉，《香港潮州商會九十周年會慶暨第四十七屆會董會就職典禮（場刊）》，（香港：香港潮州商會，2010 年）。

　　2011 年是香港潮州商會成立九十周年，這一年的活動特別多，其中有一些是常年項目，有一些是專為九十周年誌慶而舉辦的。以下是主要的會務：（一）2 月 10 日，商會在會所舉行香港潮州同鄉辛卯年新春團拜，到會者逾百人。（二）3 月 17 日，商會與香港潮屬社團總會組成的禁毒小組舉行第一次會議，決定聯合成立禁毒小組，由許學之與陳幼南為召集人。（三）4 月 16 日，商會青年委員會參加香港盲人體育會舉辦的「心連心光明行」活動，潮青籌得五萬元，榮獲團體最高籌款獎冠軍，成為金鑽贊助機構。（四）5 月 24 日，商會與旅港福建商會假中華總商會會所舉行「閩潮一家親」交流聚餐活動。（五）6 月 28 日，由香港各界文化促進會、香港潮屬社團總會及香港潮州商會合辦的「一代偉人周恩來」大型專題展覽，在香港中央圖書館舉行開幕儀式。（六）8 月 29 日，香港的潮人盂蘭勝會成功申請為國家級非物質文化遺產，同日在北京舉行頒牌儀式。

　　外訪及交流活動方面，2011 年 6 月上旬，會長陳幼南率領二十人代表團赴雲南考察，並赴昆明參加第九屆東盟華商會和第十九屆昆交會。6 月 5 日，商會代表團出席第九屆東盟華商投資西南項目推介會暨亞太華商論壇大會，會長陳幼南在會上演講。

　　為進一步推動本會的各項公益、慈善、教育事業，2011 年 6 月 8 日註冊成立香港潮州商會慈善基金有限公司，並於同年 7 月 13 日經香港稅務局審批為慈善機構。香港潮州商會正副會長和總務部主任、財務部主任出任慈善基金的董事，會長擔任主席，全體會董為會員。

「饒宗頤星」的命名儀式

　　2011 年 7 月 17 日，國際天文聯盟批准南京紫金山天文台發現的國際編號 10017 的小行星命名為「饒宗頤星」。小行星命名具有國際性、嚴肅性、唯一性和永久性，是一項崇高的國際榮譽。由潮州市委、潮州市政府、香港大學、香港中文大學、香港潮屬社團總會、香港潮州商會及潮州海外聯誼會聯合主辦的「饒宗頤星」命名儀式暨慶賀酒會，10 月 19 日晚假香港賽馬會跑馬地會所青雲閣隆重舉行。香港特別行政區行政長官曾蔭權、中聯辦副主任李剛、外交部駐港特派員公署副特派員詹永新、特區政府民政事務局局長曾德成、廣東省

人口與計生委書記（前潮州市委書記）駱文智等為大會主禮，徐立之、沈祖堯、許光、陳建新、沈啟綿、許學之、陳幼南陪同主禮。[9]

饒宗頤教授出生於潮州，治學於香港，揚名於國際，是國學界百科全書式的大學者；他是香港潮州商會和香港潮屬社團總會名譽會長，在推動商會文教事業及弘揚潮州文化方面，起了帶領和典範的作用，成就卓越，屢獲殊榮，實乃潮人之光。繼《潮州志》（潮州：潮州市地方志辦公室，2005 年）之後，饒教授總纂、潮州海外聯誼會整理的《潮州志補編》，最近已完成並出版，是研究潮州歷史文化的重要文獻。

商會九十年發展史專著

2012 年 7 月 18 日至 24 日，香港貿易發展局主辦的「2012 香港書展」，在香港會議展覽中心舉行期間，香港潮州商會舉行《香港潮州商會九十年發展史》新書發佈會及潮州木雕藝術展覽。陳幼南指出新書「不但可以讓更多潮籍鄉親窺一斑而見全豹，了解我們祖先在香港艱苦奮鬥，獲得成功的歷史，更可以讓香港市民了解一個有近百年歷史的工商團體，如何在遠離家鄉的地方，踏實苦幹，立志建樹，甚至創造出影響全球的奇跡」。[10]

周佳榮著此書共有九章：一、〈弘揚與承傳：香港潮州商會九十周年會慶紀盛〉；二、〈家鄉與四海：潮人在香港的工商和文教活動〉；三、〈奠基與立業：香港潮州商會的早期歷史（1921—1930 年）〉；四、〈戰火與淪陷：動盪時期的香港潮州商會（1931—1945 年）〉；五、〈復興與建設：香港潮州商會的再出發（1946—1971 年）〉；六、〈發展與鞏固：煥然一新的香港潮州商會（1972—1997 年）〉；七、〈溝通與開拓：香港回歸祖國以來的香港潮州商會（1997—2012 年）〉；八、〈本地與全球：香港潮州商會促進國際潮人活動〉；九、〈回歸與前瞻：秉承商會宗旨和傳統繼續邁進〉。附錄名錄篇、章程篇、文獻篇、年表篇、詞彙篇。[11]

9　〈「饒宗頤星」命名儀式隆重典雅〉，《香港潮屬社團總會會訊》，2012 年 2 月，頁 3。

10　陳幼南〈序〉，周佳榮著《香港潮州商會九十年發展史》（香港：中華書局，2012 年），頁 ii。

11　《香港潮州商會九十年發展史》有兩篇書評：其一是賴志成的書評，載《香港潮汕學刊》第 2 期（2013 年會 6 月），頁 9–12；其二是周俊基的書評，載《香港中國近代史學會會刊》第 11 期（2014 年 2 月），頁 58–61。

第十四章　近十年來商會前進的步伐

第四十八屆會董會就職

2012 年 7 月，周振基當選第四十八屆會長，副會長張成雄、胡劍江、林宣亮、陳智文。9 月 1 日起，新一屆會董會正式視事。11 月 21 日，第四十八屆會董就職典禮暨 2012 年度慶賀鄉彥聯歡晚會在香港會議展覽中心舊翼二樓會議廳進行，筵開八十席。

由 10 月底至 12 月中，潮州商會舉辦了三場「團結香港」系列座談會：第一場邀得特首梁振英作為嘉賓，與全體會董及婦女委員會、青年委員會成員交流推動香港發展的大計；第二場邀請公務員事務局局長到會，分享他率領公務員隊伍服務市民的心得體會；第三場邀請瑞安集團主席羅康瑞到會，分享他在香港和內地創業及發展事業的經驗。直至 2014 年 8 月，「團結香港」座談會在兩年內共舉行了二十一場。既顯示了商會敦睦鄉誼的宗旨，又展現了對民生、教育、經濟及政治的真誠。

新春團拜和慶祝活動

2013 年 2 月 15 日（正月初六），商會在會所舉行香港潮州同鄉癸巳年新春團拜，商會首長、國學大師饒宗頤、中聯辦與政府官員、嘉賓和會員，以及潮州會館中學、潮商學校的校長和教師等逾百人歡聚一堂。

2 月 21 日至 25 日，舉辦元宵潮汕文化美食體驗團，以會長周振基為團長的代表團，一行近七十人回鄉行好運，抵汕頭、赴潮州、走揭陽，一面遊覽當地美景，一面品嚐地道潮汕美食。

支援災區和捐款賑災

2013 年 4 月 20 日，四川雅安蘆山發生七級大地震，會長周振基及首長關注災情及救災情況，並向同仁宣傳支援災區的信息；25 日，商會將籌措到的一百萬元善款透過中聯辦轉交災區。

同年 8 月，受到強颱風「尤特」周邊環境的影響，潮汕地區揭陽、普寧市及汕頭潮陽、潮商區遭遇強降雨襲擊，災情嚴重，商會捐出五十萬元交中聯辦代轉賑災款項。

潮語班和文教活動

2013 年 3 月至 4 月，商會與香港理工大學中國商業中心合辦「潮汕文化系列：發現潮汕 — 潮汕語言文化研習班」，課程分為初階、中階、高階及工作坊，由資深潮語導師主講。

「團結建港」座談會，分別邀請了香港科技大學校長陳繁昌、香港演藝學院校長華道賢、香港教育學院校長張仁良、嶺南大學校長鄭國漢等，分享他們在教育界取得的成就和心得體會。

2014 年 4 月 25 日，「周恩來在潮汕」主題圖片展覽開幕典禮在商會大禮堂舉行，圖片展出至 5 月 25 日。第十八場「團結建港」座談會於 4 月 29 日舉行，邀請周恩來姪女周秉德，周恩來衛士、中央警衛局原副局長高振普少將，周恩來秘書、武警指揮學院原副院長紀東少將到會。

召開特別會員大會

2014 年 6 月 24 日，商會召開特別會員大會，通過特別決議案，增設監事委員會，修訂新的會董選舉法則，修訂有關內文以符合《公司條例》的規定，並將有關修改報公司註冊處存檔。在完善架構方面，本屆會董會增設了婦女委員會、公民事務委員會、文化事務委員會。並重新設計、採用及註冊新會徽，樹立潮商的新形象。

同年 7 月 29 日，會長周振基在會董會作第二年度會務報告。《香港潮州商會第四十八屆會董會紀念特刊》於本年出版，總結本屆的工作成績，共有十項：一、開新局，團結建港；二、愛國家，建言獻策；三、迎嘉賓，誼結四方；四、共攜手，融匯社群；五、表心聲，支持政府；六、納新制，完善會務；七、重鄉誼，情牽梓里；八、顯活力，青委新姿；九、謀福祉，婦委發軔；十、展愛心，救災扶貧。本屆會董會把創新發展的全新商會呈獻在同仁及社會

面前，被評為香港十大商會之一。

發起組織婦女委員會

潮籍婦女在社會上發揮的作用，近年愈來愈明顯和突出，為了加強潮籍婦女對商會會務的參與，發揮潮籍婦女對社會的貢獻，第四十八屆會董會發起組織婦女委員會（簡稱婦委會）。成立目的：推動女會員關心會務，協助會方組織各項活動，聯絡本港及海外婦女組織和工商業團體，以及吸納更多潮籍婦女加入商會。

第一屆婦女委員會邀請了深為市民認識和富活力、有知識的婦女界知名人士，以午餐講座形式，將本港、內地及海外婦女界的動向、婦女關注的問題，以及時傳送到會員之中，藉此提高潮籍婦女界的知識和認知面。2013 年 3 月 7 日，婦委會舉行午餐會，邀請林貝聿嘉擔任演講嘉賓，與大家分享婦女服務社會的經驗，並介紹了香港婦女發展史。午餐會由婦委會主任林李婉冰主持，同時慶祝「三八婦女節」。同年 7 月 4 日舉行的午餐會，邀請查小欣擔任演講嘉賓，與大家分享了女傳媒人的工作和生活經驗，尤其是如何在事業與家庭之間取得平衡，獲得幸福生活感受。[12] 婦女委員會自 2012 年成立，至 2021 年已是第五屆。（表 10）

表 10 香港潮州商會婦女委員會歷屆正副主任委員

屆別	任職年份	主任委員	副主任委員
1	2012—2014	林李婉冰	章曼琪、陳愛菁
2	2014—2016	章曼琪	莊偉茵
3	2016—2018	莊偉茵	張敬慧、蔡敏思、林淑怡
4	2018—2020	莊偉茵	張敬慧、蔡敏思、林淑怡、陳蕙婷
5	2020—2022	莊偉茵	陳蕙婷、黃林趣玲

---

12 〈謀福祉，婦委發軔〉，《香港潮商會第 48 屆會董會紀念竹特刊》（香港：香港潮州商會，2014 年），頁 89-92。

第四十九屆會董會就職

2014 年 7 月 29 日，商會召開周年大會，選舉產生第四十九屆會董會；8 月 11 日，由全體常務會董投票互選正副會長，張成雄當選第四十九屆會長，副會長為胡劍江、林宣亮、陳智文、馬鴻銘、黃書銳、高佩璇。張成雄說：「本屆更選出了首位女副會長，這除了證明我們潮州人並不盡是『重男輕女』的族群之外，更跨進一個與時並進的新的里程。」[13] 9 月 1 日，新一屆會董會開始視事；11 月 5 日，在會議展覽中心舉行就職典禮暨 2014 年度慶賀授勳鄉彥聯歡會。

2015 年 2 月 26 日，商會與香港潮屬社團總會在香港 JW 萬豪酒店舉行乙未年新春團拜暨慶賀饒宗頤教授百歲華誕。3 月 2 日，正副會長邀請名譽元老級首長在潮州會館會員俱樂部舉行新春聚會。「乙未年新春行好運」活動於 3 月 6 日至 8 日舉行，會長張成雄率領四十多人前往惠州和東莞。

2015 年 11 月，會長張成雄率領香港潮州商會代表團一行四十多人，於 11 月 26 日拜訪泰國潮州會館，9 日拜訪新加坡潮州八邑會館，10 日拜訪馬來西亞潮州公會聯合會。

2016 年，為紀念商會名譽會長、香港大學首位華人校長黃麗松教授，商會同人籌集逾百萬元善款，在香港大學設立「香港潮州商會黃麗松獎學金」。

義工團和青委會活動

2015 年 3 月 7 日，商會義工團啟動禮在香港中環遮打花園隆重舉行，標誌着商會義工活動進入一個新的里程。

「香港潮州商會青委會青年創新新創比賽」啟動禮於 3 月 18 日舉行，這個比賽針對香港具有競爭優勢的範疇，例如電影及電視製作、數碼動畫、軟件設計及電子遊戲等，參賽作品主題須屬「日常生活」、「傳統文化」、「商業」其中一個類別。

「2015 青年創新新創比賽」共舉辦了三場講座，第一、二場在香港科

---

13 〈張成雄會長致辭〉，《香港潮州商會會訊》第 99 期（2015 年 1 月），頁 7。

技大學夏利萊博士及夫人演講廳舉行，第三場在香港城市大學舉行，總共有一百四十多人報名參加。10 月 17 日，在潮州會館舉行決賽。

第五十屆會董會就職

2016 年，香港潮州商會第五十屆會董會開始履任。本屆會長胡劍江，副會長林宣亮、陳智文、馬鴻銘、黃書銳、高佩璇、鄭敬凱。11 月 8 日，假座香港會議展覽中心舉行第五十屆會董會就職典禮。

2017 年 2 月 4 日，商會在潮州會館大禮堂舉行丁酉年新春團拜。2 月 7 日至 9 日，商會代表團訪問了潮汕三市。同年，商會主辦潮商論壇，題為「回顧過去、展望未來」；及舉辦「潮劇文化晚會」，弘揚潮汕文化。

慶祝香港回歸二十周年

慶祝香港回歸祖國二十周年系列活動啟動禮於 2017 年 5 月 23 日舉行，一系列的慶祝活動陸續舉行至 12 月。政務司司長張建宗表示：「過去二十年，香港經歷了不少困難和考驗，憑着香港人的堅毅，我們迎難而上，在國家的鼎力支持下，香港闖過一個又一個的難關，保持經濟平穩發展，以及國際金融中心的重要地位。」[14]

會長胡劍江指出：「香港回歸祖國二十周年，香港潮州商會同仁支持特區政府依法施政之步伐堅定不移，為香港繁榮昌盛、和諧穩定建言獻策之心不變。」他又強調，同仁將「以無私境界和大愛襟懷立足香港，無愧於百年商會的聲譽和地位；以創新發展、飲譽全球的嶄新面貌，為香港回歸祖國二十周年的光輝日子增添光彩。」[15]

慶祝香港回歸祖國二十周年系列活動包括：

一、美加商務訪問團（5 月 28 日至 6 月 4 日）；二、潮汕文化同樂日（6 月 25 口）、三、香港小交響樂團國際巡迴表演（7 月）；四、潮劇文化晚會（11

---

14 〈慶回歸盛事〉，《慶祝香港回歸祖國二十週年紀念特刊》，頁 13。
15 胡劍江：〈會長獻辭〉，《歡慶香港回歸祖國二十週年紀念特刊》（香港：香港潮州商會，2017 年 7 月 1 日），頁 2。

月 6 日至 7 日）；五、潮湧香江藝術展覽（11 月 6 日至 8 日）；六、潮商論壇—回顧過去，展望未來（11 月 23 日）；七、中西區百業新裝慶回歸（12 月）。上述一系列的活動，使更多人認識商會近年來的多元化發展、獨特的潮汕文化和潮商業務，今後積極參與商會舉辦的各項活動。

舉辦海內外訪問團

第五十屆會董會視事伊始，即舉辦訪問團，在北京釣魚台國賓館獲時任全國政協主席俞正聲接見。翌年，會長胡劍江在北京獲總理李克強接見。2017 年 5 月 28 日至 6 月 5 日，商會舉辦 2017 美國加拿大商務訪問團，由會長胡劍江擔任團長，受到兩國政要和各地潮僑團體熱烈歡迎。

10 月 15 日至 17 日，組織上海訪問團，由會長胡劍江任團長，副會長林宣亮、黃書銳任副團長，率團前往上海訪問。2018 年 3 月 23 日至 25 日，舉辦 2018 戊戌新春行大運活動，由會長胡劍江帶領團員到廣東韶關市參觀遊覽。

榮譽會長饒宗頤事略

2018 年 2 月 6 日，香港潮州商會榮譽會長饒宗頤去世。饒教授自戰後以來，常為商會題字，1990 年第三十七屆起至第四十七屆，任商會名譽會長。2012 年第四十八屆至第四十七屆，2016 年第五十屆，擔任商會榮譽會長。

饒宗頤，字固庵，號選堂，廣東潮安人，1917 年生。自幼刻苦力學，見聞廣博，著述宏富，文學、史學、方志、考古、書畫等俱精，於敦煌學、甲骨文方面貢獻尤多。二十歲時參加廣東通志館的纂修工作，撰《潮州叢著初編》，1949 年出版其總纂的《潮州志》。歷任香港大學中文系教授、新加坡大學中文系教授、香港中文大學中文系系主任，至 1978 年榮休後，中文大學授予偉倫講座教授，香港大學授予榮譽文學博士名譽教授，法國索邦高等研究院授予人文科學博士榮銜，2009 年獲香港特別行政區政府頒授大紫荊勳章。任北京大學客座教授、中央文史資料館館員及西冷印社第七任社長。西冷印社位於杭州西子湖畔孤山之上，1904 年由浙派篆刻家丁仁、王褆、吳隱、葉銘等發起創建，以保存金石、研究印學，兼及書畫為宗旨，人稱「天下第一名社」。已出版的專著

和各類書籍逾七十部，發表論文四百餘篇。[16]

2015 年 2 月 26 日，香港潮屬社團總會、香港潮州商會乙未年新春團拜暨慶賀饒宗頤教授百歲華誕，假香港金鐘萬豪酒店舉行，社團首長及各界嘉賓逾三百人濟濟一堂，場面熱鬧而溫馨。總會、商會分別向饒老致送家鄉木雕壽星公和足金壽桃，祝願饒老身體安康；其後饒老向大家送上書法「太和」。[17] 2018 年 2 月 6 日仙逝，積閏享壽 105 歲。

第五十一屆會董會就職

2018 年 9 月 1 日，香港潮州商會第五十一屆會董會開始履任。本屆會長林宣亮、副會長陳智文、馬鴻銘、黃書銳、高佩璇、鄭敬凱、蔡少偉。11 月 20 日，假座香港會議展覽中心演講廳及宴會廳舉行第五十一屆會董就職典禮暨 2018 年度慶賀授勳鄉彥聯歡晚會。

本屆會董會秉承商會「敦睦鄉誼、促進工商、弘揚文化、服務社會、興學育才」的宗旨，會務不斷有所發展。在兩年任期內，經歷了長達二百多天的社會動盪，以及半年多的新冠病毒疫情蔓延，商會同仁不畏艱辛，為商會的發展壯大作出了不懈的努力。[18]

青年委員會的活動

第十四屆青年委員會舉辦了多場專題演講及出席相關的大型活動，主要包括：一、協助商會舉辦第十屆國際潮青聯誼年會；二、組織參加盂蘭文化節搶孤公開賽；三、合辦青年工商界專題午題會；四、舉辦「閩潮一家親」聚餐聯誼會；五、出席「僑青圓桌 — 粵港澳大灣區協同發展的機遇與挑戰」論壇；六、參加國際潮青聯合會特別會員大會；七、「兩岸四地青年企業家峰會」等。

---

16 研究饒宗頤學術的著作甚多，胡曉明著《饒宗頤學記》（香港：香港教育圖書公司，1996 年）、郭偉川著《饒學與潮學研究論集》（香港：藝苑出版社，2001 年）、郭偉川《饒宗頤的文學與藝術》（香港：天地圖書有限公司，2002 年）及陳韓曦著《饒宗頤學藝》（廣州：花城出版社，2011 年）等較易入手。

17 〈潮總潮商賀年，同慶饒老百歲〉，《文匯報》，2015 年 2 月 27 日，頁 A15。

18 林宣亮：〈發刊辭〉，《香港潮州商會第 51 屆會董會紀念特刊》（香港：香港潮州商會，2020 年），頁 20。

婦女委員會的活動

婦女委員會由第三屆開始，設立「香港潮州商會婦女委員會學生服務獎」，每屆捐款港幣六千元給潮州會館中學，資助十二名學生，每人五百元，作為進步獎。婦委會希望通過此類獎勵計劃，鼓勵學生積極參與社會服務，並提升學生在科學、科技、工程和數學方面的興趣及創新科技的思維。婦委會分別於2019年9月3日和10月2日，進行兩次籌款，購買物資慰問香港警隊。

第四屆婦女委員會積極參與商會的抗疫活動，2020年5月19日在會所舉行口罩捐贈儀式，分別向八鄉中心小學、中華傳道會許大同學校及油麻地街坊會學校捐贈一批口罩及酒精搓手液。在此之前，主任委員莊偉茵於4月間代表婦委會捐贈了一批口罩給潮州會館中學。

引領創新科技發展

第五十一屆會董以「潮商潮創、邁向百年」為主題，引領創新科技發展。商會為了提升會員的創新和科技意識，組團參觀香港科技園、香港應用科技研究院、香港生產力促進局；又組團訪問橫琴國際科技創新中心，藉此感受祖國改革開放四十年的巨大變化。商會首長還拜訪了粵澳中醫科技園、深圳坪山區科技園及廣東省人力資源協會，出席第九屆亞洲知識產權營商論壇等。

2019年11月，商會組織「潮汕科技文化交流團」，訪問汕頭大學和廣東以色列理工學院；會董王漢興透過商會，向汕頭大學捐贈四台電腦機床和電腦加工中心機床。

此外，還建立了商會微信公眾平台，發放新消息及活動資訊；並利用手機通訊平台開設全體常董、會董的群組，方便秘書處加強會董之間的互聯及交流。《香港潮州商會會訊》從第122期開始，增加科技專欄，藉以探討創新經濟思維並推廣科研技術。

關注區內社會民生事務

香港潮州商會作為百年老會，立足香港，扎根中西區，多年來一直支持本地及關注區內的民生和社會事務。近年來，商會每年均協辦「秋冬上環假日行

人坊」商貿推廣日活動，務使社會各界對商會有更多瞭解，認識潮商在中西區營商的歷史脈絡，使區內市民的假日生活更為豐富。

商會又協辦中西區潮劇欣賞晚會 2018，讓更多市民欣賞到傳統的潮汕文化。此外，還協辦「香港健康產業大獎 2019」，組織青委和婦委成員出席頒獎大會。

與港人共渡時艱

2019 年 5 月 19 日，商會與南方醫科大學香港校友會聯合舉辦「中醫保健義診日」，為香港市民和有需要人士提供康復治療和保健服務。商會還一如既往，捐助香港潮商互助社西醫診療所經費暨急賑基金，旨在發揚「互助互愛」精神，協助弱勢社群。

同年 6 月，香港爆發反修例活動，年底開始又有新型冠狀病毒蔓延。近兩年來，香港社會及民生受到嚴重影響。商會對全港各區發生的多宗暴力事件，表示極度憤慨及予以強烈譴責。疫情危機出現之初，商會首長在全球搜購了大約二十萬個口罩及大量搓手液，分批捐贈給「全港社區抗疫連線」及有關社區、基層團體、慈善機構和所屬學校、商會會員等，力求共渡時艱，齊心抗疫。商會多位首長也以個人名義，捐款和捐贈醫療防護用品予前線醫護人員和有需要人士。

樂育英才的種種舉措

商會向來重視教育和人才培養，每年為香港十二間大專院校設立「香港潮州商會獎學金」，並撥出經費支付所屬的兩間學校，即香港潮商學校及潮州會館中學。兩校在會董會的帶領下，師資共同努力，取得優異成績，並且重視學生的品德教育。

2018 年 11 月 24 日，香港潮商學校舉辦成立九十五周年慶祝活動，香港特區政府教育局長楊潤雄、中西區民政事務專員黃何詠詩、商會會長林宣亮、副會長鄭敬凱、永遠榮譽會長蔡衍濤、莊學山、許學之、張成雄、校監吳茂松等參加並致以熱烈祝賀。2019 年 1 月 27 日舉辦步行籌款，超過 750 人參加，

籌得善款二十一萬元，參加人數和善款數目都是歷年來最高。所得善款用來資助學校發展，為學生提供更優質的設施和更良好的學習環境。同年 7 月 5 日，香港潮商學校舉行第八十八屆畢業典禮。

潮州會館中學參加了香港潮屬社團總會主辦的「2018 盂蘭文化節」多項活動，該校派出的三支隊伍，在搶孤院校賽中獲得冠軍及季軍佳績。該校又參加由「一帶一路」國際合作香港中心贊助的「一帶一路」民心相通項目——「香港青年新跑道」計劃，並於 11 月 17 日出發前往烏茲別克；12 月 5 日，舉行「烏茲別克探索之旅成果分享會」。

潮州會館中學又安排中二級全體同學到上海進行學習和考察，體驗上海市在改革開放後的轉變及成就，了解旅遊蓬勃的配套發展，包括名勝景點、交通設施、科技教育及市內民生等，並透過小組專題研習，提升學生的批判性思維能力。

2019 年，學校「STEM 小組」邀請美國 Saildrone 團隊到校演講，讓師生了解南極生態課題。「Saildrone 南極域流探索」由李嘉誠基金會贊助。潮州會館中學林志銘同學參加上述計劃舉辦的「氣候轉變與我何干？」比賽，並獲邀到三藩市參觀 Saildrone 總部及新創公司。

關懷家鄉的民生和經濟

2018 年 8 月，潮汕地區遭遇特大暴雨，商會動員會員鄉親捐款，共籌得港幣八十五萬元，支持家鄉賑災。同年 10 月，商會組織潮汕三市商務訪問團，了解汕頭、揭陽和潮州三市的經濟和民生發展，並出席了「陳偉南文化館」奠基儀式及陳偉南先生銅像落成典禮。11 月又組織「潮汕科技文化交流團」，其間參觀了普寧市莊世平博物館及潮州市饒宗頤學術館。

商會歷來都熱情接待來自家鄉的訪問團，第 51 屆會董會接待了汕頭市委書記方利旭率領的訪問團、汕頭市副書記鍾揮鍔率領的汕頭市青年企業家代表團、汕頭大學及廣東以色列理工學院訪問團、潮州市湘橋區委書記佘楚雄率領的訪問團等。

分享兩會精神和相關見解

2019 年 3 月北京兩會，商會多位出任全國人大代表和全國政協委員的成員均有出席。商會與青委會共同舉辦「2019 解讀全國兩會座談會」，邀請中聯辦領導及潮籍全國人大代表、全國政協委員分享兩會精神和各人見解。

2020 年，全國人大通過有關港區《國安法》的決定，6 月 19 日，商會舉辦港區《國安法》座談會，並在座談會上，向中聯辦領導遞交香港潮州商會港區《國安法》建議書，呈交有關部門。6 月 30 日，港區《國安法》由全國人大常委會通過。

第五十二屆會董會就職

2020 年 9 月 1 日，香港潮州商會第五十二屆會董會開始履任。本屆會長為黃書銳，副會長陳智文、馬鴻銘、高佩璇、鄭敬凱、蔡少偉、陳強。商會共有 136 位會董，卜設十五個部及委員會。新一屆會董會增加了不少新會董，包括工商界及專業界的精英，分別在各行各業服務社會。新成員的加入，為百年老會注入活力和朝氣。

第五十二屆會董圍繞着「感恩、傳承、團結、奉獻」主題，上下一心，展開一系列籌備和慶祝商會成立百周年活動。與此同時，秉持商會的優良傳統，團結香港各界人士，服務社會；堅持以工商及專業界人士為主體，加強發揮商會獨有的功能；促進交流，積極帶領商會同仁與全球各地潮團交流合作，推動商貿。

黃書銳強調，商會「支持香港特區政府依法施政，同心同德共同抗疫，攜手並肩共度時艱，為香港繁榮穩定貢獻力量」。在新時代新形勢下，繼續積極參與「一帶一路」及粵港澳大灣區建設。[19]

19 黃書銳〈感恩、傳承、團結、奉獻〉，《香港潮州商會會訊》第 129 期（2020 年 9 月），「會長的話」，頁 20。

第五十二屆會董會首席榮譽主席

李嘉誠自 1960 年代中開始支持潮州商會,多年來出任會董;自 1980 年起轉任名譽會長,2012 年第四十八屆起任榮譽會長。2021 年,出任第五十二屆會董會首席榮譽主席。現為香港廣東社團總會榮譽贊助人及總監,並歷任多個潮屬團體的名譽職務。

李嘉誠,1928 年生於潮州潮安,幼年因戰亂,接連被輟學、逃難香港、父親病歿打擊,各種烙印,釐定他人生藍圖,立志以科技創業,並終生以教育與醫療公益為志業,推動社會改善進步。

1950 年成立長江塑膠廠,以新注塑技術規模化塑料生產,1960 年,掌握城市急劇發展之勢,進軍地產,並於 1972 年以長江實業上市。1979 年成功收購和記黃埔,成為香港華人入主外資大集團第一人,並帶領公司參與全球化發展,業務遍佈 50 多個國家,員工逾 32 萬人,總市值逾 8,000 億港元。他於 2018 年退任長江集團主席,專注李嘉誠基金會工作。

李嘉誠本着熱切建設家鄉之初心,自 1960 年代關顧鄉親之情,擴至 1970 年代末在潮州興建免費民房千戶和兩所現代化醫院。1981 年響應同鄉建議,實現百多年來潮州建大學之夢,決定創立汕頭大學,除捐資以外,40 年來盡付心力,由一片荒蕪田地建設成為國際認可的高等學府,至今支持汕大發展款項達 120 億港元,當中擔起了 99% 汕大基建涉資,培育了 16 萬學生,其中醫科畢業生達 5.6 萬人,加上建立的 5 所附屬醫院,共服務地區 70% 人口。2019 年,李嘉誠又引進創新獎學模式,資助全體本科生全額學費。2013 年,深感科技主導經濟的未來迫在眼前,與廣東省合作,爭取以色列理工學院落戶汕頭,並捐資 10 億港元,讓汕大成功合辦廣東以色列理工學院,旨在令粵東有新機遇,以科技教育開闢新格局,培育人才,爭取突破。

李嘉誠於 1980 年創立李嘉誠基金會,視之為他的「第三個兒子」,並呼籲有能力之士,須常懷感恩的心,要視建立社會責任、推動社會改善進步與延續後代同樣重要;有能力幫助別人是一種福份,這是奉獻文化的實踐,為明天帶來更多希望。李嘉誠於 2006 年把三分之一財產注入基金會,至今在推動教育、醫療、公益扶貧項目已逾 300 億港元,其中 80% 在內地和香港。

李嘉誠一直深信科學必重塑人類命運,在全球方面,基金會支持 20 間著

名學府不同醫療研究，並推動這些學府與香港及國內醫學院的合作，碩果纍纍，兩位李嘉誠講座教授席教授，阿爾伯特大學霍頓教授（Prof. Michael Houghton）因發現丙型肝炎獲得 2020 年諾貝爾醫學獎，惠及 7,100 萬患者，其中 12.5% 在中國；加州柏克萊大學杜娜教授（Prof. Jennifer Doudna）因 CRISPR 基因剪輯工程同年獲諾貝爾化學獎，這精準、快速、便宜的基因「神剪」，令生命科技可大規模應用於多個工業領域。

基金會不斷推動公益範式轉移，設計高效和人性化平台，服務臨終癌症病人，由 1998 年在汕頭設立首家寧養院，擴至 32 所，覆蓋全國，逾 21 萬名病人有尊嚴地完成最後一道旅程；2003 年，李先生希望為香港市民拓清幽道場，修學建智，遂動念興建慈山寺，以創新的「塵法二務」分管方式運作，弘揚佛法、慈濟善業，利樂社群，並建立香港首個佛教藝術博物館，為香港提供一個集佛學、社服和文化於一身的淨化心靈空間，至今投入逾 31 億港元，參學人次超過 130 萬。李嘉誠對以「科技、教育、醫療」推動社會進步，視為光榮的任務，矢志不渝。

李嘉誠屢獲殊榮，包括香港特別行區大紫荊勳章（GBM）、英帝國 KBE 爵級司令勳銜、法國榮譽軍團司令勳銜，曾任香港特區基本法起草委員會委員、港事顧問、特區籌備委員會委員等，並獲國家民政部頒發中華慈善獎終身榮譽獎。[20]

增設多位榮譽主席

第五十二屆會董首席榮譽主席之下，增設榮譽主席之職，他們是：吳康民、李業廣、陳茂波、陳智思、林建岳、戴德豐、胡定旭、李澤鉅，總共八位。

吳康民自 2002 年起任商會名譽會長，李業廣自 2006 年起任商會名譽會長，二人均於 2012 年第四十八屆至 2018 年第五十一屆出任榮譽會長，對商會會務多所參與和作出貢獻。

吳康民，廣東惠來人。畢業於廣州中山大學，後赴香港培僑中學任教，擔任該校校長多年及任校監。1975 年籌組香港教育工作者聯會，並被選為創會會

---

20 https://www.lksf.org/our-founder/?lang=hk

長。曾任全國人大代表三十二年，又任香港特區籌備委員會委員。獲頒大紫荊勳章、揭陽市榮譽市民等榮譽。

李業廣，生於上海。倫敦政治經濟學院畢業，獲法律碩士學位。合夥創辦胡關李羅律師行，1988 年至 1994 年任香港聯合交易所理事會理事、主席，1999 年獲委任為香港交易所主席，2005 年獲委任為香港行政會議成員。

陳茂波、陳智思、林建岳、戴德豐、胡定旭、李澤鉅，在出任榮譽主席之前，均曾擔任商會榮譽顧問等職務，支持及參與商會會務並且多所貢獻。

商會最近的主要活動

2020 年 11 月 12 日，香港潮州商會聯合香港潮屬社團總會假金鐘萬豪酒店舉辦 2020 年度慶賀榮任六大慈善機構要職鄉彥晚宴。

2021 年 2 月 3 日，商會會長黃書銳一行到西區警署感謝全體警員英勇執法，守護香港，維護法治。黃書銳表示，過去兩年警隊保持高度專業，在應對持續一年多的社會事件及抗擊新冠疫情中作出了重大貢獻，特意前來對警隊的努力表示感謝。[21]

同年 2 月 20 日，商會舉行「辛丑年新春團拜」。由於新型冠狀病毒肺炎疫情仍未穩定，新春團拜改以線上直播模式（Zoom meeting）舉行，多位嘉賓錄製新年祝賀影片向各界拜年。會長黃書銳致辭表示，過去一年有賴各會董、會員及鄉親響應國家號召，參與「一帶一路」倡議和粵港澳大灣區建設，支持香港特區政府依法施政，推動香港發展重回正軌；面對疫情蔓延，商會及全人搜購口罩及各類物資捐贈多個團體和地區，凝聚全港潮商潮人力量，促進社會團結和恢復經濟。[22]

為了以實際行動支持香港特區政府依法施政，商會以戰略合作夥伴方式參與「特區政府施政十件大事」。為宣傳兩會精神，支持工商界把握香港和國家發展機遇，商會於 2021 年 3 月 30 日在會館舉辦「解讀全國兩會精神座談會」。此次座談會有幸邀請全國人大代表、商會榮譽主席陳智思，全國政協常委、商

---

21 www.chiu.org.hk
22《商報》、《文匯報》，2021 年 2 月 22 日；《大公報》，2021 年 2 月 24 日。

會榮譽主席胡定旭，全國政協委員、商會永遠名譽會長胡劍江，全國政協委員、商會副會長高佩璇，全國政協委員、商會榮譽顧問高永文、劉炳章，全國政協委員、商會名譽顧問朱鼎健、許漢忠、洪明基、李偉斌現身出席或透過視像影片為商會解讀全國兩會精神的精粹和見解。會長黃書銳致辭時表示「愛國者治港」原則不容置疑，由愛國者治港，將可堵塞香港特區現行選舉制度存在的漏洞，防止別有用心人士通過立法會和區議會議事平台，阻撓香港特區政府依法施政。

商會於 2021 年 3 月 30 日舉辦「2020 年度慶賀授勳鄉彥晚宴」，祝賀及表彰獲香港特區政府授勳及獲委任為太平紳士之潮籍鄉彥，藉以褒獎獲勳鄉彥熱心服務社會之精神，順敘鄉情。

清明節是孝子賢孫紀念祖先的節日。一如以往，商會於 2021 年 4 月 7 日舉行春祭。在會長黃書銳的帶領下，一行近 20 人前往和合石潮州墳場及沙嶺潮州墳場省墓。會長黃書銳，副會長馬鴻銘、陳強，永遠名譽會長許學之，常董陳捷貴、謝喜武、謝錦鵬，會務策略顧問林楓林及會員若干等按傳統儀式向先人拜祭，以示敬意。

為了慶祝香港潮州商會成立一百周年，由會長黃書銳提議，並得到會董會的大力支持，潮州會館大廈全棟進行維修，四個月內完成全部工程。會館內外全部翻新，大廈煥然一新。商會與電視廣播有限公司合作製作播放五條以「感恩、傳承、團結、奉獻」為主題的宣傳片、與鳳凰衛視合作製作 60 分鐘專題記錄片及 8 分鐘主題短片。「百年潮商展風華—慶祝香港回歸 24 周年暨百年潮商書畫攝影展」及其他慶祝活動。

香港潮州商會百周年慶典暨第五十二屆會董就職典禮，原定於 2021 年 2 月 27 日舉行，因疫情影響改於 8 月 27 日假座香港會議展覽中心新翼三樓大禮堂舉行。[23] 商會同仁和各友好社團及各界來賓等約 700 多人歡聚一堂，場面盛大。

---

23 www.chiu.org.hk

蒞臨出席香港潮州商會百周年會慶暨第 52 屆會董就職典禮主禮嘉賓及重要嘉賓

主禮嘉賓

香港特別行政區行政長官林鄭月娥女士
中央人民政府駐香港特別行政區國家安全公署署長鄭雁雄先生
中央人民政府駐香港特別行政區聯絡辦公室副主任何靖先生
香港特別行政區財政司司長陳茂波先生

重要嘉賓

外交部駐港公署	副特派員方建明先生
香港特區政府	政制及內地事務局局長曾國衛先生 食物及衞生局局長陳肇始女士 民政事務局局長徐英偉先生 財經事務及庫務局局長許正宇先生 香港創新及科技局局長薛永恒先生 警務處處長蕭澤頤先生
中聯辦	社團聯絡部部長鍾吉昌先生 港島工作部部長薛惠君先生 九龍工作部部長郭亨斌先生 新界工作部部長李薊貽先生
駐港國安公署	局長鄧建偉先生 辦公廳主任鄭澤暉先生
全國人大代表	陳智思先生、陳振彬先生
全國政協常委	余國春先生、林建岳先生、胡定旭教授
全國政協委員	姜在忠先生、黃楚基先生、陳仲尼先生、胡劍江先生、 高佩璇女士、高永文醫生、劉炳章先生、朱鼎健先生、 許漢忠先生、周厚立先生、李偉斌先生、
立法會議員	姚思榮先生、陳恒鑌先生、鄭泳舜先生
特邀嘉賓	吳康民先生、林宣武先生、畢堅文先生、鄭國漢教授、 李惠光先生、任景信先生

香港潮州商會百周年會慶暨
第五十二屆會董就職典禮誌慶

促進國際經貿人文交流

全國政協副主席　梁振英

香港潮州商會百周年會慶暨第五十二屆會董會就職典禮

團結共進
百載同心

香港特別行政區行政長官林鄭月娥

賀香港潮州商會百週年會慶暨第五十二屆會董就職

弄潮兒向濤頭立
手把紅旗旗不濕

辛丑夏駐港國家安全公署鄭雁雄

香港潮州商會百周年會慶暨
第五十二屆會董就職典禮誌慶

百載耕耘
造福潮港

中央人民政府駐香港聯絡辦公室副主任　何靖

題辭或致賀的嘉賓及各友好團體名錄

全國政協副主席 梁振英先生
香港特別行政區行政長官 林鄭月娥女士
中央人民政府駐香港特別行政區維護國家安全公署署長 鄭雁雄先生
中央人民政府駐香港聯絡辦公室副主任 何靖先生
中華全國歸國華僑聯合會
香港特別行政區政務司司長 李家超先生
香港特別行政區財政司司長 陳茂波先生
香港特別行政區律政司司長 鄭若驊女士
香港潮州商會首席榮譽主席、李嘉誠基金會長主席 李嘉誠先生
全國政協常委、香港貿易發展局主席 林建岳先生
全國人大代表、香港潮屬社團總會主席 陳振彬先生
汕頭市委統戰部、汕頭海外聯誼會
潮州市委統戰部、潮州海外聯誼會
揭陽市委統戰部、揭陽海外聯誼會
汕尾市人民對外友好協會
馬來西亞潮州公會聯合會總會長 黃賜興先生
澳門潮州同鄉會會長 邱金海先生
法國潮州會館會長 蔡漢忠先生
廣東省潮人海外聯誼會會長 蔡東士先生
湖北省潮人海外聯誼會會長 陳少榮先生
印尼潮州總會會長 曾國奎先生
柬埔寨潮州會館會長 劉明勤先生
四川潮人海外聯誼會
河南省潮人海外聯誼會
河南省潮商會
深圳市潮青聯誼會
深圳市潮州商會、深圳市韓江文化研究會
深圳市潮汕文化研究會
潮團實務交流協作平台
肇慶市潮汕商會
汕頭大學副校長 劉文華先生
印尼潮州鄉親公會會長 黃財利先生
老撾潮州會館
挪威潮汕商會會長 趙文生先生
菲律賓潮汕總商會會長 陳慎修先生
台北市潮州同鄉會
台灣台南市潮汕同鄉會理事長 李方木先生
美國潮商總會

商會還收到其他海內外友好社團及僑領的祝賀視頻，存錄於商會網站及社交媒體。

贊助商會百周年慶典活動經費

捐款人芳名	捐款金額 HK$
香港潮州商會儲備金撥款	5,000,000.00
黃書銳會長	5,000,000.00
李嘉誠首席榮譽主席	1,500,000.00
馬介璋永遠名譽會長、馬鴻銘副會長	800,000.00
陳強副會長、陳賢翰會董	600,000.00
林建岳榮譽主席	500,000.00
陳偉南永遠名譽會長、陳幼南永遠名譽會長	500,000.00
莊學山永遠名譽會董	500,000.00
詹培忠榮譽顧問	500,000.00
謝賢團名譽顧問	500,000.00
王建瑜名譽顧問	500,000.00
謝錦鵬常務會董	500,000.00
許學之永遠名譽會長、許平川會董	250,000.00
林宣亮永遠名譽會長、林輝耀名譽顧問、林宣中會董、林宣明先生	200,000.00
蔡少偉副會長	200,000.00
陳智文副會長	100,000.00
高佩璇副會長	100,000.00
林建名名譽顧問	100,000.00
謝喜武常務會董	100,000.00
鈿淑珍女士	100,000.00
廖烈智名譽會長	50,000.00
羅康瑞榮譽顧問	50,000.00
謝中民名譽顧問	50,000.00

（續上表）

捐款人芳名	捐款金額 HK$
翁廣松名譽顧問	50,000.00
陳玉卿女士	30,000.00
鄭維健榮譽顧問	20,000.00
劉宗明名譽顧問	20,000.00
馬介欽常務會董	20,000.00
蕭彼嘉會董	20,000.00
顏吳餘英會董	20,000.00
蔡堅名譽會董	20,000.00
唐大威常務會董	10,000.00
高永文榮譽顧問	10,000.00
羅嘉瑞榮譽顧問	10,000.00
吳哲歆常務會董	10,000.00
胡澤文常務會董	10,000.00
林楓林會務策略顧問	10,000.00
胡楚南會董	10,000.00
林晉全會董	10,000.00
張安德名譽會董	10,000.00
蔡衍濤永遠名譽會長	5,000.00
黃楚標榮譽顧問	5,000.00
陳賢豪會董	5,000.00
張賽娥名譽顧問	3,000.00
劉炳章榮譽顧問	2,000.00
蔡德河名譽顧問	2,000.00
合計：	18,012,000.00

2021 年 9 月 15 日，商會聯同中西區民政處及醫護誠信同行在香港中央圖書館合辦「中西區長者疫苗接種日」，現場安排三場座談會，邀請註冊西醫為長者講解有關疫苗的有效性，注射後需要注意事項及會後諮詢。

2021 年 9 月 16 日，商會聯同香港潮屬社團總會舉行慶賀大會，熱烈祝賀榮獲特區政府頒授勳銜、獲委任為太平紳士及榮任本港六大慈善團體要職鄉彥。

商會全力支持 2021 年立法會選舉，完善選舉制度，落實愛國者治港的原則，於 2021 年 11 月 11 日發函全體會員，呼籲會員盡公民責任，發動親友和公司員工踴躍投票，會董也於選舉期間往各選區為愛國愛港的參選人士助選打氣。[24]

2022 年 2 月 21 日，商會捐贈防疫物資予前線警務人員。捐贈儀式在香港警察總部舉行，香港警務處處長蕭澤頤、助理警務處處長陳綺麗、總警司馮少蘭等亦有出席儀式。[25] 面對來勢洶洶的第五波疫情，商會亦發動全體會董出錢出物資支持全港抗疫，亦捐贈抗疫物資予會員、本會所屬潮商學校、潮州會館中學、香港基督教服務處天恒幼兒學校、世佛會觀自在幼兒學校、基督教中學幼稚園、福幼幼稚園、九龍城浸信會禧年幼稚園、九龍樂善堂等。

2022 年 6 月，為慶祝香港回歸祖國 25 周年及慶祝香港潮州商會創會一百周年，香港潮州商會與中西區民政事務處共同發起在中西區近中山紀念公園海濱長廊建造紅頭船塑像設施，以紀念香港開埠時期，先民艱苦創業的歷史。

青年委員會活動

2021 年 4 月 15 日，青委舉辦「潮式飲食文化雲上 Tea-Tasting」活動，邀請到國家認證中級茶藝師范曉菁小姐擔任教學嘉賓，參事胡炎松擔任主持。向委員推廣一千多年歷史的工夫茶文化，潮州工夫茶藝亦是中國國家級非物質文化遺產。

2021 年 6 月 24 日，青委第十五屆第六次會議於潮州會館禮堂舉行，邀請一國兩制研究中心總裁張志剛先生擔任演講嘉賓，分享「如何理解香港的『二次回歸』」。

2021 年 9 月 11 日，青委第十五屆第九次會議於蓬瀛仙館舉行，邀請香港道教聯合會梁德華主席擔任演講嘉賓，講述道教與人生。

2021 年 9 月 25 日，由青委與大灣區專才協會主辦，香港青年聯會、北京市青年聯合會、上海市青年聯合會、滬港青年會、廣州市天河區港澳青年之家

24《香港潮州商會會訊》第 134 期（2021 年 12 月），〈本會全力支持 2021 年立法會選舉〉，頁 5。
25《香港潮州商會會訊》第 134 期（2021 年 12 月），〈本會捐贈防疫物資予前線警務人員」〉，頁 15。

為支持機構的「大灣區青年創業及專業人才專題講座」於潮州會館禮堂舉行。財經事務及庫務局局長許正宇先生、粵港澳大灣區發展辦公室副專員莫君虞先生擔任主題演講嘉賓。

2021 年 10 月 21 日，青委第十五屆第九次會議於中國會舉行，邀請榮譽顧問林大輝博士擔任演講嘉賓，分享「香港精英體育運動的發展情況」。

2021 年 11 月 18 日，青委第十五屆第十次會議於中國會舉行，邀請嶺南大學校長鄭國漢教授擔任演講嘉賓，演講題目為「中美塑造世界秩序的角力」。

2021 年 12 月 17 日，青委第十五屆第十一次會議暨潮青邁向三十週年晚會於尖東帝苑酒店舉行。出席嘉賓包括商會首長，以及香港中華總商會青委、香港中華廠商聯合會青委、香港中國企業協會青委、香港福建社團聯會青委、香港僑界社團聯會青委、金紫荊女企業家協會、香港九龍潮州公會青委等青年團體之代表。大家歡聚一堂，回顧青委的光榮歷程，同賀聖誕迎新年。

2021 年 12 月 18 日，青委舉辦故宮博物館（開館前）導賞團，邀請著名建築師嚴迅奇設計團隊為青委導賞。

婦女委員會活動

第五屆婦女委員會主任由莊偉茵常董連任，她在中間第四屆婦委工作時，讚揚委員在 2019 年社會動盪期間，兩次捐款購買慰問物資支持香港警隊，疫情期間委員互相打氣關懷，充分體現姐妹的深厚情誼。本屆婦委會的重點工作有三：第一是關心青少年的教育，每年繼續贊助十二個進步獎學金給潮州會館中學，每個獎金五百元。第二，是成立關心支援學生工作組，深化聯繫青年的工作，重拾青年對香港的信心。第三，是成立和諧家庭美食組，推動潮汕美食文化。

本屆婦女委員會捐款資助潮州會館中學英文教學。2021 年 5 月 28 日，婦委莊偉茵主任及林趣玲副主任前往潮州會館中學，視察中三英語增潤班的學生情況。潮州會館中學的學生特意致送感謝卡，以感謝婦女委員會對會館中學的支持和幫助。

2021 年 9 月 4 日，婦委贊助潮州會館中學師生觀看電影「媽媽的神奇小子」。

2021 年 11 月 10 日，婦女委員會聯同潮總婦委會舉行「姿娘上強」之個人分享座談會，邀請警務處蕭澤頤處長夫人蕭陳琬瑤女士做主講嘉賓，與大家分享成功男人背後的女人做人做事的心得體會。[26]

---

26 〈潮商潮總婦委合辦「姿娘上強」分享會〉，《香港潮州商會會訊》第 134 期（2021 年 12 月），頁 42–45。

第十五章　支援國際潮團和潮商活動

香港潮州商會在邁向百年征程的歷史新時期，立足香港，背靠祖國，走向國際，藉着「一國兩制」的優勢，團結世界各地的潮籍鄉親，繼往開來，致力促進全球工商業發展。一直以來，香港潮州商會是海內外潮人彼此交流溝通的平台，擔當着橋頭堡的角色，也是拓展全球商貿的先鋒。尤其是在二十世紀二十年代今天，商會大力配合和支持國家的「一帶一路」倡議決策。

2017 年 11 月 23 日，作為香港潮州商會慶祝香港回歸祖國二十周年系列活動之一，「潮商論壇」以「回顧過去，展望未來」為主題，邀請國務院辦公室領導講述過去如何在全國十三個省市協助潮屬鄉親，重申「大眾創業，萬眾創新」的精神，鼓勵鄉籍外僑將海外技術帶返祖國，實施一系列落戶的配套政策，達到可持續發展的成果。[27]

全球潮人合作的新時代

在香港潮州商會第四十八屆及第四十九屆會董會交接儀式中，新一屆會長張成雄強調，今後的會務朝着國際化、年青化及專業化的方向推進，商會繼續協助國際潮團總會常設秘書處、國際潮青聯合會秘書處的工作，利用強大的國際網絡，聯絡國際潮籍精英與商會合作交流，共創雙贏局面。[28]

現時潮人和潮商，已形成三分之一在內地各處，三分之一在潮汕本地，三分之一在海外四方的格局，潮人的國際性合作，開啟了香港、澳門特區與海外潮籍鄉親面向全球、心懷祖國的新氣象。在 2020 年代，隨着「一帶一路」的開展和粵港澳大灣區的凝聚力加強，香港位居交通樞紐的重要位置，更是責無旁貸。

---

27 《香港潮州商會歡慶香港回歸祖國二十週年紀念特刊》，頁 11。
28 〈第 48 及 49 屆會董會交接儀式張成雄會長演辭〉，《香港潮州商會會訊》第 98 期（2014 年 11 月），頁 4。

推動國際貿易和潮青聯合

香港潮州商會歷來都積極為會員及鄉親拓展商機,大力推動潮商在國際貿易中的參與和發展。1981 年,適逢香港潮州商會成立六十周年,商會與東南亞各同鄉會團體創辦「國際潮團聯誼年會」,並應承主辦首屆年會,將舉辦首屆國際潮團聯誼年會活動作為香港潮州商會六十周年會慶的重要項目之一,廖烈文永遠名譽會長為大會主席,此乃潮籍鄉親從地區性合作走向國際性合作的開端。1995 年,第八屆國際潮團聯誼年會再次由香港潮州商會牽頭組織本港潮籍團體主辦,永遠名譽會長陳有慶博士為大會主席,逾二千人出席,盛況空前。

香港潮州商會在促進海內外潮青一代交流合作方面多所努力。1999 年,商會青年委員會組織籌辦第一屆國際潮青聯誼會;並着手策劃創辦「國際潮青聯合會」,於 2004 年在蒙特利爾第三屆國際潮青聯誼年會上正式宣告成立。長期以來,香港潮州商會一直兼顧國際潮青聯合會秘書處和國際潮團總會常設秘書處的工作,直至其獨立運作為止。

2018 年 11 月,第十屆國際潮青聯誼會再次由香港潮州商會主辦。香港特別行政區行政長官林鄭月娥女士等主禮,她鼓勵海內外有意創業的潮籍青年,以香港為跳板,把握粵港澳大灣區發展的機遇。國際潮青聯合會會長李桂雄表示,國際潮青滿佈世界各地,在新時期國家的經濟建設中扮演着重要角色。香港潮州商會會長林宣亮說,國際潮青聯誼年會創立二十年,展望未來,潮籍青年更應積極投身潮人事業。[29]

國家領導視察潮州的鼓舞

2020 年 10 月,中共中央總書記、國家主席習近平南下廣東視察,首站前往潮州,叮囑潮州父老鄉親抓住機遇。他指出潮州文化是嶺南文化的一部分,嶺南文化又是中華文化的主要組成部分。在汕頭參觀僑批文物館時,向市民群眾說:「華僑一個最重要的特點就是愛國、愛鄉、愛自己的家人。這就是中國人、中國文化、中國人的精神、中國心。中國的改革開放,中國的發展建設跟

---

29 〈香港潮州商會成功舉辦「第十屆國際潮青聯誼年會」〉,《香港潮州商會會訊》第 122 期(2019 年 1 月),頁 13–16。

我們有這麼一大批心繫桑梓、心繫祖國的華僑是分不開的。」

　　商會會長黃書銳強調：「海外潮人是積極支持祖國改革開放、推動潮汕家鄉經濟發展的重要力量。習主席潮汕視察給了我們很大的鼓舞。面對百年未有之大變局，作為百年商會全體同仁，我們一定不辜負習主席的殷切期望，抓住機遇，乘勢而上，起而行之」。[30]

　　黃書銳又說：「習主席對潮州的關懷和支持，也是對在外潮人的關懷和支援，我們都感到極大的鼓舞。我們潮籍在外鄉親，很多人人在外，心懷鄉情，看到家鄉的發展和變化，我們都很興奮和激動。」

30 黃書銳〈習主席視察潮汕，鼓舞香港潮商潮人〉，《香港潮州商會會訊》，第 130 期（2020 年 12 月），
　　頁 44。

第十六章　配合「一帶一路」的策略

2013 年由國家主席習近平訪問東盟時提出的「一帶一路」（Belt and Road）倡議構思，經過多番倡導，已將構思具體化，成為一幅當前及未來發展的藍圖。2015 年 4 月，中國發改委、外交部和商務部聯合發佈《推動共建絲綢之路經濟帶和 21 世紀海上絲路的願景與行動》，宣告「一帶一路」進入全面推動階段。

根據規劃，「一帶一路」的「一帶」是指陸上的「絲綢之路經濟帶」，從中國出發，共有三個走向：（1）經中亞、俄羅斯，到達歐洲；（2）經中亞、西亞，至波斯灣、地中海；（3）中國到東南亞、南亞、印度洋。「一路」是指「21 世紀海上絲綢之路」，重點方向有兩條：（1）從中國沿海港口過南海，到印度洋，延伸至歐洲；（2）從中國沿海港口過南海，到南太平洋。以中國為起點，藉着汴陸交通與航空網絡，貫串「一帶」和「一路」，就可將中國與世界多個國家和地區聯繫起來。

實現「一帶一路」的關鍵

如何將「一帶一路」藍圖變成現實，關鍵在於做好「一通」具體而言就是：（1）政策溝通，是重要保障；（2）設施聯通，基礎設施互聯互通是優先領域；（3）貿易暢通，解決投資貿易便利化問題，消除投資和貿易壁壘；（4）資金融通，重點在於亞洲貨幣金融體系建設與金融監管工作；（5）民心相通，包括教育、旅遊、醫療、科技、文化等多層面的合作。

為此，中國出資四百億美元，設立絲路基金；又倡導成立一千億美元的亞洲基礎設施投資銀行（簡稱「亞投行」；AIIB），已有超過五十個國家和地區申請加入，這些國定和地區遍佈於亞洲、歐洲、非洲、南美洲和大洋洲。多個歐洲國家申請加入，凸顯了再造新絲路與海路，建立新興市場聯盟的龐大商機，已吸引了歐盟的主要成員國。

總的來說，「一帶一路」的一端，是發達的歐洲經濟圈，而另一端則是極具活力和潛力的東亞經濟圈，從而帶動中亞、西亞、南亞及東南亞的發展，並且

輻射到非洲。「一帶一路」作為二十一世紀中國最重要的政策之一，不只對中國帶來好處，對整個區域亦有利益，既可深化區域經濟合作，更可強化其在全球經濟與政治事務等方面的影響力。

香港潮州商會研討商機

2015 年 5 月 26 日，香港潮州商會隨即在會所大禮堂舉行座談會，邀請中銀香港經濟及政策研究主管謝國樑博士到會，共研「一帶一路」商機。會長張成雄及副會長林宣亮、陳智文、馬鴻銘等與講者分享了「一帶一路」的倡議意義。潮商在歷史上對東南亞的影響頗大，經貿人脈廣闊，潮汕地區的民間工藝、特色食品等，通過這條海上適道源源不絕地輸往東南亞、印度、斯里蘭卡和中東。潮汕地區自古就是海上絲綢之路的重要組成部分，扮演着龍頭的角色。與會者就潮商如何可以利用「一帶一路」的行動轉型拓展商貿脈絡和謀求更大發展，以及可以扮演甚麼角色等問題作出提問，謝國樑博士都一一予以詳盡解答。[31]

2016 年 4 月，永遠榮譽會長許學之率團出席第十屆中國（河南）國際投資貿易洽談會，強調河南位處國家中部是「中原經濟區」主體，在國家促進中原崛起戰略中佔有非常重要的地位，在「一帶一路」建設中扮演重要角色。

訪問東南亞及河南、成都、武漢

2016 年 11 月 6 日至 11 日，會長張成雄率團訪問泰國、新加坡、馬來西亞，重行這一段海上絲路，拜訪各國的主要潮團，包括泰國潮州會館、新加坡潮州八邑會館、馬來西亞潮州公會聯合會。一行四十多人，與泰新馬潮籍團體代表敦睦鄉誼。張成雄說，我們要充分利用四地歷史悠久的商貿合作關係，抓住契機，為這條海上絲路作出應有的貢獻。[32]

6 月 20 日至 25 日，會長張成雄、副會長黃書銳等三十多人的商會代表團前往成都、武漢參觀訪問。訪問團首先拜訪四川省潮人海外聯誼會和四川潮汕

---

31 〈本會邀請香港中銀共研「一帶一路」商機〉，《香港潮州商會會訊》第 102 期（2015 年 7 月），頁 8–9。
32 〈重行海絲路，再創新輝煌〉，《香港潮州商會會訊》第 105 期（2016 年 1 月），頁 2–3。

商會，繼而在武漢拜訪湖北潮人海外聯誼會。[33]

香港潮商學校的「一帶一路」

香港潮商學校校長詹漢銘說，「一帶一路」是國家重點發展策略，亦是香港、甚至全世界發展的重要基石，他服務的學校，有來自「一帶一路」沿線不同國家的學生就讀，他們互相學習、彼此照顧和幫助，家長間也能互相合作，在顯示了不同民族間聯繫的重要性，這正好就是「一帶一路」的縮影。他說：

> 我感受到的是當「一帶一路」成功推行，不單是貿易的發展，不同民族間和不同國家之間人民的交往將更頻繁，相互間的溝通和了解將進一步有利於世界的發展，從而體現民族間的包容和了解才是「一帶一路」最重要的目的。[34] 2018 年 7 月 13 日至 20 日，香港潮商學校成功舉辦哈薩克斯坦考察活動。

青委會探索「一帶一路」

2016 年 7 月 3 日，青委會邀請民政事務局政治助理徐英偉與一眾青委介紹政府所做的工作，徐英偉指出，「一帶一路」沿線多是發展中國家和城市，基建、物流、醫療、教育各方面都需要大量人才，香港特區政府致力促進港青與「一帶一路」沿線國家交流，讓香港青年先了解對方的文化和生活習慣，然後從提升當地生活水平的角度發掘商機。與此同時，特區政府亦積極幫助年青人創業。[35]

推進「一帶一路」的相關工作

2019 年 12 月 17 日，邀請「一帶一路」專員葉成輝出席商會的專題講座，

---

33 〈走絲綢之路，鑄潮商新猷〉，《香港潮州商會會訊》第 108 期（2016 年 7 月），頁 6-9。
34 詹漢銘〈學校的「一帶一路」〉，《香港潮州商會歡慶香港回歸祖國二十週年紀念特刊》，頁 46。
35 〈青委邀請徐英偉講「一帶一路」〉，《香港潮州商會會訊》第 109 期（2016 年 9 月），頁 24。

講述香港特區政府如何推進「一帶一路」的相關工作。配合國家倡議的長遠區域合作策略，香港特區政府亦提出有關方案，期望香港能成為沿線地區與內地之間的「超級聯絡人」，為香港社會和經濟發展提供持續的新動力。

會長林宣亮致辭時表示，「一帶一路」為香港經濟、社會發展帶來新空間。香港享有策略性的地理優勢，又是中國最具競爭力及最國際化的城市，正好作為「一帶一路」建設的門戶，開拓「一帶一路」未來的發展及各樣的機遇。

葉成輝表示，香港的國際聲譽及法律最能給予世界各國信心，香港專業服務人才濟濟亦可為「一帶一路」的基建發展項目提供優質支援服務，幫助國際企業抓住「一帶一路」的機遇。在講座會上，商會多位人士就相關的經濟、教育、法律及可持續發展等問題，發問及分享意見，氣氛十分熱烈。

2021 年 7 月 21 日，第五十二屆會長黃書銳在會務報告中指出，商會積極參與國家與香港在「一帶一路」和粵港澳大灣區的建設，拓展商機，加強與世界各地潮籍商貿交流，進一步發揮香港的獨特優勢，抓住歷史性機遇，全面融入國家的發展大局。[36]

---

36 〈香港潮州商會第五十二屆第一年度周年大會黃書銳會長會務報告〉，《香港潮州商會會訊》第 133 期（2021 年 9 月），頁 110。

第十七章 ▍ 參與粵港澳大灣區的發展

2019 年 2 月 18 日，農曆正月中旬，《粵港澳大灣區發展規劃綱要》（以下簡稱《綱要》）公佈，這年正值中華人民共和國建立七十周年，發展粵港澳大灣區是國家戰略之一。《綱要》在此時宣佈，正好配合粵港澳大灣區交通發展新形勢：首先是全國交通暢達，其次是區內配套完成，隨着港珠澳大橋和香港高鐵的建造，香港的交通運輸網絡比前更為可觀，全國以至區內人民交通往來，都較前此便捷。

《綱要》列舉粵港澳大灣區四個中心城市，依次是香港、澳門、廣州、深圳。這既有利推動「一國兩制」的實踐和發展，也有助深化改革開放所取得的成績。目標是使大灣區成為「內地與港澳深度合作示範區」，在相當程度上反映國家對香港寄予厚望：（1）香港已是國際金融中心；（2）香港是亞太經貿活動中心；（3）香港是中外文化交流中心。香港這三大優勢，足以作為粵港澳大灣區的中堅力量。區內的其他城市包括東莞、佛山、中山、肇慶、江門、珠海、惠州，都各有自己的強項和特色。

香港在大灣區擔當的角色

香港在粵港澳大灣區的重要角色，是促進以下三方面：第一，是有助打通區內的經脈；第二，是有助薈萃區內的文化；第三，是有利國家對外的發展。具體地說，是構建現代化的綜合交通體系，為粵港澳大灣區經濟社會進程提供支撐，要使大灣區成為「充滿活力的世界級都市群」。

還有一個任務，就是打造「宜居宜業宜遊的優質生活圈」。香港地少人多，在居住方面必須解決一些面對的難題；各行各業競爭激烈，需要擴大就職機會，提升業務水平，和拓展創新文化。為此，香港就要做好三件事：（1）發揮中國南大門的效應；（2）向世界推介和展示大灣區；（3）帶領大灣區走向全球。責無旁貸，香港應該當仁不讓。

香港要發揮本身的優勢，就是發揮大灣區內的交通運輸網絡，和香港在區內城市群中已具備的種種條件，成為「具有全球影響力的科技創新中心」。香港可以從已具備的條件出發：（1）交通運輸和資訊通暢；（2）東西方多元文化交流；（3）教育事業和人才培訓。現時香港有十幾家公私立大學和院校，在亞

洲、在國際都具份量，科技研究、醫藥檢定、文化產業等方面均優以為之；加上兩文三語環境，也有助於培養工商業和服務業人才。

粵港澳大灣區的長遠考量

粵港澳大灣區受到這樣的重視，主要原因之一，是區內的交通建設和功能，包括港口群、機場群及運輸通道等。大灣區與首都圈（京津地區）、長三角（上海一帶）是互動的關係，即互相促進和互補的關係。例如美國，紐約灣區和三藩市灣區分處兩岸，東西遙相呼應，既分工又互動。再如日本，東京灣區與大阪灣區（環瀨戶內海）亦有協作性的效果。

鄰近的夥伴，包括東南亞的新加坡、馬來西亞、印度尼西亞、泰國、越南、老撾、柬埔寨等，還有印度、巴基斯坦和東亞以至非洲多個國家，都是「一帶一路」建設的重要支撐，粵港澳大灣區可以帶動周邊地區的發展：首先是東向推進──惠州，粵東四市（汕頭、汕尾、潮州、揭陽），閩台地區，甚至揚帆海上，縱橫太平洋，與大阪、東京、三藩市互通；其次是南向　海南省，發展休閒旅遊和消費服務；再次是西向──珠海、澳門，香港可聯繫這兩地，在珠江口岸形成一個港珠澳文教帶──深度文化旅遊和高等教育合作地帶。長遠而言，大嶼山的重要性不容忽視。

粵港澳大灣區發展有兩個特定年份：近期規劃，是在 2022 年；遠期展望，是在 2035 年。現在正是在香港發揮積極性的時刻，要堅守以下三點：（1）保持自信和胸襟，消除落後恐慌心態，香港在很多方面都有優秀表現，具備作為帶領者的綜合實力，不必事事都是區內第一，激發其他城市的積極性和協作性尤為重要。（2）採取協作式帶領方針，與區內各城市齊頭並進，協調區域的深度發展，以及提升周邊地區的合作機遇。（3）整體展示大灣區的長處，並加大力度向區外宣傳，藉此促進中外文化交流，凸顯創新教育成就。以目標為要，以大局為重。展望未來，香港社會經濟和科技义化創新必定更上一層樓，可以為粵港澳大灣區的長遠建設，發揮務實而又強大的促進作用。

港澳兩地潮籍鄉親攜手

香港和澳門同是中華人民共和國的兩個特別行政區，奉行「一國兩制」。

2016 年 5 月 3 日，澳門潮屬社團總會主席劉藝良率領代表團到香港訪問。香港潮州商會會長張成雄表示，2015 年 12 月澳門潮屬社團總會成立，是值得港澳潮籍鄉親驕傲和高興的大事，香港和澳門的潮籍團體是兄弟關係，為兩地締造更加團結一心的力量，展示了兩地潮籍鄉親強大的創造力和愛國、愛港、愛澳、愛鄉的寶貴精神。

劉藝良強調，澳門和香港的共同點是愛國愛鄉，支持兩地特區政府依法施政，為國家作出更大的貢獻。香港是世界金融中心，澳門則要發展特色金融，才能取得更大發展。[37]

海外僑胞助推建設和合作

2018 年 9 月 18 日，商會會長林宣亮和永遠榮譽會長陳幼南赴廣州出席「華僑華人合作交流系列活動」，就如何助推「一帶一路」和粵港澳大灣區建設進行合作交流，陳幼南發言表示，香港的經濟樞紐角色得到強化和發揮，核心作用更加突出，香港眾多國際性團體的龐大網絡可以有助於推動。[38]

同年 12 月 29 日，商會會長林宣亮在廣州參加了首屆粵港澳大灣區發展論壇，論壇以「新時代，贏灣區未來」為主題，多位領導發表了見解，為粵港澳大灣區建設開放創新的世界級灣區建言獻策。[39]

林宣亮撰文表示，建設粵港澳大灣區，將進一步鞏固香港的國際金融、航運、貿易中心地位，商會多年來一直堅持「引進來」和「走出去」的宗旨，完善內外聯動，互利共贏。「潮籍人士遍佈世界各地，他們不僅了解所在國家和地區的風土人情，在海外擁有龐大的人脈及社會資源，對祖國也有着十分濃厚的感情。相信透過這一服務平台，以點帶面，加強一帶一路沿線國家的民眾，特別是華僑華人對粵港澳大灣區的關注，拓展商機，推動發展。」[40]

林宣亮並且指出「潮汕地區雖然不屬於粵港澳大灣區範圍，但中國交通運

---

37 〈接待澳門鄉親〉，《香港潮州商會會訊》第 108 期（2016 年 7 月），頁 15。

38 〈本會首長出席「海外僑胞推動『一帶一路』和粵港澳大灣區建設合作交流會」〉，《香港潮州商會會訊》第 122 期（2019 年 1 月），頁 28。

39 〈林宣亮會長參加首屆粵港澳大灣區論壇〉，《香港潮州商會會訊》第 123 期（2019 年 3 月），頁 34–35。

40 林宣亮〈做好僑務工作，助力粵港澳大灣區建設〉，《香港潮州商會會訊》第 123 期（2019 年 3 月），頁 68。

輸發達，運輸鏈已貫穿海陸空，特別是高鐵。交通的便利可以使潮汕地區在大灣區發展中獲益受惠。隨着愈來愈多的僑領參與粵港澳大灣區的建設，僑務工作將來愈來愈重要。我們可以透過大灣區成功的潮籍人士將潮汕地區融入粵港澳大灣區的建設。」換言之，潮商是將以韓江流域為中心的潮汕地帶與粵港澳大灣區發展連結起來的媒介。

香港是落實倡議的前沿陣地

全國政協提案委員會副主任、商會榮譽顧問王惠貞，一直都很關注香港如何融入國家發展大局。2020 年 5 月，在全國兩會上，她向大會提案，呼籲繼續發揮香港優勢，提供「香港智慧」，融入國家發展大局，更好地推動「一帶一路」發展和粵港澳大灣區建設。

王惠貞強調，香港可以打造成為落實「一帶一路」倡議的前沿陣地，吸引內地大型企業落戶香港，或者在香港設國際業務全權分支機構，使「一帶一路」的大項目聚集香港，再從香港出發。

香港的法律、金融、會計等專業服務，在經驗、能力抑或水平方面，都是目前全國質量最優、最成體系的服務平台。王惠貞呼籲，香港與內地要加快專業資格互認，提升內地專業服務水平。她認為，加快推動香港專業人士進入內地市場，有三個顯著作用：

其一，是為香港專業人士的發展提供廣闊空間。

其二，是有利於帶動內地專業服務水平的提高，特別是醫療、教育等方面，香港專業人士能為內地專業人才的培養，提供良好的示範和借鑒作用。

其三，是有利於讓更多的港人了解國情，切身體驗內地進步，推動香港人心回歸。[41]

吸引台商參與大灣區建設

全國政協委員、商會名譽顧問兼會董黃蘭茜在全國兩會上建言如何吸引台灣融入大灣區建設。據稱，如果大灣區在五至十年內有成效，將對台商和台灣

---

41 〈2020 全國兩會香港潮州商會首長獻策（政協篇三）〉，《香港潮州商會會訊》第 129 期（2020 年 9 月），頁 18。

民眾產生極大吸引力，台灣的頂尖人才和高科技產業會熱衷到大灣區就業、創業、設廠；整合效應帶來成本降低，台企中下階層產業也可能向大灣區轉移。

黃蘭茜建議抓住台灣四個極待更大發展的行業，一是金融科技必須找到出路，二是綠色金融領域需要找出路，三是打通保險市場將為台灣提供行業出路，四是台灣學界尤其是產學研轉化需要出路，從而把台灣納入大灣區格局。她又建議中央注意闡釋「泛粵港澳大灣區」的概念，這有利於形成大灣區更廣泛的認同感、融入度和聚合力。[42]

貫徹「一帶一路」和大灣區建設

為了「一帶一路」的貫徹落實，潮商從粵港澳大灣區建設，到聯繫東南亞、非洲、日韓、歐洲及美加，穩健地構築出一個全球性、多面性的大網絡，以香港作為對外金融融資、人才促進、文化交流、科技創新的樞紐和基地，建立與世界各地友好協作的關係，香港潮州商會擔當了其中一個重要的角色。

「一國兩制」的方針，與「一帶一路」進程和粵港澳大灣區建設是息息相關的，既可增強國家的軟實力，也有助於國家和地區的發展，香港潮州商會支持特區政府施政和維護香港社會安定繁榮，回歸以來歷屆會董會都作出堅實的貢獻。展望未來，年青一代的投入尤其重要。2021 年 9 月 25 日，青年委員會與大灣區專才協會合辦「大灣區青年創業及專業人才專題講座」，邀請財經事務及庫務局局長許正宇、粵港澳大灣區發展辦公室副專員莫君虞擔任主題演講嘉賓，青委副主任、廣州市天河區港澳青年之家創業基地總經理陳賢翰為專題討論線上的嘉賓之一，青委召集人楊應玉擔任講座司儀之一。許正宇在其主題演講「大灣區金融未來新發展」中，介紹了香港特政府圍繞着大灣區市場發展所出台的相關政策，指出特區政府過去兩年通過七項法案，完善輔助私募基金和保險制度，推動香港創新科技中心的發展，以監管制度及政策措施為大灣區注入新動力。[43]

---

42 〈2020 全國兩會香港潮州商會首長獻策（政協篇三）〉，《香港潮州商會會訊》第 129 期（2020 年 9 月），頁 19–21。
43 〈青委舉辦大灣區青年創業研討會〉，《香港潮州商會會訊》第 134 期（2021 年 12 月），頁 33–34。

第十八章　香港回歸祖國以來歷屆商會會長事略

1997 年香港回歸祖國前後，香港潮州商會第四十屆會長是葉慶忠；接着第四十一屆至五十一屆，由周厚澄、陳偉南、蔡衍濤、莊學山、馬介璋、許學之、陳幼南、周振基、張成雄、胡劍江、林宣亮出任會長，至第五十二屆會長黃書銳，欣逢商會成立一百周年誌慶。

第四十一屆會長周厚澄

潮州商會第四十一屆會長周厚澄，潮陽人，為周氏兄弟（集團）有限公司執行董事及周氏兄弟財務有限公司董事總經理，對社區建設、醫療服務、康樂體育、教育工作等社會公益事務亦不遺餘力。1975 年至 1977 年被邀為荃灣新市鎮市容及康樂諮詢委員會委員，1978 年至 1985 年為荃灣區體育康樂聯會主席，1981 年至 1982 年任仁濟醫院董事局主席，1981 年為國際聯青社荃灣社社長，1983 年至 1984 年為半島獅子會會長，1984 年至 1986 年為社會福利諮詢委員會委員。歷任荃灣區體育節主席、荃灣區議會主席、區域市政局議員、香港康體發展局委員、民眾安全服務隊副處長、新界學界體育協進會副會長、新機場及有關工程諮詢委員會委員、仁濟醫院永遠顧問、新界鄉議局當然執行議員。

教育事務方面，周厚澄曾任教育署教育獎學基金委員會主席、仁濟醫院林百欣中學校董及荃灣商會學校校董。1981 年獲英女王頒授榮譽獎章，1983 年獲港督委任為非官守太平紳士，1984 年元旦獲英女王頒授 MBE 勳銜。[44]2001年，周厚澄榮獲香港特區頒發銀紫荊星章，並於 2006 年榮獲香港特區政府頒發金紫荊星章。

第四十二屆會長陳偉南

2000 年，陳偉南任第四十二屆會長。陳偉南，1919 年生於潮州市潮安縣

44　〈周厚澄先生事略〉，《香港潮州商會成立八十周年紀念特刊》（2002 年），卷首。

沙溪鄉。1936 年畢業於省立韓山師範學校，翌年赴香港謀生，香港淪陷後回鄉務農。1946 年再度赴港，艱苦創業，現任屏山企業有限公司董事長，星洲貿易有限公司董事總經理。

陳偉南任職會長期間，率團出席在北京舉行的第 11 屆國際潮團聯誼年會，參加汕頭特區二十周年慶典，舉辦潮州節，倡議在全港八間大學設立香港潮州商會獎學金，在香港中文大學舉辦第四屆潮州學國際研討會，組團參加公益金百萬行，赴揭陽出席建市十周年慶典，為四川省水災籌募善款等活動。

2000 年，陳偉南籌組創立香港潮屬社團總會，翌年出任創會主席。他先後榮任潮汕三市政協香港委員聯誼會創會會長，香港饒宗頤學術館之友創會會長，廣州外商投資企業商會創會會長。自 1980 年，陳偉南開始積極參與香港潮州商會事務，熱心襄助鄉親發展文化教育和其他公益事業，歷任香港潮州商會永遠名譽會長、香港汕頭商會永遠名譽會長、香港潮商互助社永遠榮譽社長、澳門潮州同鄉會永遠會長等榮譽職。

陳偉南先後榮獲泰皇御賜五級白象勳銜，香港特區第一屆政府推選委員會委員，香港特區政府頒授銅紫荊星章，香港大學名譽大學院士，香港嶺南大學榮譽院士，廣州市、汕頭市、潮州市、揭陽市榮譽市民等稱號。經國際天文台聯合會小行星命名委員會批准，紫金山天文台國際編號 8126 號小行星被命名為「陳偉南星」。

陳偉南在母校韓山師範學院捐建偉南教學大樓、校史館、東西區校門、偉南國際會議中心、偉南教學實驗樓、偉南籃球館，設立獎教學金等。韓山師範學院於校園內興建「陳偉南天文館」，成為學院及潮州市的科普教育基地。為弘揚陳偉南愛國愛鄉愛校、努力奉獻之精神，韓山師範學院決定，由校友會及各地分會共同發起倡議，為陳偉南在校園敬立塑像，以激勵廣大師生學習偉南不懈努力與奉獻社會的精神。

陳偉南在家鄉潮安沙溪捐建道路、自來水廠。1996 年，他捐建現代化廁所 26 座、設立老人福利金、捐建沙二幼兒園、沙二小學、寶山中學及沙溪華僑醫院。潮安區政府在陳偉南捐建的寶山中學內設立陳偉南榮勳陳列館「衍澤軒」，被潮州市政府指定為愛國主義教育基地。

2020 年 12 月，潮州市陳偉南文化館正式啟用，以展示陳偉南懿德景行

為主題，同時也是一個愛國主義教育、公益慈善宣傳、華僑華人研究、潮人文化研究、潮州非遺展示的綜合性交流平台，積極弘揚潮人文化，傳播社會正能量，以文化啟迪未來。陳偉南自撰座右銘「事業成功在於努力，人生價值在於奉獻」，代表其人生觀及價值觀。

第四十三屆會長蔡衍濤

2002 年，蔡衍濤任潮州商會第四十三屆會長。蔡衍濤為百達製衣有限公司、興達置業有限公司、香島纖維工業有限公司、邦定織物有限公司董事長，歷任香港製衣業總商會會長、名譽會長，職業訓練局委員，香港中華廠商聯合會名譽會長，香港布廠商會名譽會長。

蔡衍濤於潮籍團體多所參與，曾任香港潮州商會副會長、香港潮屬社團總會主席、香港潮陽同鄉會會長；教育事務方面，任香港布廠商會朱石麟中學校董、香港布廠商會公學校董、香港布廠商會英文夜中學校董、香港潮州會館中學校董、香港潮商學校管理委員會委員、香港潮陽小學校監、潮陽百欣小學校監。

蔡衍濤出任會長期間，經歷了 2003 年 2 月香港爆發非典（SARS）事件，當時全城陷入恐慌，人心惶惶。商會會董、會員出錢出力對抗非典，不甘後人，捐出 60 萬抗災，其中 30 萬元捐給醫管局慈善基金，指定用於購置前線醫務人員急需之防護衣物，其餘 30 萬元支持全港清潔保健日活動。

為了加強會員彼此間的聯誼，蔡衍濤會長提議香港潮州商會每年舉行一次「新春行大運」的旅遊活動。此活動一直延續到現在，已成為香港潮州商會的恆常活動，備受歡迎。

2002 年，蔡衍濤榮獲香港特區政府頒發榮譽勳章。

第四十四屆會長莊學山

2004 年莊學山任潮州商會第四十四屆會長。

莊學山祖籍潮州市湘橋區，香港出生，畢業於加拿大麥基爾大學，榮獲理學士，隨後再赴美深造，獲美國紐約哥倫比亞大學工商管理學碩士。

　　早於 1979，莊學山已率先在廣州番禺開設第一間國內工廠，及後在深圳龍崗區建立多間鐘錶廠，加工生產石英錶、鐘錶零件、石英機芯及其它產品，產品銷往全世界。莊學山多年來推動轄下集團從鐘錶精密科技的基礎開發多項技術，供應精密物料、金屬及電子科技產品以至精密機械，為電子通訊行業、光學、生物科技等行業領域，提供突破性的科技和提升生產工藝。他立足香港，背靠祖國，面向國際，1980 年代開始已經在瑞士和法國成立多間公司，現於歐美及亞太等地有十多間公司活躍於不同領域。

　　莊學山幼承庭訓，在中國傳統文化薰陶下，熱愛祖國和家鄉，為發動海外鄉親、特別是海外重要人士支持潮州的各項建設而不斷努力。他曾多次與家族成員到潮州參觀訪問，大力支持家鄉教育事業的發展，並捐資續建潮州市綿德中學教學樓等項目，又慷慨捐資襄助牌坊街的重修工程。並率先聯絡福建社團總會倡導「閩潮」合作，團結了潮汕三市、福建、香港和內地潮籍及福建鄉親，受各地政府的高度重視。

　　莊學山深知培育海外生長的潮二代、潮三代薪火相傳的重要性，於 1992 年在各會長及鄉親的支持下，創立潮州商會青年委員會，擔任第一及第二屆主任委員。青委遂成為商會的生力軍。第四屆青年委員會 1999 年在香港舉辦第一屆國際潮青聯誼年會後，積極主導創辦國際潮青聯合會，並於 2004 年正式宣告成立。

　　莊學山歷任香港潮屬社團總會主席，發展委員會主席、國際潮青聯合會首屆會長，香港中華總商會副會長、香港鐘錶業總會主席、香港貿易發展局鐘錶業諮詢委員會委員；也是廣東省第十屆政協委員、汕頭市第十一屆政協常務委員、潮州市榮譽市民，亦獲嶺南大學頒授榮譽院士。在公益及地方事務上，參與多個社福、教育及宗教團體工作，例如曾出任香港大學校董會成員、多間中學校董及安老院董事、投入慈山寺的建設工作等。

　　莊學山現任香港中南股份有限公司集團主席、綿德社企有限公司董事。香港中華總商會永遠榮譽會長、香港佛教聯合會董事、北區改善家居及社區照顧服務管治委員會委員等。

第四十五屆會長馬介璋

2006 年，馬介璋任潮州商會第四十五屆會長。馬介璋為佳寧娜集團控股有限公司董事局名譽主席，華南城控股有限公司榮譽顧問，香港潮州商會永遠名譽會長、監事會主席，潮屬社團總會永遠名譽主席，香港九龍潮州公會永遠榮譽主席，香港廣東社團總會永遠榮譽會長，九龍西潮人聯會永遠榮譽會長，香港區潮人聯會永遠榮譽會長，香港潮商互助社永遠榮譽社長，香港揭陽僑聯聯誼會永遠榮譽會長，香港僑界社團聯會永遠名譽會長，香港各界文化促進會永遠名譽會長，香港湖南聯誼總會名譽會長，香港友好協進會榮譽董事，發展基金會主席團副主席，中國茶文化國際交流會名譽會長，新界潮人總會第三屆榮譽會長，社會企業研究所榮譽院長，香港中小企業聯合會永遠榮譽顧問，香港江西社團（聯誼）總會永遠名譽主席，香港工商專業協會監察會長。

馬介璋於國內的公職包括第九屆、第十屆、第十一屆全國政協委員，中國僑聯顧問，中國僑商聯合會榮譽會長，中國海外交流協會常務理事，廣東省僑聯榮譽主席，廣東省外商公會名譽會長，廣東省海外聯誼會副會長，廣東省潮劇改革與發展基金會首屆會長，廣東省潮人海外聯誼會名譽會長，原廣東省政協常委，原深圳市政協常委。

馬介璋對深圳市事務致力尤多，歷任深圳外商協會榮譽會長，深圳市外商協會榮譽會長，深圳僑商國際聯合會永遠名譽會長及榮譽會長，深圳外商投資企業協會永遠名譽會長，深圳海外聯誼會名譽會長，深圳市僑聯榮譽主席，深圳市首屆榮譽市民。此外，他還擔任汕頭市僑聯榮譽主席，汕頭海外聯誼會永遠榮譽會長，汕頭市榮譽市民，湖南省海外聯誼會名譽會長，江蘇省海外交流協會榮譽會長，四川省海外交流協會名譽會長，粵港澳大灣區企業家聯盟常務副主席，跨境車協會永遠名譽會長。

2011 年，馬介璋在他擔任香港潮屬社團總會主席之際，牽頭成立了「盂蘭勝會保育工作小組」，並出任主席。他建議向國家申報，將「盂蘭勝會」列入國家級非物質文化遺產，獲國家的正式肯定，使其得以保護和傳承。中元節「潮人盂蘭勝會」於 2011 年 5 月獲評為國家級非物質文化遺產。

馬介璋於 2003 年榮獲香港特區政府頒授銅紫荊星章，2004 年榮頒世界傑出華人獎、美國摩利臣大學榮譽博士、國家教育家獎，2008 年獲頒亞洲知識管

理協會院士，2009 年榮獲香港特區政府頒發銀紫荊星章。

第四十六屆會長許學之

　　許學之，汕頭潮陽人。1949 年到香港，早期入讀香港芝加哥無線電專科學校，並以半工讀任職米舖。1950 年代，許學之承父親的帶領，重創香港「隆昌行」，發展事業。藥業是許學之的祖傳家業。「隆昌行」一直堅持藥材以地道為首，保證物品質素。他對參茸保健品功效深入研究，其專業知識有口皆碑。韓國政府駐港官員諮詢，多聽取他對鹿茸出口定價的意見。憑着誠信經營的理念和豐富的專業知識，加上與海外眾多藥商建立起良好的貿易合作關係，固守原則、努力耕耘「隆昌行」，使成為全國三大經營人參、鹿茸的國際經銷商之一。因此，許學之於 2008 年榮獲香港科技大學頒授榮譽大學院士。

　　許學之熱心服務社會，尤其注重文教，積極推動幼稚園、小學以至大學的教育發展。國家實行改革開放後，他不但在家鄉捐資興學，為貧困學童提供教學機會，遠在粵北地區，亦合建兩所小學。此外，許學之亦鼎力推動香港知名大學與粵東四市聯繫，並獲得汕頭市領導讚揚其對家鄉食物安全研究及檢測的貢獻。許學之協助商會在科大設立「香港潮州商會研究生獎學金」，資助香港科技大學攻讀博士學位的潮籍非本地學生選讀中藥研究課程。許學之分別贊助博士生學費近百萬港元。

　　許學之出任會長期間，最開心的事是時任河南省省委書記徐光春來港考察、蒞會指導並邀請商會組團訪豫，之後許學之應邀率團訪問河南，受到河南省省委書記、省長及經貿廳廳長的高度重視和熱情接待。傷感的事是國內許多地區遭受到自然災害，包括四川汶川大地震、西北泥石流和南方水災，甚至台灣的災害。為此許學之帶頭出錢出力，號召大家踴躍捐款救災。另一項重大的工作是支持香港特區政府開展禁毒活動，與保安局禁毒委員會舉辦「不可一、不可再」誓師大會，協同孟加拉及尼泊爾領事館主管，分別在各處懸掛中英文標語，向毒品說不，減除毒品對中外青少年的毒害。香港潮州商會獲時任律政司司長黃仁龍頒授推廣禁毒信息卓越獎。

　　為弘揚孝道，商會每年在「和合石」及「沙嶺」兩地潮州義山舉行每年的春祭活動。墳場內牌區、寮棚及涼亭均是商會首長和會董出錢、出心、出力修

葺。許學之親力親為挑選石材，參考涼亭的設計，務求為孝子賢孫提供一個舒適的休憩之處，努力改善環境，將雜草叢生的墳地變為小花園。

許學之歷任香港潮州商會副會長、會長，香港潮屬社團總會主席，香港九龍潮州公會會長，香港中藥聯商會永遠名譽會長，香港島各界聯合名譽會長，香港僑界社團聯合名譽會長，香港潮陽同鄉會首屆榮譽會長，中國紅十字會基金會高級顧問，中國僑商聯合會副會長，汕頭市海外聯誼會榮譽會長，汕頭市歸國華僑聯合會榮譽主席，潮陽區教育基金會名譽理事。2009 年，許學之獲香港特區政府頒授銅紫荊星章。

第四十七屆會長陳幼南

陳幼南，美國普林斯頓大學化學工程博士，屏山企業有限公司董事總經理、國際潮團總會執行主席、國際潮籍博士聯合會理事長、香港潮屬社團總會永遠名譽主席、香港中華總商會永遠榮譽會長、中國僑聯常務委員、香港僑界社團聯會主席及廣東省政協委員。

2010 年 9 月，陳幼南博士出任香港潮州商會第 47 屆會長。在他任期之內的 2011 年，恰逢香港潮州商會成立九十周年，在陳幼南的帶領下，商會舉辦一系列慶祝活動，包括「潮州節」，潮劇演出、講座、攝影比賽、美食博覽、潮州工藝展覽及香港潮州商會賽馬盃等等，透過這些活動，活躍社區文化，促進社區和諧，繁榮香港經濟，推動香港與內地的文化交流，讓年輕一代加深對中華傳統文化的認識。

1998 年，陳幼南聯絡海內外多家潮籍團體的青年委員會，發起籌辦國際潮青聯誼年會，促成首屆國際潮青聯誼年會於 1999 年在香港舉行，為第一屆國際潮青聯誼年會會長，之後積極籌組常設性的青年組織一國際潮青聯合會。2004年 5 月，國際潮青聯合會正式宣告成立，陳幼南出任永遠會長。如今每兩年一屆的國際潮青聯誼年會已成為世界潮籍青年聯誼交流的重要平台。

2013 年，陳幼南成立了國際潮籍博士聯合會，將遍佈全球的潮籍博士及學者聯合起來，構建一個國際性的高端人才團體，聯絡鄉誼，開展學術交流，分享各自的學術成果，為家鄉的發展出謀獻策，推動經濟發展，為祖國乃至全世界貢獻智慧和力量。聯合會已經凝聚了二千多名潮籍博士，在汕頭、深圳、北

京、新加坡、新西蘭等地舉辦過多場高端學術論壇，聚焦了海內外各領域的優秀潮人。

2014 年 1 月，陳幼南出任第六屆香港潮屬社團總會主席，並連任第七屆、第八屆及第九屆主席。在香港潮屬社團總會 20 多年的歷史中，連任 4 屆主席，實屬難得。在他任內，香港潮屬社團總會與時並進，擬定新理念，訂了新目標，組織新架構，凝聚各階層力量，密切各屬會之間的關係，創造不少潮字品牌的活動，包括「香港潮州節」、「盂蘭文化節」、「出花園成人禮」、「敬老萬人盆菜宴」及「潮拼天下」等，為香港社會安定，經濟繁榮作出了貢獻。

陳幼南多年來致力促進內地與香港的學術及經濟交流，建樹良多。為表彰他努力不懈、服務社群，對香港作出的重要貢獻，香港特區政府於 2013 年向他頒授榮譽勳章，更於 2018 年向他頒授銀紫荊勳章。

第四十八屆會長周振基

周振基，香港大學經濟及商學院博士，GBS，SBS，BBS，太平紳士，駿碼科技投資控股有限公司主席、振基電子集團主席、香港演藝學院校董會主席、香港嶺南大學榮譽院士、香港科技大學顧問委員、上海復旦大學前校董、廣東省第七至九屆政協委員、原廣西壯族自治區政協委員、原廣東省汕頭市政協委員，汕頭海外聯誼會榮譽會長，東華三院辛巳年主席，中華企業家協會創會主席，中國港澳獅子總會前總監，亦是香港特別行政區選舉委員。

周振基在擔任會長期間，舉辦 21 場「團結建港」系列座談會，邀請政商界名人蒞會指導，包括時任香港特區行政長官梁振英，時任公務員事務局局長鄧國威，瑞安集團主席羅康瑞，香港科技大學校長陳繁昌，立法會議員田北辰，香港演藝學院校長華道賢，立法會議員林健鋒，時任立法會主席曾鈺成，全國人大代表及政協委員鄉彥，時任發展局局長陳茂波，時任保安局局長黎棟國，時任食物及衞生局局長高永文，香港教育學院校長張仁良，時任民政事務局局長曾德成，時任律政司司長袁國強，嶺南大學校長鄭國漢，時任政務司司長林鄭月娥，周恩來總理姪女周秉德，時任財經事務及庫務局局長陳家強，時任運輸及房屋局局長張炳良及時任教育局局長吳克儉等。「團結建港」座談會成為第 48 屆會董會的響亮名片。

周振基喜愛粵劇藝術，是粵劇大師林家聲的徒弟，致力於推廣文化藝術，還彈得一手古箏。他除了曾任香港特別行政區社會福利諮詢委員會委員外，還曾任民政事務局粵劇發展諮詢委員會主席、粵劇發展基金執行委員會主席。周振基於 2012 年及 2016 年先後被香港演藝學院授予榮譽博士及榮譽教授。2016 年至 2021 年，周振基獲委任香港演藝學院校董會主席。

第四十九屆會長張成雄

張成雄，好世界飲食（集團）有限公司董事總經理，香港特區政府勞工顧問委員會委員、教統局中式飲食業資歷架構諮詢委員會委員、中華海外聯誼會理事、廣東省第七、八、九屆政協委員、廣州地區政協香港委員聯誼會副會長、香港中華總商會永遠榮譽會長、香港潮屬社團總會常務副主席、香港食品業商會永遠榮譽會長、香港潮僑食品業商會理事長、國際潮團總會榮譽主席、國際潮團總會常設秘書處秘書長、香港普寧同鄉聯誼會榮譽會長及第 10 屆和第 11 屆會長。

張成雄任職會長期間，邀請中銀香港經濟及政策研究主管謝國樑博士蒞會，共研「一帶一路」商機。張成雄率團於 2015 年 11 月前往泰國、新加坡和馬來西亞三國訪問，拜訪各國主要潮團，敦睦鄉誼，加強團結，促進各地的文化交流及經濟發展；並於 2016 年 6 月再次率團赴四川及湖北，訪問四川潮人海外聯誼會、四川潮汕商會及湖北省潮人海外聯誼會。為了推動香港與潮汕文化的交流，張成雄特地邀請普寧市職業技術學校及馬柵小學的學生來港表演與旅港鄉親共同歡度 2015 新春佳節。

張成雄會長加入香港潮州商會已有 30 多年，親歷商會的發展與變化，對商會充滿感情。他一直強調自己是站在前人的肩膀上。「有了一代一代潮州人對家鄉和國家的不斷奉獻，才帶領着商會走到了今天。我們在這個好的基礎上，才能將商會工作進一步推進。」

2005 年，在澳門舉辦的第十三屆國際潮團聯誼年會確定在香港設立國際潮團聯誼年會秘書處，掛靠香港潮州商會秘書處，張成雄出任秘書長。在他的帶領下，秘書處為每屆在各地舉行的國際潮團聯誼年會提供大力支持和幫助，備受海內外潮團的讚賞。在印尼舉辦的第十九屆國際潮團聯誼年會閉幕式上，張

成雄獲頒授長期服務證書，表彰他多年來為國際潮團總會作出的貢獻。

2008 年，張成雄榮獲香港特區政府頒授銅紫荊星章。

第五十屆會長胡劍江

胡劍江，胡良利集團（控股）有限公司集團主席，GoGo Tech Holdings Limited 策略股東，北美柏頓投資有限公司（北美）股東。現任中國人民政治協商會議全國政協委員、安徽省委員會委員（2008－2018）、香港廣東社團總會名譽主席、國際潮青聯合會永遠榮譽會長、香港金銀首飾工商總會榮譽會長、香港鑽石總會副主席。

胡劍江任職會長期間，組團赴京訪問，榮獲時任中共中央政治局常委、全國政協主席俞正聲親切接見，時任特首梁振英、現任特首林鄭月娥、財政司司長陳茂波、中聯辦領導等都曾蒞會指導會務；此外，胡劍江還率團出訪海內外，拜會家鄉領導，建立友誼橋樑。

2017 年 6 月 12 日，胡劍江作為世界華僑華人工商大會代表獲得李克強總理親切接見。李克強總理對廣大海外華僑華人提出殷切期望，希望華商積極參與「一帶一路」建設和中國與世界各國的經貿合作，拓展三方合作，更好實現互利共贏。對於李克強總理的殷切希望，胡劍江用實際行動回應：帶領本會代表團前往美加考察，與多倫多市政府經濟發展與文化委員會簽署戰略合作協議，在美國舊金山參與美中投資與創新高峰論壇，為「一帶一路」的建設與發展作出貢獻。

2017 年，胡劍江於廣州獲加拿大總理杜魯多接見。胡劍江率領商會同仁到訪過 30 多個國家及國內外 120 多個省市，透過全球化社交媒體及平台接觸全球商會及團體逾五千萬人次，直接聯繫多國元首、政商界高層，華人團體及市民，成功帶領商會邁向「國際化」、「專業化」、「年輕化」；堅實辦好商務、會務、國際外交、政治、政府、人民之對接；貫徹「一帶一路」、落實好「人類命運共同體」的理念、向全球「說好中國故事」。

為慶祝香港特區成立二十周年，商會舉行一系列慶祝活動，包括：組團前往美加拜訪當地潮籍國際商會及青年組織，考察高科技項目；舉辦「潮汕文化同樂日」；開放潮州會館予會員及友好社團參觀；贊助香港小交響樂團國際巡回

表演；邀請國家一級潮劇團來港演出；舉辦「潮湧香江藝術展覽」；舉辦「回顧過去，展望未來」之潮商論壇；配合中西區區議會舉辦「中西區百業新裝慶回歸」。透過一系列的慶祝活動，讓更多人認識商會近年的多元化發展，了解獨特的潮汕文化，讓社會各界共同走進潮商、認識潮商。

胡劍江除了積極參與香港社會及國家事務外，亦熱心品格教育及國家軟實力體現，創辦香港信愛慈善基金有限公司、World Care Charity Foundation Limited，參與香港有品運動等，歷年捐助學校 120 多所、幫助低收入及貧困家庭超過 2,000 戶，亦為全球華人品格及國家價值觀建立平台網絡，增進國家軟實力在國際舞台的體現。

第五十一屆會長林宣亮

林宣亮，美德集團主席，哲行半導體有限公司、哲行企投創有限公司創辦人兼主席、香港廣東社團總會常務副主席、香港潮屬社團總會常務會董兼財務委員會主席、香港中華總商會會董、香港董事學會資深會員、香港專業及資深行政人員協會創會會員、潮州會館中學校董、揭陽市第四及第五屆政協委員。

第五十一屆會董會開局伊始，即動員全體會員鄉親捐款支援潮汕地區於 8 月遭遇的特大暴雨災害，共籌得 85 萬元，支持家鄉賑災。同年 10 月組織「潮汕三市商務訪問團」，拜訪汕頭、揭陽、潮州三市領導。2019 年 11 月，組織「潮汕科技文化交流團」，訪問汕頭大學和廣東以色列理工學院，並赴揭西棉湖鎮及普寧市洪陽鎮德安里實地參觀潮汕的古代建築。

林宣亮任職會長期間，商會於 2018 年 11 月 28 日至 29 日成功舉辦「第十屆國際潮青聯誼年會」。特首林鄭月娥、中聯辦副主任陳冬、外交部駐港特派員公署副特派員楊義瑞、中華全國歸國華僑聯合會副主席李卓彬等蒞臨主禮，近千名海內外潮籍社團領袖、政商名流和青年代表參加。

以「潮商潮創」為活動主導，林宣亮率團參觀香港科技園、香港應用科技研究院、香港生產力促進局；組團訪問橫琴國際科技創新中心，與自貿區領導座談、拜訪粵澳中醫科技園、深圳坪山區科技園及廣東省人力資源協會，出席第九屆亞洲知識產權營商論壇等。本屆加強與海內外潮籍鄉親的聯繫，包括商會首長訪問廣東省潮商會、深圳潮青會、出訪柬埔寨潮汕商會、柬埔寨潮州會

館、加拿大華創會、加拿大安省潮州會館、美國潮商會、新加坡潮安同鄉會、泰國潮州會館，並出席新加坡潮州八邑會館九十周年慶典及參加在新西蘭舉辦的第二十屆國際潮團聯誼年會。商會還接待了印尼潮州鄉親公會青年團、新加坡潮安會館省親團等。

第五十一屆會董會經歷長達 200 多天的社會動蕩，以及新冠病毒疫情肆虐的艱難時期，商會堅決支持香港政府依法施政、止暴制亂，支持香港警隊執法平暴，在多份報章刊登廣告，表示堅決支持《港區國安法》決定草案，並舉辦《港區國安法》座談會，邀請商會全國人大代表及全國政協委員蒞會分享，向中聯辦領導遞交香港潮州商會《港區國安法》建議書。在疫情危機，一罩難求的情況下，商會首長及會員上下一心、出錢出力，在全球搜購口罩約 20 萬個及大量搓手液，分批捐贈給「全港社區抗疫連線」，有關社區、基層團體、慈善機構、所屬學校及商會會員等。

第五十二屆會長黃書銳

黃書銳，籍貫潮州市潮安區，1970 年代來港，1981 年成立栢寶集團有限公司，從事貿易，產品代理，供銷，也在內地投資電子、軟件、通訊，地產等業務，現為香港栢寶集團有限公司董事長。

黃書銳熱心公益，出任多個愛國社團職務，支持特區政府依法施政，支持社團各項工作，同時他也心繫鄉梓，捐建熔金小學和潮安區金麗中學，並在教育、文化、扶貧救濟、醫療、老人福利、獎教學金和家鄉道路，水電等項目多次捐款支持家鄉建設。

得香港潮州商會監事會和會員之支持，黃書銳出任潮州商會第五十二屆會長，擔負起香港潮州商會一百周年會慶的重任，在多位榮譽主席、名譽主席、會董和熱心人士的大力支持下，籌集了港幣 1,700 多萬元的百周年慶典資金。2020 年 11 月 12 日，商會舉辦百周年慶典發佈會，向香港各界介紹香港潮州商會百周年慶典的主題、標誌及系列慶祝活動。黃書銳強調百周年的慶典主題為「感恩、傳承、團結、奉獻」，希望透過舉辦百周年慶典系列活動，凝聚力量，扶持弱勢社群，為經濟紓困，為社會增加正能量。他呼籲商會全體同仁齊心協力、共慶百年華誕。

　　黃書銳提議，對樓齡逾五十年的潮州會館大廈進行維修，得到潮州會館董事會的大力支持，工程於四個月內全部完成。會館內外全部翻新，大廈煥然一新。為了慶祝香港潮州商會成立一百周年，商會與電視廣播有限公司合作製作以「感恩、傳承、團結、奉獻」為主題的 5 條 20 秒宣傳片、與鳳凰衛視合作製作 60 分鐘專題記錄片及 8 分鐘主題短片，以及出版《香港潮州商會百年發展史》，並舉辦「百年潮商展風華—慶祝香港回歸 24 周年暨百年潮商書畫攝影展」等慶祝活動。

　　黃書銳歷任香港潮州商會副會長，現任香港潮屬社團總會名譽會長及常務副主席，香港廣東社團總會常務副主席，香港汕頭商會永遠名譽會長，香港潮商互助社永遠榮譽社長，香港潮州同鄉總會永遠名譽會長，香港廣東省各級政協委員聯誼會副會長，耆樂警訊中央宣傳和財務委員，耆樂警訊西區副主席，饒學聯會榮譽會長，潮州海外聯誼會榮譽會長，汕頭市海外聯誼會名譽會長，潮州市第十至十二屆政協常委，潮州市榮譽市民。

1 1997 年 7 月 1 日，香港潮屬各界參加慶祝九七回歸花車巡遊，奪得冠軍。

2 1997 年 7 月 23 日，商會為慶賀莊世平榮獲特區政府頒授大紫荊勳章舉行歡宴。左起：莊學山、周厚澄、葉慶忠、莊世平、陳偉南、蔡衍濤。

3 1997 年 11 月 18 日至 20 日，第九屆國際潮團聯誼年會在汕頭市林百欣國際會展中心隆重舉行，潮團領袖和重要嘉賓合影。

4 1997 年 11 月，商會聯同各潮屬社團組團參加在汕頭舉行的第九屆國際潮團聯誼年會。

5 1997 年 12 月 17 日，商會假座灣仔佳寧娜設宴祝賀鄉彥當選人大代表。

_1_ 1998年5月26日，商會宴賀鄉彥榮任各大慈善社團要職。

_2_ 1998年7月3日，潮屬各界慶回歸週年酒會。

_3_ 1998年9月29日，商會承辦每年一度的香港潮屬各界慶祝國慶酒會。

_4_ 1999 年 5 月 31 日至 6 月 1 日，商會青委在香港主辦第一屆國際潮青聯誼年會。

_5_ 1999 年 6 月中旬，商會組團訪問潮汕三市。

_6_ 1999 年 6 月中旬，商會組團訪問潮汕三市。圖為揭陽市領導與商會訪問團全體成
　員合照。

_1_ 1999 年 9 月，潮屬各界舉行國慶酒會，慶祝中華人民共和國成立五十周年。

_2_ 2000 年 5 月，商會組團赴廣東訪問，廣州市市長林樹森（前左五）與代表團成員合照。

3 2001年1月31日，商會舉行香港潮州同鄉新春團拜。

4 2001年3月27日，商會舉行八十周年會慶暨第四十二屆會董就職典禮，慶典時決定在全港各大學設立獎學金及在科大設立博士生獎學金。各大學代表與商會首長合照。

5 2001年11月17日至25日，商會舉辦首次香港潮州節，李嘉誠、林百欣和正副會長主持潮州節開幕亮燈儀式。

1

2

<u>1</u> 2001 年 12 月 6 日，商會組團參加港島、九龍區公益金百萬行。

<u>2</u> 2002 年 4 月 24 日至 28 日，由陳偉南會長為團長的香港潮州商會代表團首次組團赴台北、台中、高雄等地訪問鄉親，支持祖國統一大業。圖為訪問台北潮州同鄉會。

3 2002 年 11 月 15 日，商會邀請保安局局長葉劉淑儀就基本法第二十三條的立法進行演講。

4 2002 年香港潮州同鄉新春團拜合照

<u>1</u> 2003 年 2 月 22 日至 23 日，商會舉行新春行大運旅行。
<u>2</u> 2003 年 10 月，商會與達成集團聯合贊助國慶煙花匯演。
<u>3</u> 2004 年 2 月 13 日至 15 日，商會舉行新春行大運活動。

4

5

6

4 2004 年 6 月，商會邀請財經事務及庫務局局長馬時亨蒞會演講。

5 2005 年 5 月，商會組團赴廣東訪問，獲盧瑞華省長接見。左起：副團長莊學山、名譽團長莊世平、團長周厚澄、省長盧瑞華、副團長陳偉南、蔡衍濤。

6 2006 年 10 月 14 日至 16 日，商會與香港潮屬社團總會聯合舉辦「三代海外潮人尋根之旅」。

1 2007 年 3 月，時任特首曾蔭權先生蒞會指導。

2 2007 年 10 月 1 日，商會與達成集團聯合贊助國慶煙花匯演。

3 2008 年 5 月 17 日，商會會長馬介璋（右三）、副會長許學之（左二）、張成雄（右二）及常董劉宗明（左一）、陳捷貴（右一）代表商會將籌得捐款 200 萬元支援四川汶川地震災區，交香港政府民政事務局轉災區。

4 2008 年 11 月 10 日，國家天文台、紫金山天文台有關領導參加 11 月 10 日舉行的潮州雙星命名儀式，為潮州星、陳偉南星頒授命名證書和命名銅匾。

4

5 2009 年 2 月 19 日，河南省
　徐光春書記到訪商會。

6 2009 年 6 月，商會組團訪問
　河南，徐光春書記致送紀念
　品予商會。

7 2009 年 10 月 20 日，舉辦
　「施政報告」研討會。

1 2010 年 7 月 30 日第 46 屆第二年度周年大會。

2 2011 年 6 月 1 日至 6 日，商會組團參加昆明第九屆東盟華商大會合照。

3 2011 年 6 月 28 日，香港潮州商會 2011 年度慶賀獲受勳鄉彥。

4 2011 年 7 月，陳幼南會長（右五）於浸會大學頒授香港潮州商會獎學金。

5 2011 年 10 月 19 日饒宗頤星命名儀式上，紫金山天文台魯春林書記向饒宗頤教授頒授命名證書和銅匾。

6 2011 年 12 月 2 日至 6 日，商會在中環遮打花園舉行潮州文化嘉年華活動，開幕禮上賓主大合照。

1

2

1 2011年12月2日，商會舉
行潮州文化嘉年華活動，正
副會長齊撐潮汕文化嘉年華
（左起：胡劍江、周振基、陳
幼南、張成雄、廖鐵城）。

2 2012年9月，周振基會長
（前排中）與第一屆婦委會全
體委員合照。

3 2012年10月30日，商會
舉行「團結建港」座談會，
周振基會長與特首梁振英在
主席台上。

3

4 2012 年，商會在沙田馬會舉辦「香港潮州商會盃」賽馬活動，賓主舉杯祝賀
　活動成功。左起：莊學山、周厚澄、麥建華、利達賢、陳幼南、陳南祿、周
　振基、胡劍江、陳有慶、許學之。

5 2013 年 4 月 25 日，周振基會長（左四）將給四川蘆山地震災區的 100 萬元
　善款透過中聯辦轉災區，由中聯辦副主任殷曉靜（右四）代表接受。

6 2013 年 11 月 29 日至 12 月 3 日，商會組團訪京，中央統戰部副部長林智敏
　（前排左六）與訪京團全體團員大合照。

1

2

1. 2013年11月29日至12月3日，商會組團訪京，國僑辦主任裘援平（左九）、副主任譚天星（左一）於釣魚台國賓館宴請訪問團。

2. 2014年4月25日，商會舉辦「周恩來在潮汕」大型圖片展，主禮嘉賓與商會首長主持剪綵儀式。

3. 2014年8月17日，商會首長及會董參加「保普選 反佔中」大遊行。

3

4 2015 年 2 月 26 日，商會首長向饒宗頤教授祝壽，饒公答謝「太和」墨寶。

5 2015 年 5 月 21 日，商會監事會召開第二次會議。左起：陳幼南、劉奇喆、周厚澄、陳有慶、陳偉南、陳維信、馬介璋、許學之、張成雄。

6 2015 年 6 月 29 日，商會協辦紀念抗戰勝利 70 周年活動。張成雄會長（左九）獲外交部駐港特派員公署宋如安（左八）頒籌委會副主席證書。

1

2

1 2016 年 12 月 13 日．中共中央政治局常委、全國政協主席俞正聲接見香港潮州商會參訪團，在釣魚台國賓館大合照。

2 2017 年 1 月 7 日，青委合辦「關愛長者、潮青送暖到社區 2017」活動，探訪前進行準備工作，與立法會蔣麗芸議員（後排右四）合影。

_3_ 2017 年 3 月 3 日，商會與美國潮商總會締結為友好商會。胡劍江會長與陳育昭主席交換證書。

_4_ 2017 年 5 月 23 日，商會舉行慶祝香港回歸祖國二十周年系列活動啟動儀式。

_5_ 2017 年 12 月 9 日潮州節，婦委會主辦「潮人廚房」活動。

1 2018 年 1 月 13 日至 14 日，商會婦委會探訪汕頭市福利院。
2 2018 年 1 月 15 日，行政長官林鄭月娥蒞會演講。

3 2018 年 4 月 19 日，商會舉辦 2018 解讀全國「兩會」精神系列活動啟動禮。

4 2018 年 11 月 29 日，商會主辦第 10 屆國際潮青聯誼年會，開幕式上賓主合照。

5 2019 年 6 月 30 日，商會首長、會員及親友參加撐警察集會，維護香港法治。左起：常董謝喜武、會長林宣亮、副會長黃書銳、鄭敬凱。

1 2020 年 6 月，商會首長力撐港區國安法。
2 2021 年 2 月 3 日，商會首長慰問西區警署警員，送上新春祝福。

3 2021 年 2 月 20 日，正副會長和財神一起向大家致新春祝福。左起：
　副會長陳強、副會長高佩璇、會長黃書銳、副會長鄭敬凱。

4 2021 年 2 月 20 日，副會長向大家致新春祝福。左起：副會長馬鴻
　銘、副會長陳智文、副會長蔡少偉。

1 2021 年 3 月 30 日，商會舉辦「解讀全國兩會精神座談會」。

2 2021 年 3 月 30 日，商會舉辦慶賀 2020 年度獲授勳鄉彥晚宴，商會首長與各位獲授勳鄉彥合照。

3 2021 年 7 月 2 日，商會組織會董觀看電影《1921》。

4 2021 年 7 月 6 日，商會成員參觀「百年偉業」主題展。

5 2021 年 7 月 27 日，蕭澤頤處長蒞會談警民關係。

6 2021 年 9 月 15 日，商會聯同中西區民政處及醫護誠信同行在香港中央圖書館合辦「中西區長者疫苗接種日」。

1

2

3

1 2021 年 9 月 16 日，商會和潮屬總會舉辦 2021 年度宴賀鄉彥，主禮嘉賓、兩會首長
　及任六大慈善團體要職鄉彥合照。

2 2021 年 9 月 16 日，主禮嘉賓、兩會首長及獲授勳鄉彥合照。

3 2021 年 11 月 16 日，商會聯合主辦「紀念莊世平先生誕辰 110 周年」之「愛國者的
　典範 —— 莊世平」大型圖片展覽。黃書銳會長（右八）與一眾會董及會員合照。

4 2021 年 11 月 19 日立法會選舉當日，會長黃書銳（左二）、常務會董謝錦鵬（右一）及常務會董謝錦鵬（左一）落區，為參選的商會榮譽顧問鄭泳舜助選。

5 2021 年 11 月 24 日，香港特區政府財政司陳茂波司長蒞會演講，談香港經濟未來發展——「十四五」規劃和粵港澳大灣區建設的新機遇。賓主大合照。

4

1

2

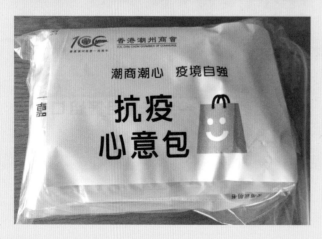

3

1 2021 年 11 月 26 日，商會聯同香港潮屬社團總會在會所接待潮州市委常委、統戰部部長曾曉佳女士一行。

2 2022 年 2 月 21 日，商會捐贈前線警務人員抗疫物資。會長黃書銳（左）接受警務處處長蕭澤頤（右）回贈香港警務處珍藏圖片集。

3 2022 年 3 月，商會贈送抗疫心意包予全體會員。

4

5

4 2022年4月14日，黃書銳會長代表香港潮州商會致送抗疫心意包予香港潮商學校。

5 2022年4月25日，香港潮州商會聯同會員張昆隆先生贈送抗疫物資予香港潮商學校。

6 2022年4月25日，潮州會館中學校長梁鳳兒（左三）向黃書銳會長（右二）致送感謝狀，感謝香港潮州商會贈送抗疫物資。

6

結語 │ 從百載回眸展望未來

悠長歲月與歷史瞬間

香港潮州商會自 1921 年創立以來，經歷了多次時代的考驗，日見成長，以至於今。戰前創會五元老及多位先輩，秉承扶助工商、服務社群的家鄉傳統，發揚關心鄉梓、救災解困的優良美德，在艱苦的環境下奠基立根基。

孔子言，三十而立，對個人來說固然如此，商會實亦如是。1951 年，香港潮州商會成立三十周年，出版紀念特刊，自此成為傳統，每十年於舉行慶祝活動之後，定期出版紀念特刊，用作同人考鏡繼承之資，更足以為引領前路之助；濟困扶危之情，亦見載錄。

1961 年，商會成立四十周年，適逢潮商學校新校舍落成，特刊詳為報道，以誌其盛。商會重視教育事業及培養子弟，於此可見。香港社會在 1960 年代出現急劇變化，經濟方面，從一個轉口港發展成為工商業及金融服務城市，在世界上嶄露頭角；居民方面，本地出生人口日見增加，「僑居」心態逐漸淡化，商會於是加強本地事務和舉辦更多活動，有頗多可觀的成績。

1971 年是商會成立五十周年，香港潮州會館於這年落成啟用，出版《香港潮州會館落成開幕、香港潮州商會金禧紀念合刊》，以誌其盛。

1981 年，商會成立六十周年，國際潮團聯誼年會亦於同年創立，是較早具國際規模的同鄉團體活動，首屆年會由商會牽頭主辦，自此加強國際化的步伐。商會在海內外同鄉團體中起着溝通和互動的作用，尤為值得重視。

1991 年，商會成立七十周年，為積極吸收年輕人加入及有更多參與會務的機會，於次年成立青年委員會。自此每年均舉辦多項活動，使商會骨幹年輕化、會務活潑化。

2001 年，商會成立八十周年，出版饒宗頤教授親筆題詞《香港潮州商會成立八十周年紀念特刊》，會長陳偉南撰發刊辭。為慶祝商會成立八十周年，商會分別在本港八家大學設立香港潮州商會獎學金，獎勵品學兼優的大學生。

商會九十周年誌慶活動

2011 年，商會九十周年華誕，隆重開展會慶活動，與大學合辦「潮汕文化與現代」研討會、「潮汕飲食文化溯源」研討會及多次專題講座系列，又於中環遮打花園舉辦「潮汕文化嘉年華」。

九十周年會慶活動持續至 2012 年夏，包括與潮州市委市政府合辦的「潮州工藝精品展」，在九龍圓方商場及新界青衣城展出，三場潮劇欣賞會在香港大會堂音樂廳演出，在新書「香港書展」發佈《香港潮州商會九十年發展史》等，總共有十數項之多。

《香港潮州商會九十周年紀念特刊》載錄了全部會慶活動，強調「盛事重溫，光輝永記」，商會同人「風雨同舟逾九秩，宏圖續展迎百年」，指出「九十年來，潮籍先賢篳路藍縷，同心協力，竭盡所能，譜寫了一部香港潮州商會發展史冊。潮籍群賢，繼往開來，傳承了先賢寶貴遺產，創新了吾潮優良傳統，歷屆首長無愧先賢之期盼。在邁向百年之際，我們以不斷創新，不斷前進的步伐，配合時代節奏，迎合香港回歸祖國的歷史大潮流，為九十周年會務開創了燦爛的篇章。」[1]

宏圖續展的十載新猷

九十周年會慶過後，近十年來，會董會相繼由周振基、張成雄、胡劍江、林宣亮、黃書銳幾位出任會長，在他們的領導下，會務有所發展，亦時貢獻新猷。2014 年，「周恩來在潮汕」主題圖片展覽在商會大禮堂舉行。2015 年，既有慶賀饒宗頤教授百歲華誕的新春聚會，也有青委會舉辦的青年比賽，以及義工團的啟動禮。2017 年舉行了一系列慶祝香港回歸祖國二十周年的活動，5 月23 日舉行活動啟動禮，政務司司長張建宗擔任主禮嘉賓。[2] 2019 年，第五十一屆會董會履任後，致力引領創新科技發展，建立商會微信公眾平台，尤注意社會民生事務。青年委員會致力推動國際潮青聯誼，加強海內外青年企業家的交流；婦女委員會關懷教育事務及學生成長，並積極參與商會的抗疫活動。第五十一屆會董會是不平凡的一屆，經歷了「反修例」示威的暴動行動，又遇到突如其來的新冠肺炎疫情，面對香港的社會困境，會長林宣亮不負眾望，帶領商會平穩過度。

第五十二屆會董會在新任會長黃書銳帶領下，迎來商會百年華誕，秉承商會的優良傳統，展現全新形象，進一步拓展會務，共同為商會及家鄉發展，為

1　陳幼南〈發刊辭〉，《香港潮州商會九十周年紀念特刊》（香港：香港潮州商會，2012 年），頁1。
2　〈慶回歸盛事〉，《香港潮州商會歡慶香港回歸祖國二十週年紀念特刊》，頁13。

香港的繁榮穩定,為祖國的富強昌盛,作出更大貢獻。[3]

商會成員及鄉彥獲授勳

中華人民共和國香港特別行政區成立後,每年舉行頒授勳銜儀式。自 1998 年起,香港潮州商會成員及鄉彥均有多位獲授勳銜,截至 2021 年,榮獲大紫荊勳章的共有 11 人,包括:吳康民、饒宗頤、李嘉誠、李業廣、黃仁龍、陳茂波、羅康瑞、戴德豐、陳有慶、陳智思、陳振彬。

榮獲金紫荊星章的商會成員和鄉彥,有 33 人;銀紫荊星章,有 37 人;銅紫荊星章,有 84 人。獲紀律部隊及廉政公署卓越獎章、香港警察卓越獎章、香港警察榮譽獎章、銅英勇勳章,總共有 13 人。獲榮譽勳章,有 93 人。獲行政長官社區服務獎狀,有 23 人;獲行政長官公共服務獎狀,有 3 人(表 11)

表 11 香港潮州商會成員及鄉彥榮獲香港特區政府頒授勳銜芳名

勳銜	年度及獲頒授勳銜商會成員及鄉彥
大紫荊勳章	1998 年:吳康民 2000 年:饒宗頤 2001 年:李嘉誠 2006 年:李業廣 2012 年:黃仁龍 2017 年:陳茂波　羅康瑞　戴德豐 2018 年:陳有慶 2020 年:陳智思 2021 年:陳振彬
金紫荊星章	1998 年:羅康瑞 1999 年:方黃吉雯 2000 年:陳有慶　藍鴻震　李業廣 2001 年:廖烈文 2002 年:鄭維健 2003 年:羅嘉瑞

3 〈本會舉行第 51 屆、第 52 屆會董會交接儀式,黃書銳接任香港潮州商會會長〉,《香港潮州商會會訊》第 129 期,頁 5-60。

（續上表）

勳銜	年度及獲頒授勳銜商會成員及鄉彥
金紫荊星章	2004 年：鄭維志 2006 年：周厚澄　陳智思 2007 年：梁劉柔芬 2008 年：方　正　胡定旭 2009 年：蔡志明　馬時亨 2010 年：戴德豐　鄭經翰 2011 年：邱騰華　劉遵義 2014 年：陳振彬 2015 年：林建岳 2016 年：陳茂波　陳鑑林　紀文鳳 2017 年：高永文　陳健波　周振基　劉炳章　劉鳴煒 2018 年：林宣武　鄭維新 2021 年：王惠貞
銀紫荊星章	2000 年：梁劉柔芬　方　正 2001 年：周厚澄　倪少傑 2004 年：許長青　劉炳章　戴德豐 2005 年：陳鑑林　林宣武 2006 年：范上達 2007 年：紀文鳳 2008 年：周振基 2009 年：馬介璋　陳振彬　葉樹林　林超英 2011 年：楊志紅　廖湯慧靄 2012 年：林大輝　馬清煜　陳特楚　周肇平 2013 年：黃松泉 2014 年：陳楚鑫 2015 年：馬維騄 2016 年：陳經緯 2017 年：劉斯麗娟 2018 年：林國良　王明鑫　陳幼南 2019 年：蔡潔如 2020 年：吳宏斌　江達可　陳愛菁 2021 年：姚思榮　鄭翔玲　陳偉香
紀律部隊及廉政公署卓越獎章	1999 年：林　堅
香港警察卓越獎章	2003 年：李紹權 2010 年：洪克偉 2012 年：馬維騄 2016 年：姚仰龍　蔡偉思 2017 年：趙慧賢 2018 年：郭蔭庶 2021 年：蕭澤頤　劉賜蕙　郭蔭庸
香港警察榮譽獎章	2010 年：趙慧賢

（續上表）

勳銜	年度及獲頒授勳銜商會成員及鄉彥
銅紫荊星章	1999 年：陳　熹 廖湯慧 歐陽成潮 2000 年：陳偉南 侯叔祺 2001 年：陳維信 唐學元 劉文煒 2002 年：葉慶忠 周振基 周奕希 蘇開鵬 葉樹林 沈廣河 2003 年：馬介璋 馬澄發 馬鴻銘 許招賢 2004 年：陳振彬 楊超成 2005 年：馬清煜 陳耀莊 楊志紅 2006 年：林大輝 2007 年：陳特楚 陳復禮 2008 年：張成雄 黃松泉 周卓如 高永文 莊學海 2009 年：許學之 馬清鏗 方和 鄭文耀 2012 年：陳健波 林赤有 葉振都 吳王依雯 林大慶 陳捷貴 　　　　蔡德河 江達可 高佩璇 陳增聲 2013 年：吳宏斌 黃金池 葉振南 劉文文 蕭楚基 劉鳴煒 　　　　周潔冰 馬慶豐 莊成鑫 2014 年：方　平 陳鏡秋 鄭錦鐘 周賢明 劉宗明 2015 年：姚思榮 李德康 吳貴雄 陳文洲 蘇陳偉香 2016 年：鄭國漢 2017 年：葛珮帆 史立德 蘇祉祺 黃順源 蔡加讚 2018 年：陳恒繽 宋慶紅 2019 年：鄭卓標 丁新豹 林家禮 2020 年：馬清楠 陳南坡 劉智鵬 朱鼎健 李惠莉 蔡榮星 2021 年：杜惠愷 林玉珍 莊任明
銅英勇勳章	2021 年：吳凱健
榮譽勳章	1998 年：王德潤 周潔冰 1999 年：陳有裕 陳特楚 蔡德河 2001 年：林松錫 2002 年：蔡衍濤 鄭蘇薇 2003 年：陳偉明 林赤有 邱子成 陳偉 2004 年：唐大錦 柯成睦 葉振南 劉文文 蕭成財 佘繼標 周鎮榮 　　　　馬慶豐 2005 年：蕭楚基 鄭錦鐘 葉振都 方俠 蔡馬愛娟 2006 年：陳茂波 2007 年：吳宏斌 史立德 周德煒 2008 年：吳哲歆 林建高 林建康 陳鏡秋 2009 年：林李婉冰 葉振國 許華傑 陳協平 2010 年：余潔儂 2012 年：楊奮彬 2013 年：陳偉明 鄭承隆 林雪英 林資健 陳幼南 黃光南 潘德明 　　　　鄭木林 2014 年：陳財喜 周超新 方壯遂 林楓林 張詩培 陳統金 黃錫楠 　　　　羅少雄

（續上表）

勳銜	年度及獲頒授勳銜商會成員及鄉彥
榮譽勳章	2015 年：顏吳餘英 莊健成 周錦威 張俊勇 羅永順 2016 年：莊永燦 鄭泳舜 周厚立 林楚昭 林煒珊 馬僑生 莊任明 2017 年：鄭承峰 羅少傑 張順華 王文漢 吳熹安 許敬文 2018 年：吳寶強 姚嘉俊 郭予宏 彭少衍 蕭七妹 2019 年：呂金房 唐大綿 陳正欣 2020 年：馬澤華 陳敏娟 劉志成 鄭敬凱 魏海鷹 2021 年：張敬川 胡永祥 周松東 連喜慶 陳欣耀 黃元弟 蔡少峰
行政長官社區服務獎狀	1998 年：蕭成財 2003 年：林建高 2005 年：陳茂強 2010 年：周錦威 鄭永隆 2012 年：羅少傑 2013 年：周松東 2015 年：鄭承峰 2017 年：陳偉泉 2018 年：顏汶羽 朱俊豪 蕭建輝 2019 年：羅曉楓 林月萍 陳義光 2020 年：林其龍 許世昌 連棹鋒 劉德祥 林世豪 陳建年 2021 年：陳賢豪 吳靜玲
行政長官公共服務獎狀	2009 年：許偉成 2010 年：許偉成 2019 年：張培仲

商會成員及鄉彥獲香港特區政府委任為太平紳士

中華人民共和國香港特別行政區成立後，每年委任太平紳士，香港潮州商會成員及鄉彥，由 1998 年至 2021 年，共有 101 人獲委任為太平紳士。（表 12）

表 12 香港潮州商會成員及鄉彥榮獲香港特區政府委任為太平紳士芳名

年度／獲委任為太平紳士的商會成員及鄉彥
1998 年：吳　雄 吳王依雯 羅嘉瑞
1999 年：朱樹豪 周章如 羅康瑞 林宣武
2000 年：陳捷貴
2001 年：藍鴻震 許長青 胡楚南 高永文 鄭俊平 戴德豐
2002 年：陳智思 陳鑑林 陳振彬
2003 年：陳　熹 倪錦輝 蔡潔如
2004 年：周振基 陳特楚 許照中 林順潮 胡定旭 鄭恩賜 林超雄

2005 年：林大輝 周奕希 鄭定寧 鄭維新 蔡志明 方　和 紀文鳳
2006 年：劉文文 許漢忠
2007 年：陳茂波 陳耀莊 鄭經翰 鄭錦鐘 鄭國漢 劉遵義 葉振南
2008 年：魏偉明 葉振都 陳理誠 黃楚標 楊志紅 顏吳餘英
2009 年：馬清楠 林赤有 陳鏡秋 邱傳淦
2010 年：馬時亨 吳哲歆 方　平 蕭楚基 劉鳴煒 葛珮帆 史立德 林來泰
2011 年：馬清鏗 陳武 鄭卓標 鄭偉源
2012 年：楊萬里
2013 年：黃順源
2014 年：江達可 陳恆鑌 周鎮榮
2015 年：查逸超 陳南坡 莊偉茵 許華傑 馬鴻銘
2016 年：陳華裕 劉炳章 盧瑞盛 楊育城
2017 年：陳愛菁 陳偉明 蔡少洲 黃　強 盧煜明
2018 年：陳財喜 鄭全明 黃進達
2019 年：陳香蓮 陳文洲 周厚立 鄭翔玲 鄭泳舜 張俊勇 莊健成
2020 年：高佩璇 鄭承峰 林楚昭 林顯伊
2021 年：林建康 查毅超 楊全盛

榮任 2021 年度六大慈善團體要職的鄉彥

歷來榮任本港六大慈善團體要職的鄉彥，為數甚多，2021 年共有二十二位，包括：

（一）東華三院—第一副主席馬清揚，總理吳鄭雅瑜、蔡加怡、王漢杰、連浩民、鄭建盛；

（二）保良局—第一副主席陳正欣，總理廖偉芬、蔡加敏；

（三）博愛醫院—副主席周駿達，總理王文漢、柯耀華、吳泰榮、楊啟建、陳燕萍；

（四）仁濟醫院—總理鄭斯堅、潘蘇凱欣、李卓峰；

（五）九龍樂善堂—主席彭志宏，常務總理郭予宏；

（六）仁愛堂—侯玲玲、吳廷浩。

2021 年 9 月 16 日，香港潮州商會聯同香港潮屬社團總會假港島金鐘萬豪酒店舉行慶賀大會，熱烈祝賀榮獲特區政府頒授勳銜、獲委任為太平紳士及榮任本港六大慈善團體要職鄉彥。潮州商會會長黃書銳致辭時表示，商會踏入一百周年，同仁繼續發揚助人為樂和團結鄉親的精神，在所屬的專業領域和工

作崗位上作出了突出的成績，他們是推動社會發展的中流砥柱，他們獲得的殊榮實至名歸。[4]

<h1 style="text-align:center">慶祝商會百年華誕</h1>

第五十二屆會董會會長、時任商會一百周年會慶籌委會召集人的黃書銳說，籌備拍攝香港潮州商會成立一百周年紀錄片，主要包括三個部分：第一是講述潮州人怎樣立足香港，團結互助和成立商會；第二是講述中國改革開放後，商會在投資、慈善及教育等方面作出貢獻；第三是講述商會參與「一帶一路」倡議和粵港澳大灣區建設，對香港及國家乃至全球的貢獻。[5]百尺竿頭，更進一步。百載回眸，總括歷來的成績和經驗；展望今後，香港潮州商會正昂首邁向康莊前路。

香港潮州商會百周年慶典系列於 2021 年展開，主要在年中及後半年舉行，部分項目續於 2022 年進行，共有以下各項活動：

表 13 香港潮州商會百周年慶典系列活動

活動項目	舉辦日期	活動內容
香港潮州商會百周年慶典暨第五十二屆會董就職典禮	2021 年 8 月 27 日	典禮假灣仔香港會議展覽中心新翼大禮堂舉行。
扶持弱勢社群之資助計劃	2021 年 5 月 29 日	捐出港幣一百萬元予香港公益金，支持各項慈善公益工作。
助推「一帶一路」倡議及參與粵港澳大灣區建設		發起成立「大灣區基金」，加強與區內潮籍社團及其他社團及其他社群的聯繫和活動
百年潮商展風華—慶祝香港回歸 24 周年港潮藝術家作品展	2021 年 6 月 5 至 8 日	於香港大會堂低座展覽廳舉行，展出潮汕籍及香港優秀藝術家的書畫及攝影作品。
冠名贊助觀塘海濱「全民燈月」活動	2021 年 9 月 19 日至 22 日	於觀塘海濱舉行，同場設有香港潮州商會圖片展區。

4　〈潮商潮總宴賀獲授勳及榮任六大慈善團體要職鄉彥〉，《香港潮州商會會訊》第 134 期（2021 年 12 月），頁 6–8。

5　〈商會一百周年會慶籌委會召集人黃書銳副會長的話〉，《香港潮州商會會訊》第 128 期（2020 年 6 月），頁 3。

（續上表）

活動項目	舉辦日期	活動內容
捐建紅頭船塑像設施	2022 年 6 月	在中西區近中山紀念公園海濱長廊建造紅頭船塑像設施。
印行《香港潮州商會百周年發展史》	2022 年 7 月	周佳榮編著，中華書局出版，介紹商會一百年來的光輝歲月。

黃書銳在 2021 年 3 月出版的《香港潮州商會會訊》〈會長的話〉專欄中說：展望 2021 年，在百年未有之大變局歷史性時刻，我們要抓緊新的機遇，乘勢而上，在變局中開新局。香港潮州商會將繼續致力社會公益慈善，參與粵港澳大灣區的建設，幫助青年創新創業、融入國家發展大局、推廣潮汕文化，百年潮商，再創輝煌。[6]

另一個百載里程的新起步

2021 年欣逢中國共產黨成立一百周年，商會協辦由香港商報主辦的「百年輝煌，香港篇章」大型圖片展，介紹香港與中共百年歷史的關係。

黃書銳會長在 2022 年 3 月出版的《香港潮州商會會訊》〈會長的話〉專欄中說：本會全力支持 2021 年立法會選舉，完善選舉制度，落實愛國者治港的原則，發函全體會員，呼籲會員盡公民責任，發動親友和公司員工踴躍投票，會董也於選舉期間往各選區為愛國愛港的參選人士助選打氣。香港特區第七屆立法會選舉，共有 10 位潮籍人士當選立法會議員，其中五位是本會榮譽顧問，包括陳健波、陳恒鑌、葛珮帆、林順潮和鄭泳舜，充分證明潮籍人士融入社會，服務社會，深得社會認同。

香港潮州商會成功變革的因素

商會會務策略顧問林楓林先生談到香港潮州商會成功變革的因素時指出，香港潮州商會在香港潮人社會中扮演了重要的角色，其成功的原因有五個。

6　黃書銳〈繼往開來迎百載，同心協力築千秋〉，《香港潮州商會會訊》第 131 期（2021 年 3 月），頁 3。

有健全的財政制度及充裕的資金

香港潮州商會實行量入為出的理財原則。早年，商會前輩籌建會館，購置物業，自置之物業除部分自用外，將之出租而收取租金，又選取穩健之藍籌股用作長線投資，能獲得穩定的回報。若有特別活動，則會長會董紛紛慷慨解囊。平時，也有鄉親、會員捐款支持商會。因此，商會的一分一毫，非常清楚地向會董會員及捐款人交代得清清楚楚。

有強有力的秘書班子

秘書處是商會運作的樞紐，商會加強秘書處的建設，秘書處員工素質較好，人員配備較為合理。相對大部分傳統社團，香港潮州商會秘書處的人員學歷高，且能各司其職而又相互配合。

有一套嚴格的運作機制

大事小事依章辦事，會長會、常董會、會董會，會上若形成決議，即專人跟進，並於下次會議報告進度。至於商會之會長、副會長及各部門負責人，亦明確出其職責範圍及權限。

因應環境改變調整發展策略

為使商會能按自己的使命發展，管理層經常檢討商會的發展策略，與時並進，因應環境變化調整策略。

年輕人是商會的希望

在商會成立八十周年之際，香港大學香港華商史的研究人員在訪問時任會長陳偉南先生時，問到八十年之商會何以能保持青春活力，陳會長答稱，最重要的因素就是補充新血，吸收年青一代入會並發揮他們的作用，商會朝氣蓬勃，後繼有人。

2022 年是香港潮州商會邁向另一個百載里程的新起步，第五十二屆會董會將承先啟後，以堅實的步伐帶引商會走向未來，為建設美好的香港、潮汕和國家貢獻力量。

附錄

附錄一

香港潮州商會歷屆會董名錄

第一屆（1921—1922年）

會　　長：蔡杰士		副會長：王少平	

名譽會長：陳殿臣，方養秋

司　　庫：李澄初　　　　　　　　　副司庫：鄭仲評

核 數 員：陳煥夫

法律幹事：陳培深，林子豐

審查幹事：陳吉六，吳嘯秋

交際幹事：黃象初，陳景瑞，陳湘波，黃友南

調查幹事：周華初，陳有章，鄭長松，李培恭

會　　董：蔡杰士，陳殿臣，王少平，方養秋，李澄秋，鄭仲評，陳煥夫，陳培深，黃象初，
陳湘波，周華初，高嶧琴，王少瑜，楊瑞璜，鍾秀峰，陳大德，元發行，吳史籌，
李秋圃，李鑑初，洪鶴友，楊開興，楊甲初，湯瑞麟，李竹溪，陳子昭，郭曜東，
黃綿臣，鄭習經，吳君重，蔡香甫，林勳臣，承興行，廣源盛行，黃加記行，
富珍齋，陳吉六，吳嘯秋，柯正興，汕頭商務公司

第二屆（1922—1923年）

會　　長：陳殿臣		副會長：王少平	
司　　庫：元發行		副司庫：鄭仲評	

核 數 員：陳煥夫

法律幹事：陳培深，林子豐

審查幹事：周華初，陳吉六

交際幹事：黃象初，李鑑初，李澄初，陳湘波

調查幹事：陳有章，黃友南，陳大德，楊開興

會　　董：陳殿臣，蔡杰士，王少平，鄭仲評，元發行，陳煥夫，陳培深，林子豐，周華初，
黃象初，李鑑初，李澄秋，陳湘波，黃友南，陳大德，楊開興，吳史籌，吳君重，
王少瑜，柯正興，陳子丹，陳受初，洪鶴友，鄭習經，楊甲初，黃仲山，林勳臣，
鍾秀峰，元成發行，丁靜齋，承興行，乾泰隆行，泰順昌行，裕德盛行，香溪公司，
公同泰行，豐昌順，宋德齋，廣源盛行，黃加記行

第三屆（1923—1924年）

會　　長：陳殿臣	副會長：鄭仲評
司　　庫：元成發	副司庫：承興行

核 數 員：鄭習經

法律幹事：陳培深，洪法書

審查幹事：陳子昭，陳煥夫

交際幹事：陳湘波，周華初，林子豐，方詠秋

調查幹事：陳大德，顏傑卿，余鳴初，方雨田

會　　董：陳殿臣，鄭仲評，方養秋，王少瑜，王少平，陳子丹，李澄秋，黃象初，李鑑初，元成發行，承興行，元發行，陳培深，陳煥夫，陳子昭，陳湘波，周華初，林子豐，乾泰隆行，吳史籌，鄭習經，楊開興，鍾秀峰，裕德盛行，廣美盛行，林勳臣，廣源盛行，泰昌盛行，鄭長松，林香溪，黃加記行，公同泰行，蔡秉臣，陳受初，宋德齋，陳毅夫，黃綿臣，黃价人，陳子衡，陳漢華

第四屆（1924—1925年）

會　　長：方養秋	副會長：黃象初
司　　庫：泰順昌行	副司庫：鄭習經

核 數 員：洪鶴友

法律幹事：林子豐，曾業文

審查幹事：陳吉六，陳煥夫

交際幹事：陳湘波，陳培深，陳子昭，周華初

調查幹事：顏傑卿，朱晴川，鄭長松，陳大德

會　　董：方養秋，黃象初，陳殿臣，蔡杰士，鄭仲評，李澄秋，王少平，陳子丹，王少瑜，泰順昌行，鄭習經，洪鶴友，林子豐，陳吉六，陳煥夫，陳湘波，陳培深，陳子昭，顏傑卿，朱晴川，林香溪，陳毅夫，黃仲山，姚竹坡，方雨田，孫佳廣，蔡月秋，黃松岩，唐毓初，馬澤民，方詠秋，陳漢華，陳筱言，吳史籌，元發行，元成發行，承興行，李炳記行，裕德盛行，乾泰隆行

第五屆（1925—1927年）

會　　長：方養秋	副會長：李鑑初
司　　庫：裕德盛行	副司庫：乾昌利行

核 數 員：陳子昭

法律幹事：陳培深，林子豐

審查幹事：陳吉六，陳湘波

交際幹事：周華初，鄭習經，陳筱言，李培恭

調查幹事：顏傑卿，鄭長松，陳漢華，余鳴初

會　　董：陳殿臣，陳煥夫，陳吉六，陳湘波，林子豐，李澄秋，蔡杰士，方養秋，王少瑜，
鄭習經，陳子丹，工少平，周華初，元成發行，陳子昭，陳培深，元發行，李鑑初，
李培恭，鄭長松，洪鶴友，黃象初，裕德盛行，李炳記行，泰順昌行，乾昌利行，
承興行，陳漢華，乾泰隆行，黃綿臣，廣美盛行，方雨田，廣源盛行，林勳臣，
陳筱言，黃仲山，沈湘波，顏傑卿，陳仰韓，陳子衡

第六屆（1927—1929年）

會　　長：李澄秋　　　　　　　　副會長：陳煥夫

司　　庫：乾泰隆行　　　　　　　副司庫：公同泰行

核 數 員：陳漢華

法律幹事：陳培深，曾業文

審查幹事：陳筱言，馬澤

交際幹事：周華初，林子豐，蔡鼎銘，朱晴川

調查幹事：鄭長松，陳湘波，顏傑卿，黃松岩

會　　董：蔡杰士，陳殿臣，林子豐，陳煥夫，李澄秋，陳吉六，元成發行，承興行，元發行，
方養秋，李鑑初，陳子昭，陳培深，李炳記行，陳漢華，乾昌利行，周華初，
裕德盛行，泰順昌行，王少平，蔡鼎銘，蔡秉臣，王少瑜，廣美盛行，黃綿臣，
陳子丹，利豐亨行，洪鶴友，鄭長松，蔡月秋，豐昌順，吳銘三，乾泰隆行，
公同泰行，廣源盛行，陳筱言，李秋圃，沈湘波，王植三，富珍齋

第七屆（1929—1931年）

會　　長：陳子昭　　　　　　　　副會長：林子豐

司　　庫：承興行　　　　　　　　副司庫：源盛泰行

核 數 員：陳筱言

法律幹事：曾業文，蔡鼎銘

審查幹事：朱晴川，周華初

交際幹事：蔡厚臣，鄭長松，蔡秉臣，陳培深

調查幹事：余繼忠，林俊璋，陳庸齋，吳鏡堂

會　　董：陳殿臣，陳煥夫，林子豐，陳子昭，元成發行，方養秋，陳漢華，陳吉六，王少平，
元發行，王少瑜，周華初，乾泰隆行，李鑑初，裕德盛行，蔡鼎銘，鄭厚臣，
陳子丹，王仰浦，陳庸齋，泰順昌行，吳銘三，鄭長松，蔡秉臣，佳和行，
源盛泰行，陳培深，承興行，許志時，乾昌利行，姚竹坡，公同泰行，利豐亨行，
陳筱言，吳鏡堂，榮豐隆行，廣源盛行，廣美盛行，黃柳門，蔡月秋

第八屆（1931—1933年）

會　　　長：陳子昭　　　　　　　副會長：林子豐

司　　　庫：泰順昌行　　　　　　副司庫：裕德盛行

核 數 員：陳吉六

法律幹事：曾業文，蔡鼎銘

審查幹事：陳煥夫，蔡秉臣

交際幹事：林子實，馬澤民，余繼忠，陳筱言

調查幹事：鄭長松，宋德齊，陳永吉，黃翊漢

會　　　董：林子豐，陳殿臣，陳子昭，陳煥夫，許志時，蔡秉臣，吳鏡堂，陳吉六，蔡鼎銘，
　　　　　　方養秋，陳庸齋，陳漢華，吳銘三，鄭習經，元發行，許友梅，陳子丹，馬澤民，
　　　　　　鍾秀峰，林俊璋，泰順昌行，元成發行，曾業文，乾昌利，楊開興，姚慕秋，
　　　　　　余繼忠，黃柳門，林子實，陳筱言，鄭長松，鄭鐵如，乾泰隆行，榮豐隆行，
　　　　　　陳永吉，王芷軒，源盛泰行，王少瑜，黃翊漢，裕德盛行

第九屆（1933—1935年）

會　　　長：馬澤民　　　　　　　副會長：陳庸齋

司　　　庫：榮豐隆行　　　　　　副司庫：榮昌隆行

核 數 員：鍾秀峰

法律幹事：鄭鐵如，曾業文

審查幹事：謝翊人，鄭仲評

交際幹事：顏成坤，林子豐，姚慕秋，吳銘三

調查幹事：王芷軒，朱晴川，蕭遠岩，黃祖馨

會　　　董：馬澤民，方養秋，蔡鼎銘，姚慕秋，鄭鐵如，陳子昭，林子豐，顏成坤，洪鶴友，
　　　　　　陳庸齋，鍾秀峰，榮豐隆行，元發行，林子實，王芷軒，鄭習經，許友梅，
　　　　　　乾泰隆行，李香谷，黃祖馨，王少瑜，楊繹卿，源盛泰行，榮昌隆行，謝翊人，
　　　　　　乾昌利行，林俊璋，豐昌順，鄭仲評，利豐亨行，陳煥夫，四維公司，余繼忠，
　　　　　　唐毓初，朱晴川，黃菊生，蕭遠岩，吳醉園，周焯輝，吳士仰

第十屆（1935—1937年）

會　　　長：馬澤民　　　　　　　副會長：陳庸齋

司　　　庫：榮豐隆行　　　　　　副司庫：（檔案遺失）

核 數 員：鍾秀峰

法律幹事：（檔案遺失）

審查幹事：（檔案遺失）

交際幹事：（檔案遺失）

調查幹事：（檔案遺失）

會　　董：方養秋，陳子昭，林子豐，陳煥夫，洪鶴友，鄭仲評，鍾秀峰，楊開興，蔡鼎銘，
乾泰隆行，豐昌順，朱晴川，馬澤民，利豐亨行，林子實，許志時，吳鏡堂，
榮豐隆行，陳庸齋，許友梅，余繼忠，顏成坤，李香谷，謝翊人，四維公司，
陳守智，李介之，李芝敬，蕭眉珊，永豐祥行，黃芹生，陳子吾，萬裕發行，
周臥屏，沈梓庭，陳碧池，李芝璋，南泰行，隆興棧，王學仁

第十一屆（1937—1939年）

會　　長：林子豐　　　　　　　　副會長：許友梅

司　　庫：四維公司　　　　　　　副司庫：利豐亨

核 數 員：黃菊生

法律幹事：（檔案遺失）

審查幹事：（檔案遺失）

交際幹事：（檔案遺失）

調查幹事：（檔案遺失）

會　　董：陳子昭，林子豐，陳煥夫，方養秋，鄭習經，洪鶴友，鍾秀峰，蔡鼎銘，乾泰隆行，
豐昌順，朱晴川，利豐亨行，馬澤民，林子實，許志時，吳鏡堂，榮豐隆，陳庸齋，
許友梅，姚慕秋，鄭鐵如，顏成坤，李香谷，謝翊人，四維公司，黃菊生，陳守智，
李介之，李芝敬，李芝璋，蕭眉珊，永豐洋行，黃芹生，陳子吾，萬裕發行，
周臥屏，沈梓庭，陳碧池，南泰行，隆興棧

第十二屆（1939—1941年）

會　　長：洪鶴友　　　　　　　　副會長：許友梅

司　　庫：南泰行　　　　　　　　副司庫：利豐亨行

核 數 員：吳鏡堂

法律幹事：曾業文，陳庸齋

審查幹事：鍾秀峰，謝翊人

交際幹事：姚慕秋，林子實，李芝敬，陳輔國

調查幹事：沈梓庭，李芝璋，劉鶴齡，馬超雲

會　　董：馬澤民，陳庸齋，許友梅，林子豐，陳守智，洪鶴友，蔡鼎銘，乾泰隆，利豐亨行，
隆興行，許志時，陳子昭，鄭鐵如，吳鏡堂，陳煥夫，南泰行，陳子吾，四維公司，
姚慕秋，李芝璋，蕭眉珊，永豐祥行，方養秋，林子實，顏成坤，萬裕發行，
鍾秀峰，周臥屏，曾業文，黃菊生，榮豐隆行，沈梓庭，李香谷，李芝敬，鄭子嘉，
信和發行，廖子軒，李介之，釁利棧，豐昌順

第十三屆（1941年— ）（就職不久香港淪陷會務停頓）

會　　長：孫家哲　　　　　　　　　副會長：吳鏡堂
司　　庫：南泰行　　　　　　　　　副司庫：振南行
核 數 員：乾泰隆行
法律幹事：曾業文，陳庸齋
審查幹事：朱行敬，楊馨園
交際幹事：孫振奇，張衍根，李芝璋，湯秉達
調查幹事：沈梓揚，劉光亮，李雁洲，陳碧池
會　　董：陳遜予，蔡鼎銘，陳碧池，李芝璋，鄭鐵如，吳劍侯，許志時，曾業文，林子實，
　　　　　鄭厚臣，謝翊人，蔡家源，黃菊生，黃翊漢，湯秉達，李運海，劉鶴齡，方慕鰌，
　　　　　余朝忠，吳鏡如，馬超雲，陳峨士，陳守河，邱悟真，黃建思，楊業園，李琴芝，
　　　　　周華初，劉道理，王學仁，釁利棧，炎豐公司，陳映輝，李廉法，黃稼陸，洪國瑚，
　　　　　三泰公司，方業彬

第十四屆（1944—1946年）

會　　長：許友梅　　　　　　　　　副會長：林拔中
司　　庫：南泰行　　　　　　　　　副司庫：利豐亨行
核 數 員：許志時
法律幹事主任：陳時中　　　　　　　副主任：林子豐
審查幹事主任：陳庸齋　　　　　　　副主任：蔡家源　　　　幹事：湯秉達，陳峨士
交際幹事主任：方業彬　　　　　　　副主任：馬超雲　　　　幹事：余朝忠，沈梓揚
調查幹事主任：李琴芝　　　　　　　副主任：葉樹海　　　　幹事：陳碧池，劉鶴齡
慈善幹事主任：方慕鰌　　　　　　　副主任：唐毓初　　　　幹事：林以德，黃菊生
會　　董：陳碧池，釁利棧，許志時，蔡家源，李琴之，陳遜予，余朝忠，李芝璋，湯秉達，
　　　　　黃翊漢，黃菊生，陳峨士，林子實，鄭厚臣，鄭鐵如，鉅發源行，香溪公司，
　　　　　馬超雲，方業彬，炎豐公司，葉樹梅，沈梓揚，方慕鰌，楊業園，林以德，陳守河，
　　　　　百德行，大陸公司，祥發公司，林源豐行，曾業文，劉鶴齡，呂興合，邱悟真，
　　　　　香港火柴廠，志昌行，李運海，三泰公司，陳映輝

第十五屆（1946—1948年）

主　　席：馬澤民　　　　　　　　　副主席：陳庸齋
常務理事兼總務股主任：方業彬
常務理事兼財務股主任：廖寶珊
常務理事兼商務股主任：許友梅

常務理事兼組織股主任：陳遜予

常務理事兼慈善股主任：李琴芝

理　　事：林子豐，陳子昭，陳守智，蔡聲端，許志時，馬錦燦，李俊農，林拔中，葉樹梅，
　　　　　余朝忠，蔡勇義，李子芳，邱崇本，陳映輝，馬璧魂，王遠猷，馬超雲，盧光武，
　　　　　林子實，黃兆東

常務監事：孫家哲，吳鏡堂，蕭眉珊

監　　事：姚佑波，林厚德，沈梓庭，鄭鐵如，方慕鮪，李芝敬，周臥屏，蔡家源，陳漢華，
　　　　　李芝安

第十六屆（1948—1950年）

理 事 長：陳漢華　　　　　　　　　副理事長：湯秉達

常務理事兼總務股主任：鄭卓雄

常務理事兼財務股主任：廖寶珊

常務理事兼商務股主任：蔡家源

常務理事兼組織股主任：陳遜予

常務理事兼慈善股主任：李俊農

理　　事：蔡貞人，陳庸齋，馬錦燦，許友梅，邱崇本，馬璧魂，馬澤民，陳子吾，黃兆東，
　　　　　陳式欽，周振德，馬超雲，蔡章閣

候補理事：許志時，蔡聲端，吳鏡堂，馬才坡，李運海，陳炳南，林俊璋，余朝忠，陳友臣

常務監事：陳子昭，蕭眉珊，陳守智

監　　事：姚佑波，孫家哲，林子豐，林厚德

候補監事：周臥屏，顏成坤，鍾秀峰

第十七屆（1950—1952年）

理 事 長：馬錦燦　　　　　　　　　副理事長：蔡家源

常務理事兼總務部主任：馬超雲

常務理事兼財務部主任：陳子吾

常務理事兼商務部主任：鄭卓雄

常務理事兼組織部主任：王伯群

常務理事兼福利部主任：林邦祥

常務理事兼交際部主任：鄭　光

常務理事兼調查部主任：陳遜予

理　　事：馬澤民，林子豐，顏成坤，許友梅，陳庸齋，陳守智，鄭植芝，蔡貞人，李俊農，
　　　　　馬璧魂，蔡章閣，李運海，馬才坡，陳式欽，陳炳南，陳友臣，呂明才，蕭作藩，
　　　　　莊徐光，林本禮，許錫如，章　明，羅鷹石，沈梓揚，周光廷，黃振文

監　事　長：陳漢華

副監事長：湯秉達

監　　　事：孫家哲，蕭眉珊，林厚德，廖寶珊，許志時，周臥屏，林俊璋，邱崇本，林西園，
　　　　　　陳碧池，姚慕秋，陳守河，黃建思

顧　　　問：吳鏡堂，林拔中

名譽理事：鍾秀峰，李芝敬，黃芹生，林樹科，沈梓庭，石雲初，李雪亭，李琴芝，劉鶴齡，
　　　　　　方慕鰭，方業彬，陳映輝，盧光武，蔡勇義，顧雲岩，黃兆東、張中耕，李仲猷，
　　　　　　李芝安，姚佑波，余朝忠，李朝江，王遠猷，盧星階，蔡聲端，鄭良楨，蕭志浩，
　　　　　　王克成，劉錦豐，劉文俊，陳炳烽，許少琛，余敬之，葉輔臣，陸海泉，王德松，
　　　　　　蔡一元，陳松舟，榮豐隆行，四維公司，乾泰隆行，南泰行，合　順，鉅發源行，
　　　　　　豐昌順，利豐亨行，四海通，隆興棧，成順泰，振南行，永豐祥，萬裕發，仁興行，
　　　　　　光利元，和祥銀號，嘉　彰，裕　隆，陳萬發，瑞昌銀號，信和發，源隆行，
　　　　　　兆亨行，德興旺，榮　祥

第十八屆（1952—1954年）

理　事　長：沈瑞慶　　　　　　　　　　　　副理事長：莊徐光

常務理事兼總務部主任：鄭澤琴

常務理事兼財務部主任：沈梓揚

常務理事兼商務部主任：許錫如

常務理事兼組織部主任：馬超雲

常務理事兼福利部主任：林邦祥

常務理事兼交際部主任：章志光

常務理事兼調查部主任：李雲藝

理　　　事：鄭植之，陳守智，蕭作藩，蔡閣章，李運海，柱若洲，馬澤民，林子豐，陳漢華，
　　　　　　林拔中，吳光庭，姚慕秋，許志時，洪祥佩，馬璧魂，蔡貞人，林俊璋，許友梅，
　　　　　　孫家哲，陳碧池，陳浩彪，鍾秀峰，李子芳，林基豐，湯秉達，蕭眉珊

監　事　長：馬錦燦

副監事長：陳子吾

監　　　事：許雪天，馬才坡，黃建思，沈梓庭，辛　明，陳庸齋，方業光，李俊農，邱崇本，
　　　　　　林厚德，鄭　光，王伯群，余朝忠

名譽顧問：顏成坤，姚佑波

顧　　　問：吳鏡堂，蔡家源

第十九屆（1954—1956年）

理　事　長：鄭植之　　　　　　　　副理事長：洪祥佩

常務理事兼總務部主任：馬超雲

常務理事兼財務部主任：陳弼臣

常務理事兼商務部主任：章志光

常務理事兼組織部主任：林拔中

常務理事兼福利部主任：李俊農

常務理事兼交際部主任：沈梓揚

常務理事兼調查部主任：蔡章閣

理　　　事：陳漢華，陳守智，陳子吾，馬璧魂，許志時，馬錦燦，莊徐光，蔡貞人，蕭作藩，
羅鷹石，沈瑞慶，李琴芝，廖寶珊，謝仰龍，李漢忠，唐文佩，陳大新，張蘭夫，
黃志強，陳永欽，湯秉達，利華民公司，陳　俊，林炳祺，吳光庭，鄭蘊奇，李雲藝

監　事　長：林子豐

副監事長：邱崇本

監　　　事：馬澤民，鄭　光，姚慕秋，林友卿，許錫如，鍾秀峰，林俊璋，蕭眉珊，林本禮，
孫家哲，黃建思，沈梓庭，香港火柴廠代表王永銘

名譽顧問：顏成坤，姚佑波

顧　　　問：許友梅，陳庸齋，吳鏡堂，蔡家源

第二十屆（1956—1958年）

會　　　長：馬澤民　　　　　　　　副會長：馬璧魂，鄭光

常務會董兼總務部主任：馬超雲

常務會董兼財務部主任：陳漢華

常務會董兼商務部主任：湯秉達

常務會董兼組織部主任：洪祥佩

常務會董兼福利部主任：徐輝星

常務會董兼交際部主任：鄭植之

常務會董兼調查部主任：莊佐賢

常務會董兼稽核部主任：陳守智

會　　　董：馬錦燦，林子豐，李俊農，陳子吾，蔡章閣，廖寶珊，邱崇本，蕭作藩，林俊璋，
李漢忠，羅鷹石，陳弼臣，許志時，許錫如，黃建思，鍾秀峰，林友卿，馬才坡，
許應深，孫家哲，郭玉成，李仰光，中南公司代表莊靜菴，林誠信，鄭碧木，
沈瑞慶，永德興行代表，許振明，汕頭花邊公司代表，柯德昌，顏昌俊，鄭夢鵬，
鄭仰寧，許雪天，張　豐，張　誠，紀有之，楊由之，孫　良，劉筱銘，林拔中

第二十一屆（1958—1960年）

會　　長：洪祥佩　　　　　　　　副會長：鄭　光，蔡章閣

常務會董兼總務部主任：章志光
常務會董兼財政部主任：陳漢華
常務會董兼商務部主任：湯秉達
常務會董兼組織部主任：張蘭夫
常務會董兼福利部主任：孫　良
常務會董兼交際部主任：林友卿
常務會董兼調查部主任：莊佐賢
常務會董兼稽核部主任：陳守智

會　　董：馬澤民、馬錦燦，林俊璋，馬璧魂，鄭植之，邱崇本，鍾秀峰，林子豐，陳弼臣，
孫家哲，許志時，陳維信，馬超雲，陳子吾，蕭作藩，林子實，廖寶珊，林炳祺，
陳明弼，陳覺軒，紀有之，陳復禮，唐學元，陳永欽，李漢忠，徐輝星，林信誠，
李仰光，吳士凱，鄭仰寧，許雪天，張　豐，張中畊，劉筱銘，楊由之，黃光炎，
永德興行代表許振明，陳大濱，林瑋巖

第二十二屆（1960—1962年）

會　　長：洪祥佩　　　　　　　　副會長：鄭　光，蔡章閣

常務會董兼總務部主任：張蘭夫
常務會董兼財政部主任：陳維信
常務會董兼商務部主任：湯秉達
常務會董兼組織部主任：林炳祺
常務會董兼福利部主任：莊佐賢
常務會董兼交際部主任：林拔中
常務會董兼調查部主任：孫　良
常務會董兼稽核部主任：邱崇本
常務會董兼教育部主任：章志光

會　　董：馬澤民、馬錦燦，陳漢華，陳弼臣，陳守智，林俊璋，陳卓堅，馬璧魂，許志時，
馬錦明，馬錦煥，張中畊，蕭作藩，高鳳生，許雪天，鄭植之，鍾秀峰，李仰光，
陳明弼，林友卿，中南公司代表莊靜菴，振利成行代表陳振富，元興織染廠代表倪少強，
李成興代表李景霖，陳永欽，劉筱銘，唐學元，陳復禮，林子豐，黃光炎，廖寶珊，
陳子吾，紀有之，林思顯，楊由之，鄭樹岩，林子實，馬浩鎧

第二十三屆（1962—1964年）

永遠名譽會長：顏成坤，馬澤民，林子豐，陳漢華，馬錦燦，鄭植之，洪祥佩，鄭　光，蔡章閣，
湯秉達，馬璧魂，林俊璋

會　　　長：鄭　光　　　　　　　　　　　　　**副會長**：陳維信，張蘭夫

常務會董兼總務部主任：林炳祺

常務會董兼財務部主任：馬錦煥

常務會董兼商務部主任：湯秉達

常務會董兼組織部主任：邱崇本

常務會董兼福利部主任：高鳳生

常務會董兼交際部主任：林拔中

常務會董兼調查部主任：孫　良

常務會董兼稽核部主任：莊佐賢

常務會董兼教育部主任：章志光

會　　　董：馬澤民，林子豐，孫家哲，陳漢華，馬錦燦，沈瑞慶，鄭植之，洪祥佩，馬錦明，
蔡章閣，馬璧魂，蕭作藩，黃光炎，張中畊，陳永欽，林俊璋，陳拔臣，陳大濱，
陳守智，元興織染廠倪少強，大生銀行馬錦釗，陳復禮，中南公司莊靜菴，李景霖，
林友卿，鄭宗元，謝錫奎，鍾存仁，呂興合銀莊呂高文，馬浩鎧，陳子吾，林思顯，
恆昌元行陳開知，林思齊，唐學元，鄭樹岩，廖烈文，陳卓堅，林繼振，黃志強，
翁時泰，再發行陳永明，蔡培文，陳漢榮，陳　俊，丘士俊

第二十四屆（1964—1966年）

永遠名譽會長：顏成坤，馬澤民，林子豐，陳漢華，馬錦燦，鄭植之，洪祥佩，鄭　光，蔡章閣，
湯秉達，馬璧魂，林俊璋

會　　　長：陳維信　　　　　　　　　　　　　**副會長**：張蘭夫

常務會董兼總務部主任：林炳祺

常務會董兼財務部主任：高鳳生

常務會董兼商務部主任：湯秉達

常務會董兼組織部主任：丘士俊

常務會董兼福利部主任：廖烈文

常務會董兼交際部主任：林拔中

常務會董兼調查部主任：張中畊

常務會董兼稽核部主任：莊佐賢

常務會董兼教育部主任：章志光

會　　　董：馬澤民，林子豐，孫家哲，陳漢華，馬錦燦，沈瑞慶，鄭植之，洪祥佩，蔡章閣，
林俊璋，陳永欽，莊靜菴，陳弼臣，馬錦明，林繼振，李景霖，林友卿，陳映然，

陳守智，陳子吾，馬璧魂，林源豐錶行，蕭作藩，星洲貿易公司，恆昌元行，林思齊，
馬浩鎧，唐學元，再發行，陳復禮，謝錫奎，呂興合銀莊，翁時泰，鄭宗元，黃光炎，
黃志強，陳漢榮，陳　俊，陳大濱，林思顯，孫　良，鄭樹岩，陳卓堅，楊木盛，
劉文俊，林錦堃，廖賢君

第二十五屆（1966—1968年）

永遠名譽會長：顏成坤，馬澤民，林子豐，陳漢華，馬錦燦，鄭植之，洪祥佩，蔡章閣，
　　　　　　湯秉達，馬璧魂

會　　　長：廖烈文　　　　　　　　**副會長**：林繼振，呂高文
常務會董兼總務部主任：林炳祺
常務會董兼財務部主任：高鳳生
常務會董兼商務部主任：湯秉達
常務會董兼組織部主任：丘士俊
常務會董兼福利部主任：陳永欽
常務會董兼交際部主任：林拔中
常務會董兼調查部主任：張中畊
常務會董兼稽核部主任：莊佐賢
常務會董兼教育部主任：章志光
會　　　董：馬澤民，林子豐，孫家哲，陳漢華，馬錦燦，沈慶瑞，鄭植之，洪祥佩，陳維信，
　　　　　　蔡章閣，張蘭夫，陳守智，陳大濱，莊靜菴，廖烈武，鄭樹岩，馬錦明，陳復禮，
　　　　　　楊木盛，鄭宗元，黃光炎，馬浩鎧，林思齊，李景霖，蕭作藩，黃志強，陳創光，
　　　　　　星洲貿易公司，林源豐錶行，林錦堃，林友卿，陳俊，陳映然，陳漢榮，陳卓堅，
　　　　　　李仰光，陳弼臣，趙廣海，李嘉誠，陳子吾，鄭學偉，馬璧魂，陳卓平，唐學元，
　　　　　　劉文俊，姚漢樑，謝錫奎

第二十六屆（1968—1970年）

永遠名譽會長：顏成坤，馬澤民，林子豐，陳漢華，馬錦燦，鄭植之，洪祥佩，蔡章閣，
　　　　　　湯秉達，馬璧魂

會　　　長：廖烈文　　　　　　　　**副會長**：林拔中，呂高文
常務會董兼總務部主任：林炳祺
常務會董兼財務部主任：高鳳生
常務會董兼商務部主任：陳永欽
常務會董兼組織部主任：唐學元
常務會董兼福利部主任：丘士俊

常務會董兼交際部主任：陳大濱
常務會董兼調查部主任：黃志強
常務會董兼稽核部主任：莊佐賢
常務會董兼教育部主任：章志光

會　　董：馬澤民，林子豐，陳漢華，馬錦燦，沈瑞慶，鄭植之，洪祥佩，陳維信，林繼振，
　　　　　蔡章閣，張蘭夫，陳弼臣，廖烈武，李嘉誠，陳守智，馬錦明，陳卓平，趙廣海，
　　　　　陳　俊，蕭作藩，林錦堃，馬璧魂，鄭學偉，張中畊，鄭宗元，陳有慶，
　　　　　星洲貿易公司，李景霖，陳映然，黃光炎，陳漢榮，德興行，僑光公司，楊木盛，
　　　　　楊學光，陳卓堅，湯秉達，陳子吾，劉文俊，林源豐錶行，林百欣，呂高華，
　　　　　李子芳，劉奇喆，朱賢嗣，林本典，祝映忠

第二十七屆（1970—1972年）

永遠名譽會長：顏成坤，林子豐，陳漢華，馬錦燦，鄭植之，洪祥佩，蔡章閣，湯秉達，馬璧魂
會　　長：廖烈文　　　　　　　　　　　副會長：蔡章閣，呂高文
常務會董兼總務部主任：林炳祺
常務會董兼財務部主任：高鳳生
常務會董兼商務部主任：陳永欽
常務會董兼組織部主任：唐學元
常務會董兼福利部主任：丘士俊
常務會董兼交際部主任：陳大濱
常務會董兼調查部主任：黃志強
常務會董兼稽核部主任：莊佐賢
常務會董兼教育部主任：章志光

會　　董：林子豐，陳漢華，馬錦燦，沈瑞慶，鄭植之，洪祥佩，陳維信，林繼振，張蘭夫，
　　　　　陳弼臣，廖烈武，李嘉誠，陳守智，馬錦明，陳卓平，趙廣海，陳　俊，蕭作藩，
　　　　　林錦堃，馬璧魂，鄭學偉，張中畊，鄭宗元，陳有慶，星洲貿易公司，李景霖，
　　　　　陳映然，黃光炎，陳漢榮，德興行，僑光公司，楊木盛，楊學光，陳卓堅，湯秉達，
　　　　　陳子吾，林源豐錶行，林百欣，呂高華，李子芳，劉奇喆，朱賢嗣，林本典，祝映忠

第二十八屆（1972—1974年）

永遠名譽會長：顏成坤，王澤森，馬錦燦，鄭植之，洪祥佩，蔡章閣，湯秉達，馬璧魂，
　　　　　　　廖烈文，呂高文，陳維信，張蘭夫
名譽會長：黃麗松，李春融
法律顧問：陳維樑，黃天榮，顏潔齡
會　　長：蔡章閣　　　　　　　　　　　副會長：林思顯，廖烈武

常務會董兼總務部主任：林炳祺	會董兼總務部副主任：李子芳
常務會董兼財務部主任：陳永欽	會董兼財務部副主任：林本典
常務會董兼商務部主任：黃志強	會董兼商務部副主任：鄭學偉
常務會董兼組織部主任：唐學元	會董兼組織部副主任：劉世仁
常務會董兼福利部主任：丘士俊	會董兼福利部副主任：黃光炎
常務會董兼交際部主任：楊木盛	會董兼交際部副主任：葉慶忠
常務會董兼調查部主任：湯秉達	會董兼調查部副主任：陳偉南
常務會董兼稽核部主任：莊佐賢	會董兼稽核部副主任：張中畊
常務會董兼教育部主任：章志光	會董兼教育部副主任：劉奇喆

會　　董：馬錦燦，鄭植之，洪祥佩，陳維信，廖烈文，張蘭夫，呂高文，馬璧文，林繼振，陳弼臣，陳守智，李嘉誠，黃子明，羅新權，林百欣，馬錦明，高鳳生，陳卓平，趙廣海，鄭學偉，鄭翼雄，陳　俊，陳有慶，劉奇喆，劉文俊，黃錫江，林本典，李子芳，張中畊，陳映然，朱賢嗣，楊學光，陳偉南，蕭作藩，陳卓堅，林少德，僑光公司，李景霖，黃光炎，劉世仁，陳復禮，呂高華，馬松深，吳耀慶，林烔燦，林　忠

第二十九屆（1974—1976年）

永遠名譽會長：顏成坤，王澤森，馬錦燦，鄭植之，洪祥佩，蔡章閣，湯秉達，馬璧魂，廖烈文，呂高文，陳維信，張蘭夫

名譽會長：黃麗松，李春融

法律顧問：陳維樑，王澤長，黃天榮，顏潔齡

會　　長：林思顯	副會長：廖烈武，陳有慶
常務會董兼總務部主任：林炳祺	會董兼總務部副主任：李子芳
常務會董兼財務部主任：陳永欽	會董兼財務部副主任：林本典
常務會董兼商務部主任：黃志強	會董兼商務部副主任：鄭學偉
常務會董兼組織部主任：唐學元	會董兼組織部副主任：劉世仁
常務會董兼福利部主任：丘士俊	會董兼福利部副主任：黃光炎
常務會董兼交際部主任：楊木盛	會董兼交際部副主任：葉慶忠
常務會董兼調查部主任：湯秉達	會董兼調查部副主任：陳偉南
常務會董兼稽核部主任：莊佐賢	會董兼稽核部副主任：張中畊
常務會董兼教育部主任：章志光	會董兼教育部副主任：劉奇喆

會　　董：馬錦燦，鄭植之，洪祥佩，陳維信，廖烈文，蔡章閣，張蘭夫，呂高文，馬璧魂，林繼振，陳弼臣，黃子明，李嘉誠，林百欣，鄭翼雄，馬錦明，高鳳生，陳　俊，乾泰隆行，王澤長，陳卓平，趙廣海，姚達之，劉文俊，黃錫江，蕭作藩，馬松深，楊學光，呂高華，李景霖，林烔燦，林少德，陳卓堅，僑光公司，朱賢嗣，陳復禮，林　忠

第三十屆（1976—1978年）

永遠名譽會長：顏成坤，王澤森，馬錦燦，鄭植之，洪祥佩，蔡章閣，湯秉達，馬璧魂，
廖烈文，呂高文，陳維信，張蘭夫

名譽會長：黃麗松，李春融，王澤長

法律顧問：陳維樑，黃天榮，顏潔齡

會　　長：林思顯　　　　　　　　　　**副會長**：廖烈武，陳有慶

常務會董兼總務部主任：林炳祺　　　　**會董兼總務部副主任**：李子芳

常務會董兼財務部主任：陳永欽　　　　**會董兼財務部副主任**：林本典

常務會董兼商務部主任：黃志強　　　　**會董兼商務部副主任**：楊學光

常務會董兼組織部主任：唐學元　　　　**會董兼組織部副主任**：劉世仁

常務會董兼福利部主任：丘士俊　　　　**會董兼福利部副主任**：黃光炎

常務會董兼交際部主任：楊木盛　　　　**會董兼交際部副主任**：葉慶忠

常務會董兼調查部主任：湯秉達　　　　**會董兼調查部副主任**：陳偉南

常務會董兼稽核部主任：莊佐賢　　　　**會董兼稽核部副主任**：張中畊

常務會董兼教育部主任：章志光　　　　**會董兼教育部副主任**：劉奇喆

會　　董：馬錦燦，鄭植之，洪祥佩，陳維信，廖烈文，蔡章閣，張蘭夫，呂高文，馬璧魂，
林繼振，陳弼臣，黃子明，李嘉誠，林百欣，王澤長，鄭翼雄，趙廣海，文裕順，
陳卓平，馬錦明，廖烈科，高鳳生，黃錫江，馬松深，劉文俊，鄭學偉，陳卓堅，
李景霖，呂高華，楊明東，陳復禮，佘若虛，林烱燦，朱賢嗣，林　忠，乾泰隆行，
立興公司，任合興菓子廠實業有限公司

第三十一屆（1978—1980年）

永遠名譽會長：顏成坤，王澤森，馬錦燦，鄭植之，洪祥佩，蔡章閣，湯秉達，馬璧魂，
廖烈文，呂高文，陳維信，張蘭夫，林思顯

名譽會長：黃麗松，李春融，王澤長，徐　淦

法律顧問：陳維樑，黃天榮，顏潔齡

會　　長：廖烈武　　　　　　　　　　**副會長**：陳有慶，章志光，劉世仁

常務會董兼總務部主任：林炳祺　　　　**會董兼總務部副主任**：李子芳

常務會董兼財務部主任：陳永欽　　　　**會董兼財務部副主任**：林本典

常務會董兼商務部主任：黃志強　　　　**會董兼商務部副主任**：楊學光

常務會董兼組織部主任：唐學元　　　　**會董兼組織部副主任**：楊明東

常務會董兼福利部主任：丘士俊　　　　**會董兼福利部副主任**：黃光炎

常務會董兼交際部主任：楊木盛　　　　**會董兼交際部副主任**：葉慶忠

常務會董兼調查部主任：湯秉達　　　　**會董兼調查部副主任**：陳偉南

常務會董兼稽核部主任：莊佐賢　　　　**會董兼稽核部副主任**：張中畊

常務會董兼教育部主任：劉奇喆　　　　　　會董兼教育部副主任：林焗燦

會　　董：馬錦燦，鄭植之，洪祥佩，陳維信，廖烈文，蔡章閣，林思顯，張蘭夫，呂高文，
　　　　　馬璧魂，林繼振，陳弼臣，李嘉誠，黃子明，林百欣，鄭翼雄，廖烈科，趙廣海，
　　　　　馬清偉，文裕順，陳卓平，馬錦明，劉燦松，黃天榮，高鳳生，黃錫江，馬松深，
　　　　　邱木城，劉文俊，鄭學偉，呂高華，陳復禮，佘若虛，朱賢嗣，林　忠，劉文龍，
　　　　　蕭爾揚，林建名，蔡德河，陳鴻琛，羅孔瑞，林世鏗，洪克協，趙克端，乾泰隆行，
　　　　　立興公司，福建製造廠有限公司

第三十二屆（1980—1982年）

永遠名譽會長：顏成坤，王澤森，馬錦燦，鄭植之，洪祥佩，蔡章閣，湯秉達，馬璧魂，
　　　　　　　廖烈文，呂高文，陳維信，張蘭夫，林思顯，廖烈武

名譽會長：黃麗松，李春融，王澤長，徐　淦，陳弼臣，李嘉誠

名譽顧問：倪少傑，黃勵文，黃松泉，莊鍾賽玉，林浩彬，林輝波

法律顧問：陳維樑，黃天榮，顏潔齡

會　　長：陳有慶　　　　　　　　　　　　副會長：章志光，劉世仁，廖烈科
常務會董兼總務部主任：林炳祺　　　　　　會董兼總務部副主任：李子芳
常務會董兼財務部主任：陳永欽　　　　　　會董兼財務部副主任：林本典
常務會董兼商務部主任：黃志強　　　　　　會董兼商務部副主任：楊學光
常務會董兼組織部主任：唐學元　　　　　　會董兼組織部副主任：楊明東
常務會董兼福利部主任：丘士俊　　　　　　會董兼福利部副主任：蕭爾揚
常務會董兼交際部主任：楊木盛　　　　　　會董兼交際部副主任：葉慶忠
常務會董兼調查部主任：湯秉達　　　　　　會董兼調查部副主任：陳偉南
常務會董兼稽核部主任：莊佐賢　　　　　　會董兼稽核部副主任：張中畊
常務會董兼教育部主任：劉奇喆　　　　　　會董兼教育部副主任：林焗燦

會　　董：馬錦燦，鄭植之，洪祥佩，陳維信，廖烈文，蔡章閣，林思顯，廖烈武，張蘭夫，
　　　　　呂高文，馬璧魂，李嘉誠，劉文龍，邱木城，黃天榮，馬錦明，黃錫江，黃子明，
　　　　　林百欣，鄭翼雄，趙廣海，馬清偉，姚中立，文裕順，劉燦松，林建名，陳卓平，
　　　　　馬松深，陳復禮，趙克端，林世鏗，蔡德河，林　忠，陳鴻琛，劉文俊，呂高華，
　　　　　鄭學偉，佘若虛，洪克協，羅孔瑞，翁銘堅，林肇庭，廖贊成，蔡衍濤，陳樹貴，
　　　　　胡恩耀，乾泰隆有限公司，天生貿易有限公司

第三十三屆（1982—1984年）

會　　長：陳有慶　　　　　　　　　　　　副會長：章志光，劉世仁，廖烈科
常務會董兼總務部主任：林炳祺　　　　　　會董兼總務部副主任：李子芳
常務會董兼財務部主任：陳永欽　　　　　　會董兼財務部副主任：林本典

常務會董兼商務部主任：黃志強	會董兼商務部副主任：楊學光
常務會董兼組織部主任：唐學元	會董兼組織部副主任：楊明東
常務會董兼福利部主任：丘士俊	會董兼福利部副主任：蕭爾揚
常務會董兼交際部主任：楊木盛	會董兼交際部副主任：葉慶忠
常務會董兼調查部主任：湯秉達	會董兼調查部副主任：陳偉南
常務會董兼稽核部主任：莊佐賢	會董兼稽核部副主任：張中畊
常務會董兼教育部主任：劉奇喆	會董兼教育部副主任：林炯燦

會　　董：馬錦燦，鄭植之，洪祥佩，陳維信，廖烈文，蔡章閣，呂高文，林思顯，廖烈武，
　　　　　馬璧魂，張蘭夫，鄭翼雄，趙廣海，文裕順，馬清偉，劉燦松，黃天榮，邱木城，
　　　　　林建名，倪少傑，林孝信，方衍梓，馬松深，黃錫江，陳復禮，陳卓平，馬清煜，
　　　　　呂高華，鄭建榕，馬墉傑，宋裔德，蔡宏豪，林輝耀，鄭學偉，洪克協，陳樹貴，
　　　　　林　忠，蔡德河，陳鴻琛，羅孔瑞，林世鏗，趙克端，蔡衍濤，翁銘堅，廖贊成，
　　　　　林肇庭，胡賜榮，姚中立，乾泰隆有限公司

第三十四屆（1984—1986年）

永遠名譽會長：顏成坤，王澤森，洪祥佩，蔡章閣，湯秉達，馬璧魂，廖烈文，呂高文，
　　　　　　　陳維信，張蘭夫，林思顯，廖烈武，陳有慶

名譽會長：黃麗松，李春融，王澤長，徐　淦，陳弼臣，李嘉誠，黃子明，林百欣

名譽顧問：倪少傑，黃勵文，黃松泉，莊鍾賽玉，林浩彬，林輝波，馬錦明，劉文龍，邱木城，
　　　　　姚中立

法律顧問：陳維樑，黃天榮，顏潔齡

會　　長：章志光　　　　　　　　　副會長：劉世仁，廖烈科，劉奇喆

總務部主任：林炳祺

財務部主任：陳永欽

商務部主任：陳樹貴

組織部主任：黃志強

福利部主任：丘士俊

交際部主任：倪少傑

調查部主任：楊木盛

稽核部主任：莊佐賢

教育部主任：唐學元

（各部主任均為常務會董）

會　　董：洪祥佩，陳維信，廖烈文，蔡章閣，林思顯，廖烈武，陳有慶，張蘭夫，呂高文，
　　　　　馬璧魂，文裕順，趙廣海，劉文龍，黃天榮，馬清偉，黃錫江，馬墉傑，周厚澄，
　　　　　林建名，劉燦松，馬松深，方衍梓，葉慶忠，蕭爾揚，陳偉南，張中畊，林本典，

陳卓平，劉謙齋，鄭維志，陳復禮，趙克端，蔡德河，羅康瑞，楊學光，楊明東，
林炯燦，蔡衍濤，李達如，林肇庭，翁銘堅，陳鴻琛，廖贊成，胡賜榮，吳為宜，
林世鏗，呂高華，鄭學偉，宋裔德，林輝耀，馬清煜，林　忠，洪克協，蔡宏豪，
林孝信，章志人，湯隆華，胡楚南，陳家銘，許　偉，張安德，王得毅，馬照祥，
乾泰隆有限公司，瑞榮豐有限公司，力豐機械有限公司

第三十五屆（1986年9月1日—1988年8月31日）

永遠名譽會長：顏成坤，王澤森，洪祥佩，蔡章閣，湯秉達，馬璧魂，廖烈文，呂高文，
　　　　　　　陳維信，林思顯，廖烈武，陳有慶，章志光

名譽會長：黃麗松，李春融，王澤長，徐　淦，陳弼臣，李嘉誠，黃子明，林百欣

名譽顧問：倪少傑，黃勵文，黃松泉，莊鍾賽玉，林浩彬，林輝波，馬錦明，劉文龍，邱木城，
　　　　　　姚中立

法律顧問：陳維樑，黃天榮，顏潔齡

會　　長：劉世仁	**副會長**：廖烈科，劉奇喆，唐學元，葉慶忠
常務會董兼總務部主任：林炳祺	**會董兼總務部副主任**：蔡衍濤
常務會董兼財務部主任：陳永欽	**會董兼財務部副主任**：林本典
常務會董兼商務部主任：楊學光	**會董兼商務部副主任**：林輝耀
常務會董兼組織部主任：楊明東	**會董兼組織部副主任**：胡賜榮
常務會董兼福利部主任：趙克端	**會董兼福利部副主任**：蕭爾揚
常務會董兼交際部主任：許　偉	**會董兼交際部副主任**：廖贊成
常務會董兼調查部主任：楊木盛	**會董兼調查部副主任**：陳偉南
常務會董兼稽核部主任：莊佐賢	**會董兼稽核部副主任**：張中畊
常務會董兼教育部主任：「缺」	**會董兼教育部副主任**：蔡宏豪

會　　董：洪祥佩，陳維信，廖烈文，蔡章閣，林思顯，廖烈武，陳有慶，章志光，呂高文，
　　　　　　鄭翼之，趙廣海，劉謙齋，黃錫江，周厚澄，黃天榮，鄭維志，林建名，馬清忠，
　　　　　　馬松深，黃志強，丘士俊，陳卓平，羅康瑞，陳復禮，蔡德河，翁銘堅，林肇庭，
　　　　　　陳鴻琛，藍　海，黃士心，莊學山，林友光，楊植秋，陳才燕，李達如，吳為宜，
　　　　　　陳樹貴，陳家銘，張安德，林世鏗，呂高華，鄭學偉，章志人，湯隆華，胡楚南，
　　　　　　王德毅，馬照祥，陳賢閣，高克昌，李益然，李國營，陳為典，洪克盛，莊德茂，
　　　　　　吳　雄，鄭建平

第三十六屆（1988年9月1日—1990年8月31日）

永遠名譽會長：顏成坤，王澤森，洪祥佩，蔡　章，湯秉達，馬璧魂，廖烈文，呂高文，
　　　　　　　陳維信，林思顯，廖烈武，陳有慶，章志光，劉世仁

名譽會長：李嘉誠，黃麗松，李春融，王澤長，徐　淦，林百欣，黃子明

名譽顧問：倪少傑，鄭翼之，翁錦通，黃錫江，林輝波，劉文龍，黃松泉，莊鍾賽玉，林浩彬，
　　　　　馬錦明，邱木城，姚中立

法律顧問：陳維樑，黃天榮，顏潔齡

會　　長：廖烈科　　　　　　　　　　　副會長：劉奇喆，唐學元，葉慶忠，周厚澄

常務會董兼總務部主任：林炳祺　　　　會董兼總務部副主任：蔡衍濤
常務會董兼財務部主任：陳永欽　　　　會董兼財務部副主任：張安德
常務會董兼商務部主任：楊學光　　　　會董兼商務部副主任：莊德茂
常務會董兼組織部主任：楊明東　　　　會董兼組織部副主任：胡賜榮
常務會董兼福利部主任：趙克端　　　　會董兼福利部副主任：蕭爾揚
常務會董兼交際部主任：許　偉　　　　會董兼交際部副主任：廖贊成
常務會董兼調查部主任：楊木盛　　　　會董兼調查部副主任：陳偉南
常務會董兼稽核部主任：林輝耀　　　　會董兼稽核部副主任：李達如
常務會董兼教育部主任：林炯燦　　　　會董兼教育部副主任：蔡宏豪

會　　董：洪祥佩，陳維信，廖烈文，蔡章閣，呂高文，林思顯，廖烈武，陳有慶，章志光，
　　　　　劉世仁，趙廣海，馬松深，劉謙齋，張中畊，黃天榮，鄭維志，林建名，羅康瑞，
　　　　　黃志強，丘士俊，陳卓平，陳復禮，王德毅，莊學山，蔡德河，翁銘堅，藍　海，
　　　　　黃士心，陳才燕，陳為典，詹培忠，馬介璋，陳鴻琛，吳　雄，楊植秋，吳為宜，
　　　　　林友光，馬清岳，陳智文，林世鏗，章志人，胡楚南，鄭建平，湯隆華，馬照祥，
　　　　　陳賢閣，李國營，洪克盛，趙克進，王　斌，陳漢乾，周振基，陳特楚，洪子梅，
　　　　　黃義坤，許學之

秘書兼總幹事：林萬任

助理總幹事：郭偉川

第三十七屆（1990年9月1日—1992年8月31日）

永遠名譽會長：顏成坤，王澤森，洪祥佩，蔡章閣，湯秉達，馬璧魂，廖烈文，呂高文，
　　　　　　　陳維信，林思顯，廖烈武，陳有慶，章志光，劉世仁

名譽會長：李嘉誠，黃麗松，李春融，徐　淦，莊世平，藍鴻震，饒宗頤，林百欣，黃子明

名譽顧問：倪少傑，鄭翼之，翁錦通，黃錫江，黃勵文，黃松泉，莊鍾賽玉，林輝波，馬錦龍，
　　　　　劉文龍，邱木城，姚中立，林建名，羅康瑞，鄭維志

法律顧問：陳維樑，黃天榮，顏潔齡

會　　長：廖烈科　　　　　　　　　　　副會長：劉奇喆，唐學元，葉慶忠，周厚澄

常務會董兼總務部主任：林炳祺　　　　會董兼總務部副主任：鄭建平
常務會董兼財務部主任：林輝耀　　　　會董兼財務部副主任：張安德
常務會董兼商務部主任：莊學山　　　　會董兼商務部副主任：黃士心
常務會董兼組織部主任：楊明東　　　　會董兼組織部副主任：胡賜榮

常務會董兼福利部主任：蔡衍濤　　　　　會董兼福利部副主任：蔡宏豪
常務會董兼交際部主任：許　偉　　　　　會董兼交際部副主任：許學之
常務會董兼調查部主任：莊德茂　　　　　會董兼調查部副主任：黃義坤
常務會董兼稽核部主任：陳偉南　　　　　會董兼稽核部副主任：陳家銘
常務會董兼教育部主任：林炯燦　　　　　會董兼教育部副主任：李達如

當然會董：洪祥佩，陳維信，廖烈文，蔡章閣，呂高文，林思顯，廖烈武，陳有慶，章志光，
　　　　　劉世仁

會　　董：趙廣海，馬松深，劉謙齋，張中畊，黃天榮，丘士俊，陳復禮，楊木盛，翁銘堅，
　　　　　藍　海，陳卓平，蔡德河，王德毅，馬介璋，詹培忠，吳　雄，陳才燕，陳鴻琛，
　　　　　林友光，馬清岳，陳為典，楊植秋，廖贊成，胡楚南，馬照祥，王　斌，呂高華，
　　　　　吳為宜，趙克進，陳特楚，陳漢乾，李國營，周振基，林世鏗，洪克盛，陳智文，
　　　　　章志人，湯隆華，謝中民，劉思仁，黃文士，陳蕙婷，蔡　堅，林孝信，郭大鵬，
　　　　　鄭金源，陳　權

總幹事：林萬任
副總幹事：郭偉川

第三十八屆（1992年9月1日—1994年8月31日）

永遠名譽會長：顏成坤，王澤森，洪祥佩，蔡章閣，湯秉達，馬璧魂，廖烈文，呂高文，
　　　　　　　陳維信，林思顯，廖烈武，陳有慶，章志光，劉世仁，廖烈科

名譽會長：李嘉誠，黃麗松，李春融，徐　淦，莊世平，藍鴻震，饒宗頤，林百欣，黃子明

名譽顧問：倪少傑，詹培忠，鄭翼之，翁錦通，黃錫江，黃勵文，黃松泉，莊鍾賽玉，林輝波，
　　　　　馬錦明，劉文龍，邱木城，姚中立，林建名，羅康瑞，鄭維志，張中畊

法律顧問：陳維樑，黃天榮，顏潔齡

會　　長：劉奇喆　　　　　　　　　　　副會長：唐學元，葉慶忠，周厚澄，陳偉南

常務會董兼總務部主任：許　偉　　　　　會董兼總務部副主任：鄭建平
常務會董兼財務部主任：林輝耀　　　　　會董兼財務部副主任：張安德
常務會董兼商務部主任：莊學山　　　　　會董兼商務部副主任：黃士心
常務會董兼組織部主任：楊明東　　　　　會董兼組織部副主任：胡賜榮
常務會董兼福利部主任：蔡衍濤　　　　　會董兼福利部副主任：蔡宏豪
常務會董兼交際部主任：馬照祥　　　　　會董兼交際部副主任：許學之
常務會董兼調查部主任：莊德茂　　　　　會董兼調查部副主任：黃義坤
常務會董兼稽核部主任：林炳祺　　　　　會董兼稽核部副主任：陳家銘
常務會董兼教育部主任：林孝信　　　　　會董兼教育部副主任：李達如

當然會董：洪祥佩，陳維信，廖烈文，蔡章閣，呂高文，林思顯，廖烈武，陳有慶，章志光，
　　　　　劉世仁，廖烈科

會　　董：詹培忠，趙廣海，馬松深，黃天榮，林炯燦，丘士俊，翁銘堅，藍　海，陳卓平，
　　　　　蔡德河，趙克端，王德毅，馬介璋，吳　雄，陳才燕，陳鴻琛，林友光，馬清岳，
　　　　　陳為典，胡楚南，王　斌，呂高華，趙克進，陳漢乾，周振基，林世鏗，章志人，
　　　　　謝中民，劉思仁，黃文士，陳蕙婷，蔡　堅，郭大鵬，鄭金源，陳　權，陳大河，
　　　　　黃焯書，陳有樂，馬清楠，張成雄，邱子成，王覺豪，洪延年，李婉冰，林庭豐，
　　　　　林慶青，許宗賢

總幹事：郭偉川

第三十九屆（1994年9月1日—1996年8月31日）

永遠名譽會長：顏成坤，王澤森，洪祥佩，蔡章閣，湯秉達，廖烈文，呂高文，陳維信，
　　　　　　　林思顯，廖烈武，陳有慶，章志光，劉世仁，廖烈科，劉奇喆

名譽會長：李嘉誠，黃麗松，李春融，徐　淦，莊世平，藍鴻震，饒宗頤，林百欣，黃子明

名譽顧問：倪少傑，詹培忠，鄭翼之，翁錦通，黃　錫，黃勵文，黃松泉，莊鍾賽玉，林輝波，
　　　　　馬錦明，劉文龍，邱木城，姚中立，林建名，羅康瑞，鄭維志，張中畊，謝中民

法律顧問：陳維樑，黃天榮，顏潔齡，馬清楠

會　　長：唐學元　　　　　　　　　　副會長：葉慶忠，周厚澄，陳偉南，蔡衍濤

常務會董兼總務部主任：許　偉　　　　會董兼總務部副主任：許學之
常務會董兼財務部主任：林輝耀　　　　會董兼財務部副主任：王　斌
常務會董兼商務部主任：莊學山　　　　會董兼商務部副主任：王得毅
常務會董兼組織部主任：楊明東　　　　會董兼組織部副主任：胡賜榮
常務會董兼福利部主任：鄭建平　　　　會董兼福利部副主任：蔡宏豪
常務會董兼交際部主任：黃士心　　　　會董兼交際部副主任：周振基
常務會董兼調查部主任：馬介璋　　　　會董兼調查部副主任：陳為典
常務會董兼稽核部主任：馬照祥　　　　會董兼稽核部副主任：陳家銘
常務會董兼教育部主任：林孝信　　　　會董兼教育部副主任：陳蕙婷

當然會董：洪祥佩，陳維信，廖烈文，蔡章閣，呂高文，林思顯，廖烈武，陳有慶，章志光，
　　　　　劉世仁，廖烈科，劉奇喆

會　　董：趙廣海，馬松深，黃天榮，丘士俊，莊德茂，陳鴻琛，張安德，陳卓平，蔡德河，
　　　　　林炯燦，林世鏗，章志人，趙克端，林友光，胡楚南，呂高華，陳才燕，趙克進，
　　　　　黃義坤，劉思仁，蔡　堅，陳　權，黃文士，鄭金源，郭大鵬，黃焯書，陳大河，
　　　　　馬清楠，張成雄，邱子成，林慶青，許宗賢，廖鐵城，陳建源，陳智思，劉克文，
　　　　　葉志光，陳幼南，藍利益，趙漢鐘，朱樹豪，許德勛，楊漢源，周卓如

主任秘書：林楓林

第四十屆（1996年9月1日—1998年8月31日）

永遠名譽會長：顏成坤，王澤森，洪祥佩，蔡章閣，廖烈文，呂高文，陳維信，林思顯，
廖烈武，陳有慶，章志光，劉世仁，廖烈科，劉奇喆，唐學元

名譽會長：李嘉誠，黃麗松，李春融，徐淦，莊世平，饒宗頤，林百欣，黃子明，藍鴻震

名譽顧問：倪少傑，鄭翼之，翁錦通，黃錫江，黃勵文，黃松泉，莊鍾賽玉，林輝波，馬錦明，
劉文龍，邱木城，姚中立，林建名，羅康瑞，鄭維志，詹培忠，張中畊，謝中民

法律顧問：陳維樑，黃天榮，顏潔齡，馬清楠

會　　長：葉慶忠		**副會長**：周厚澄，陳偉南，蔡衍濤，莊學山	

常務會董兼總務部主任：許　偉　　　　**會董兼總務部副主任**：許學之
常務會董兼財務部主任：林輝耀　　　　**會董兼財務部副主任**：王　斌
常務會董兼商務部主任：陳幼南　　　　**會董兼商務部副主任**：藍利益
常務會董兼組織部主任：楊明東　　　　**會董兼組織部主任**：胡賜榮
常務會董兼福利部主任：鄭建平　　　　**會董兼福利部副主任**：蔡宏豪
常務會董兼交際部主任：黃士心　　　　**會董兼交際部主任**：周振基
常務會董兼調查部主任：馬介璋　　　　**會董兼調查部主任**：陳為典
常務會董兼稽核部主任：馬照祥　　　　**會董兼稽核部副主任**：陳家銘
常務會董兼教育部主任：林孝信　　　　**會董兼教育部主任**：陳蕙婷

當然會董：洪祥佩，陳維信，廖烈文，蔡章閣，呂高文，林思顯，廖烈武，陳有慶，章志光，
劉世仁，廖烈科，劉奇喆，唐學元

名譽會董：張安德，陳卓平，黃焯書

會　　董：趙廣海，馬松深，黃天榮，丘士俊，莊德茂，陳鴻琛，蔡德河，林烱燦，林世鏗，
章志人，趙克端，林友光，胡楚南，呂高華，陳才燕，趙克進，劉思仁，蔡　堅，
陳　權，黃文士，鄭金源，陳大河，馬清楠，張成雄，邱子成，林慶青，許宗賢，
廖鐵城，陳建源，陳智思，劉克文，葉志光，趙漢鐘，朱樹豪，許德勛，楊漢源，
周卓如，洪克協，唐大威，王文洪，王子沐，馬鴻銘，陳財榮，唐大錦

主任秘書：林楓林

第四十一屆（1998年9月1日—2000年8月31日）

永遠名譽會長：顏成坤，洪祥佩，蔡章閣，廖烈文，呂高文，陳維信，林思顯，廖烈武，
陳有慶，章志光，劉世仁，劉奇喆，唐學元，葉慶忠

名譽會長：李嘉誠，莊世平，藍鴻震，饒宗頤，黃麗松，李春融，徐淦，林百欣，黃子明

名譽顧問：倪少傑，鄭翼之，鄭維志，羅康瑞，翁錦通，林輝波，梁劉柔芬，陳鑑林，許長青，
張中畊，馬錦明，黃錫江，黃松泉，謝中民，林建名，姚中立，劉文龍

法律顧問：陳維樑，黃天榮，馬清楠

會　　長：周厚澄	**副會長**：陳偉南，蔡衍濤，莊學山，馬介璋
常務會董兼總務部主任：張成雄	**會董兼總務部副主任**：許學之
常務會董兼財務部主任：林輝耀	**會董兼財務部副主任**：王　斌
常務會董兼商務部主任：林孝信	**會董兼商務部副主任**：葉志光
常務會董兼組織部主任：黃士心	**會董兼組織部副主任**：藍利益
常務會董兼福利部主任：鄭建平	**會董兼福利部副主任**：胡楚南
常務會董兼交際部主任：許　偉	**會董兼交際部副主任**：林慶青
常務會董兼調查部主任：楊明東	**會董兼調查部副主任**：廖鐵城
常務會董兼稽核部主任：馬照祥	**會董兼稽核部副主任**：周振基
常務會董兼教育部主任：陳幼南	**會董兼教育部副主任**：陳蕙婷

當然會董：洪祥佩，陳維信，廖烈文，蔡章閣，呂高文，林思顯，廖烈武，陳有慶，章志光，
　　　　　劉世仁，劉奇喆，唐學元，葉慶忠

名譽會董：張安德，黃焯書，莊德茂，趙克端

會　　董：王文洪，王子沐，王林奕蘋，王樹霖，丘士俊，朱樹豪，吳少溥，呂高華，呂元信，
　　　　　周卓如，林世鏗，林烱燦，林赤有，林松錫，林李婉冰，邱子成，洪克協，胡劍江，
　　　　　唐大威，唐大錦，翁紹輝，馬松深，馬清楠，馬鴻銘，高永文，張俊勇，莊聲源，
　　　　　莊月霓，許德勛，許宗賢，連增傑，陳大河，陳才燕，陳鴻琛，陳　權，陳智思，
　　　　　陳捷貴，陳財榮，陳建源，陳　熹，章志人，黃天榮，黃文士，楊漢源，趙漢鐘，
　　　　　趙克進，劉思仁，劉坤銘，劉克文，歐陽成潮，蔡德河，蔡　堅，蔡宏豪，鄭金源，
　　　　　鄭俊平，蕭成財

主任秘書：林楓林

副主任秘書：王小暉

第四十二屆（2000年9月1日—2002年8月31日）

永遠名譽會長：顏成坤，洪祥佩，廖烈文，呂高文，陳維信，林思顯，廖烈武，陳有慶，
　　　　　　章志光，劉世仁，劉奇喆，唐學元，葉慶忠，周厚澄

名譽會長：李嘉誠，莊世平，藍鴻震，饒宗頤，黃麗松，李春融，徐　淦，林百欣，黃子明

名譽顧問：倪少傑，葉國華，鄭翼之，鄭維志，羅康瑞，翁錦通，林輝波，梁劉柔芬，陳鑑林，
　　　　　許長青，劉炳章，張中畊，馬錦明，黃松泉，謝中民，方　正，林建名，姚中立，
　　　　　劉文龍

法律顧問：陳維樑，黃天榮，馬清楠，周卓如，莊月霓

會　　長：陳偉南	**副會長**：蔡衍濤，莊學山，馬介璋，馬照祥
常務會董兼總務部主任：張成雄	**會董兼總務部主任**：林赤有
常務會董兼財務部主任：林輝耀	**會董兼財務部副主任**：陳蕙婷
常務會董兼商務部主任：林孝信	**會董兼商務部副主任**：林慶青
常務會董兼組織部主任：黃士心	**會董兼組織部副主任**：藍利益

常務會董兼福利部主任：許學之　　　　　會董兼福利部副主任：王　斌

常務會董兼交際部主任：許　偉　　　　　會董兼交際部副主任：馬清楠

常務會董兼調查部主任：葉志光　　　　　會董兼調查部副主任：廖鐵城

常務會董兼稽核部主任：周振基　　　　　會董兼稽核部副主任：胡楚南

常務會董兼教育部主任：陳幼南　　　　　會董兼教育部副主任：陳捷貴

當然會董：洪祥佩，陳維信，廖烈文，呂高文，林思顯，廖烈武，陳有慶，章志光，劉世仁，
　　　　　劉奇喆，唐學元，葉慶忠，周厚澄

名譽會董：張安德，莊德茂，蔡宏豪，楊明東

會　　董：王子沐，王文洪，王樹霖，丘士俊，朱樹豪，余潔儂，吳少溥，呂高華，呂元信，
　　　　　周卓如，林世鏗，林李婉冰，林松錫，林宣中，林烔燦，邱子成，柯成睦，洪克協，
　　　　　胡劍江，唐大威，唐大錦，唐宏洲，翁紹輝，馬松深，馬鴻銘，高永文，張俊勇，
　　　　　莊月霓，莊聲源，許宗賢，許崇英，許德勛，連增傑，陳大河，陳才燕，陳建源，
　　　　　陳財榮，陳偉明，陳智思，陳　熹，陳鴻琛，陳　權，黃天榮，黃文士，楊漢源，
　　　　　趙克進，趙漢鐘，劉思仁，劉坤銘，歐陽成潮，蔡少洲，蔡　堅，蔡德河，鄭金源，
　　　　　鄭俊平，蕭成財，魏偉明

秘 書 長：林楓林

主任秘書：王小暉

第四十三屆（2002年9月1日—2004年8月31日）

永遠名譽會長：洪祥佩，廖烈文，呂高文，陳維信，林思顯，廖烈武，陳有慶，章志光，
　　　　　　　劉世仁，劉奇喆，唐學元，葉慶忠，周厚澄，陳偉南

名譽會長：李嘉誠，莊世平，藍鴻震，饒宗頤，黃麗松，徐　淦，林百欣，黃子明，吳康民，
　　　　　廖烈智

名譽顧問：倪少傑，葉國華，鄭翼之，羅嘉瑞，羅康瑞，林輝波，梁劉柔芬，陳鑑林，許長青，
　　　　　劉炳章，張中畊，馬錦明，黃松泉，謝中民，方　正，翁錦通，林建名，姚中立，
　　　　　劉文龍，戴德豐，黃天榮

法律顧問：陳維樑，馬清楠，周卓如，莊月霓

會　　長：蔡衍濤　　　　　　　　　　　副會長：莊學山，馬介璋，馬照祥，許學之

常務會董兼總務部主任：張成雄　　　　　會董兼總務部副主任：林赤有

常務會董兼財務部主任：林輝耀　　　　　會董兼財務部副主任：陳蕙婷

常務會董兼商務部主任：唐大威　　　　　會董兼商務部副主任：廖鐵城

常務會董兼組織部主任：黃士心　　　　　會董兼組織部副主任：周卓如

常務會董兼福利部主任：陳捷貴　　　　　會董兼福利部副主任：王　斌

常務會董兼交際部主任：許　偉　　　　　會董兼交際部副主任：胡楚南

常務會董兼調查部主任：葉志光　　　　　會董兼調查部副主任：吳少溥

常務會董兼稽核部主任：周振基　　　　　會董兼稽核部副主任：馬清楠

常務會董兼教育部主任：陳幼南　　　　　　會董兼教育部副主任：高永文

當然會董：洪祥佩，陳維信，廖烈文，呂高文，林思顯，廖烈武，陳有慶，章志光，劉世仁，
　　　　　劉奇喆，唐學元，葉慶忠，周厚澄，陳偉南

名譽會董：張安德，莊德茂，蔡宏豪，楊明東，林世鏗

會　　董：王子沐，王文洪，朱樹豪，余潔儂，呂高華，卓訓寬，林烱燦，林孝信，林慶青，
　　　　　林李婉冰，林松錫，林宣中，林樹庭，林建高，林宣雅，邱子成，柯成睦，洪克協，
　　　　　胡劍江，唐大錦，唐宏洲，馬松深，馬鴻銘，高明東，張俊勇，莊月霓，許德勛，
　　　　　連增傑，陳大河，陳鴻琛，陳智思，陳建源，陳　熹，陳財榮，陳厚寶，陳振東，
　　　　　陳森利，黃華燊，黃順源，楊漢源，葉振南，趙克進，趙漢鐘，劉思仁，劉坤銘，
　　　　　劉宗明，劉文文，歐陽成潮，蔡德河，蔡堅，蔡少洲，鄭金源，鄭捷明，蕭成財，
　　　　　蕭楚基，魏偉明，羅永順

秘 書 長：林楓林

主任秘書：王小暉

第四十四屆（2004年9月1日—2006年8月31日）

永遠名譽會長：洪祥佩，廖烈文，陳維信，林思顯，廖烈武，陳有慶，章志光，劉世仁，
　　　　　　劉奇喆，唐學元，葉慶忠，周厚澄，陳偉南，蔡衍濤

名譽會長：李嘉誠，莊世平，藍鴻震，饒宗頤，黃麗松，徐淦，吳康民，廖烈智

名譽顧問：倪少傑，葉國華，鄭維志，羅嘉瑞，羅康瑞，林輝波，梁劉柔芬，陳鑑林，劉炳章，
　　　　　黃松泉，謝中民，方　正，翁錦通，林建名，姚中立，劉文龍，戴德豐，黃天榮，
　　　　　劉遵義

法律顧問：陳維樑，馬清楠，周卓如，莊月霓

會　　長：莊學山　　　　　　　　　　　副會長：馬介璋，馬照祥，許學之，陳幼南

常務會董兼總務部主任：張成雄　　　　　會董兼總務部副主任：林赤有

常務會董兼財務部主任：林輝耀　　　　　會董兼財務部副主任：陳蕙婷

常務會董兼商務部主任：唐大威　　　　　會董兼商務部副主任：廖鐵城

常務會董兼組織部主任：黃士心　　　　　會董兼組織部副主任：周卓如

常務會董兼福利部主任：陳捷貴　　　　　會董兼福利部副主任：王　斌

常務會董兼交際部主任：許　偉　　　　　會董兼交際部副主任：胡楚南

常務會董兼調查部主任：劉宗明　　　　　會董兼調查部副主任：吳少溥

常務會董兼稽核部主任：周振基　　　　　會董兼稽核部副主任：馬清楠

常務會董兼教育部主任：葉志光　　　　　會董兼教育部副主任：蔡少洲

會董兼青年委員會主任：高永文

當然會董：洪祥佩，陳維信，廖烈文，林思顯，廖烈武，陳有慶，章志光，劉世仁，劉奇喆，
　　　　　唐學元，葉慶忠，周厚澄，陳偉南，蔡衍濤

名譽會董：張安德，蔡宏豪，楊明東，林世鏗，林慶青

會　　董：呂高華，馬松深，蔡德河，陳鴻琛，林孝信，趙克進，劉思仁，蔡堅，林李婉冰，
　　　　　林烱燦，邱子成，陳大河，朱樹豪，馬鴻銘，陳建源，陳智思，趙漢鐘，王子沐，
　　　　　王文洪，洪克協，唐大錦，陳財榮，林松錫，胡劍江，張俊勇，莊月霓，連增傑，
　　　　　陳　熹，劉坤銘，歐陽成潮，蕭成財，余潔儂，林宣中，柯成睦，唐宏洲，魏偉明，
　　　　　卓訓寬，林宣雅，林建高，林樹庭，高明東，陳厚寶，陳森利，黃華燊，黃順源，
　　　　　葉振南，劉文文，鄭捷明，蕭楚基，羅永順，方　平，吳哲歆，林宣亮，林鎮洪，
　　　　　許瑞良，陳智文，陳振彬，黃志建，鄭錦鐘，羅少雄，嚴震銘

秘書長：林楓林

主任秘書：王小暉

第四十五屆（2006年9月1日—2008年8月31日）

永遠名譽會長：洪祥佩，廖烈文，陳維信，林思顯，廖烈武，陳有慶，章志光，劉世仁，
　　　　　　　劉奇喆，唐學元，葉慶忠，周厚澄，陳偉南，蔡衍濤，莊學山

名譽會長：李嘉誠，莊世平，藍鴻震，饒宗頤，黃麗松，徐淦，吳康民，廖烈智，李業廣

名譽顧問：倪少傑，葉國華，鄭翼之，羅嘉瑞，羅康瑞，林輝波，梁劉柔芬，陳鑑林，劉炳章，
　　　　　黃松泉，謝中民，方　正，翁錦通，林建名，姚中立，劉文龍，戴德豐，黃天榮，
　　　　　劉遵義，馬清煜，胡定旭，朱樹豪，范上達，趙漢鐘，馬松深，林建岳

法律顧問：陳維樑，馬清楠，周卓如，莊月霓

會　　長：馬介璋　　　　　　　　　　　副會長：許學之，陳幼南，周振基，張成雄

常務會董兼總務部主任：劉宗明　　　　會董兼總務部副主任：林赤有

常務會董兼財務部主任：林輝耀　　　　會董兼財務部副主任：陳蕙婷

常務會董兼商務部主任：唐大威　　　　會董兼商務部副主任：方　平

常務會董組織部主任：黃士心　　　　　會董兼組織部副主任：林松錫

常務會董兼福利部主任：陳捷貴　　　　會董兼福利部副主任：王　斌

常務會董兼交際部主任：許　偉　　　　會董兼交際部副主任：胡楚南

常務會董兼調查部主任：周卓如　　　　會董兼調查部副主任：吳少溥

常務會董兼稽核部主任：廖鐵城　　　　會董兼稽核部副主任：馬清楠

常務會董兼教育部主任：葉志光　　　　會董兼教育部副主任：蔡少洲

會董兼青委會主任委員：劉文文

當然會董：洪祥佩，陳維信，廖烈文，林思顯，廖烈武，陳有慶，章志光，劉世仁，劉奇喆，
　　　　　唐學元，葉慶忠，周厚澄，陳偉南，蔡衍濤，莊學山

名譽會董：張安德，蔡宏豪，楊明東，林世鏗，鄭金源，林慶青，林烱燦

會　　董：馬照祥，呂高華，蔡德河，陳鴻琛，趙克進，劉思仁，蔡　堅，林李婉冰，邱子成，
　　　　　陳大河，馬鴻銘，陳建源，陳智思，洪克協，唐大錦，胡劍江，張俊勇，莊月霓，
　　　　　連增傑，陳　熹，劉坤銘，歐陽成潮，蕭成財，余潔儂，林宣中，柯成睦，唐宏洲，
　　　　　魏偉明，卓訓寬，林宣雅，林建高，林樹庭，高永文，高明東，陳厚寶，陳森利，

黃華燊，黃順源，葉振南，鄭捷明，蕭楚基，羅永順，吳哲欽，林宣亮，林鎮洪，
許瑞良，陳智文，陳振彬，黃志建，鄭錦鐘，羅少雄，嚴震銘，朱鼎健，李焯麟，
林世豪，馬介欽，高佩璇，許平川，許崇標，陳　強，陳生好，陳光明，趙錦章，
鄭卓標

秘書長：林楓林

主任秘書：王小暉

第四十六屆（2008—2010年）

永遠名譽會長兼當然會董：洪祥佩，廖烈文，陳維信，廖烈武，陳有慶，劉世仁，劉奇喆，
唐學元，葉慶忠，周厚澄，陳偉南，蔡衍濤，莊學山，馬介璋

名譽會長：李嘉誠，藍鴻震，饒宗頤，黃麗松，徐　淦，吳康民，廖烈智，李業廣，劉遵義

名譽顧問：倪少傑，葉國華，鄭維志，羅嘉瑞，羅康瑞，林輝波，梁劉柔芬，陳鑑林，劉炳章，
黃松泉，謝中民，方　正，翁錦通，林建名，姚中立，劉文龍，戴德豐，黃天榮，
馬清煜，胡定旭，朱樹豪，范上達，趙漢鐘，馬松深，林建岳，蔡德河，呂高華，
陳鴻琛

法律顧問：陳維樑，馬清楠，周卓如，莊月霓

會　　長：許學之

副 會 長：陳幼南，周振基，張成雄，廖鐵城

常務會董兼各部主任：劉宗明，林輝耀，陳蕙婷，黃士心，陳捷貴，胡劍江，周卓如，葉志光，
唐大威，高永文，吳哲歆，張俊勇

會董兼各部副主任：林赤有，蔡少洲，林松錫，陳　強，方　平，吳少溥，蕭成財，馬清楠，
陳　熹，李焯麟，葉振南

名譽會董：張安德，蔡宏豪，楊明東，林世鏗，鄭金源，林慶青，王　斌，陳大河，劉思仁

會　　董：馬照祥，胡楚南，蔡堅，林李婉冰，邱子成，馬鴻銘，陳建源，陳智思，洪克協，
唐大錦，莊月霓，劉坤銘，歐陽成潮，余潔儂，林宣中，柯成睦，魏偉明，卓訓寬，
林建高，林樹庭，高明東，陳厚寶，陳森利，黃華燊，黃順源，劉文文，鄭捷明，
蕭楚基，羅永順，林宣亮，林鎮洪，許瑞良，陳智文，陳振彬，黃志建，鄭錦鐘，
羅少雄，嚴震銘，朱鼎健，林世豪，馬介欽，高佩璇，許平川，許崇標，陳生好，
陳光明，趙錦章，鄭卓標，王文漢，王仰德，周厚立，周美鳳，周博軒，林大輝，
胡澤文，馬清鏗，馬僑生，張敬川，陳愛菁，陳德寧，章曼琪，黃進達，楊劍青，
葉樹林

第四十七屆（2010—2012年）

永遠名譽會長兼當然會董：洪祥佩，廖烈文，陳維信，廖烈武，陳有慶，劉世仁，劉奇喆，
唐學元，葉慶忠，周厚澄，陳偉南，蔡衍濤，莊學山，馬介璋，
許學之

名譽會長：李嘉誠，藍鴻震，饒宗頤，黃麗松，徐　淦，吳康民，廖烈智，李業廣，劉遵義

名譽顧問：倪少傑，葉國華，鄭維志，羅嘉瑞，羅康瑞，林輝波，梁劉柔芬，陳鑑林，劉炳章，
　　　　　黃松泉，謝中民，方　正，翁錦通，林建名，姚中立，劉文龍，戴德豐，黃天榮，
　　　　　馬清煜，胡定旭，朱樹豪，范上達，馬松深，林建岳，蔡德河，呂高華，蔡志明，
　　　　　陳茂波，李澤鉅，林超英，林順潮，林廣明，林輝耀，洪克協，馬時亨，陳振東，
　　　　　陳健波，陳智思，黃光苗，黃楚標，楊海成，歐陽成潮，鄭維健

法律顧問：陳維樑，馬清楠，周卓如，莊月霓

會　　長：陳幼南　　　　　　　　　　　副會長：周振基，張成雄，廖鐵城，胡劍江

常務會董兼各部/委員會主任：劉宗明，陳蕙婷，林宣亮，黃士心，陳捷貴，鄭錦鐘，周卓如，
　　　　　　　　　　　　　　葉志光，唐大威，高永文，吳哲歆，陳光明

會董兼各部/委員會副主任：林赤有，蔡少洲，張俊勇，黃順源，方　平，陳　強，吳少溥，
　　　　　　　　　　　　　蕭成財，馬清楠，陳　熹，李焯麟，高明東

名譽會董：張安德，蔡宏豪，楊明東，林世鏗，鄭金源，林慶青，陳大河，劉思仁，卓訓寬，
　　　　　蔡　堅

會　　董：馬照祥，胡楚南，林松錫，林李婉冰，邱子成，馬鴻銘，陳建源，唐大錦，莊月霓，
　　　　　劉坤銘，余潔儂，林宣中，柯成睦，魏偉明，林建高，林樹庭，陳厚寶，陳森利，
　　　　　黃華燊，劉文文，葉振南，鄭捷明，蕭楚基，羅永順，林鎮洪，許瑞良，陳智文，
　　　　　陳振彬，黃志建，羅少雄，嚴震銘，朱鼎健，林世豪，馬介欽，高佩璇，許平川，
　　　　　許崇標，陳生好，趙錦章，王文漢，王仰德，周厚立，周博軒，林大輝，胡澤文，
　　　　　馬清鏗，馬僑生，張敬川，陳愛菁，陳德寧，章曼琪，黃進達，楊劍青，吳茂松，
　　　　　胡炎松，張少鵬，張詩培，許瑞勤，陳育明，陳偉泉，彭少衍，黃書銳，葉年光，
　　　　　劉建樟，蔡少偉，謝賢團，藍國浩

第四十八屆（2012—2014年）

永遠榮譽會長兼當然會董：陳雄信，廖烈文，廖烈武，陳有慶，劉世仁，劉奇喆，唐學元，
　　　　　　　　　　　　葉慶忠，周厚澄，陳偉南，蔡衍濤，莊學山，馬介璋，許學之，
　　　　　　　　　　　　陳幼南

榮譽會長：李嘉誠，饒宗頤，吳康民，李業廣

名譽會長：戴德豐，藍鴻震，劉遵義，黃麗松，徐淦，廖烈智，汪正平

榮譽顧問：高永文，陳智思，陳茂波，梁劉柔芬，陳鑑林，胡定旭，林大輝，林建岳，蔡志明，
　　　　　黃楚標，方　正，鄭維志，羅康瑞，羅嘉瑞，鄭維健，馬時亨，陳健波，洪克協，
　　　　　林建名，劉炳章，李澤鉅，陳經緯

名譽顧問：范上達，林順潮，陳振東，黃光苗，楊海成，蔡德河，葉國華，劉文龍，黃天榮，
　　　　　黃松泉，謝中民，林輝耀，林超英，歐陽成潮，馬清煜，林廣明，廖鐵城，馬亞木，
　　　　　黃士心，倪少傑，呂高華，姚中立，陳振彬，劉宗明，朱鼎健，王再興，江達可，
　　　　　許漢忠，紀文鳳，張實娥

法律顧問：陳維樑，馬清楠，周卓如，莊月霓，高明東

會　　長：周振基

副 會 長：張成雄，胡劍江，林宣亮，陳智文

常務會董兼各部委主任：陳捷貴，陳蕙婷，張俊勇，黃順源，劉宗明，鄭錦鐘，周卓如，馬僑生，
　　　　　　　　　　　唐大威，方　平，陳振彬，吳哲歆，黃進達，林李婉冰，葉振南

會董兼各部委副主任：林赤有，蔡少洲，周博軒，陳　強，蕭成財，陳　熹，吳少溥，高明東，
　　　　　　　　　　馬清楠，李焯麟，林鎮洪，馬清鏗，蕭楚基，黃書銳，陳偉泉，張敬川，
　　　　　　　　　　胡炎松，章曼琪，陳愛菁，陳德寧

名譽會董：張安德，蔡宏豪，林世鏗，蔡　堅，邱子成

會　　董：馬照祥，廖鐵成，胡楚南，林松錫，馬鴻銘，陳建源，唐大錦，余潔儂，林宣中，
　　　　　柯成睦，魏偉明，林樹庭，陳厚寶，陳森利，黃華燊，劉文文，鄭捷明，羅永順，
　　　　　黃志建，羅少雄，嚴震銘，朱鼎健，馬介欽，高佩璇，許平川，許崇標，陳生好，
　　　　　趙錦章，王文漢，王仰德，周厚立，林大輝，胡澤文，楊劍青，吳茂松，張少鵬，
　　　　　張敬慧，張詩培，陳育明，彭少衍，葉年光，蔡少偉，謝賢團，藍國浩，丁志威，
　　　　　余秋偉，吳宏斌，李志強，佘英輝，林本雄，林建岳，林燕勝，姚逸明，紀英達，
　　　　　莊偉茵，莊建成，許慶得，許禮良，陳正欣，陳志強，陳澤華，陳耀莊，黃仰芳，
　　　　　黃楚標，廖坤城，劉鑾鴻，蔡敏思，鄭合明，鄭敬凱，鄭毓和

第四十九屆（2014—2016年）

永遠榮譽會長兼當然會董：陳雄信，廖烈文，廖烈武，陳有慶，劉世仁，劉奇喆，葉慶忠，
　　　　　　　　　　　周厚澄，陳偉南，蔡衍濤，莊學山，馬介璋，許學之，陳幼南，
　　　　　　　　　　　周振基

榮譽會長：李嘉誠，饒宗頤，吳康民，李業廣

名譽會長：戴德豐，藍鴻震，劉遵義，黃麗松，徐淦，廖烈智，汪正平

榮譽顧問：高永文，陳智思，陳茂波，梁劉柔芬，陳鑑林，胡定旭，林大輝，林建岳，蔡志明，
　　　　　黃楚標，方　正，鄭維志，羅康瑞，羅嘉瑞，鄭維健，馬時亨，陳健波，洪克協，
　　　　　林建名，劉炳章，李澤鉅，陳經緯，陳振彬

名譽顧問：范上達，林順潮，陳振東，黃光苗，楊海成，蔡德河，葉國華，劉文龍，黃松泉，
　　　　　謝中民，林輝耀，林超英，歐陽成潮，馬清煜，林廣明，廖鐵城，馬亞木，黃士心，
　　　　　倪少傑，呂高華，姚中立，劉宗明，朱鼎健，王再興，江達可，許漢忠，紀文鳳，
　　　　　張實娥，鄭翔玲，謝賢團

法律顧問：陳維樑，馬清楠，周卓如，莊月霓，高明東

會　　長：張成雄

副 會 長：胡劍江，林宣亮，陳智文，馬鴻銘，黃書銳，高佩璇

常務會董兼各部委主任：陳捷貴，陳蕙婷，張俊勇，蔡少洲，林赤有，鄭錦鐘，周卓如，馬僑生，

唐大威，方　平，馬清鏗，陳振彬，吳哲歆，黃進達，章曼琪，馬鴻銘，
黃順源，劉宗明，陳振彬，葉振南，林建岳，林鎮洪

會董兼各部委副主任：胡炎松，張敬慧，姚逸明，陳　強，蕭成財，陳德寧，唐大錦，高明東，
馬清楠，李焯麟，周厚立，蕭楚基，陳愛菁，陳偉泉，張詩培，張敬川，
周博軒，莊偉茵，陳澤華，廖坤成

名譽會董：張安德，蔡宏豪，林世鏗，蔡　堅，邱子成，余潔儂，陳　熹，鄭合明，丁志威，
許慶得

會　　董：馬照祥，廖鐵成，吳少溥，林世豪，胡楚南，林松錫，林李婉冰，陳建源，林宣中，
柯成睦，魏偉明，林樹庭，陳厚寶，陳森利，黃華燊，劉文文，鄭捷明，羅永順，
黃志建，羅少雄，嚴震銘，朱鼎健，馬介欽，許平川，許崇標，陳欣耀，趙錦章，
王文漢，林大輝，胡澤文，楊劍青，吳茂松，張少鵬，陳育明，彭少衍，葉年光，
蔡少偉，藍國浩，余秋偉，吳宏斌，李志強，佘英輝，林本雄，林燕勝，紀英達，
莊建成，許禮良，陳正欣，陳志強，陳耀莊，黃仰芳，黃楚標，劉鑾鴻，蔡敏思，
鄭敬凱，鄭毓和，史立德，林月萍，林佑武，馬清揚，張植煒，莊小霈，陳生好，
陳建年，陳建明，陳偉香，楊玳詩，劉偉光，鄭俊基，賴偉星，謝喜武，顏吳餘英，
魏海鷹，羅志豪，蘇少初

第五十屆（2016—2018年）

永遠榮譽會長兼當然會董：廖烈武，陳有慶，劉奇喆，葉慶忠，周厚澄，陳偉南，蔡衍濤，
莊學山，馬介璋，許學之，陳幼南，周振基，張成雄

榮譽會長：李嘉誠，饒宗頤，吳康民，李業廣

名譽會長：戴德豐，藍鴻震，劉遵義，黃麗松，徐　淦，廖烈智，汪正平

榮譽顧問：高永文，陳智思，陳茂波，梁劉柔芬，陳鑑林，胡定旭，林大輝，林建岳，蔡志明，
黃楚標，方　正，鄭維志，羅康瑞，羅嘉瑞，鄭維健，馬時亨，陳健波，洪克協，
林建名，劉炳章，李澤鉅，陳經緯，陳振彬，姚思榮，柯創盛，陳桓鑌，葛珮帆

名譽顧問：范上達，林順潮，陳振東，黃光苗，楊海成，蔡德河，葉國華，劉文龍，黃松泉，
謝中民，林輝耀，林超英，歐陽成潮，馬清煜，林廣明，廖鐵城，馬亞木，黃士心，
倪少傑，呂高華，姚中立，劉宗明，朱鼎健，王再興，江達可，許漢忠，紀文鳳，
張實娥，鄭翔玲，謝賢團，方　平

法律顧問：陳維樑，馬清楠，周卓如，莊月霓，高明東

會　　長：胡劍江

副 會 長：林宣亮，陳智文，馬鴻銘，黃書銳，高佩璇，鄭敬凱

常務會董兼各部委主任：陳捷貴，陳蕙婷，蔡少偉，李焯麟，謝喜武，鄭錦鐘，周卓如，
馬僑生，唐大威，馬清鏗，張俊勇，吳哲歆，黃進達，章曼琪，
莊偉茵，陳振彬，林建岳，林鎮洪，吳茂松，馬介欽

會董兼各部委副主任：胡炎松，張敬慧，姚逸明，陳　強，蕭成財，陳建年，陳建源，高明東，
馬清楠，蔡少洲，周厚立，蕭楚基，陳愛菁，陳偉泉，張詩培，張敬川，
周博軒，陳澤華，林秀鳳，蔡敏思

名譽會董：張安德，蔡宏豪，林世鏗，蔡　堅，邱子成，余潔儂，陳　熹，鄭合明，丁志威，
許慶得，吳少溥，林松錫，林樹庭，趙錦章

會　　董：馬照祥，廖鐵成，劉宗明，林赤有，陳德寧，唐大錦，廖坤成，林世豪，胡楚南，
林宣中，柯成睦，魏偉明，陳厚寶，黃華燊，劉文文，鄭捷明，羅永順，黃志建，
羅少雄，嚴震銘，朱鼎健，許平川，許崇標，陳欣耀，王文漢，林大輝，胡澤文，
楊劍青，張少鵬，陳育明，彭少衍，葉年光，吳宏斌，李志強，林本雄，林燕勝，
紀英達，莊建成，許禮良，陳正欣，陳志強，黃楚標，劉鑾鴻，鄭毓和，史立德，
林月萍，林佑武，馬清揚，張植煒，莊小霈，陳生好，陳建明，陳偉香，楊玳詩，
劉偉光，鄭俊基，賴偉星，顏吳餘英，魏海鷹，羅志豪，王漢興，史理生，吳泰榮，
李威儀，周駿達，邱麗英，馬瑞昌，許章榮，許義良，陳志明，彭榮武，黃　強，
廖偉麟，廖德昭，鄭會友，盧瑞蘭，謝錦鵬

第五十一屆（2018—2020年）

永遠榮譽會長兼當然會董：陳有慶，劉奇喆，陳偉南，蔡衍濤，莊學山，馬介璋，許學之，
陳幼南，周振基，張成雄，胡劍江

榮譽會長：李嘉誠，吳康民，李業廣

名譽會長：戴德豐，藍鴻震，劉遵義，徐　淦，廖烈智，汪正平

榮譽顧問：高永文，陳智思，陳茂波，梁劉柔芬，陳鑑林，胡定旭，林大輝，林建岳，蔡志明，
黃楚標，方　正，鄭維志，羅康瑞，羅嘉瑞，鄭維健，馬時亨，陳健波，洪克協，
林建名，劉炳章，李澤鉅，陳經緯，陳振彬，姚思榮，陳桓鑌，葛珮帆，柯創盛，
林順潮，張俊勇，王惠貞，林宣武，鄭泳舜

名譽顧問：范上達，陳振東，黃光苗，楊海成，蔡德河，葉國華，劉文龍，黃松泉，謝中民，
林輝耀，林超英，歐陽成潮，馬清煜，林廣明，廖鐵城，馬亞木，黃士心，倪少傑，
呂高華，姚中立，劉宗明，朱鼎健，王再興，江達可，許漢忠，紀文鳳，張實娥，
鄭翔玲，謝賢團，方　平，周厚立，黃蘭茜，紀海鵬，洪明基，李偉斌，蔡加讚，
翁廣松，馬清楠

會務策略顧問：林楓林

法律顧問：馬清楠，周卓如，莊月霓，高明東，陳志強

會　　長：林宣亮

副會長：陳智文，馬鴻銘，黃書銳，高佩璇，鄭敬凱，蔡少偉

常務會董兼各部委主任：陳捷貴，陳蕙婷，馬清鏗，李焯麟，謝喜武，章曼琪，周卓如，
馬僑生，唐大威，莊建成，吳哲歆，張俊勇，胡炎松，黃進達，

莊偉茵，陳振彬，林建岳，林鎮洪，吳茂松，馬介欽，蕭成財，
陳偉泉，史立德

會董兼各部委副主任：陳建年，吳泰榮，陳　強，林本雄，馬清揚，陳建源，杜亨棟，高明東，
劉偉光，周駿達，王漢興，馬瑞昌，姚逸明，楊詩傑，張敬川，陳香蓮，
林秀鳳，柯家洋，張敬慧，蔡敏思

名譽會董：張安德，蔡宏豪，林世鏗，蔡　堅，邱子成，余潔儂，陳　熹，鄭合明，丁志威，
許慶得，吳少溥，林松錫，林樹庭，趙錦章，林燕勝，柯成睦，陳愛菁，鄭錦鐘，
魏偉明，羅少雄，羅永順

會　　董：馬照祥，廖鐵成，胡楚南，馬清楠，唐大錦，林赤有，林宣中，蔡少洲，陳厚寶，
黃華燊，劉文文，鄭捷明，蕭楚基，嚴震銘，朱鼎健，林世豪，許平川，許崇標，
陳欣耀，黃志建，王文漢，周厚立，周博軒，林大輝，胡澤文，陳德寧，張少鵬，
張詩培，陳育明，彭少衍，葉年光，吳宏斌，李志強，紀英達，許禮良，陳正欣，
陳志強，陳澤華，黃楚標，廖坤成，劉鑾鴻，鄭毓和，林月萍，林佑武，張植煒，
莊小霈，陳生好，陳建明，陳偉香，楊玳詩，鄭俊基，賴偉星，顏吳餘英，羅志豪，
史理生，邱麗英，許章榮，許義良，廖偉麟，鄭會友，盧瑞蘭，謝錦鵬，吳序平，
吳漢忠，李浩德，周健忠，林倩如，胡永祥，馬竣耀，梁春生，莊學海，許玉漢，
郭淑銘，陳才榮，麥羅武，辜美正，黃子建，黃蘭茜，蕭彼嘉

第五十二屆（2020—2022年）

首席榮譽主席：李嘉誠

榮譽主席：吳康民，李業廣，陳茂波，陳智思，林建岳，戴德豐，胡定旭，李澤鉅

永遠名譽會長兼當然會董：陳有慶，劉奇喆，陳偉南，蔡衍濤，莊學山，馬介璋，許學之，
陳幼南，周振基，張成雄，胡劍江，林宣亮

名譽會長：藍鴻震，劉遵義，徐　淦，廖烈智，汪正平

榮譽顧問：高永文，梁劉柔芬，陳鑑林，林大輝，蔡志明，黃楚標，方　正，鄭維志，羅康瑞，
羅嘉瑞，鄭維健，馬時亨，陳健波，洪克協，林建名，劉炳章，陳經緯，陳振彬，
姚思榮，陳恒鑌，葛珮帆，柯創盛，林順潮，王惠貞，林宣武，鄭泳舜，詹培忠，

名譽顧問：范上達，陳振東，黃光苗，楊海成，蔡德河，葉國華，劉文龍，黃松泉，謝中民，
林輝耀，林超英，歐陽成潮，馬清煜，林廣明，廖鐵城，馬亞木，黃士心，姚中立，
劉宗明，朱鼎健，王再興，江達可，許漢忠，紀文鳳，張賽娥，鄭翔玲，謝賢團，
方　平，周厚立，黃蘭茜，紀海鵬，洪明基，李偉斌，蔡加讚，翁廣松，馬清楠，
吳宏斌

會　　長：黃書銳

副會長：陳智文，馬鴻銘，高佩璇，鄭敬凱，蔡少偉，陳　強

常務會董及各部委主任：唐大威，陳捷貴，周卓如，陳蕙婷，吳哲歆，馬僑生，黃進達，
陳振彬，林鎮洪，馬清鏗，林建岳，馬介欽，莊偉茵，謝喜武，
胡炎松，蕭成財，史立德，馬清楠 ，胡澤文，謝錦鵬，史理生，
柯家洋，許玉漢

會務策略顧問：林楓林

法律顧問：馬清楠，周卓如，莊月霓，高明東，陳志強

會董兼各部委副主任：高明東，黃華燊，張敬川，姚逸明，陳建年，馬清揚，吳泰榮，蕭彼嘉，
詹劍崙，陳楚冠，陳賢豪，陳賢翰，卓啟燦，陳誠傑，林趣玲，莊永健

會　　董：馬照祥，廖鐵城，胡楚南，陳建源，唐大錦，林赤有，張俊勇，林宣中，蔡少洲，
陳厚寶，劉文文，鄭捷明，嚴震銘，朱鼎健，許平川，許崇標，林世豪，章曼琪，
林大輝，周博軒，周厚立，王文漢，張敬慧，吳茂松，張詩培，彭少衍，陳育明，
黃楚標，李志強，許禮良，陳正欣，劉鑾鴻，廖坤城，紀英達，陳澤華，林本雄，
羅志豪，林佑武，莊小霈，楊玳詩，顏吳餘英，陳偉香，張植煒，廖偉麟，邱麗英，
周駿達，盧瑞蘭，王漢興，許義良，莊學海，辜美正，胡永祥，杜亨棟，楊詩傑，
馬瑞昌，吳漢忠，林秀鳳，黃蘭茜，李浩德，梁春生，林倩如，麥羅武，周健忠，
陳才榮，王冠一，劉少強，劉玉珍，蕭七妹，蘇振聲，陳勤業，劉紹輝，黃宏輝，
謝曉東，黃宇鵬，林晉全，王大偉，姚明強，姚易明

名譽會董：張安德，蔡宏豪，林世鏗，蔡　堅，余潔儂，陳　熹，鄭合明，丁志威，許慶得，
吳少溥，林松錫，林樹庭，趙錦章，林燕勝，柯成睦，陳愛菁，鄭錦鐘，魏偉明，
羅少雄，羅永順，李焯麟，莊健成，陳偉泉，蕭楚基，鄭毓和

附錄二

香港潮州商會大事年表

■1906年

· 本年，香港受英國工會成立影響，工會商會的組成如雨後春筍，旅港先進方養秋、蔡杰士、陳殿臣、鄭仲評、王少平等鑑於時代的需要，倡議組織旅港潮州商會，以恭敬桑梓，維護公益。

■1920年

· 在鄭仲評的聚興行、王少平的承興行、方養秋的豐昌順、蔡杰士的元成發行會議多次，擬定成立旅港潮州商會的進行計劃後，即草擬有關章程，並徵求發起人。

■1921年

· 夏，假座皇后大道中杏花樓召集發起人會議，定會名為「旅港潮州八邑商會」，開辦費用由蔡杰士、鄭仲評、王少平諸位墊借；旋覓得干諾道西29號四樓為會址，徵得會員251名，募集基金37,650元，成立前的準備就緒。

· 6月8日，召集旅港潮州八邑商會籌備會議，通過章程。

· 7月20日，全體職員於旅港潮州八邑商會會堂就職。

· 7月25日，召開會員大會，選舉40位首屆會董，復由會董選出蔡杰士為首屆會長、王少平為副會長，全體職員亦選出。

· 8月1日，假石塘咀金陵酒家舉行成立典禮，請潮屬先進領袖陳春泉主持揭幕禮，旅港潮州八邑商會正式成立。是日各同人行號均休業一天，以誌慶祝，參加大會者凡五百餘人，是一次盛會。

· 本年，訂立章程，組織由會員選出會董40名，就中互選會長副會長、司庫、副司庫、核數員各一名，另舉幹事12名，內分法律、審查，各佔其二，交際、調查，各佔其四。並定每月5日為會董常會之期，8月1日為新職員就職之期。

■1922年

· 7月，陳殿臣當選為第二屆會長。

· 8月2日，潮州遭遇特大風災，商會組織潮汕賑災團往汕頭進行救濟工作，同時在港募捐，得六十四萬八千餘元。賑災工作歷時三年。

■1923年

· 8月，陳殿臣連任第三屆會長。

· 本年，商會獲會董會同意，購得香港中環加咸街26號C全座三層樓宇為會產，需款27,000元。樓宇出租後，租金為另一項收入。

· 向香港政府公司註冊署註冊為有限公司。

· 籌辦附屬小學，以「香港潮商學校」為註冊校名，校址設於干諾道西29號三樓，招收學生90名，委任潮州商會司理關汪若為校長。

■1924年

· 7月16日，前因商會為潮籍先友在港逝世葬身有地，特創辦義山，初設於香港島雞籠環山地，是日啟用。

· 8月，方養秋任第四屆會長。

· 本年，潮商學校隨香港學制：小學七年畢業制，即高小三年，初小四年；全校開五班，共學生94人。

■1925年

· 本年，會董會以每屆任期一年，時間短促，負責會務者難展抱負，遂提出修改會章，獲得通過，於是由第五屆起，每屆任期改為二年。

· 方養秋連任第五屆會長。

· 租用永樂街203號增設潮商學校分校。

· 潮商學校舉行第一屆畢業禮。

■1927年

· 8月，李澄秋任第六屆會長。

■1929年

· 8月，陳子昭任第七屆會長。

· 本年，潮商學校隨商會會址遷校往德輔道西87及89號；改學制為小學六年畢業制，即高小二年，初小四年。

■1931年

· 8月，陳子昭連任第八屆會長。

· 9月18日，日本攻佔中國東北瀋陽，第七屆至第十二屆正副會長秉承同人意向，參加救國工

作，勸告商人杯葛日貨，並籌募財物以慰國軍。

■1932年

· 本年，潮商學校設立中、英、數專修班，高小畢業生得以繼續學業。

■1933年

· 8月，馬澤民任第九屆會長。
· 本年，德輔道西87號改建完成，商會租賃該座三樓為會所，87號及89號四樓為課室，潮商學校第五屆至十六屆高小學生在此校舍畢業。
· 潮商學校擴充圖書室、乒乓球室，並闢體育場地辦學生合作社。

■1935年

· 8月，馬澤民連任第十屆會長。
· 12月，商會向政府領得鴨脷洲山地一段，作為雞籠山地之遷葬之用。

■1937年

· 7月7日，抗日戰爭爆發，潮州商會亦積極投入抗日救國工作，關心同胞安危，著有成績。
· 8月，林子豐任第十一屆會長。

■1939年

· 8月，洪鶴友任第十二屆會長。

■1940年

· 本年，會董方養秋提議改選時，多選青年有為之會員出任會董，另舉任職多年之會董及行號經理等，為永遠會董，相助為理，經第十二屆會董會提交會員大會通過，增加永遠會董一職。各永遠會董均捐當時通用貨幣500元，以助商會經費。

■1941年

· 8月，孫家哲任第十三屆會長。
· 12月8日，日軍進攻香港，香港進入戰時狀態；商會的案宗及存會的《百蘭山館政書》於戰火中亦付一炬。
· 本年，因香港淪陷，潮商學校停辦。

■1944年

·本年，許友梅任第十四屆會長。

■1945年

·11月5日，第十四屆會董第二十三次常務會議，決舉方業彬等將會章修訂，擬參照國內商會組織法令修訂章制，並擬刪去會名中「八邑」二字。

·本年，商會在香港重光後於干諾道西29號會址籌辦潮商學校復校事宜。

■1946年

·1月，會章修訂，商會名稱刪去「八邑」二字，以理監事制代替會董制，理事會由理事27名組成，監事會由監事13名組成，就中互選常務監事5名，分別負責監事會事務，每年開會員大會一次，每屆以3月為新職員就職之期，並以原日之永遠會董及正副會長、主席等為顧問，另聘總幹事及幹事各1名。

·本年，第十屆主席馬澤民與副主席陳庸齋，以商會經費支絀，難辦公益事業，乃發起向同人募捐蒙林子豐、林厚德、馬澤民及各同行捐輸。

·馬澤民任第十五屆會長。

·潮商學校復校開辦小學一至四年級，四班學生共一百一十餘名。

■1947年

·本年，再度募捐商會經費，亦獲各同行捐輸支持。

·政府因拓展需要，通知商會雞籠環墳地須遷往九龍牛池灣。

·潮商學校於西區石塘咀皇后大道西564至570號開設分校，天台闢為運動場，共課室15間；正校及分校學生共二百六十餘名；應屆（第十七屆即復員後第一屆）畢業學生凡18名。

■1948年

·本年，作第三度募捐商會經費。

·陳漢華任第十六屆會長（理事長）。

·第十六屆理事會為求適合國內規定，將理事名額改為21名，設候補理事9名，監事名額改為7名，設候補監事3名，於翌年3月21日，提交會員大會通過。

·潮商學校正校及分校學生人數共四百二十餘名；應屆畢業禮假中央戲院舉行。

■1949年

·潮商學校於分校開辦中學，學生人數增至五百餘人；應屆畢業禮假太平戲院舉行。

■1950年

・3月10日，第十七屆理事會編成修訂會章草案，改會董制為理監事制，獲會員大會通過。

・本年，馬錦燦任第十七屆會長（理事長）。

・潮商學校通過增設免費夜校提議，以救助同鄉失學兒童。

■1951年

・本年，出版《旅港潮州商會三十週年紀念特刊》。

・潮商學校免費夜校開學，學生人數共142名；第二十屆畢業禮假金陵酒家舉行。

■1952年

・本年，港府命將商會所設義山全遷移至和合石及沙嶺，即今潮州墳場。

・沈瑞慶任第十八屆會長（理事長）。

・潮商學校初中首屆畢業生凡13名。

■1954年

・本年，鄭植芝任第十九屆會長（理事長）。

■1956年

・4月7日，第十九屆理事會以商會章制未合香港環境需要，於商會會所開會員特別大會，修訂會章，使中英文章程劃一，同時恢復會董制，會名改為「香港潮州商會有限公司」。

・本年，馬澤民任第二十屆會長（理事長）。

■1958年

・本年，洪祥佩任第二十一屆會長。

■1959年

・本年，組織潮商學校建校委員會，負責建校。

■1960年

・本年，洪祥佩連任第二十二屆會長。

■1961年

・8月9日，召開會員特別大會，修訂會章。

・秋，潮商學校位於薄扶林道的新校舍落成，共有課室24間，供小學上、下午校應用。上午校由商會自辦，下午校則受政府津貼。潮商學校舊址用作開辦英文中學，直至1968年7月底止，每年均有一筆收益。

・本年，出版《香港潮州商會成立四十週年暨潮商學校新校舍落成紀念特刊》。

■1962年

・8月，鄭光任第二十三屆會長。

・9月1日，颶風溫黛襲港，商會各同人分別捐款救濟。

・10月7日，假香港大會堂公演潮劇新天彩班，籌募善款救濟災民，會長鄭光為籌賑會主席。

・10月11日，召開籌募賑款會議，計得善款60,887元；10月24日，如數送交社會福利署。

・本年，香港潮商學校一至六年級共廿四班，另分設中、英文夜校；舉行上午校第三十一屆及下午校第一屆畢業禮，畢業生共116名。

■1963年

・本年，商會助學金委員會成立，負責籌募助學金。

■1964年

・5月25日，建校委員會執行委員會決議按序施行籌建中學部。

・8月12日，頒發助學金6,196元予潮商上午校適合條例之學生，另1,975元予下午校學生。

・本年，陳維信任第二十四屆會長。

・香港潮商學校舉行免費夜校高小第一屆畢業禮，畢業生共25名；於香港政府大球場舉行第一屆田徑運動會。

■1965年

・8月16日，頒發助學金1,672.5元予下午校合格學生；旋因事實需要，議決將「香港潮州商會助學金委員會」名稱改為「香港潮州商會建校助學金委員會」。

・本年，第二十四屆副會長張蘭夫提議修訂商會章程。

■1966年

・3月1日，助學金委員會將26,585.94元存款連利息全數支付潮商學校為學生助學金之需。

・9月，潮商學校中學校舍啟用，正式上課。

・本年，廖烈文任第二十五屆會長。

· 香港潮商學校上午校轉為政府津貼小學，擴建校舍東翼，成立中學部，開設中一至中五共12班，並設中、英文夜校。

· 香港潮商學校首次保送中五學生參加香港中學會考。

■ 1968年

· 本年，廖烈文連任第二十六屆會長。

■ 1969年

· 3月26日，第二十六屆第七次會董會議決議修訂會章。

· 本年冬，廖烈文會長暨諸位會董捐出善款，增闢羅湖沙嶺潮州義山金塔墳場，並加築灰路，水渠及涼亭。

■ 1970年

· 3月25日，召開特別會員大會，修訂商會章程。

· 7月10日，歷屆會長聯函提請將第二十六屆全體會董，兼籌建潮州會館委員會全體委員的任期，順延一屆，任期兩年，俾得建築會館大廈的事宜得以順利進行；8月26日，會員特別大會通過連任程序。

· 本年，廖烈文連任第二十七屆會長。

■ 1971年

· 4月29日，位於德輔道西81至85號、樓高十一層、面積達四千呎的新館址舉行開幕典禮，由香港總督戴麟趾爵士主持。

· 本年，出版《香港潮州會館落成開幕暨香港潮州商會金禧紀念特刊》。

· 香港潮商學校成立家長教師聯誼會。

■ 1972年

· 2月1日，商會草成〈為反對政府重估地稅政策呈輔政司〉一文以中英文發出，並刊登於香港中英文各報。

· 本年，蔡章閣任第二十八屆會長。

· 香港潮商學校中一學位全部交由教育司署根據升中試成績分配。

■ 1974年

· 本年，林思顯任第二十九屆會長。

■1976年

· 本年，林思顯連任第三十屆會長。

■1978年

· 本年，廖烈武任第三十一屆會長。

■1980年

· 本會組織香港潮屬同鄉東南亞訪問團，由陳有慶率團，一行55人，於8月13日至20日訪泰國、馬來西亞和新加坡，在馬來西亞雲頂召開的國際潮團座談會上，決定組織「國際潮團聯誼年會」，並於1981年在香港舉行首屆國際潮團聯誼年會。

· 本年，陳有慶任第三十二屆會長。

■1981年

· 11月19日，參與創立並舉辦首屆國際潮團聯誼年會，是較早期具國際性規模的同鄉團體活動。

· 本年，出版《香港潮州商會六十周年紀念特刊》。

■1982年

· 本年，陳有慶連任第三十三屆會長。

· 本年至1983年，商會陳有慶會長任香港公益金百萬行統籌主席，副會長廖烈科任主席，統籌百萬行活動，善款突破紀錄達七百餘萬元。

■1984年

· 9月5日，舉行關於改革香港政制綠皮書研討會。

· 10月，商會受國際潮團委託出版國際潮聯機構刊物 ——《國際潮訊》創刊號出版。

· 本年，章志光任第三十四屆會長。

■1986年

· 9月1日，劉世仁任第三十五屆會長。

· 本年，商會獲政府撥地，在馬鞍山恆安村興建中學。

■1987年

· 本年，中學落成，名為潮州會館中學，秉承傳統，為社會、國家培育人材。

■1988年

· 本年，應廣東省工商聯之邀，組團赴廣東和海南進行訪問。

· 廖烈科任第三十六屆會長。

· 香港潮商學校中學部遷往沙田馬鞍山，原有課室撥為小學部，增加啟導班課室、康體室及學生輔導室。

· 香港潮商學校舉行音樂晚會。

■1990年

· 9月1日，廖烈科連任第三十七屆會長。

· 本年，應中華全國工商聯合會之邀，組團赴北京和西安進行訪問。

· 香港潮商學校全校課室裝置冷氣調節；舉辦美勞展，展品共達千件之多。

■1991年

· 本年，中國華東發生大水災，商會捐助港幣50萬元；潮汕地區受十二級颱風侵襲，商會捐100萬元，另捐50萬以濟災區燃眉之急。

· 出版《香港潮州商會成立七十周年紀念特刊》。

· 香港潮商學校舉辦開放日，慶祝薄扶林道校舍落成三十周年；假香港大會堂舉行畢業典禮。

■1992年

· 9月1日，劉奇喆任第三十八屆會長。

· 本年底，商會成立青年委員會，以積極吸收年青一輩加入商會，增強商務活動。

■1993年

· 5月9日至15日，應中華全國工商業聯合會邀請組團赴北京、上海訪問。

· 12月20至22日，由商會贊助的第一屆潮州學國際研討會在香港中文大學舉行。

· 本年，香港潮商學校小一至小三推行活動教學。

■1994年

· 春，出版《潮州先賢像傳》。

· 9月1日，唐學元任第三十九屆會長。

■1995年

· 本年，籌集善款，於內地老少邊遠地區贈建七所光彩小學，唐學元會長率團前往英德視察光彩小學。

· 應中華全國工商聯邀請，組團赴京津滬蘇訪問，全國政協李瑞環主席會見訪問團全體成員。

· 11月30日至12月2日，牽頭主辦第八屆國際潮團聯誼年會。

■1996年

· 9月1日，葉慶忠任第四十屆會長。

· 本年，香港潮商學校全面推行目標為本課程，加建活動室。

· 本年，商會參與籌建香港廣東社團總會，為四個發起組建香港廣東社團總會的社團之一。

■1997年

· 3月10日，候任行政長官董建華出席商會慶祝香港回歸暨四十屆會董就職典禮。

· 3月19日至22日，商會青年委員會組團前往北京拜訪港澳辦、僑聯、全國工商聯等機構領導人，以加強香港各界及海內外年青一代的團結和聯繫。

· 本年，香港潮商學校轉為全日制小學運作。

■1998年

· 9月1日，周厚澄任第四十一屆會長。

· 本年，香港潮商學校舉行第一屆全日制小學畢業禮；設立中央圖書館；成功申請賽馬會基金，購買中樂樂器。

· 本年，與廖創興銀行聯合發行信用卡。

· 出版「香港潮州商會會訊」及「潮青會訊」。

■1999年

· 5月31日，商會青委舉辦第一屆國際潮青聯誼年會，世界各地近三十個組織共派出二百多位代表出席會議。

· 本年，組成潮汕三市訪問團，訪問普寧、潮州市、揭陽市、汕頭市、潮安縣、潮陽市。

· 香港潮商學校在操場聳立旗桿，翌年正式舉行每年度的升旗儀式；完成資訊科技基建設施；成功申請優質教育基金，推行中樂培訓。

■2000年

· 5月17日，應廣東工商聯之邀，組團赴廣東訪問。

- 5月，應深圳外商投資企業協會之邀，組團訪問深圳。
- 9月1日，陳偉南任第四十二屆會長。
- 本年，香港潮商學校第一屆家長教師會正式成立，並註冊為合法社團。

■2001年

- 3月27日，商會八十周年會慶暨第四十二屆會董就職典禮於灣仔會議展覽中心隆重舉行，慶典筵開百席，場面盛大。在慶典上並決定於全港各大學設立獎學金及在科大設立博士獎學金，為社會培育優秀人才。
- 5月5日至6日，商會青委組團出席於法國巴黎舉行的第二屆國際潮青聯誼年會。
- 10月，牽頭成立香港潮屬社團總會，由本港三十多個潮籍團體組成，並兼顧起總會秘書處工作。
- 11月17日至25日，在中環遮打花園舉行首屆香港潮州節。李嘉誠博士、林百欣先生於17日晚主持亮燈儀式。
- 11月22日至24日，與香港中文大學文學院及歷史系主辦「第四屆潮州學國際研討會」。
- 本年，香港潮商學校於學校禮堂舉行中國文化綜藝晚會；成功申請優質教育基金，改建康樂室為玩具圖書館。
- 本年起，在香港八家大學設立香港潮州商會獎學金，每年獎勵各大學品學兼優的學生（不分籍貫）。

■2002年

- 9月1日，蔡衍濤任第四十三屆會長。
- 12月，出版《香港潮州商會成立八十周年紀念特刊》。
- 本年，贊助香港潮商學校裝置禮堂冷氣。
- 香港潮商學校假上環文娛中心舉行「潮商愛心暖社區」文藝匯演，招待中西區長者。
- 香港潮商學校舉行操場圖書角及英語閱讀室啟用儀式；舉行親子上海學習交流團；小一至小六全面推行活動教學。

■2003年

- 3月22日，商會青委倡議創建國際潮青聯合會，引起海內外廣大潮籍人士的關注。
- 本年，香港潮商學校舉行創校八十周年紀念開放日及嘉年華會，正式成立香港潮商學校校友會。

■2004年

- 5月7日至9日，商會青委組團出席於加拿大蒙特利爾舉行的第三屆國際潮青聯誼年會；年會期間，正式宣告成立國際潮青聯合會，莊學山任首屆會長，總部設於香港潮州商會，成為團結全球潮青的紐帶。

· 9月1日，莊學山任第四十四屆會長。

■2005年

· 3月22日，在香港會議展覽中心舉行第四十四屆會董就職典禮。

· 3月，聯同潮屬總會舉行「新春行大運旅行之深圳一天遊」。

· 本年，會長莊學山帶領考察團一行七十餘人訪問廣東三水。

■2006年

· 7月25日，《香港潮州商會有限公司新組織章程大綱及章程細則》經會員大會以特別決議通過。

· 7月28日至30日，商會青委組團出席於深圳舉行的第四屆國際潮青聯誼年會。

· 9月1日，馬介璋任第四十五屆會長。

■2007年

· 3月11日至14日，與潮屬總會合辦越南考察團，莊學山任團長，獲越南政府常務副總理阮生雄等高層接見。之後，商會在會所接待越南企業家訪問團。

· 3月19日，舉辦慶祝香港回歸祖國十周年暨第四十五屆會董就職典禮。

· 8月24日，香港潮商學校獲教育局指定為可收非華語學生的學校。

· 8月31日，香港潮商學校成立法團校董會。

· 10月1日，與達成集團贊助國慶煙花匯演，匯演主題為「賀國慶，慶回歸，迎奧運」，贊助金額逾三百萬元。

■2008年

· 本年初，在香港科技大學設立「香港潮州商會研究生獎學金」，資助在科大理學院修讀博士學位課程的潮汕籍優秀學生，從事科學研究。

· 3月27日至29日，商會青年委員會組團出席於泰國舉行的第五屆國際潮青聯誼年會。

· 6月15日至29日，由商會、潮屬社團總會等機構舉辦的「領匯潮州節」在黃大仙龍翔中心、天水圍天澤商場、樂富中心、油塘鯉魚門廣場及藍田啟田商場巡迴舉行。

· 6月22日至25日，由商會與潮屬社團總會等機構主辦的「功在家國‧垂範長江──莊世平光輝事蹟展」在香港大會堂展覽廳舉行；7月3日起，在廣州、澳門等地巡迴展出。

· 9月1日，許學之任第四十六屆會長。

· 10月底，會長許學之率領商會及香港潮屬社團總會一行36人，前往北京，參加饒宗頤教授學術藝術展開幕式及第三屆潮商大會。

· 本年，決定本年度及下一年度繼續在香港八間大學設立獎學金，同時於今明兩年度於香港樹仁

大學增設獎學金。

· 商會與香港潮屬社團總會出版《潮汕學子在香港》。

■2009年

· 1月6日，商會與香港商報等多家機構合辦的「2008香港商界最關注的十件大事」評選活動舉行頒獎典禮。

· 2月19日，河南省委書記徐光春應邀在商會演講。

· 3月25日，假香港會議展覽中心舉行第四十六屆會董就職典禮暨祝賀饒宗頤名譽會長榮任中央文史研究館館員聯歡大會。

· 4月13日至16日，商會青年委員會訪京團一行26人到北京訪問。

· 4月26日，香港潮商學校家長教師會舉辦首次步行籌款活動，從潮商學校步行至松林炮台堡壘，以籌募學校發展基金經費。

· 8月5日至7日，許學之會長率領十多人的粵東訪問團到訪汕頭、汕尾、揭陽及潮州四市。

· 10月22日至23日，許學之會長率領13人訪問團到訪潮陽潮南，並舉行座談會。

· 12月12日，香港離島婦女聯會·香港潮州商會陽光中心在東涌社區服務大樓舉行揭幕禮。

· 12月15日晚及16日，商會與中西區區議會及中西區民政事務處假中環大會堂音樂廳舉辦「慶祝中華人民共和國成立60周年潮劇欣賞會」。

· 12月，商會與香港潮屬社團總會、紫荊雜誌社聯合舉辦的「建國六十周年中學生攝影賽」公佈賽果。

· 本年，由中聯辦副主任周俊明、商會會長許學之率領商會一行數十人訪問河南。

· 為推廣潮州話及潮汕文化，商會與香港浸會大學持續教育學院合辦「潮汕語言文化探索」課程。

· 商會與潮屬總會為推行由特區政府與禁毒常務委員會推出的「友出路」計劃，宣傳「禁毒」信息，在商會會所外牆掛上大型宣傳標語，締造無毒的關懷文化。

· 商會發動會董及青委向所屬潮商學校捐贈圖書或購書款，以增加學校圖書館的藏書量。

■2010年

· 4月14日，青海省玉樹發生7.1級大地震；4月19日，商會與潮屬總會捐贈港幣一百萬元予中聯辦轉交災區。

· 5月28日，商會與本港其他潮籍社團在四川汶川大地震後資助重建的四川農房「僑心居」落成。

· 9月1日，第四十七屆會董會就職，會長陳幼南，副會長周振基、張成雄、廖鐵城、胡劍江。

· 9月17日至21日，會長陳幼南率領六十多人到上海進行上海世博考察，除了參觀世博會的中國館、香港館及澳門館、中國各省市自治區聯合館外，還拜訪了上海潮汕商會和上海潮汕聯誼會。

- 11月30日，邀請香港浸會大學陳新滋校長擔任會董會主講嘉賓。

- 12月16日，商會九十周年會慶暨第四十七屆會董就職典禮在香港會議展覽中心新翼三樓大會堂舉行。

- 本年，與香港浸會大學合辦初級潮語班「潮汕語言文化探索」。

- 會長陳幼南帶領近二十人的慶賀團，到上海出席上海潮汕商會主辦的第四屆潮商大會。

- 出任商會會董及財務主任近二十年的林輝耀榮休，並受聘為商會名譽顧問。

■2011年

- 3月17日，商會與潮屬總會組成的禁毒小組舉行第一次會議，決定聯合成立禁毒小組，由許學之與陳幼南為召集人。

- 5月21日，「人間有情」攝影比賽結果公佈；6月9日至10日，假尖沙咀海港城舉行展覽；6月10日，舉行頒獎典禮。

- 5月24日，商會與旅港福建商會假中華總商會會所舉行「閩潮一家親」交流聚餐活動。

- 6月上旬，陳幼南會長率領二十人代表團赴雲南考察，並赴昆明參加第九屆東盟華商會和第十九屆昆交會。

- 6月5日，商會代表團出席第九屆東盟華商投資西南項目推介會暨亞太華商論壇大會，商會會長陳幼南在會上演講。

- 6月8日註冊成立香港潮州商會慈善基金有限公司，並於同年7月13日經香港稅務局審批為慈善機構。香港潮州商會正副會長和總務部主任、財務部主任出任慈善基金的董事，會長擔任主席，全體會董為會員。

- 6月28日，由商會和香港各界文化促進會及潮屬總會合辦的「一代偉人周恩來」大型專題展覽，在香港中央圖書館舉行開幕儀式。

- 12月2日至6日，商會為慶祝成立九十周年，在中環遮打花園舉辦「潮州美食節」，向市民及來自世界各地客人介紹潮汕的特色飲食和文化，數十美食攤位參展商部分來自本港，更多的是汕頭、潮州、揭陽三市之老字號。

- 12月16日，假香港會議展覽中心舉行商會九十周年會慶暨第四十七屆會董就職典禮，行政長官曾蔭權、中聯辦主任彭清華及外交部駐港副特派員李元明等任主禮嘉賓。

- 本年，由胡劍江副會長贊助、商會開發的智能手機應用程式「潮人潮Apps」1.1版編寫完成，為用戶提供最新商會活動資訊、潮州話教學課程、會員信息、可供下載的《商會會訊》、潮汕名人資訊、潮汕民俗、文化、旅遊景點介紹等。

- 名譽會長饒宗頤教授榮獲國際天文聯盟小行星中心命名編號10017小行星為「饒宗頤星」。

- 潮州會館之升降機因陳舊、故障較多而進行更新工程。

■2012年

- 5月，與香港科技大學等機構合辦的「嶺南地區藥用植物資源的可持續開發與利用國際學術研

討會」在潮州韓山師範學院舉行。

· 6月5日，陳幼南會長率領代表團出席在昆明召開的第十屆東盟華商投資西南項目推介會。

· 6月，接待以中國僑聯經濟科技部副部長、中國僑商聯合會秘書長安晨為團長的「中國僑商聯合會、山西省華商會代表團」。

· 7月18日，由浸會大學歷史系近代史研究中心主任周佳榮教授撰寫的《香港潮州商會九十年發展史》正式出版，並於香港會議展覽中心三號展覽廳大堂第23屆香港書展「文藝廊」舉行新書發佈儀式。

· 8月28日，在會所舉行第四十七屆、第四十八屆會董會交接儀式，由永遠榮譽會長陳維信、廖烈武、陳有慶主持；9月1日起，新一屆會董會正式視事。周振基任第四十八屆會長，副會長張成雄、胡劍江、林宣亮、陳智文。

· 10月30日，第四十八屆會董會推出「團結建港」系列座談會，邀請特區政府官員、中聯辦領導、各大商會領袖、政經界知名人士及傳媒高層出席，分享他們的治港大計和發展事業的信心；首場座談會於當日舉行，邀得特首梁振英做演講嘉賓。

· 10月，在會所歡迎原全國政協委員、原中新社副社長周秉德再度蒞會指導。

· 11月21日，第48屆會董就職典禮暨2012年度慶賀鄉彥聯歡晚會在香港會議展覽中心舊翼2樓會議廳舉行，筵開80席。

· 11月27日，於會所舉行第二場「團結建港」座談會，邀請公務員事務局局長鄧國威做演講嘉賓。

· 11月27日及12月18日，舉行兩次港區人大代表參選人介紹會。

· 12月18日，於會所舉行第三場「團結建港」座談會，邀請瑞安集團主席羅康瑞做演講嘉賓。

· 12月20日，成立婦女委員會，在深灣遊艇會舉行第一屆婦女委員會第一次例會。

■2013年

· 1月22日，與潮屬總會一同接待汕頭市委書記陳茂輝、市長鄭人豪，潮州市委書記許光、市長李慶雄，以及揭陽市委常委黃耿城率領的龐大代表團。

· 1月29日，在會所大禮堂舉行第四場「團結建港」座談會，邀請香港科技大學陳繁昌校長做演講嘉賓。

· 1月，與潮屬總會一同接待加拿大聯邦耆老事務國務部部長黃陳小萍及夫婿黃以諾教授。

· 2月15日（正月初六），在會所舉行香港潮州同鄉癸巳年新春團拜。商會成員、本港各潮籍社團首長、國學大師饒宗頤教授、中聯辦與政府官員、嘉賓，以及潮州會館中學和潮商學校的校長教師等逾百人，歡聚一堂。

· 2月21至25日，周振基率領商會一行近70人新春行好運，訪問潮汕三市。

· 2月26日，在會所舉行第五場「團結建港」座談會，邀請香港立法會議員田北辰做演講嘉賓。

· 3月2日至23日、4月6日至27日，與香港理工大學中國商業中心合辦「潮汕文化系列：發現潮汕——潮汕語言文化研習班」。

- 3月26日，在會所舉行第六場座談會，邀請香港演藝學院華道賢校長做演講嘉賓。

- 4月9日，會長周振基等接待到訪的國務院僑務辦公室任啟亮副主任一行。

- 4月20日，四川雅安蘆山發生7級大地震，會長周振基及本會首長關注災情及救災情況；25日，將籌措到的一百萬元送到中聯辦，透過中聯辦將善款轉交災區。

- 4月30日，在會所舉行第七場「團結建港」座談會，邀請香港行政會議成員、立法會議員林健鋒做演講嘉賓。

- 5月，永遠榮譽會長陳有慶、會長周振基等接待到訪的汕頭市委統戰部馬逸麗部長率領的汕頭市僑青企業家港深工商考察團。

- 5月28日，在會所舉行第八場「團結建港」座談會，邀請香港立法會主席曾鈺成做演講嘉賓。

- 7月30日，在會所大禮堂舉行第十場「團結建港」座談會，邀請發展局局長陳茂波做演講嘉賓。

- 8月7日，商會老中青企業家一行30人抵達安徽，並獲安徽省省長王學軍、省政協主席王明方、副省長花建慧等親切接見，展開一連五日的考察訪問。

- 8月，受強颱風「尤特」周邊環流影響，潮汕地區揭陽普寧市及汕頭潮陽、潮南區遭遇強降雨襲擊，受災嚴重，商會捐出港幣五十萬元；21日，會長周振基，副會長張成雄、胡劍江、林宣亮及陳智文等前往中聯辦遞交支票，請中聯辦林武副主任代轉賑災款項。

- 9月24日，在會所大禮堂舉行第十二場「團結建港」座談會，邀請食物及衛生局高永文局長做演講嘉賓。

- 10月25日，應廣交會邀請，會長周振基帶領代表團參觀第114屆廣交會，並參觀了廣交會的歷史展廳及展覽館。

- 11月26日，在會所舉行第十三場「團結建港」座談會，邀請香港教育學院校長張仁良做演講嘉賓。

- 11月26日中午，特首梁振英在禮賓府宴請本會首長，會長周振基，副會長張成雄、胡劍江、林宣亮，榮譽顧問劉炳章，名譽顧問馬亞木，常務會董馬僑生，會董周博軒及戴進傑等參加午宴。

- 11月29日至30日，會長周振基率領代表團出席在北京召開的第二屆天下潮商經濟年會。

- 12月9日，副會長張成雄等接待來自山城重慶渝北區賴蛟區長率領的代表團。

- 12月19日，在會所舉行第十四場「團結建港」座談會，邀請民政事務局曾德成局長做演講嘉賓。

- 本年，香港潮商學校舉辦九十周年校慶活動。

- 潮州會館中學舉辦二十五周年校慶活動。

■2014年

- 2月25日，在會所舉行第十六場「團結建港」座談會，邀請嶺南大學鄭國漢校長做演講嘉賓。

· 3月25日，在會所舉行第十七場「團結建港」座談會，邀請政務司司長林鄭月娥做演講嘉賓。

· 4月25日，在會所舉辦「周恩來在潮汕」主題圖片展覽開幕典禮，圖片展出至5月25日。

· 4月29日，在會所舉行第十八場「團結建港」座談會，邀請周恩來姪女周秉德，周恩來衛士、中央警衛局原副局長高振普少將，周恩來秘書、武警指揮學院原副院長紀東少將到會演講。

· 4月，會長周振基一行訪問香港教育學院，獲張仁良校長熱情接待。

· 5月21日，接待由河南省商務廳副廳長高翔率領的代表團。

· 5月24日，接待由汕頭市常委、統戰部部長馬逸麗女士帶領的汕頭市青年企業家代表團一行。

· 5月27日，在會所舉行第十九場「團結建港」座談會，邀請財經事務及庫務局局長陳家強做演講嘉賓。

· 6月4日，接待安徽省合肥市委常委、常務副市長韓冰率領的合肥市代表團一行。

· 6月12日，接待由全國工商聯研究室調研處副處長陳聚春率領的香港中華總商會第201期「香港工商業研討班」全體學員。

· 6月17日，會長周振基及副會長胡劍江應政務司司長林鄭月娥邀請，赴政務司司長官邸與司長林鄭月娥茶敘。

· 6月19日，接待中央黨校副教育長兼社會發展研究所所長、教授王懷超率領的社會發展研究所代表團一行。

· 6月24日，召開特別會員大會，通過特別決議案，增設監事委員會，修訂新的會董選舉法則，修訂有關內文以符合新《公司條例》的規定，並將有關修改報公司註冊處存檔。

· 6月24日，在會所舉行第二十場「團結建港」座談會，邀請運輸及房屋局局長張炳良做演講嘉賓。

· 7月，舉辦由會長、會董及會員三十多人參加的星馬之旅。

· 8月17日，會長周振基帶領同仁參加由「保普選·反佔中」大聯盟發起的大遊行。

· 8月26日，在會所舉行第48屆、第49屆會董會交接儀式，張成雄任第49屆會長。

· 8月，在會所大禮堂舉行第二十一場「團結建港」座談會，邀請教育局局長吳克儉做演講嘉賓。

· 10月27日，在會所大禮堂舉行第49屆會董會第二次會議，邀請文匯報前總編輯、香港資深傳媒人聯誼會顧問張晴雲到會講解「佔中」對香港的影響。

· 11月5日，第49屆會董就職典禮暨2014年度慶賀授勳鄉彥聯歡晚會在香港會議展覽中心舉行，並於會議廳舉行聯歡晚會。

· 11月5日，會長張成雄接待到訪的中華潮汕商會會長林樂文及北京潮商會前會長張善德。

· 11月12日，青委組團前往前海，實地考察前海「依託香港、服務內地、面向世界」的發展前景。

· 本年，出版《香港潮州商會第48屆會董會紀念特刊》。

■2015年

· 1月31日，與潮屬總會一同接待來港舉辦「汕頭華僑經濟文化合作試驗區推介會」的汕頭市委書記、市人大主任陳茂輝。

· 2月2日，會長張成雄與會董、青委及婦委成員前往幼吾幼慈善基金位於深水埗的「333小老師培訓中心」參觀。

· 2月26日，與潮屬總會在香港JW萬豪酒店舉行乙未年新春團拜暨慶賀饒宗頤教授百歲華誕。

· 3月1日，青委義工團與陽光勵進會合辦「親子電影欣賞會迎新歲」，招待低收入及新來港人士家庭欣賞電影。

· 3月6日至8日，舉辦「乙未年新春行好運」活動，會長張成雄率領四十多人前往惠州、東莞。

· 3月7日，商會義工團啟動禮在香港中環遮打花園隆重舉行，標誌着商會義工活動進入一個新的里程。

· 3月18日，在會所舉行「香港潮州商會青委青年創新新創比賽」啟動禮。

· 4月21日，在會所舉行座談會，邀請香港教育學院張仁良校長做演講嘉賓。

· 5月26日，在會所舉行座談會，邀請中銀香港經濟及政策研究主管謝國樑博士做演講嘉賓。

· 6月，副會長黃書銳率領代表團，參加在雲南昆明召開的第十三屆東盟華商會。

· 11月，會長張成雄率領商會一行四十多人，於11月6日拜訪泰國潮州會館，11月9日拜訪新加坡潮州八邑會館，11月10日拜訪馬來西亞潮州公會聯合會。

■2016年

· 4月，永遠榮譽會長許學之率團出席第十屆中國（河南）國際投資貿易洽談會。

· 6月，張成雄會長率團赴四川和湖北，訪問四川潮人海外聯誼會、潮汕商會和湖北省潮人海外聯誼會。

· 9月1日，第五十屆會董會履任。本屆會長胡劍江，副會長林宣亮、陳智文、馬鴻銘、黃書銳、高佩璇、鄭敬凱。

· 11月8日，假座香港會議展覽中心舉辦香港潮州商會第五十屆會董會就職典禮。

■2017年

· 2月7日至9日，商會代表團訪問潮汕三市。

· 5月23日，舉行慶祝香港回歸祖國二十周年系列活動啟動禮，慶祝活動持續至12月。

· 5月28日至6月5日，胡劍江率領香港潮州商會2017美國加拿大商務訪問團赴美加訪問。

· 6月25日，舉辦「潮汕文化同樂日」。

· 9月26日，舉行「慶賀榮獲勳銜鄉彥宴會」，商會共有二十七位鄉親獲授勳。

· 10月15日至17日，由會長胡劍江任團長，副會長林宣亮、黃書銳任副團長，組團訪問上海。

- 11月6日，假香港大會堂舉辦「潮湧香江藝術展覽」。
- 11月6日至7日，假香港大會堂音樂聽舉行「慶祝香港回歸祖國二十周年系列活動之潮劇文化晚會」。
- 11月23日，假香港會議展覽中心舉辦「潮商論壇」，主題為「回顧過去、展望未來」。國務院僑務辦公室黨組書記許又聲、財政司司長陳茂波、中聯辦副主任陳冬等蒞臨主禮。
- 假香港大會堂音樂廳舉辦「潮劇文化晚會」。

■ 2018年

- 3月23日至25日，舉辦2018戊戌新春行大運活動，由會長胡劍江帶領團員到廣東韶關市參觀遊覽。
- 4月19日，在港島香格里拉酒店舉行題為「新時代‧新機遇‧新發展」的2018解讀全國「兩會」精神系列活動啟動禮。
- 9月1日，香港潮州商會第五十一屆會董會履任，會長林宣亮，副會長陳智文、馬鴻銘、黃書銳、高佩璇、鄭敬凱、蔡少偉。
- 9月18日，第十四屆青年委員會舉行第一次會議，主任為常務會董黃進達。
- 10月2日，第四屆婦女委員會舉行第一次會議，主任為常務會董莊偉茵。
- 11月20日，假座香港會議展覽中心舉行香港潮州商會第五十一屆會董就職典禮暨二零一八年度慶賀授勳鄉彥聯歡晚會。
- 11月29日，主辦第十屆國際潮青聯誼年會。
- 本年，香港潮商學校舉辦成立九十五周年慶祝活動。
- 潮州會館中學舉辦三十周年校慶活動。

■2019年

- 5月19日，與南方醫科大學香港校友會聯合舉辦「中醫義診日」，在香港潮商學校舉行，當天有八百多人參加，反應熱烈。
- 11月14日至17日，舉辦「潮汕科技文化交流團」，訪問汕頭大學和廣東以色列理工學院，並赴揭西棉湖鎮及普寧市洪陽鎮德安里實地參觀潮汕的古代建築。
- 12月17日，邀請「一帶一路」專員葉成輝出席商會專題講座，講述香港特區政府如何推進「一帶一路」的相關工作。
- 設宴慶賀2019年獲授勳鄉彥，本年共有18位潮籍鄉彥獲授勳及委任為太平紳士。

■2020年

- 2月18日，商會百周年慶典籌備小組第二次工作會議召開，與會者一致通過香港潮州商會百周年慶典活動委員會架構。

· 4月2日，商會正副會長購買一批口罩並在會所舉行第二次捐贈口罩儀式，這批口罩捐贈予商會會員、本港慈善團體及社區，包括香港潮商互助社、香港康復會、香港失明人士協進會、善愿會、路向四肢傷殘人士協會、同理心基金會、中西區、元朗區、觀塘區、香港潮商學校、潮州會館中學等。

· 5月26日，商會邀請香港立法會主席梁君彥出席商會專題講座，與大家分享香港立法會所面臨的挑戰和應對。

· 9月1日，香港潮州商會第五十二屆會董會履任。本屆會長黃書銳，副會長陳智文、馬鴻銘、高佩璇、鄭敬凱、蔡少偉、陳強。本屆會董會肩負百周年慶典重任，特增設會長助理一職，聘請曾任商會秘書處負責人多年的林楓林出任。

■ 2021年

· 2月20日，舉行「辛丑年新春團拜」，因疫情關係改以線上直播模式（Zoom Meeting）進行。

· 3月30日，於會所舉辦「解讀全國兩會精神座談會」。

· 3月30日晚，舉辦「2020年度慶賀授勳鄉彥晚宴」，祝賀及表彰香港特區政府授勳及獲委任為太平紳士的潮籍鄉彥。

· 6月5日，商會假座香港大會堂舉辦「百年潮商展風華——慶祝香港回歸24周年港潮藝術家作品展」，邀請政務司司長張建宗，民政事務局副局長陳積志等嘉賓出席主禮。

· 7月6日，會長黃書銳及一眾會董參觀由香港中聯辦、香港特區政府主辦、紫荊文化集團和國際博物館聯合主辦的「百年偉業——慶祝中國共產黨成立100周年大型主題展覽」。

· 7月20日，商會百周年慶典活動籌備小組第七次工作會議通過香港潮州商會百周年慶典活動委員會芳名表。

· 7月21日，邀請首位擔任香港警務處處長的潮籍鄉彥蕭澤頤蒞會專題演講。

· 7月27日，舉行第52屆第一年度會員大會，通過修改香港潮州商會有限公司章程。

· 8月2日，黃書銳會長及一眾首長前去中聯辦，將善款280萬元港幣支票交予中聯辦副主任何靖，由中聯辦轉交河南受災地區。

· 8月27日，在香港會議展覽中心舉行百周年會慶暨第52屆會董就職典禮。林鄭月娥行政長官、駐港國安公署鄭雁雄署長、中聯辦何靖副主任、財政司陳茂波司長等擔任主禮嘉賓，多名港府局長、中聯辦部長、全國人大代表、全國政協委員、行政會議成員、立法會議員、警務處處長及各友好社團首長等各界來賓約700多人歡聚一堂，場面盛大。會長黃書銳、副會長陳智文、馬鴻銘、高佩璇、鄭敬凱、蔡少偉、陳強及一眾會董在會場迎候嘉賓。

· 9月15日，聯同中西區民政處及醫護誠信同行在香港中央圖書館合辦「中西區長者疫苗接種日」。

· 9月16日，聯同潮屬總會假金鐘萬豪酒店舉行慶賀大會，熱烈祝賀榮獲特區政府頒授勳銜、獲委任為太平紳士及榮任本港六大慈善團體要職鄉彥。

· 9月19日至22日，冠名贊助在觀塘海濱舉行的「全民燈月」活動。

- 9月25日，青委與大灣區專才協會合辦「大灣區青年創業及專業人才」專題講座。

- 11月10日，婦委與潮屬總會婦委聯合舉辦「姿娘上強」分享會，邀請警務處處長蕭澤頤夫人蕭陳琬瑤女士擔任分享嘉賓。

- 11月11日，發函呼籲全體會員盡公民責任，發動親友和公司員工於12月19日立法會選舉日踴躍投票，會董也於選舉期間往各選區為愛國愛港的參選人士助選打氣。

- 11月12日，參與協辦由香港商報主辦的「百年輝煌，香港篇章」大型圖片展。

- 11月16日，聯合主辦「紀念莊世平先生誕辰110周年」之「愛國者的典範——莊世平」大型圖片展覽。

- 11月19日，完善選舉制度後的首屆立法會誕生，有10位潮籍鄉彥當選新一屆立法會議員，包括選委會界別：林順潮、劉智鵬、葛珮帆、陳凱欣、黃元山；地區直選：九龍西鄭泳舜、九龍東顏汶羽、新界西南陳恒鑌，以及功能界別之保險界陳健波，勞工界周小松。

- 11月24日，財政司陳茂波司長蒞會演講，談香港經濟未來發展。

- 本年度由鳳凰衛視拍攝製作60分鐘紀錄片「潮湧香江—香港潮州商會百年紀事」及8分鐘主題短片。

- 本年度由香港郵政局印製「心思心意」紀念郵票，選用12幅商會各個時期的歷史照片組成。

■ 2022年

- 2月21日，捐贈50,000萬套快速檢測劑予前線警務人員，以解燃眉之急，捐贈儀式在香港警察總部舉行。香港警務處長蕭澤頤、助理警務處長陳綺麗、總警司馮少蘭等出席。

- 4月，本港疫情嚴峻，贈送口罩予香港潮商學校、潮州會館中學、觀自在幼兒學校、基督教中心幼稚園、禧年幼稚園、香港基督教服務處天恒幼兒學校、中華基督教會福幼幼稚園，以及抗疫物資予九龍樂善堂等。

- 4月25日，再次贈送檢測劑予香港潮商學校及潮州會館中學，為防控疫情出錢出力。

- 6月，香港潮州商會與中西區民政事務處共同發起在中西區近中山紀念公園海濱長廊建造紅頭船塑像設施，供市民觀賞休憩。

附錄三

旅港潮州八邑商會章程

第一章 大綱

第一條 命名：本會以籍隸潮安、澄海、饒平、潮陽、揭陽、普寧、惠來、豐順八邑旅港僑商組織而成，故定名旅港潮州八邑商會。

第二條 宗旨：本會以研究商務，聯絡鄉誼，維持公益為宗旨。其職務依商會法所定之規則行之，唯以不背本港律例為限。

第三條 會址：本會會址在本港德輔道西。

第四條 會員：本會會員無定額，凡籍隸潮州八邑（八邑之名見第一條）僑港之商號或個人，如為正當營業及品行端正，表同情於本會者皆得為本會會員，唯須得本會會員二人介紹，經董事會通過，方能加入。

第五條 職員：本會職員董事四十員，就中舉出正會長、副會長、正司庫、副司庫、核數員各一員，另幹事十二員，內分法律二員、審查二員、交際四員、調查四員；會員亦得被舉。以上皆義務職。司理兼文牘一員、書記兼庶務會計一員、什〔雜〕役二名、伙夫一名，以上人員，皆由會長聘僱，唯薪水由會長酌定，須經董事會通過。如有特別事故須員助理者，由會長於董事或會員中選任，或董事會推舉。又如遇必要時得舉名譽會長以資指導。

第六條 任期：本會所有各職員任期皆以二年為一屆。期滿被舉亦得連任。

第七條 會費：本會會費分基本金、常年費、特別捐、董事特別捐四種（各費皆照港紙徵收）。凡入會時應納基本金五元、常年費五元，嗣後每年納年費五元，於每年陽曆八月一日一次繳足。會董則每屆加捐董事特別捐五十元，以示熱忱而厚本會經費。如會內同人等有特別捐助，無論多少，皆極歡迎。

第八條 出會：本會同人如有欠交本會常年費一年者，得停止其選舉及被選權。如積欠二年者，應受除名之處分；若有可原之處，及其人願將以前所欠之會費交時，可依舊為本會會員。

第九條 懲罰：本會會員及職員如有藉本會名義在外招搖，有礙本會名譽，或不遵守本會章程者，一經查有確據，即開特別會討論除名。至開議時，得董事會過半數董事出席，三分之二通過，則將其除名。如係職員，其額缺由董事會照章選舉頂補，而任期則按照前任接算。至本會聘僱各員如有違章及礙本會名譽情事，查有確據，得由會長辭退之。倘會長瞻徇情面不即辭退，可由董事照章請求開會，得過半數董事出席，多數通過，亦得辭退之。

第二章 選舉

第一條　每屆選舉董事，在同人大會之期（即陽曆七月二十號），先期兩星期由本會備函通告全體會員，依期到會投票，並將會員人名錄及選舉票封交各會員填舉，以備到會時投入票箱。如本人不暇，可托同人代投，唯須於封面蓋章或簽名以憑核查；如無蓋章或簽名，該票作廢。

第二條　本會正副會長、正副司庫、核數員等職員，於董事舉出後五日由董事親自出席投票互舉。另於董事或會員中舉十二位為幹事（幹事名稱見第一章第五條）。以上所有各職員，須全體董事人數四分三出席，方能選舉。如該董事因事不能親自出席者，得委派代表出席投票選舉，唯本人須於封面蓋章或簽名，以昭慎重。

第三條　各董事舉出後，即由各董事互推三位代表全體簽立證書，送與正副會長、正副司庫、核數員及各幹事。

第四條　各當選人自受當選之通知三日內，倘不願就職，或中途因事缺職，皆得以原日選舉時票數次多者補充之。

第五條　每屆新職員舉出後，舊職員即將一切經辦事務於就職日移交新任職員接理。

第六條　會長、董事、幹事等職員舉出後，定於該年陽曆八月一日在本會所舉行就職禮。

第七條　名譽會長以名譽孚著有功勳於本會，由董事十人提出，董事會全體過半數通過者，作為合格。

第三章 權責

第一條　會員有選舉、被選舉及向本會條陳意見、諮詢事件暨投詞請願之權。

第二條　會董有提議及決議事項、與監察會內一切人員、查核進支數目之權。

第三條　正副會長對內主持全會會務，發展本會精神；對外有代表本會全體之責。

第四條　副會長協助正會長辦理一切會務，正會長因事離港時，得代行其職權。

第五條　正司庫有管理收支銀兩及清理數目之責。

第六條　副司庫有幫助正司庫管理本會收支銀兩，並督理會內一切進支數目之責。

第七條　核數員專任檢查一切收支數目。

第八條　各幹事承會長之委托，分任各股事務。當會議時，亦得列席會議，其表決權與董事等。

第九條　司理秉承會長，照章執行會內一切事務。

第十條　文牘專任本會來往文牘並掌管一切文件。

第十一條　書記專任繕寫本會文件及幫助文牘員管理一切文牘。開會時，記錄提議、決議各事。

第十二條　庶務兼會計辦理本會一切庶務，登記出入數目。

第十三條　以上各職員如有因事離港，不能執行職務時，應具函請假。至聘僱各員如告假時期過長，須請由董事會派員代理。

第十四條　名譽會長有指導本會一切事務之責。

第四章 會期

第一條 本會會員大會之期,即在每屆選舉會董之日(該年陽曆七月二日)。是日宣佈上屆辦理經過情形及財政進支數目。

第二條 本會於每年陰曆正月初二日為董事團拜期。

第三條 本會於必要時得舉行同人懇親會,以聯絡感情。

第四條 本會於陽曆每月五號為會董常會。

第五條 如遇特別事故,即由會長臨時召集,或由會董五人或會員二十人以上連署亦得開臨時會議,其程序悉照本會之會議規則執行。

第五章 財政

第一條 本會銀兩出入單據,悉由正副會長及正副司庫中得三人簽名方生效力;四人中,二人離港,則由值任董事公推二人,合四人共簽名始能有效,並由本會將此辦法向交易之銀行或商號聲明。

第二條 本會錢銀存貯〔儲〕何號,由司庫擬定後,交由董事會討論通過方得執行,他日即有損失,亦有眾負責。

第三條 本會費用除由董事會核算決定外,倘有特別用途過二百元者,須開董事會討論通過,方得開支。

第四條 副司庫當督促會計於每月將前月收支數目列明,交核數員查核,無訛後,提交董事會察閱;至每屆交待時,編列成冊,再交核數員核妥無訛後,印送各會員查閱,以昭信實。

第五條 本會款項除存貯〔儲〕小數在會計員處應支外,餘應交與正司庫存貯〔儲〕生息。

第六章 會議規則

第一條 每月董事事常會,先期三日由本會將所議各事,備函通知各董事。倘有特別會議,得即日分發傳單通告。

第二條 關於會員之條陳或請願,得由會長分別交股審查,或逕列入議案於開董事會時提出討論;唯開議時,該條陳者,只可旁聽。

第三條 會議時,以會長主席;如會長因事缺席時,由副會長代之;倘副會長亦缺席,則由到會會董互推一人為臨時主席。

第四條 凡會董如屬商號會議時,得派代表出席;如屬個人,則應親自出席,不能委派他人。

第五條 凡議案,須得出席會董過半數通過,方能有效。通過手續,或舉手、或投黑白珠取決。如贊成與反對人數相等,則由主席再舉一手或投一珠以決定之。

第六條 凡議案,如與出席人私事有關者,本人應行避席,俟決定後方能回座。

第七條 凡同人於提議或討論事項時,須起立,徐徐陳説,不得坐談,不得漫〔謾〕罵。

第八條　凡敘會時，倘有在場喧嘩，妨礙本會秩序者，主席得隨時制止；如不服制止，得令其退席，以維秩序，或搖鈴宣佈散會，更期再議。

第九條　凡董事會議決各案，應由會長執行。

第十條　每次議決事件，應置簿譽錄，以備查考。

第七章　會所規則

第一條　本會所內，除各員役外，閑雜人等不得駐宿。

第二條　在本會所內，不得作有犯香港禁例之事。

第三條　本會議案文件數目，同人欲參閱時，須得會長同意，唯不得攜離會所，以防遺失。

第四條　本會所物件，須示愛惜，以保公物。

第五條　本會所內，不得任意吐唾，以保公眾衛生。

第八章　褒獎規則

第一條　凡捐款十元以上者，則將芳名登報及標列會所。

第二條　凡捐款五十元以上者，除將芳名登報及標列會所外，並送金色四角徽章一枚，以作紀念。

第三條　凡捐款一百元以上者，除將芳名登報及標列會所外，並送金色六角徽章一枚，以作紀念。

第四條　凡捐款在三百元以上者，除將芳名登報及標列會所外，並送金色六角徽章一枚、擴大照相光面玻璃鏡一個，並將芳名志敘鏡中，以垂紀念。

第五條　凡捐款在五百元以上者，除將芳名登報及標列會所外，並送真金八角徽章一枚、擴大照像花邊玻璃鏡一個。

第六條　凡捐款在一千元以上者，除將芳名登報及標列會所外，並送真金特別徽章一枚、擴大照像車花五色玻璃鏡二個，一懸本會，一送本人，並加贈銀杯一個。

第七條　凡捐款在五千元者，即開董事會討論如何酬報辦法，以表崇敬。

第八條　凡捐送物品與本會，其價與上列各項相等者，亦依上例酬贈之，以資紀念。

第九條　凡同人歷任本會董事四屆者，應將其六寸半身照像匯列鏡中，懸諸本會，以資紀念。

第十條　凡職員對於本會有特別勤勞者，得由值任董事會議定褒獎辦法。

附則：　以上各章程如有未盡之處，應行增刪者，先期二禮拜由本會通知全體會員開同人大會取決，唯須得出席同人過半數之同意方有效。

附錄四

旅港潮州商會章程

（一九五○年三月十一日修正公佈）

第一章 定名與會址

第一條　本會定名為「旅港潮州商會」

第二條　本會會所設於香港

第二章 宗旨與會務

第三條　本會以聯絡鄉誼研究商務促進貿易協助社會家鄉公益為宗旨

第四條　本會會務綱要規定如左

（一）關於工商業改良及發展事項

（二）關於工商業徵詢及通報事項

（三）關於工商業調查統計及編纂事項

（四）關於工商業糾紛調處及公斷事項

（五）關於工商業證明及鑑定事項

（六）關於商品徵集及陳列事項

（七）關於社會福利家鄉公益建設促進事項

（八）關於我國政府及現地政府有關法令將其傳論或翻譯事項

第三章 會員

第五條　本會會員無定額凡屬旅港潮屬商業團體商號個人均得聲請加入

第六條　本會會員分為左列三種

（一）商業同業公會會員　凡本港潮商組織成立之同業公會依章加入本會者屬之

（二）商號會員　凡本港潮商開設之商號依章加入本會者屬之

（三）個人會員　凡本港潮商以個人名義依章加入本會者屬之

第七條　商業同業公會會員得派代表二人出席理事會及會員大會商號會員得派代表一人出席會員大會但以該會或商號之現任職員並用書面報告本會者為限

第八條　入會

（一）商業同業公會會員商號會員個人會員於聲請加入本會為會員時應有會員二人之介紹提交理事會審查通過繳足基金會費方為有效

（二）有左列事情之一者不得為本會會員及會員代表

　　（1）被撤奪公權尚未復權者

　　（2）有危害國家行為經法庭判決者

　　（3）受宣佈破產者

　　（4）有癲狂病者

第九條　出會

（一）本會會員有退出本會之自由權惟未退出會前應正式具函本會存案所繳會費概不發還

（二）會員拖欠常費逾一年以上者在未補交前停止其應享一切權利

（三）會員及會員代表如有發生八條第二項列舉各款情事之一者經會員舉發理事會查有實據會員則與以除名會員代表則由會通知原舉派之公會或商號於期限內撤換之

（四）會員或會員代表如有藉本會名義在外招搖妨害本會名譽信用或不遵守本會章程者經理事會查有實據得革除之

前項受除名之會員或會員代表自除名之日起二年以內不得再為本會會員或充任會員代表

第十條　會員之權利如左

（一）會員有發言權表決權選舉權及及被選舉權

（二）會員有關於合法事件請求本會保障之權利

（三）會員有請求本會在適合法律上具函介紹及證明之權利

第十一條　會員之義務如左

（一）遵守本會章程

（二）遵守本會決議案

（三）繳納會費

第四章　組織及選舉

第十二條　本會之組織系統如下

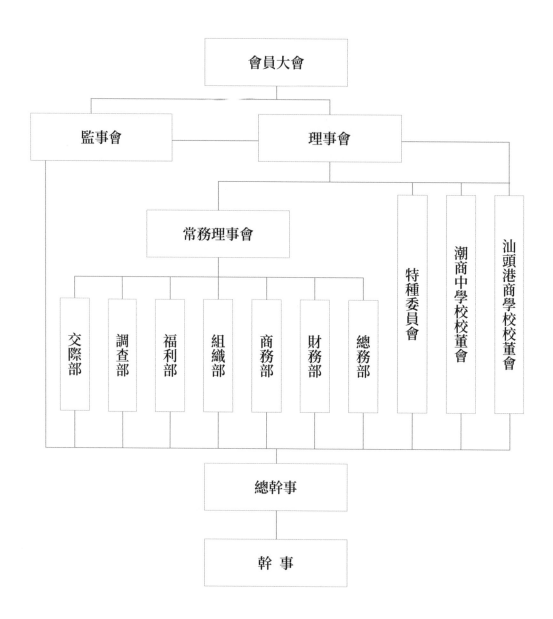

第十三條　本會最高會議為會員大會有創制複決選舉罷免之權每屆選舉由會員大會選舉理監事候
　　　　　選人五十名再由五十名理監事候選人中互選三十五人為理事一十五人為監事分別組織
　　　　　理事會監事會辦理會務並以曾任本會正副會長正副主席正副理事長之未擔任理監事者
　　　　　為本屆顧問以曾在本會永遠會董之未獲選為理監事者為本屆名譽理事遇有會務須諮詢
　　　　　時得分別延請到會發揮意見以資參考惟無表決權本會遇有重要事務時得由理事會組織
　　　　　特種委員會辦理之特種委員會委員人選理事及會員均得被選充任

第十四條　理事會設正副理事長各一人常務理事會設常務理事九人除正副理事長為當然常務理事外其餘常務理事七人分任總務財務商務組織福利調查交際七部主任均由理事三十五人中互選之各部主任掌理事項如左

（一）總務部　掌理文書編纂企劃考核及不入他部之事

（二）財務部　掌理預算決算銀項出納賬務及保管一切單據與財產契約

（三）商務部　掌理關於工商業證明鑑定保障徵集陳列改良發展調解各事

（四）組織部　掌理關於會員登記聯絡感情促進學術等事

（五）福利部　掌理關於社會福利桑梓公益義山等事

（六）調查部　掌理有關各項調查事務

（七）交際部　掌理有關於本會對內對外交際聯絡事宜

第十五條　理事會設「潮商中學校校董會」管理潮商中學以是屆理事為當然校董設「汕頭港商學校校董會」管理汕頭港商學校以是屆常務理事為當然校董以上兩校董會得另聘若干人為校董

第十六條　監事會設正副監事長各一人由監事十五人中互選之

第十七條　本會理事監事選舉前由會員大會選出代表三人代表全體會員簽發證書與各新任理監事正副理事長正副監事長及常務理事

第十八條　各當選人自接受當選通知書之日起三天內尚有不願擔任或中途因事離職者除理監事由原選舉票數依次遞補外正副理事長正副監事長及常務理事則由理監事會分別開會選補之其任期以補足前任為限

第十九條　正副理事長正副監事長常務理事均義務職任期為二年連選得連任但理事長以連任一次為限每屆以國曆四月間為就職之期並舉行新舊職員交代儀式

第二十條　理監事長及理監事有左列各款情事之一者應即解職

（一）因特別事故經理監事會准其退職者

（二）營私舞弊或有不正當行為經理監事會提出檢舉彈劾有據與以革職者

第五章　職權

第廿一條　理事長對外代表本會對內執行會務

第廿二條　理事依本章程之規定及會員大會之決議行使職權

第廿三條　常務理事協助理事長處理會務

第廿四條　監事監察會務進行稽核會內財政收支凡理事會決議案及進支數目總結應送交監事會存查

第廿五條　本會聘請總幹事一人幹事若干人常川駐會辦理理監事會及常務會議決議事項及其他會務

第廿六條　本會會員大會於每年三月間舉行會議期前十四天由理事會登報公告藉以省覽過去進支數目決議下年預算聽取理事會報告會務施行情形如理監事任滿則選舉下屆理監事接任之

第廿七條　理事會議每月五日（如是日為假期則延遲一日）舉行常會一次由理事長召集之監事會議每三個月舉行一次由監事長召集之常務理事戾議由理事長隨時召集之

第廿八條　各項會議遇必要時得召開特別會議理事特別會議由理事長召集或有理事五人或五人以上之署名請求亦得召集之會員特別大會由理事會通過召集或有會員五十人或五十人以上之連署亦得召集之監事特別會議由監事長召集之或有監事三人或三人以上之署名請求亦得召集之

第廿九條　會員大會理事會議及常務理事會議均以理事長為主席理事長缺席時則副理事長任之正副理事長均缺席時則舉臨時主席以代之監事會議以監事長為主席監事長缺席時以副監事長任之正副監事長均缺席時則舉臨時主席以代之

第三十條　會議決定人數計會員大會為二十五名理事會為九名常務理事會為五名監事會為五名不足法定人數時作為流會在一週之內可再召開特別會議不論到會人員多寡有權表決不到會者作為默認但所有議題必須依照公告以示限制

第卅一條　一切議案須得出席者過半數之同意乃得決議若贊成與反對人數相等時則主席除其理監事本身應有之表決權外可加多一權以決其事若有特別情形或礙於情面之時可投黑白珠以表決之

第六章　會費

第卅二條　本會經費以會員繳納基金及常年費撥充之如有不足時由理監事會聯合籌募之

第卅三條　會員基金及常年費規定如左

商業同業公會會員一次過繳納基金一百元每年會費一百元

商號會員（甲）一次過繳納基金五十元每年會費五十元

　　　　　（乙）一次過繳納基金二十元每年會費二十元

上列商號會員（甲）（乙）兩種由入會者自由認定

個人會員一次過繳納基金五元每年會費五元

永遠會員上列各種會員一次過繳納會費十年者為永遠會員以後不須逐年繳費

第卅四條　本會公款過一千元以上應存儲於理事會指定之銀行其仄部圖章交財務部保管正副理事長及財務部主任總務部主任概須存印鑑於銀行支款時必須正副理事長及財務部主任總務部主任四人中之三人簽名或蓋章方生效力正副理事長及財務部主任告假他往時則事前由理事會另舉人員代表簽署以昭慎重

第卅五條　本會經常費用除照預算之外如有其他用途超過五百元之外必須經由理事會議通過始得動支

第卅六條　本會財政進支蟺屆交代前應造具清冊送交監事會審核及會計師證明然後刊成徵信錄分送各會員查曉藉昭信實

第七章 附則

第卅七條　本章程由會員大會修正通過理事會公佈發生效力

第卅八條　本會各種辦事細則理監事會認為必要時得自制定之但以不背本章程原則為限

第卅九條　本章程有未盡善處由會員大會依法修正之

旅港潮州商會理事會辦事細則

第一條　本細則定名旅港潮州商會理事會辦事細則

第二條　理事長負責執行本會理事會各項議決案處理一切日常會務簽署一切文件

第三條　副理事長輔助理事長處理本會會務並副署本會一切文件

第四條　常務理事分部負責擬具或批辦各項主管事務送交正副理事長核行並督導本會各辦事人辦理會務

第五條　各部如遇有特別事務辦理時得選聘理事或會員若干人襄助之

第六條　本會聘總幹事一員庶務兼文書幹事一員交際幹事一員事務員若干員其職務如後

　　（一）總幹事秉承正副理監事長及各常務理事之意旨執行理監事會決議案並督導及分配各幹事員工辦理本會各項日常工作

　　（二）庶務兼文書幹事承總幹事之指揮辦理本會關於繕寫文件紀錄議案採購物品保管公物登記賬目管理工役及各部應辦事宜

　　（三）交際幹事承正副理事長之命常務理事之指導總幹事之指揮辦理本會關於對外各種聯絡及奉命出席各社團等事

　　（四）事務員辦理本會關於會員費之徵收本會文件之收發整理會員會籍之編輯整理會員證書旅行證明書之繕製及不歸各幹事管理等事務

第七條　本會理事常會及常務理事會議議程須於會議前一日內函送有關出席人閱覽其議事錄則於會議後三日內函送有關出席人閱覽

第八條　各理事如有提案須填在本會製發之理事提議書於每月一日送交本會以便編列議程

第九條　各部主任辦理各項事務費用應照決議案豫算請正副理事長核支如因特別事故需款超過豫算時應報由理事長提出理事會通過方得支付

第十條　各部主管各項事務辦理情形須編造報告交理事會審核宣佈

第十一條　本會每月經費進支賬目應於月終編造計算書送交本會核數理事查核後報告理事常會每半年編造半年結一次送請監事會查核每年賬目總須延聘註冊核數師稽核

第十二條　本會除每月所需經常費由總務部主任於每月上旬內照豫算案開列數目送請正副理事長向財務主任支取外其餘支出數目如在弍百元以內者由總務簽支在弍百元以上伍百元以內者由總務先簽請正副理事長核准方得支付超過伍百元以上者應由理監事會核准方可動支以昭慎重

〔附則〕　本細則經本會理事會核准發施行如有應增刪之處由理事會決定之

附錄五

香港潮州商會有限公司章程（2021年7月）

第一章　釋義

第一條：本細則所用名稱，其釋義如下：

「本會」指 "香港潮州商會有限公司 (HONG KONG CHIU CHOW CHAMBER OF COMMERCE LIMITED)"。

「法例」指香港公司條例 (第六二二章)。

「本細則」指本組織章程細則。

「特別決議」與法例第 564 條所載定義相同。

「會員」指根據本細則第五章所訂明的本會會員，包括榮譽會員與會員，而會員亦分作個人會員、商號會員及團體會員。

「會董會」指根據本細則第十章所訂明的會董會，會董會設會長、副會長、常務會董及會董。

「會董、常務會董」分別指根據本細則第十章所訂明之會董、常務會董，包括當然會董，但不包括名譽會董。

「當然會董」指根據本細則第十章第三十三條第 1 部所訂明。

「監事委員會」指根據本細則所訂明的監事委員會，監事委員會設監事長、副監事長及監事。

本細則內所援引之法例條文，係指該法例之現行或修訂之條例而言。

在文意許可或要求的情況下，指單數之字，包括複數而言之，指複數之字，亦包括單數而言之，指個人之字包括商號團體等而言之。

第二章　名稱、註冊辦事處

第二條：本會定名為 "香港潮州商會有限公司(HONG KONG CHIU CHOW CHAMBER OF COMMERCE LIMITED)"(以下簡稱 "本會")。

第三條：本會之註冊辦事處位於香港。

第三章　宗旨

第四條：根據本會組織之宗旨，本會可辦理下列事項：

1. 促進及維護香港的貿易、金融、航務、物流、旅遊及工業發展。

2. 調查、研究、蒐集及刊佈有關貿易、金融、航務、物流、旅遊及工業等資料及事宜。

3. 審閱香港特別行政區之法例，及向會員詮釋以供會員參考；並向政府提供與本會有關之問題或意見。

4. 舉辦有關香港社會事務問題之討論會、座談會、演講會、研究會等活動，並就香港社會事務向政府反映意見。

5. 倡導或組織貿易、觀光文化交流、旅遊、康樂、體育及推展潮汕文化等活動。

6. 調解工商業及航務物流業等之爭端。

7. 查驗及鑑別貨物之情狀及其來源，並發給貨品來源證書或其他證書等。

8. 提倡教育事業，設立獎學金，舉辦展覽會，並籌辦、監察學校及補助學校經費。

9. 根據法例規定，購買、租賃或用其他方法取得認為對於本會需要或合用之任何實業、動產、或權益。

10. 售賣、租出、按揭、改良、管理、發展，或處理及安排本會一部分或全部所有之產業。

11. 建造、策劃及維持一處或多處墳場，為潮籍人士及其家屬埋葬之用。

12. 接納餽贈及義捐以推行本會宗旨。

13. 擔任任何款項或產業之受託人、保管人或司理人，並有權收取報酬。

14. 借款以應本會會務需要，並可用本會產業作為抵押品。

15. 本會會董會，得依據本細則內所規定之權力，成立、保持及管理本會，並提供會館及俱樂部等設備。凡屬本會會員或榮譽會員，以及與本會有關之人士等，均有享受此種設備之權益。

16. 創立、承擔、監督、管理及捐助任何慈善基金，此種基金可用以捐助或貸給值得援助的教育或慈善事業工作者，以及捐助、協勤或維持任何教育或慈善機構等福利事業。

17. 將所有暫不需用之資金作投資之用，投資之項目及方式，由本會隨時決定。

18. 進行其他配合或達成上述全部或其中任何一項宗旨之合法事宜。但：

   (一) 本會如接受或持有任何可能受任何信託規限的財產，只會按法律所容許的方式，並在顧及該等信託的情況下，對該等財產加以處理或投資。

   (二) 本會的宗旨不得擴大至規管工人與僱主或工人組織與僱主組織之間的關係。

第四章　會員責任

第五條：會員之負擔，為有限責任。

第六條：1. 本會每名會員均承諾於其為會員期間或不再是會員之後一年內，本會一旦清盤時，分擔提供不超過港幣五十元的所需款額予本會的資產，以用於償付本會在其不再是會員前所訂約承擔的債項及債務，支付清盤的費用、收費及開支，以及用於調整分擔人之間的權利。

2. 當本會清盤或解散時，如清償一切債項及債務後，尚有財產剩餘，則該等財產不得付給或分配予本會的會員。該等財產必須贈予或移交跟本會有相似宗旨的其他機構；而該等機構在禁止將收入及財產分配予成員方面的規定，亦至少一如本細則第七條列明的限制一般嚴格；此等機構將由本會的會員於本會解散時或之前選定，如事前未有就此事作出決定，便由對慈善基金有司法管轄權的香港特別行政區高等法院大法官裁定；倘不能按照上述條款實行，便得將有關財產撥作某些慈善用途。

第七條： 1. 本會之收入及財產，不論何時取得，只准純粹用以促進、推進各項事宜以期達到本細則內所列出的宗旨。

2. 除下文第4及第5部另有規定外，不得將本會任何部分的收入及財產，直接或間接以股息、花紅、紅利、獎金、溢利或其他形式付給、分派、移交或轉讓予本會會員。

3. 本會會董會或管治團體任何成員，均不得被委任擔當本會任何受薪或支取費用的職位。除下文第5部所規定外，本會不得以金錢或金錢的等值，向會董會或管治團體任何成員支付酬金或其他利益。

4. 本細則的條文並不阻止本會出於真誠向屬下任何職員或傭工，或不屬會董會或管治團體的任何成員，支付合理及恰當的酬金，作為他們確實為本會提供服務的回報。

5. 本細則的條文並不阻止本會出於真誠：

(一) 向會董會或管治團體任何成員支付他們所墊付的開支；

(二) 向借出金錢予本會的任何會員或會董會或管治團體任何成員，支付利息，款額按年息率不超逾當其時香港上海匯豐銀行有限公司所訂定的港元貸款最優惠利率加兩厘計算；

(三) 向轉讓或出租物業予本會的任何會員或會董會或管治團體任何成員，支付合理及恰當的租金；

(四) 以金錢或金錢的等值，向與本會會員或會董會或管治團體成員有利益關係的法人團體(純粹因為前者為後者的成員，佔有不超逾百分之一的資本及控制不超逾百分之一的表決權)支付酬金或其他利益。

6. 任何人均無須為其可能因按上文第4或5部所適當支付的款項而得到的任何利益作出交代。

第五章 會員

第八條：本會會員人數，定為無限額。

第九條：本會會員分會員及榮譽會員兩種。

1. 會員分為團體會員、商號會員及個人會員，入會時一次過繳交會費，以後不需要繳納年費，應繳之會費及任何加幅由會董會決定。凡屬本港潮籍人士或組織，可申請加入本會，在申請入會時：

(一) 如屬團體，該團體須已依照香港法例註冊。

(二) 如屬商號，不論是否組織成為法人者，該商號須在香港營業達六個月以上。

       (三) 如屬個人，須在香港居住及從事正當職業或經營正當工商業達一年以上，以及品行端正。

  2. 凡對社會有特殊貢獻之潮籍人士，經一位會董提議，復經調查部及會董會議通過，可被邀為本會榮譽會員。榮譽會員與會員之權利義務相同，惟入會時不需繳納會費。

  3. 有關本條內所載「潮籍人士或組織」一詞之解釋，概以本會會董會最後決定為準。

第十條：本會會費，概以香港通用貨幣繳交。

第十一條：本會得由會董會議決定，聘任榮譽會長、名譽會長、榮譽顧問、名譽顧問及名譽會董；其聘任辦法，由會董會議決定，此名譽職位人士，得出席本會會董會議，有發言權，但無表決權。

第十二條：如欲申請加入本會為會員，申請者須先向本會呈交一份填妥的申請書，經本會一位會董證明其符合本會章程要求及署名介紹，復經本會調查部根據會章審查，如認為合格，則交會董會通過；但接納與否或延期接納，概由會董會全權作出決定，倘不予接納，亦不須宣佈其理由。

第十三條：獲批准加入本會之新會員須要在一個月內繳付會費，繳妥會費後，始獲接納為本會會員，逾期不繳，該申請被取消。

第十四條：會員不論何種原因終止會籍，不得再享受本會任何權利，所繳之會費及基金等，概不得索還。

第十五條：在任何下述情況，本會可經會董會議不少於四分之三出席者通過，取消任何會員之會籍及/或出席本會會議的權利：

  1. 個人會員：

      (一) 妨礙會務進行；

      (二) 作出任何損害本會利益或聲譽之行為；

      (三) 擅自公開發表攻擊本會之言論或文字；

      (四) 宣佈破產或與其債權人概括地達成債務償還安排或債務重整協議；

      (五) 精神錯亂或精神不健全；或

      (六) 曾被香港法庭裁定犯上任何罪行，並就該罪行被判處為期超逾六個月而又不得選擇以罰款代替的監禁(不論是否獲得緩刑)。

  2. 商號或團體會員：

      (一) 結束業務、清盤、解散、撤銷註冊及其他原因以致停業或不再存在；

      (二) 有本條第1部所列的任何行為或情況；

      (三) 其代表人如有本條第1部所列的任何行為或情況。但只就本項而言，本會可以書面通知有關商號或團體會員改派新代表以保留會籍。如於發出該書面通知日期後三十天內，該商號或團體會員仍未有改派新代表，則該商號或團體會員作自動放棄會籍論；或

      (四) 其性質不再符合上述第九條內所指潮籍組織之定義。

第六章　會議

第十六條：本會須就每個財政年度，在按法例規定的會計參照期(有關財政年度是參照該限期而決定的)結束後的九個月內，舉行一次周年大會，作為會員周年大會。其日期及地點，則由常務會董會決定，會董任期屆滿，則須照本會會章於會員周年大會辦理改選。

第十七條：上述之會員大會，稱會員周年大會，其他一切會員大會，稱會員特別大會。

第十八條：本會會董會及常務會董會，每月最少舉行會議一次。

第十九條：倘遇特別事故，會長得隨時召開會員特別大會或其他特別會議。至於會員及會董聯名以書面提請召開特別會議，其提出之人數規定如下：

(特別會議)	(提請人數)
常務會董特別會	不少於會董十名或常務會董五名
議會董特別會議	不少於會董二十名或會員五十名
會員特別大會	不少於會董三十名或百分之五有投票權的會員

第二十條：凡會董或會員，提請召開會員特別大會或其他特別會議，須由提請人開具提案，通函召集之，而各特別決議提案，須得出席會議之四分三人通過，方能成案，本細則不能妨礙法例相關條文之規定。

第七章　會議程序

第二十一條：除於會員周年大會所處理關於審議帳目、通過年結、周年報告，或選舉會董接替卸任會董、或委任核數師或訂定核數師酬勞費等例行事項外，凡將處理前述例行事項以外事項的任何特別會議，會員大會，通告均應列明該等事項的一般性質；如任何決議案將提呈為特別決議，通告應對此有所說明。

第二十二條：1.　任何會議中，倘不足法定人數，則不得決議任何提案。

　　　　　　2.　各種會議法定人數：

　　　　　　　　(一) 會員周年大會：二十五名會員

　　　　　　　　(二) 會董會：十一名會董

　　　　　　　　(三) 常務會董會：五名常務會董

　　　　　　　　(四) 會長召集之會員特別大會：二十五名會員

　　　　　　　　(五) 會董或會員提議召集之會員特別大會：五十名會員

　　　　　　　　(六) 會董或常務會董提請召集之常務會董特別會議：五名常務會董

　　　　　　　　(七) 會董或會員提請召集之會董特別會議：二十名會董

第二十三條：倘由會員提請召開之會議，逾指定時間半小時，仍不足法定人數者，則該會議應予取消之，倘屬其他各種會議，若逾指定時間半小時仍不足法定人數者，須於下星期同日同時同地點舉行，倘屆時逾指定時間半小時仍不足法定人數者，則以該日出席人數，作為法定人數。

第二十四條：各種會議，除監事委員會會議以監事長為主席外，均以會長為當然主席，倘會長缺席時，則以副會長代為主席，倘正、副會長均缺席，則由出席之會董中，推選一人為臨時主席。

第二十五條：開會時雖足法定人數，但若經該會之出席者多數贊同，則該會議之主席，可執行延會，自一次延至若干次，及由一處地點移至別處地點，惟在延會上所議之事，祇限於未決之原案，不得另議別案，若延會至十天或十天以上者，則須再行通告召集之，並敘明待決之案，但若延會不超過十天者，則不必另行通告。

第二十六條：1. 凡在會員大會表決議案，得用舉手方式決定，但倘經一名或多名親自或由其代表出席之會員，且該(等)會員持有在該會議上有表決權的全體會員的總表決權不少於百分之五於決議案之前提請，即可用投票方式決定，否則一經用舉手方式表決，主席即宣佈該案已付表決，至於一致通過，或經多數表決通過，或不能通過，一經登記於本會議案簿內，該決議案即告成立，不必列舉該案付表決時之贊成或反對數目。

2. 如遇有請求以投票方式表決時，則應如何舉行，概由會議之主席決定，倘用投票方式表決，其結果則為該案之表決。

3. 無論用舉手方式或投票方式表決，倘贊成及反對兩數相等，則主席有權投第二票或決定票。

4. 凡因選舉臨時主席，或因討論延期，而要求用投票方式者，應即席舉行；凡因其他提案而要求用投票方式表決者，應於何時舉行則由主席決定。

5. 如就某決議以舉手或投票表決時，每名親自(如會員為團體者，其授權代表)或由獲有權就該決議表決的會員妥為委任並親身出席的代表，均應有一票表決權。

6. 在計算舉手表決人數時，委派代表人代表有投票權的會員在會議中舉手表決，須視作出席會議的有投票權的會員計算。

第二十七條：商號會員可派其東主或委派其授權代表出席本會會議，團體會員則可派其主席或副主席或委派其授權代表出席本會會議。

第二十八條：1. 凡有特別提案，須交會董會討論者，須於該會前三天，以書面將該提案交到本會。

2. 倘在會議中，發生喧擾爭執等事，經主席勸止無效，主席得離座並宣佈延會十五分鐘，倘秩序回復，主席可繼續舉行該會討論原有議案，否則宣佈散會。

3. 在會議中，為使發言機會普遍及節省時間起見，每一討論事項，發言人之發言時間，除主席特許外，每次不得超過三分鐘，如有超過時間，主席可停止其發言。

4. 本會會董若因事故，不能出席本會會議，須函知本會存查。

5. 本會一切會議，須設備議案簿及簽到簿，以分別登記出席人姓名，及記錄一切會議之決議。

6. 除本細則及法例另有規定外，本會會董會議記錄及其他帳目文件，除會董外，未經會長許可，任何人不得取閱。

7. 本會會員大會記錄，會員可於辦公時間內根據法例查閱。如會員要求上述會議記錄的副本，本會可收取有關費用。

8. 會董會，常務會董會及監事委員會如認為合適，均可藉傳閱文件方式處理任何事務，而分別由過半數(或如本細則另有規定，須得超過某比率出席會議人士通過議案方能生效，而該比率為超過半數者，則以超過該比率的)會董、常務會董或監事簽署的書面決議，其效力及作用與在會董會、常務會董會及監事委員會會議上所通過的無異，而只要所有所需的簽名是在準確述明有關決議的文件上簽署的，則無須全部集中在單一份文件上簽署。

第八章　集會通告

第二十九條：除依照法例之規定外，會員周年大會須有為期最少二十一天的書面通知；其他會員大會，最低限度，須有為期最少十四天的書面通知(通知期並不包括送達通知當日，亦不包括舉行會議當日)，敘明地點、日期及時間，若屬特別事件，則敘明該事之大略情形，依照下開第五十四及五十五條所規定之方法，或依照會員周年大會所訂之別種方法，送達於照章應予通告之人。倘每年大會省覽年結，及期滿改選會董，及各義務成員等，則可不少於二十一天前在中文報紙兩家登載通告，亦作為有效。但倘經有權接受該項通告出席會議之全部會員贊同者，則此種通告日期，得予減縮。

第三十條：倘集會通告，偶遇遺漏，或投遞不到者，該會議亦不得認為無效。

第九章　會印

第三十一條：本會會印，四方大印由會長保管使用，長方圖章，由財務部主任保管使用，尋常行文印章，由總務部主任保管交經辦人使用，如未經常務會董會決定核准者，不得蓋印任何文據。凡屬重要文件，如合約、買賣及按揭契據等，除由會長、會產管理委員會主任委員，或會董會議、會產管理委員會會議決定之授權人予以簽署外，仍須加蓋刻有「香港潮州商會有限公司」之印章，以昭信守。該印章由會產管理委員會主任委員保管。

第十章　會董會之組織及其職權與任期

第三十二條：本會一切事務，包括財產物業等事宜，除本細則另有規定外，概由會董會管理。凡經會董會所議決之事，除法例或本細則規定須由會員大會或本細則規定須由監事委員會或會產管理委員會處理者外，會董會亦得執行之。會董會經議決後，得以指定方式執行，關於該決議一切事項，包含產業及一切財產之買賣及按揭事宜，但以不抵觸法例，或本細則之原則為限，惟設立新規則時，對於該新規則未生效以前所辦

之事，不得作為無效。

第三十三條：1. 歷屆會長(曾稱主席或理事長)及在一九六九年籌建會館時一次過捐款在二萬元以上之副會長(曾稱副主席或副理事長)，如仍在本港居住，不違本細則第四十五條之規定者，為當然會董，其權益責任與當選會董相同，其名單由選舉委員會於決定改選日期等事之會議中審定之，並列明於選舉名冊中。

2. 本會最高會議為會員大會，有創制、選舉、複決及罷免之權。每屆選舉，除當然會董外，另加由會員大會選舉會董不少於五十名及不多於一百五十名，每屆選任會董之確實名額則由各該屆選舉委員會決定，其當選會董與當然會董共同組成會董會，以辦理會務。本會連續擔任副會長最長時間者為第一副會長(如同時有多於一位連續擔任副會長最長時間者，則由監事委員會決定該幾位當選副會長的排名次序，排最前者為第一副會長)，該第一副會長若於來屆未擔任會長者，則於來屆只可擔任常務會董或會董，不再擔任副會長。以曾任本會副會長、副主席或副理事長而未擔任應屆會董者，可被邀請為應屆顧問，以曾任本會會董而未獲選為應屆會董者，可被邀請為本會應屆名譽會董，為本會事務提供意見作為參考，但在會董會議上並無投票權。遇有重要事務時，得由會董會組織特別委員會辦理之，特別委員人選，會董及會員均可被選充任。

3. 本會歷屆會長，得被聘為永遠榮譽會長。會董會可聘請潮籍德望昭著名流為當屆榮譽會長、名譽會長，或榮譽顧問、名譽顧問，並為獎勵教育或其他福利工作，會董會可視需要邀請有功本會人士為本會名譽會長，或名譽顧問或名譽會董。

4. 全體會董選出常務會董不多於三十名，再由常務會董選出會長一名，副會長四至八名(會長及副會長須由監事委員會所提名人士中選出，惟如按第三十三條第2段不擔任會長的第一副會長不再擔任副會長)，每屆副會長及常務會董之確實名額則由各該屆選舉委員會決定。會長及副會長為當然常務會董，其餘常務會董經常務會董互選分任總務、財務、商務、組織、福利、交際、調查、稽核、教育及其他部門主任，掌管事務如下：

(一) 總務部：掌理文書、編纂、計劃、考核及其他不入他部之事。

(二) 財務部：掌理本會經常費之預算、決算、款項、出納、帳務等。

(三) 商務部：掌理關於工商業證明、鑑定、保障、徵集、陳列、改良、發展及調解各事。

(四) 組織部：掌理關於會員登記，聯絡感情，促進學術等事。

(五) 福利部：掌理關於社會福利，桑梓公益，墳場等事。

(六) 交際部：掌理有關本會對內對外，交際聯絡事宜。

(七) 調查部：掌理有關各項調查事務。

(八) 稽核部：掌理有關本會稽核財政等事務。

(九) 教育部：掌理教育事務並監督依照教育條例實施本細則第五十六及第五十七條之規定。

會董會可就情況需要，成立特設委員會。

5. 會董會可依據情況，自行決定增加或減少任何部門。每部門設有部門主任及副主任各一名。部門主任由常務會董出任，副主任則由會董會選任。副主任除協助部門主任處理一切事務外，經部門主任授權，可代表部門主任出席本會常務會董會議，並有表決權。

6. 本會會董選舉前，由會員大會選出代表三人，代表全體會員簽發證書予新任會董，常務會董及正、副會長。

7. 各當選人自接受當選通知書之日起，三天內倘不願擔任，或中途因事離職者，除正、副會長外，由會董會全權決定是否需要填補該出缺席位；如會董會決定需補缺者，會董會可全權從原本未能選任會董的候選人中決定遞補人選，而常務會董若有出缺席位，則由會董會全權開會補選之，其任期以補足是屆任期為限。

8. 正、副會長、常務會董及會董，均為義務職，任期均為兩年，卸任後有資格參選及當選，連選得連任，但會長以連任一屆為限，但一九七零至一九七二年一屆不在此限。每屆任期由當年九月一日開始。

9. 正、副會長、常務會董及會董有下列各款事情之一者，應即解職：

(一) 因特別事故經會董會准其退職者。

(二)營私舞弊或有不正當行為，經會董會提出檢舉彈劾有據予以解職者。

(三) 根據本細則而喪失會員或會董資格者。

10. 會長及副會長在任內出缺，由監事委員會提名侯選人，再由常務會董選舉遞補之；但以任足是屆之任期為止，而不當作本條第8部所述之任期。

第三十四條：本會會長、副會長、常務會董及會董被選資格須符合下列各規定：

1. 會長：

(一) 須在香港居住及經營正當行業五年以上者，而其身份屬公司之股份持有人或商號之東主或合夥人，或其職位屬經理級行政人員或以上之職者，或專業人士；

(二) 曾任本會會董兩屆，或常務會董一屆者；及

(三) 在會董會換屆時獲得監事委員會提名成為候選人者。

2. 副會長：

與會長被選資格相同(即須符合本條第1部之規定)。

3. 常務會董：

(一) 須符合本條第1部第(一)項之規定；及

(二) 須曾任本會會董一屆者。

4. 會董：

(一) 必須為本會會員；及

(二) 須入會滿十二個月。

第三十五條：1. 會長：對外代表本會，對內主持一切會務，並根據會章及議決案，辦理一切事宜。

2. 副會長：襄助會長辦理會務，及副署本會各文件，如會長缺席，則代會長執行其職務。

3. 財務部主任：負責保管本會資產契據，主持財政及管理一切出納事宜，凡存款超過常務會董會議決之金額者，須將存款存於經會董會通過指定之本港註冊銀行，倘有意外損失，財務主任不任其咎；如存款存於未經議決之銀行，而為財務主任自行辦理者，遇有損失，財務主任應負責賠償之。

4. 常務會董：負責策劃一切會務，遇有要事，即行集會討論，決議執行，然後提報會董會追認，倘遇有特別要事，或常務會董會不能取決之事，則由常務會董會將案交會董會辦理之。

5. 會董：籌劃發展會務，促進商業繁榮，會董會得處理本會對內對外一切事宜。

6. 秘書：本會聘任秘書長一名，主任秘書及秘書若干名及其他職位人士，受會長之命，辦理一切會務，籌劃會務之進行，處理本會日常事務及管理員工，俾各盡其職，所有秘書長、主任秘書、秘書及員工之薪酬由常務會董會決定，並由本會公款支付。

7. 本會可由會董會聘請法律顧問，其任期與當屆會董會之任期相同，至於應否支付酬金，則由常務會董會決定之。

8. 本會所發之一切證明書，由正、副會長簽發。

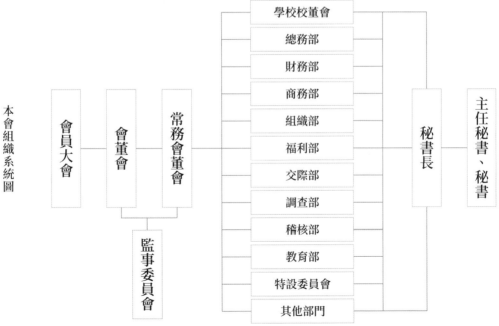

第三十六條：如遇特別事故，於必要時，在不違背本細則之下，會董會得制定臨時規程或附則，以辦理之，惟須經會董會出席四分三人數之議決通過，方作有效。

第三十七條：常務會董會可聘請外界適宜人材協助本會事務，其酬金由常務會董會決定，並由本會公款支付。

第十一章　監事委員會

第三十八條：監事委員會的組織及職權如下：

1. 監事委員會由本會歷屆已卸任的會長組成。

2. 監事委員會設監事長一人及副監事長一人，由全體監事互選產生。

3. 監事委員會的職權：

   (一) 在本會會董會換屆時，提名會長和副會長候選人。

   (二) 在現任會長或副會長出現空缺時，提名遞補候選人。

   (三) 本會一切重大事務，包括財產物業等事宜，需經監事委員會審核及議決後按監事委員會議決方式處理或由監事委員會授權予會董會處理。就本條所述「重大事務」一詞解釋的爭議，概以監事委員會決定為準。

   (四) 本細則如要修改，會董會須將章程細則修改方案報監事委員會審核議決通過後，再交會員大會通過。

4. 監事委員會有權自行制訂監事委員會會議的程序，如法定人數，決議所需票數等。

第十二章　選舉法

第三十九條：1. 本會每屆會董之改選，須於當屆任滿前三個月內舉行。

2. 選舉方法，由當屆全體常務會董為選舉委員，組成選舉委員會，全權負責辦理及決定一切選舉事宜，亦有權決定選舉下屆會董之名額。一切有關選舉會董的事宜及本細則第三十九條條文的解釋，概以選舉委員會決定為準。

3. (一) 個人會員，由入會之日起計至選舉日之前一日止滿十二個月者，得有選舉權及被選權。

   (二) 商號會員或團體會員，在入會之日起計至選舉日之前一日止滿十二個月者，其代表得有選舉權及被選權。

4. (一) 當屆會董除書面表示不願意接受被推選外，自動成為下屆會董候選人。

   (二)參選會員，須獲不少於十名有選舉權之會員提名，並填具其提名表格，於選舉委員會限定之登記日期內郵寄或送達本會，即成為下屆會董會候選人。

本會於選舉委員會限定之候選人登記日期截止後，即行編列候選人名單，按選舉委員會的決定，製備選票。

5. 一切有關選舉會董的具體辦法及程序，包括投票方式、選票點算方式等，除本細則另有規定外，皆由選舉委員會全權決定。

6. 會員可依照選舉委員會決定的方式，授權選舉委員會決定的人士代為投票。

7. 每位會員得有一選舉權。

第十三章　財務之管理

第四十條： 除本細則另有規定外，會董會負責管理本會所有資產及款項，並設立簿據，以資稽核，所有支票，由會長、副會長、總務部主任及財務部主任中任何兩人聯署，但此兩人中之一人必須為會長、總務部主任或財務部主任，方為有效。會長、總務部主任或財務部主任告假他往時，事前可由常務會董會另指定人員代表簽署。支票及圖章由財務部主任或其指定之人員保管，至於本會中一切會計帳目之月結，須由本會財務部主任，按月於會董會公佈，而每年帳目之年結，須經註冊核數師稽核，然後於會員周年大會公佈及通過。

第四十一條： 本會辦事處現金存款，以不超過常務會董會議決之金額為限，如有餘存，得由會董會議決，依照下列三項辦法中，擇其穩當而有利者，將該餘存款項置業或生息：

1. 儲存於本港註冊銀行。

2. 購買房產物業。

3. 購買本港恆生指數成份股或香港特別行政區政府發行之債券。

關於上述之事項須有詳細記錄，載明其帳目及一切辦理手續，以資稽核。

第四十二條： 1. 每屆會董會須負責籌集當屆經費。

2. 會董會可接納任何款項或財產之捐助，但捐助人倘未依照上述細則第九、十及十二各條之規定，辦理入會手續者，仍不得成為本會會員。

3. 每屆會董會任期完滿後，如有盈餘，該屆會董會可決定留待下一屆會董會處理，或存放作為本會會產或其他用途。

4. 本會會董會依照第三十五條第3部、第四十條、四十一條、第四十二條會產管理委員會之規定，依章辦事，倘有意外損失，各會董可不任其咎。

第十四章　會產管理委員會

第四十三條： 1. 本會設立會產管理委員會，專責監管本會之會產產業一切事宜。

2. 會產管理委員會專責保管歷屆留存之會產，此等會產除由當屆會董會依照會產管理委員會決議妥為保養管理外，其業權概由會產管理委員會負責監管，任何人士有意動用此等會產時，須經由當屆會董會核准後轉由會產管理委員會審核通過後，復經監事委員會最後通過，方能動用，否則不能處理動用。

3. 會產每年如有經常收益如股息及銀行存款利息等，可作為當屆會務經費，不敷

之數應由當屆會董會籌足,不得動用會產。

4. 會產管理委員會由下列人士組成:

(一) 曾任職本會為名譽會長、會長(曾稱主席或理事長)、副會長(曾稱副主席或副理會長)、而又在一九六九年籌建會館時一次過捐出不少過二萬元者,或任何人士在一九六九年籌建會館時一次過捐出不少過四萬元者均為會產管理委員會當然委員(一九六九年籌建潮州會館期間,當時會董會為鼓勵捐款,當通過鼓勵善長捐款辦法。根據當時議案,上述各人士均為會產管理委員會當然委員)。

(二) 一九六九年前歷屆會長(曾稱主席或理事長)、副會長(曾稱副主席或副理事長)捐款不少於一萬元者,或任何人士捐款不少於二萬元者均為會產管理委員會委員。

(三) 一九六九年以後歷屆會長均為會產管理委員會委員。

(四) 本會當屆會長為會產管理委員會會議召集人。

5. 會議召集人可按實際情形之需要隨時召開會產管理委員會會議,會議須有最少七位委員出席方足法定人數,一切議案須經出席委員大多數贊成,方能通過。任何有關本會會產之契據、合約及其他文件,均須依照由會產管理委員會會議議決通過規定完成,復經監事委員會最後通過,方能生效。

6. 所有會產管理委員會委員,均為永遠職,但與本條第8部抵觸者除外。

7. 如擬修改任何有關會產管理委員會的細則,須經會產管理委員會會議議決,並須得出席會議委員最少百份之七十五贊成後通過,復經監事委員會最後通過,報請會董會存案及處理。

8. 會產管理委員會委員遇有下述事情即予除名:

(一) 宣佈破產者或與其債權人概括地達成債務償還安排或債務重整協議者。

(二) 精神錯亂者,或精神不健全者。

(三) 用書面向本會辭去其職務者。

(四) 經會產管理委員會當然委員會議決議予以開除者。

(五) 曾被香港法庭裁定犯上任何罪行,並就該罪行被判處為期超逾六個月而又不得選擇以罰款代替的監禁(不論是否獲得緩刑)。

第十五章 慈善信託基金

第四十四條:本會成立慈善信託基金,由會董會負責管理,以獨立會計、專款專用原則,接受慈善、興學等捐款。依照捐款人意願,辦理救助貧困、興學育才、貢獻社會等各項慈善工作,並接受政府監督,依例核准免稅待遇,藉以鼓勵慈善工作。

第十六章　會董資格之喪失

第四十五條：本會會董在下列任何一種情況下，將自動喪失其會董之資格：

1. 根據法例規定，被禁止充任會董職者。

2. 宣佈破產者或與其債權人概括地達成債務償還安排或債務重整協議。

3. 精神錯亂者，或精神不健全者。

4. 自行以書面通告辭職者。

5. 曾被香港法庭裁定犯上任何罪行，並就該罪行被判處為期超逾六個月而又不得選擇以罰款代替的監禁(不論是否獲得緩刑)。

第四十六條：會董會成員，倘其本身與本會任何契約或合約或就任何由此引起之事項具有利害關係，則其對於該有關之事件，均無表決權，縱使其參加表決，其表決亦屬無效。

第四十七條：會董及各義務職員在職期內，如有破壞本會名譽，或妨礙會務進行，或侵吞公款，本會得召開會員特別大會，以普通決議表決罷免任期未滿之會董或常務會董，或其他義務職員。被罷免會董的空缺，得於會董會議決，以最高票數之候補會董遞補。

第十七章　帳目

第四十八條：本會須設備正式帳簿，以記載一切款項之出納，及其資產與負債之情形。

第四十九條：本會帳簿須妥存於本會之註冊辦事處，或存於常務會董會所指定之地點，以備會董會之查閱。

第五十條：　除法例另有規定外，本會收、支款項的帳目及與該等收、支有關的事項，以及本會的財產、債權及債務的帳目，均應確保真實無訛。

第五十一條：常務會董會須根據法例之規定，安排擬備本會會計報表，並安排將其提交在會員大會上省覽。

第五十二條：凡提報會員大會之本年年結，連同法例規定之附帶文件及核數師之報告書，須於開會員大會前不少於二十一天，送達有權出席之會員。

第十八章　帳目之稽核

第五十三條：本會須根據法例之規定，帳目每年至少應審查一次，並聘任一位或多位合資格的核數師以稽核本會帳目，核數師確認其資產負債表為準確無誤及真實而公平地反映本會的收支、資產及負債狀況，並先送本會稽核部主任審核。

第十九章　通知書及文件之投遞

第五十四條：本會發給會員、會董、常務會董及監事之文件，包括通告或選票，可根據會員、會董及監事向本會登記之地址，由專人派送，或投郵寄發，或以傳真或電子郵件方式

送遞致會員、會董、常務會董及監事提供之傳真號碼或電子郵件地址。所有郵付之文件，如已妥為寫上會員、會董、常務會董及監事之姓名及地址，貼足郵票，則該文件於郵寄後足二十四小時便作經已送達該會員、會董、常務會董及監事。以傳真或電子郵件方式送遞之文件，只須証明已經根據會員、會董、常務會董及監事提供之傳真號碼或電子郵件地址發出，即被視作於發出當日送達該會員、會董、常務會董及監事。

第五十五條：本會對會員之通告，若登載於兩家香港政府指定刊登法律廣告之中文報刊，則該通告刊出之日即被視為經已送達各會員。

第二十章　本會學校及校董會/法團校董會

第五十六條：本會屬下之學校，一律不得以謀利為目的。

第五十七條：1. 會董會須按《教育條例》的規定，為每間由所屬組織設立或營辦的學校，成立校董會或法團校董會。在符合《教育條例》的規定下，獲委任或選出為校董會或法團校董會的人士，任期不限或可以為一段固定期限，並須按《教育條例》的規定，向教育局常任秘書長申請註冊成為該校校董。

2. 在符合《教育條例》的規定下，會董會可罷免或解除校董會某成員的職務。就法團校董會而言，校董的停任須按照《教育條例》規定的程序進行。學校的校監須在任何成員停任該校校董後一個月內，以書面通知教育局常任秘書長。

3. 會董會或校董會須按《教育條例》的規定提名另一位人士，以接替被罷免或解除職務或任期屆滿的校董會成員出任該職位，而該獲提名人士須按《教育條例》的規定，向教育局常任秘書長申請註冊為校董。就法團校董會而言，接替被罷免或解除職務或任期屆滿校董的人士，均須按《教育條例》的規定由委任或選舉產生。

4. 校董會的成員可以由會董出任，但這並非必要條件。法團校董會的組成則必須符合《教育條例》的規定。

5. 校董會或法團校董會的特別職責，是根據《教育條例》的規定管理該學校，並在各方面均須達致令教育局常任秘書長滿意的程度。

第二十一章　其他事項

第五十八條：本細則在未獲得公司註冊處處長書面許可前不得修改或增加。

第五十九條：香港法例第622H章《公司(章程細則範本)公告》附表3內所列為擔保有限公司所訂明的章程細則範本，除該範本的第20(4)條及為本細則內容所變更者外，均適用於本會，惟如本細則條款與該範本有不同之處，則除法例規定外，以本細則條款為準。

第六十條：　本細則，如有未盡事宜，得由會員大會以特別決議隨時修訂之。

第六十一條：本細則於會員特別會議通過之日起，發生效力。

下列簽書姓名地址之數人同意根據此組織章程細則組織本會：

姓名	住址	職業
陳殿臣	文咸西街裕德盛行	商人
王少平	文咸東街承興行	商人
高子顧	文咸西街元發行	商人
鄭仲評	乍畏街聚興行	商人
林子豐	文咸西街廣源盛行	商人
陳煥夫	文咸西街裕德盛行	商人
李鑑初	文咸西街泰順昌行	商人

見證人 羅文惠律師

一九二三年二月十五日

附錄六

潮州會館（保業）有限公司章程（略）

MEMORANDUM

AND

ARTICLES OF ASSOCIATION

OF

CHIU CHOW ASSOCIATION BUILDING (PROPERTY HOLDING), LIMITED

［潮州會舘（保業）有限公司］

Incorporated the 9th day of June, 1972.

HO and WONG

Solicitors, &c.

HONG KONG

Re-printed by
THE STANDARD PRESS, LTD.
515, Queen's Road, West, Hong Kong
1984

附錄七

香港潮州商會慈善基金有限公司組織章程大綱及細則（略）

　　為進一步推廣各項公益、慈善、教育事業及方便更多的有心人士捐款，香港潮州商會於二零一零年十二月二十八日議決推動成立香港潮州商會慈善基金有限公司。香港潮州商會慈善基金有限公司於二零一一年六月八日根據《公司條例》註冊成立，並於二零一一年七月十三日經香港稅務局審批成為慈善機構。

香港潮州商會慈善基金有限公司

HONG KONG CHIU CHOW CHAMBER OF COMMERCE
CHARITY FUNDS LIMITED

組織章程大綱及細則

2011 年 6 月 8 日成立於香港

2011 年印

後記

2021 年，香港潮州商會迎來了創立一百周年的大日子。本書作為商會百年誌慶的項目之一，在 2022 年「香港書展」期間隆重出版，實在非常榮幸，同時是本人感到十分欣慰的事。

拙著《香港潮州商會九十年發展史》刊行至今，轉瞬十載，其間我在潮汕研究方面努力以赴，可舉的有兩項：其一，是主編《香港潮汕學刊》，由 2013 年至 2015 年，總共出版了八期；其二，是寫成《傳承與開拓：香港潮屬社團總會發展史》，2020 年由香港中華書局出版。

《香港潮州商會百年發展史》的編寫計劃，始自 2020 年春夏間，在商會會董會的支持和指導下，得以順利開展。由於近十年來商會的活動很多，整理需時，商會秘書處同事為我提供了不少材料，使本書內容更見充實。

百多年來，潮商在香港以至世界各地勤奮經營，碩果纍纍，是極為珍貴的經驗；愛家鄉、愛國家的表現，是十分高尚的情操；為教育、為文化的熱誠，是非常優良的傳統。於立足本地、走向世界的同時，沒有忘懷對鄉梓、對社會的承擔。個人的力量或有不逮，群體的動員可以貢獻良多。香港潮州商會歷來的活動，就是具體的印證和說明。

本書且以較多的篇幅，闡述商會在配合國家發展方面所作出的努力，推進「一帶一路」的大環境，以及「粵港澳大灣區」的建設。香港既具備優勢，足以承擔重要角色，商會與本地逾百萬潮人和潮商，可發揮更積極的貢獻。

本書初稿完成後，黃書銳會長和諸位會董給予寶貴意見，秘書處多所指正並加以補充；中華書局（香港）有限公司黎耀強先生和他的團隊，在百忙中跟進編印工作，還有其他人士的幫助等等，謹致謝意。古語云：「百尺竿頭，更進一步。」於此，衷心祝賀香港潮州商會「百載輝煌，再創高峰」！

周佳榮 謹識
2022 年 5 月 3 日

責任編輯：郭子晴
封面設計：簡雋盈
排　版：陳美連
印　務：劉漢舉

香港潮州商會百年發展史

□
作者
周佳榮

□
出版
中華書局（香港）有限公司
香港北角英皇道499號北角工業大廈1樓B
電話：（852）2137 2338 傳真：（852）2713 8202
電子郵件：Info@chunghwabook.com.hk
網址：http://www.chunghwabook.com.hk

□
發行
香港聯合書刊物流有限公司
香港新界荃灣德士古道220-248號荃灣工業中心16樓
電話：（852）2150 2100　傳真：（852）2407 3062
電子郵件：info@suplogistics.com.hk

□
印刷
美雅印刷製本有限公司
香港觀塘榮業街6號海濱工業大廈4樓A室

□
版次
2022年7月初版
© 2022中華書局（香港）有限公司

□
規格
特16開（247mm x 190mm）

□
ISBN：978-988-8808-15-1